Der Seelentröster

Klaus Gietinger und Winfried Wolf

Der Seelentröster

Wie Christopher Clark die Deutschen von der Schuld am I. Weltkrieg erlöst

Schmetterling Verlag

Bibliografische Informationen *der Deutschen Nationalbibliothek*
Die Deutsche Nationalbibliothek verzeichnet diese Publikation in der Deutschen Nationalbibliografie; detaillierte bibliografische Daten sind im Internet über http://dnb.d-nb.de abrufbar.

Abbildungsverzeichnis
S. 51: Illustrierte Zeitung, 24.9.1914 / S. 58: Archiv Gietinger / S. 66: gemeinfrei / S. (70) 220px-Bundesarchiv_Bild_146-2004-0098A,_Bernhard_von_Bülow / S. 81: gemeinfrei / S. 93, 95: Archiv Gietinger / S. (101) Bundesarchiv_Bild_183-R43302,_Kaiser_Wilhelm_II._und_Zar_Nikolaus_II. S. 108, 117: commons.wikimedia.org / S. (121) Bundesarchiv_Bild_183-R02991,_Otto_Liman_von_Sanders / S. 140: Archiv Gietinger / S.149, S.162, S.172: gemeinfrei / S. (188): Archiv Gietinger / S.221, S.222: gemeinfrei / S. 228: Bundesarchiv_Bild_146_1970_023_03,_Theobald_v._Bethmann_Hollweg / S. 254, S. 256, S. 268, S. 270: gemeinfrei / S. 273, 285: Archiv Gietinger,

Schmetterling Verlag GmbH
Lindenspürstr. 38b
70176 Stuttgart
www.schmetterling-verlag.de
Der Schmetterling Verlag ist Mitglied von aLiVe,
der assoziation Linker Verlage

ISBN 3-89657-476-0
1. Auflage 2017
Printed in Poland

Satz und Reproduktionen: Schmetterling Verlag
Druck: sowa, Warschau

Inhalt

Vorwort

Wenige Wochen vor dem 100. Jahrestag des Kriegsbeginns, am 4. Juni 2014, wollte Christopher Clark im «Sudetendeutschen Haus» in München sein Buch «Die Schlafwandler» vorstellen. Er musste dabei durch ein Spalier von einem Dutzend in Schlafanzüge gekleidete Demonstranten des «Münchner Bündnisses gegen Krieg und Rassismus» schreiten, von denen jeder ein Schild mit einem Zitat hochhielt. Auf einem war zu lesen: «Ich fürchte mich nicht, wenn es notwendig ist, einen europäischen Krieg zu entfesseln. Wilhelm II, Deutscher Kaiser, November 1912». Dies und alle anderen Zitate auf den Schildern standen in offenem Gegensatz zur zentralen Aussage seines «Schlafwandler»-Buchs. Und es wirkte einigermaßen bizarr, als der in Cambridge lehrende australische Historiker sein Smartphone zückte, alle Schilder fotografierte und sagte: «Gute Zitate!»

Die Aufgabe, der wir uns mit diesem Buch stellen, ist es, «gute Zitate» und gute Argumente zusammenzutragen, die die Hauptthese von Mr. Clark widerlegen, die europäischen Mächte seien in den Ersten Weltkrieg irgendwie hineingeschlittert, eine besondere Verantwortung des deutschen Kaiserreichs – geschweige denn eines deutschen Imperialismus‘ – für den «Großen Krieg» sei somit nicht zu erkennen. Denn immerhin steht das Buch «Die Schlafwandler», das allein im deutschsprachigen Raum mehr als 200.000-mal verkauft wurde, in Deutschland und Österreich für eine zweite, nunmehr restaurative Zeitenwende in der historischen Aufarbeitung des Ersten Weltkriegs. Ein halbes Jahrhundert lang, im Zeitraum 1914 bis Anfang der 1960er Jahre, war – insbesondere in Deutschland bzw. in Westdeutschland – die These vom «Hineinschlittern» in den Ersten Weltkrieg vorherrschend. Genauso hatten dies die selbsternannten Eliten in Berlin und Wien jahrzehntelang dargestellt. Und sie waren hocherfreut, als Vergleichbares – wie im Fall Clark ebenfalls von scheinbar neutraler Warte aus – von dem vormaligen britischen Kriegspremier David Lloyd George in seiner 1933 veröffentlichten Biographie formuliert wurde: «Die Nationen schlitterten über den Rand in den brodelnden Hexenkessel des Krieges.» Wobei diejenigen, die dieses Zitat anführen, in der Regel unterschlagen, dass Lloyd George 1919 den Versailler Vertrag – der in Artikel 231 Deutschland durch seinen Angriff «als Urheber für alle Verluste und Schäden» des Ersten Weltkrieges verantwortlich sah – mit ausarbeitete, und unterzeichnete.

Die erste Wende bei diesem Thema Anfang der 1960er Jahre war eine enorme Errungenschaft, weil die Lebenslüge der sogenannten Eliten zerstört wurde. Fritz Fischer, einer der wichtigsten deutschen Historiker des 20. Jahrhunderts, brachte diesen Einschnitt bewusst auf die Formel «Vom Zaun gebrochen, nicht hineingeschlittert!» und schrieb: «Die [...] immer deutlicher werdende Unfähigkeit Deutschlands, seine expansiven wirtschaftlichen, politischen und militärischen Ziele durch eine bloße Kriegsdrohung durchzusetzen, die von verschiedenen [...] Gutachten vom Frühjahr 1914 konstatierte konjunkturelle Krise, die von den herrschenden konservativen Kräften als immer bedrohlicher empfundene innenpolitische Situation [...] – all diese Faktoren bestimmten die deutsche Reichsleitung, den ‹Durchbruch nach vorn› zu wagen und durch einen Hegemonialkrieg Deutschlands Weltmachtstellung nach außen zu begründen, nach innen das [...] antidemokratische System zu konservieren.» (In: Die Zeit vom 3. September 1965). Diese Erkenntnisse wurden seither auf zehntausenden Seiten, mit tausenden Dokumenten aus dutzenden Archiven konkretisiert. Und bis vor wenigen Jahren blieb Fischers Erkenntnis, dargelegt in seinem Buch «Griff nach der Weltmacht» (Düsseldorf 1964, S. 104), wonach «die deutsche Reichsführung einen erheblichen Teil der historischen Verantwortung für den Ausbruch des allgemeinen Krieges» trug, zu Recht die Mehrheitsauffassung in der Geschichtswissenschaft.

Wie konnte es dann zu der neuen Wende kommen? Gab es eine neue Interpretation bestehender Dokumente und Aussagen? Fehlanzeige – Clark versucht erst gar nichts dergleichen. Er ignoriert vielmehr Fakten und frisiert Dokumente. Neu sind vielmehr die Zeiten. Wir befinden uns in einem neuen weltweiten Rüstungswettlauf. Kriege werden wieder als Fortsetzung der Politik mit anderen Mitteln begriffen. Dabei gab es 1999 ausgerechnet in einem Krieg gegen Belgrad einen entscheidenden Tabubruch. Und es ist kein Zufall, wenn der große Seelentröster Clark nicht nur die Deutschen von der Schuld am Ersten Weltkrieg erlöst. Er dämonisiert zugleich «die Serben» und stigmatisiert diese als Hauptverantwortliche für den Großen Krieg.

Wir hoffen, gute Argumente gegen diese gefährliche Geschichtsrevision zu präsentieren. Wir wollen damit zugleich einen Beitrag gegen die allgemeine Militarisierung und gegen die neu aufziehende Gefahr eines großen Krieges leisten.

Berlin im März 2017
Klaus Gietinger und Winfried Wolf

Seelentröster
Oder: Imperialismus und Erster Weltkrieg als Warnung vor kommenden Kriegen

Winfried Wolf

Die Diskussion über das Buch «Die Schlafwandler» von Christopher Clark hat drei Ebenen: Es handelt sich erstens um eine wissenschaftliche, um eine Historiker-Debatte. Zweitens fordert Clark eine Analyse des Zusammenhangs zwischen Kapitalismus und Krieg bereits dadurch heraus, dass er jede Untersuchung dieser Art strikt meidet. Drittens ist das Buch ein Politikum, indem sein Verfasser als der große Seelentröster auftritt, die Hauptverantwortung der maßgebenden Männer in Berlin und Wien für diesen Krieg bestreitet und auf diese Weise die auch heute bestehenden Kriegsgefahren relativiert bzw. aktuelle Kriege legitimiert.

Wir versuchen, in diesem Buch diesen unterschiedlichen Ebenen gerecht zu werden. Im Folgenden seien neun Aspekte herausgegriffen, die vor allem für die aktuelle politische Debatte und für das notwendige Engagement für Frieden und gegen die neuen Kriegsgefahren wichtig sind.

I. Kriege sind keine Naturereignisse. Sie sind menschengemacht.

Christopher Clark: «Der Kriegsausbruch [gemeint: der Beginn des Ersten Weltkriegs] war eine Tragödie, kein Verbrechen.»[1]

Tatsächlich brechen Kriege nicht wie ein Vulkan aus. Alle Kriege sind von Menschen gemacht und von konkreten Personen zu verantworten. Dies lässt sich für den Ersten Weltkrieg eindrucksvoll verdeutlichen.

Am Anfang des Ersten Weltkriegs standen höchst konkrete, präzise zuzuordnende kriegerische Handlungen. «Der Große Krieg», wie der Erste Weltkrieg u.a. in Serbien, Großbritannien, Frankreich und Russland bezeichnet wird, begann mit der Kriegserklärung Österreich-Ungarns an Serbien am 28. Juli 1914 und mit dem Beschuss von Belgrad durch die

1 Christopher Clark, Die Schlafwandler – Wie Europa in den Ersten Weltkrieg zog, München 2013, S. 716.

Armee von Österreich-Ungarn am 29. Juli 1914. Er wurde zum kontinentalen Krieg mit der deutschen Kriegserklärung an Russland, die am 1. August ausgesprochen wurde, mit dem Einmarsch deutscher Truppen in den neutralen Staat Luxemburg am 2. August 1914, mit der deutschen Kriegserklärung an Frankreich am 3. August und mit dem Überfall der deutschen Armee auf das neutrale Belgien am 4. August. Als am 23. August Japan in den Krieg eintrat, war aus dem angeblich lokalen Konflikt Wien—Belgrad ein Weltkrieg geworden.

Allein die Tatsache, dass Kaiser Franz-Josef I. bereits am 28. Juli ein Manifest «An meine Völker» veröffentlichen und in elf Sprachen, gedruckt auf hunderttausenden Flugblättern und Plakaten, verbreiten ließ, in dem er den Beginn der Kampfhandlungen mit dem Königreich Serbien ankündigte — zu einem Zeitpunkt, als die internationale Diplomatie zur Verhinderung eines Krieges noch auf Hochtouren lief — spricht Bände: Der Manifest-Text war zeitgleich mit dem Ultimatum an Serbien verfasst worden, also noch bevor das Königreich auf das Ultimatum geantwortet hatte.[2]

Wenn es wirklich um «Sühne für das Attentat von Sarajewo» gegangen wäre, dann hätten kriegerische Maßnahmen gegen Belgrad einen gewissen Sinn gemacht. Doch welchen Sinn konnte dann der deutsche Überfall auf Luxemburg und Belgien — und auf diesem «Umweg» auf Frankreich — haben? Sebastian Haffner beschrieb die absurde Situation: «Die Diplomaten hatten es mit Serbien zu tun gehabt, die Militärs plötzlich mit Belgien. Die Juli-Krise war eine reine Ost-Krise gewesen [...] Aber der Augustkrieg war dann plötzlich ein Westkrieg. Dass Deutschland in einem Krieg um Serbien zwischen Österreich und Russland nicht abseits stand [...]: Das alles war einleuchtend [...] Dass Deutschland dann aber plötzlich nicht gegen Russland, sondern gegen das unbeteiligte Frankreich sozusagen präventiv den Krieg erklärte, nur weil Frankreich mit Russland verbündet war: Das war schon seltsam.»[3]

Der Erste Weltkrieg muss bereits auf dieser banalen Ebene der militärischen Fakten definiert werden als ein Angriffskrieg, den die «Mittelmächte» Österreich-Ungarn und das Deutsche Reich vom Zaun gebrochen hatten, und dessen wesentliche Ziele Frankeich im Westen und Russland im Osten waren.

In diesem Sinn gibt es auch eine größere Zahl Erklärungen prominenter Personen, die im Juli und August 1914 in Berlin und Wien Verantwortung trugen, und die, wie Klaus Gietinger dokumentiert, eingestanden haben,

---

2 Zitiert nach: http://wk1.staatsarchiv.at/diplomatie-zwischen-krieg-und-frieden/voelkermanifest-kaiser-franz-josephs-1914/ [Abgerufen am 7. Januar 2017]

3 Sebastian Haffner, Die sieben Todsünden des Deutschen Reiches im Ersten Weltkrieg, Köln 2014 (Erstausgabe 1964), S. 33.

dass «die Inszenierung [in den letzten Tagen vor Kriegsbeginn] sehr gut» war, dass der deutsche Kanzler «den Krieg herbeiführte», dass es sich «in gewissem Sinn um einen Präventivkrieg» gehandelt habe.[4] Der deutsche Kaiser Wilhelm II selbst notierte bereits am 2. Juli, wenige Tage nach den Morden in Sarajewo: «Mit den Serben muss aufgeräumt werden. Jetzt oder nie!»[5] Und wie hält bei dieser Faktenlage Clark dagegen? Indem er sagt: «Die Russen haben Eisenbahngleise gelegt, die alle Richtung Schlesien und Berlin führten. Warum wohl?»[6] Tatsächlich hatte der Chef des preußischen Generalstabs, Helmuth von Moltke, bereits 1857 durchgesetzt, dass auf deutschem Boden im großen Maßstab «strategische Bahnen», darunter ab 1890 zunehmend solche in Ost-West-Richtung, gebaut wurden. In keinem anderen Land der Welt waren die Eisenbahnen derart militarisiert wie in Deutschland.[7]

Clark siedelt Hunderte höchst unterschiedlich wichtige Entscheidungen, die in St. Petersburg, Wien, Berlin, Paris und London getroffen wurden, auf ein und derselben Ebene an. Er stellt ausdrücklich fest: «Es gibt niemanden, der den Krieg ausgelöst hat.»[8] Damit betätigt er sich als Seelentröster. Mehr noch: Er rechtfertigt damit indirekt deutsche Revanchegelüste. Wenn alle Seiten irgendwie mitverantwortlich waren, dann war der Vertrag von Versailles absolut ungerechtfertigt und das Aufbegehren gegen denselben berechtigt. Dann war der Aufstieg des Faschismus mit all seinen Folgen auch eine logische Folge des Ersten Weltkriegs bzw. der verallgemeinerten Schlafwandelei.

4 Siehe im Haupttext von Klaus Gietinger in diesem Buch (im Folgenden zitiert als «Gietinger»).

5 Jeweils zitiert bei Fritz Fischer, Griff nach der Weltmacht, Düsseldorf 1967, S. 48 und Seite 51.

6 Interview mit Christopher Clark (und Gerd Krumeich) in: Süddeutsche Zeitung vom 1. März 2014.

7 Siehe Winfried Wolf, Verkehr. Umwelt. Klima – Die Globalisierung des Tempowahns, Wien 2009, S.92f; Ralf Roman Rossberg, Geschichte der Eisenbahn, Künzelsau 1977, S.63ff und 107f. Im Übrigen hatte allein das deutsche Schienennetz 1914 eine Länge von 64.000 Kilometern; zusammen mit dem von Österreich-Ungarn waren es mehr als 100.000. Das Eisenbahnnetz im wesentlich größeren Russland hatte 1914 eine Gesamtlänge von 76.000 km. Da stellt sich dann die Frage «wer wen?»

8 Interview in der Süddeutschen Zeitung vom 1. März 2014.

II Sarajewo war nicht der Auslöser des Ersten Weltkriegs. Es war der Vorwand

Christopher Clark: «Was hätte Österreich-Ungarn denn sonst tun sollen? Was blieb dem Imperium angesichts der Hintergründe für eine andere Möglichkeit, auf das Attentat von Sarajewo zu reagieren?»[9]

Attentate auf führende Vertreter von Staaten waren, so Sebastian Haffner, «damals gang und gäbe». In keinem Fall hatte das einen Krieg zur Folge. Haffner: «Der französische Präsident Poincaré erinnerte am 5. Juli 1914 den österreichischen Botschafter in Paris gesprächsweise daran, dass vor nicht allzu langer Zeit sein Amtsvorgänger Carnot von einem Italiener ermordet worden war. Alles, was die französische Regierung daraufhin unternommen hatte, war, Polizeischutz für italienische Amtsstellen und Geschäfte in Paris bereitzustellen.»[10]

Auch ist es nicht zutreffend, dass die Attentäter in Sarajewo von der serbischen Regierung gedeckt oder gar geschickt worden wären. Im «schlimmsten» Fall gab es Teile des serbischen Geheimdienstes, die den Attentätern Hilfe geleistet haben. Clark behauptet, der britische Außenminister Grey und die serbische Seite hätten «kein Interesse an einer völkerrechtlichen Untersuchung des Geschehens» in Sarajewo gehabt.[11] Das Gegenteil trifft zu. In der serbischen Antwort auf das Ultimatum aus Wien heißt es: «Die königliche serbische Regierung [...] ist [...] bereit, eine friedliche Lösung anzunehmen [...] durch Übertragung der Entscheidung dieser Frage an das internationale Gericht in Haag.»[12]

Umgekehrt gilt: Der Staatsbesuch des österreichischen Kronprinzen in Sarajewo am St. Veitstag, zugleich der symbolträchtige 525. Jahrestag der Schlacht am Amselfeld, ein patriotischer, serbischer Gedenktag, wirkte wie eine Provokation: Der besonders verhasste Vertreter der vor Ort verhassten k. u .k. Monarchie fuhr an diesem Tag durch die Hauptstadt des kurz zuvor annektierten Bosnien in einem Automobil mit offenem Verdeck – durch Straßen, die so gut wie keinen Polizeischutz aufwiesen. Der serbische Historiker Dragoljub Živojinović äußerte hierzu: «Man könnte fast den Eindruck bekommen, dass der Thronfolger absichtlich nach Sarajewo geschickt wurde, um ihn allen möglichen Risiken auszusetzen. 1910

9 Interview bei: Zeit.online vom 17. Oktober 2013 [abgerufen am 7. 1.2017]

10 Haffner, a. a. O., S. 25.

11 Interview in faz.net; a. a. O.

12 Antwort der serbischen Regierung auf die Note Österreich-Ungarns vom 12./25. Juli 1914; hier zitiert in: Gordona Ilic Marcovic, Der große Krieg, Wien 2015, S. 100 und 101. Die Antwort ist hier aus dem Serbischen ins Deutsche übersetzt. Siehe auch Gietinger Seite 210.

war [Kaiser] Franz-Josef dort zu Besuch gewesen, und damals stand ein Soldat Schulter an Schulter mit dem nächsten. Niemand konnte sich dem Kaiser auch nur nähern. Man könnte auch sagen, dass die Sicherheitsdienste Österreich-Ungarns schuld sind, weil sie ihn nicht ausreichend schützten.»[13]

Indem Clark einen Krieg als Antwort auf ein Attentat als nachvollziehbar bezeichnet, rechtfertigt er indirekt die neuen imperialistischen Kriege, bei denen oft ein vergleichbarer Vorwand gesucht, gefunden oder auch geschaffen wurde: Das Mädchen Nayirah, das 1990 tränenüberströmt berichtete, wie irakische Soldaten in kuwaitische Krankenhäuser eingefallen waren, dort die Frühgeborenen aus den Brutkästen gerissen und die sich dazwischen werfenden Mütter vergewaltigt und getötet hätten – die komplette Story war gefälscht, was jedoch erst weit später bekannt wurde. Der Zweck wurde erreicht: Die Weltöffentlichkeit war empört, die USA begannen ihren Aufmarsch zum damaligen Golfkrieg als Auftakt mehrerer US-Kriege im Zeichen einer «new world order».[14] Oder der vom damaligen deutschen Verteidigungsminister Rudolf Scharping präsentierte «Hufeisenplan», mit dem angeblich die serbische Armee im Kosovo hunderttausende Kosovaren vertreiben wollte. Der «Plan» war eine Fälschung, was erst deutlich später dokumentiert werden konnte. Der Zweck wurde erreicht. Der Nato-Krieg gegen die Restbestandteile der Bundesrepublik Jugoslawien, primär gegen Belgrad, schien legitimiert.[15]

Der Terroranschlag auf die Twin Towers in New York am 11. September 2001 weist dann vor allem Parallelen auf mit dem Sarajewo-Attentat 87 Jahre zuvor: Einige der mutmaßlichen Attentäter waren afghanischer Abstammung. Bin Laden und seine Terrorgruppe al-Qaida, die in Afghanistan residierten und die mit großer Wahrscheinlichkeit mit den «9/11»-Attentätern eng zusammenarbeiteten, weisen Parallelen auf zu Dragutin Dimitrijevic, genannt Apis, und dessen serbischem Geheimbund «Schwarze

13 Interview in: Die Presse (Wien), vom 21.6. 2014. In ganz Sarajewo waren am 28. Juni 1914 zum Schutz des Kronprinzen weniger als 150 Sicherheitskräfte aufgeboten.

14 Später stellte sich heraus: Nayirah war die Tochter des kuwaitischen Botschafters in Washington. Sie hatte kaum je kuwaitischen Boden betreten und war von einer Agentur für den Auftritt gecoacht worden. Siehe: Winfried Wolf, Bombengeschäfte. Zur politischen Ökonomie des Kosovo-Kriegs, Hamburg 1999, S. 9.

15 Der Operationsplan Hufeisen («Hufeisenplan») war die Bezeichnung eines angeblichen militärstrategischen Plans zur systematischen Vertreibung der Kosovo-Albaner aus dem Kosovo, der Belgrad zugeschrieben wurde. Für die Existenz eines solchen Plans konnte nie ein Beleg beigebracht werden. Siehe Michael Kalmann, Krieg, Flucht und Vertreibung, in: Ulrich Albrecht und Paul Schäfer (Hg.), Der Kosovo-Krieg, Köln 1999, S.135.

Hand», der die Sarajewo-Attentäter mit Waffen ausgestattet hatte. In beiden Fällen wurden die Attentate als Vorwand genommen, um einen seit langem vorbereiteten großen Krieg vom Zaun zu brechen. 1914 einen Krieg gegen Serbien, der sich zum «Großen Krieg» entwickelte. 2001 den Krieg gegen Afghanistan, der sich zum großen «Weltkrieg gegen den Terrorismus» auswuchs.

Clark hat bei mehreren Gelegenheiten genau diese Parallele gezogen: zwischen «Sarajewo» und «9/11».[16] Er agiert geradezu als Stichwortgeber für einen weltweiten Antiterror-Feldzug, wenn er schreibt: «Hinter der Gräueltat von Sarajewo stand eine erklärte Terrororganisation, die einen Opfer-, Todes- und Rachekult pflegte; überdies war diese Terrororganisation exterritorial [!] und kannte keinen eindeutigen geographischen und politischen Ort.»[17]

Diese Anschläge waren offenkundig nicht einmal die Auslöser für die folgenden großen Kriege. Sie waren ausschließlich: Vorwand. Den entscheidenden Hintergrund lieferten große materielle Interessen, die wiederum mit den Wirtschaftstrukturen von vor hundert Jahren und von heute zu tun haben. Sprich: Es ging und geht um Imperialismus.

III Der Erste Weltkrieg hat eine entscheidende Ursache: das Zusammenwirken von Kapitalismus, Konkurrenz und Kriegen, auch als Imperialismus bezeichnet

Christopher Clark: «Der Krieg hat sehr komplexe Ursachen.»[18] Und: «Was mich überrascht hat, ist, dass [im Vorfeld des Ersten Weltkriegs; W.W.] der Unterschied zwischen demokratischen und autokratischen Regierungen in sich zusammenfällt.»[19]

---

16 «Drawing a parallel with 9/11, Clark suggests that the crisis following the assassination of Franz Ferdinand (brilliantly described here) was ‹the most complex [event] of modern times›.» In: The Independent, London, vom 16. August 2013. Siehe auch Gietinger S. 213.

17 Clark, Schlafwandler, a.a.O., S. 15. Dass die «Schwarze Hand» «exterritorial» war, ist Unsinn. Es handelte sich um einen primär in Serbien verankerten Geheimbund. Die Attentäter selbst wiederum waren Bosnier. Der oben zitierte D. Živojinović: «Franz Ferdinand wurde in seinem eigenen Staat von seinen eigenen Staatsbürgern getötet.» (Die Presse, a. a. O.).

18 Interview in: Süddeutsche Zeitung vom 1. März 2014.

19 Interview mit Christopher Clark in faz.net vom 28. Juli 2014. (www.faz.net/aktuell/politik/der-erste-weltkrieg/gespraech-mit-clark/; abgerufen am 3. Januar 2017).

Die Ursachen für den Ersten Weltkrieg resultieren im Wesentlichen aus dem Kapitalismus – aus der Verfasstheit des Wirtschaftssystems als einem kapitalistischen, aus der kapitalistischen Triebkraft der Konkurrenz und aus dem Zusammenschluss der «nationalen Kapitale» zu Nationalstaaten mit der Konkurrenz zwischen diesen kapitalistischen Staaten.

Die kapitalistische Gesellschaft ist eine Klassengesellschaft, in der eine Minderheit von Besitzern der Produktions- und Finanzmittel (Unternehmen und Banken) die herrschende Klasse darstellt. Die große Mehrheit der Bevölkerung – Lohnarbeitskräfte, Landwirte, Freiberufler und kleine Selbständige – sind die Beherrschten und die Ausgebeuteten. Die kapitalistische Produktion besteht aus einer großen Zahl einzelner sehr großer und weniger großer Kapitaleinheiten, Unternehmen, die in harter Konkurrenz zueinander stehen. Die ganz großen Konzerne und Banken bilden teilweise Monopole und Kartelle und können so die Konkurrenz untereinander relativieren. Umso heftiger tobt der Konkurrenzkampf dann zwischen Monopolen auf der einen und der übrigen kapitalistischen Wirtschaft auf der anderen Seite bzw. innerhalb des nicht monopolisierten Bereichs der Ökonomie.

Vermittelt über die Konkurrenz setzen sich kapitalistische Gesetzmäßigkeiten wie die Bewegung der Profitrate, die Vereinheitlichung eines Lohnniveaus bzw. die Angleichung der Ausbeutungsbedingungen und die zyklische Form der Konjunktur mit Aufschwung, Überproduktion und Krisen durch. Das Ziel kapitalistischer Fertigung und Dienstleistung ist ausschließlich die Gewinnerzielung (mit einer maximalen Profitrate) und die Expansion (mit einer Steigerung der Profitmasse). Dies mündet in der folgenden Absurdität: Je entwickelter, produktiver und «moderner» – also im konkreten Produktionsprozess auch: je «rationaler» – der Kapitalismus ist, desto gewaltiger und irrationaler sind seine Krisen. Nach der Gründung des Deutschen Reichs 1871 gab es 1873 die bislang «tiefste und verheerendste Krise». Es folgten Krisen 1882, 1891–1893, 1900/01 und 1907/08 eine letzte vor dem Ersten Weltkrieg.[20]

Diese Krisen spielten eine nicht unerhebliche Rolle beim Weg in den Krieg: Mit Hilfe der Aufrüstungsprogramme versuchten die großen Konzerne und Banken, den Krisenrhythmus abzuschwächen. Als Ergebnis eines imperialistischen Kriegs versprachen sie sich reiche Beute: Erzgruben, Zugang zu Rohstoffen und zu neuen Absatzmärkten. Im direkten Vorfeld des Ersten Weltkriegs gab es die erwähnte Krise, die zugleich eine Geldkrise war. Der Reichstag veranstaltete eine Banken-Enquete. Die Öffentlichkeit debattierte über die Macht der Banken und die Gefahr einer neuen großen

20 Siehe Fred Oelßner, Die Wirtschaftskrisen. Die Krisen im vormonopolistischen Kapitalismus, Berlin 1949, S. 244ff; Statistisches Bundesamt, Bevölkerung und Wirtschaft 1872–1972, Wiesbaden 1972, S. 181f. Das obige Zitat nach Oelßner, a. a. O., S. 244.

Krise. Die Deutsche Bank befürchtete ein «Depositengesetz», mit dem es zur Trennung von Depositar- und Finanzierungsgeschäft gekommen wäre. Mit massivem Lobbyeinsatz konnten die Großbanken diese Gefahr abwenden.[21] Die Geldkrise wurde mit dem Krieg hinausgezögert, sie kam mit der Inflationskrise Anfang der 1920er Jahre; die große Krise als kombinierte Wirtschafts- und Finanzkrise wurde durch Rüstung und Weltkrieg noch stärker verzögert – sie kam dann 1929/30 mit umso größeren wirtschaftlichen und vor allem mit politisch katastrophalen Folgen.

All das ist für Clark kein Thema. Und wenn sich der Historiker doch einmal auf das Gebiet der Ökonomie begibt, dann liest sich das so: «Weltpolitik [Deutschlands] bedeutete das Trachten nach einer Ausweitung der ausländischen Märkte (zu einer Zeit sinkender Exportquoten).»[22] Nun berechtigt das Sinken der Exportquote nicht dazu, nach einer «Ausweitung ausländischer Märkte» zu «trachten». Hinzu kommt: Clark schreibt die Unwahrheit. Im Zeitraum 1895 bis 1913 verdoppelte sich in Deutschland der Umsatz der gewerblichen Wirtschaft, während der Export sich knapp verdreifachte. Kein anderes kapitalistisches Land in Europa erlebte eine derart enorme Exportsteigerung, wie Deutschland sie verzeichnen konnte.[23]

Umgekehrt wird ein Kommissstiefel daraus: Weil der deutsche Kapitalismus diesen gewaltigen Wirtschaftserfolg mit seiner besonders großen Exportsteigerung hatte, wurde der Appetit nach Mehr geweckt. Die Konkurrenz im Inneren wurde «überwölbt» von der Konkurrenz gegenüber den anderen Staaten, die – aus kapitalistischer Sicht zu Recht – als Konkurrenten empfunden wurden.

Womit wir beim Entstehen des Nationalstaats aus der Logik des Kapitals angelangt sind. Im Verlauf des kapitalistischen Akkumulationsprozesses kam es vor allem im 19. Jahrhundert zur Herausbildung von Nationalstaaten. Ihre konkrete regionale Ausprägung hat geschichtliche, kulturelle und meist auch militärische Gründe. Auch dies ist für eine Analyse des Ersten Weltkriegs nicht unerheblich; Preußen hatte nach der niedergeschlagenen 1848er Revolution die Konkurrenz zu Österreich geschürt und

21 Eberhard Czichon, Die Bank und die Macht. Hermann Josef Abs, die Deutsche Bank und die Politik, Köln 1995, S. 47.

22 Clark, a. a. O., S. 207.

23 Nach Werner Sombart (Die deutsche Volkswirtschaft im 19. Jahrhundert, Berlin 1927, S. 521) wuchs im Zeitraum 1880 bis 1910 der deutsche Welthandel (= Exporte und Importe addiert) von 5,976 Mrd. RM auf 16,409 Mrd. RM oder um 174 Prozent. Im Fall Frankreich wuchs der Welthandel von 7,414 auf 10,726 Mrd. RM oder um 44,7 %. Im Fall Großbritannien und Irland gab es einen Anstieg von 12,212 auf 20,499 Mrd. RM oder um 69 Prozent. Sombart untersucht dort (S. 369 und 373) auch den Anteil des Exports allein «an der deutschen Volkswirtschaft» und kommt zum Ergebnis, dass die Exportquote im Wesentlichen gleich blieb.

mit dem preußisch-österreichischen Krieg 1866 bewusst eine Spaltung des Deutschen Bundes herbeigeführt. Der militärisch-aggressive Kurs fand seine Verlängerungen im Krieg 1870/71, in der spezifisch preußisch-militaristisch geprägten Form einer Gründung des Deutschen Reichs unter preußischer Hegemonie und schließlich im Ersten Weltkrieg.

Zum Zeitpunkt, als der deutsche Nationalstaat entstand, war die Welt weitgehend aufgeteilt. Der niederländische Theoretiker und Rätekommunist Anton Pannekoek beschrieb die damalige Landschaft wie folgt: «Es gibt Länder, die erst spät zu kapitalistischer Entwicklung gekommen sind und wenige oder keine Kolonien besitzen. Diese sind nicht zufrieden, sie wollen auch ein Weltreich, und bekommen sie es nicht freiwillig, dann werden sie es sich gewaltsam verschaffen. Und da jeder allein nicht stark genug ist, verbünden sie sich untereinander. So entstanden in Europa die beiden Dreibünde: der Bund der Hungrigen (Deutschland, Österreich und Italien), die ein Weltreich erlangen wollen, und der Bund der Satten (England, Frankreich und Russland), die über große Gebiete verfügen, davon nichts abgeben wollen und womöglich noch mehr gewinnen wollen. Deutschland ist das wichtigste Land in der ersten Gruppe. In der deutschen Entwicklung liegt die treibende Kraft, welche den gegenwärtigen Weltkrieg bewirkt hat.»[24]

Schließlich gilt es zu berücksichtigen, dass im Vorfeld des Ersten Weltkriegs die Nationalstaaten höchst unterschiedlich verfasst waren. Einige von ihnen waren das Ergebnis bürgerlicher Revolutionen, das heißt, die in der Industrie und im Bankenwesen herrschende Klasse, das Großbürgertum, schuf sich die ihr entsprechende Form ihrer politischen Herrschaft mit bürgerlich-demokratischen Parlamenten. Dies war der Fall in England (mit einem politisch weitgehend machtlosen König) und in Frankreich mit dramatischen Wechseln zwischen Republik, Kaiserreichen (Napoleon Bonaparte und Napoleon III) und nach 1871 erneut einer Republik.

Teilweise blieben solche Revolutionen stecken – wie diejenige in Deutschland und Österreich 1848 und in Russland 1905. Es kam in der Folge zu einer kombinierten Herrschaft des alten Systems der Monarchie und des Großgrundbesitzes mit der neuen, aufsteigenden bürgerlichen Klasse. Das deutsche Kaiserreich, die österreichisch-ungarische Monarchie und das zaristische Russland sind hierfür beispielhaft. Die Parlamente in diesen Ländern (Reichstag in Deutschland, Reichsrat und Reichstag in Österreich bzw. Ungarn und Duma in Russland) verfügten nur über äußerst eingeschränkte Rechte.

---

24 Anton Pannekoek, Zur Vorgeschichte des Ersten Weltkriegs, deutsche Erstübersetzung in: Sozialistische Zeitung / SoZ (Köln) 4/2014 (April 2014); erstmals erschienen 1915.

In den autokratischen Staaten hatten die großen Konzerne und Banken in der Regel einen besonderen, direkten Zugang zu den jeweiligen Regierungen. So gab es beispielsweise am Tag nach der deutschen Kriegserklärung in Berlin den heute als Drehtüreffekt bezeichneten Vorgang: Der Deutsche Bank-Direktor Karl Helfferich wurde enger Finanzberater des Reichskanzlers Theobald von Bethmann Hollweg. Nach der Entscheidung, von der «friedlichen» Konkurrenz nunmehr zu deren Fortsetzung als militärischer überzugehen, wurde dieser innere Zusammenhang auch personell dokumentiert.

Entscheidend ist in allen bürgerlichen Nationalstaaten im Vorfeld des Ersten Weltkriegs: Die in der Produktion herrschende Klasse ist auch diejenige, die im Nationalstaat herrscht. Diese Herrschaft äußert sich in den autokratisch regierten Ländern wesentlich direkter als in den Ländern mit bürgerlicher Demokratie.

Bei Clark gibt es diese Unterschiede nicht. Mehr noch: Bei ihm taucht die selbsternannte, real herrschende Elite schlicht nicht auf: Das heißt im Fall des Deutschen Reichs: Es gibt nicht eine einzige Erwähnung der führenden Industriellen August Thyssen, Hugo Stinnes oder Robert Bosch. Dem Reeder Albert Ballin widerfährt die Ehre, von Clark ein einziges Mal knapp erwähnt zu werden – als eine «der führenden Figuren im Handels- und Bankensektor» – mit anderen «Figuren» verschont Clark die Leserschaft. Der in Deutschland vor dem Ersten Weltkrieg mächtigste Konzern war Krupp. Auch er glänzt in Clarks «Schlafwandler»-Buch fast komplett durch Abwesenheit.[25] Das Unternehmen konnte allein zwischen 1900 und 1913 seine Produktion von 0,4 auf 1,6 Millionen Tonnen Stahl vervierfachen. Im Krieg selbst gab es dann eine Steigerung der jährlichen Gewinne um das Zweieinhalbfache. Der Krieg erwies sich für Krupp & Co. schlicht als ein äußerst lukratives Business.[26]

Im Fall Krupp spielte die Aufrüstung der deutschen Seestreitkräfte eine entscheidende Rolle. Es war der führende Krupp-Mann höchstpersönlich, der für die Flottenhochrüstung trommelte. Das Unternehmen profitierte vor allem von der intimen Nähe, in der sich Friedrich Alfred Krupp zum deutschen Kaiser befand. Wilhelm II. weilte privatim allein zwölf Mal bei den Krupps und logierte dabei in der Villa Hügel, dem Privatsitz des Kon-

---

25 Krupp wird einmal – auf Seite 667 – erwähnt; und dies nur passiv, als jemand, zu dem der Kaiser seinen «Diesmal falle ich nicht um!»-Satz gesagt habe.

26 Diese Gewinnsteigerungen waren bei anderen Rüstungskonzernen nochmals größer. Rheinmetall beispielsweise erzielte im Vorkriegsdurchschnitt 1,4 Millionen RM an Gewinn; 1915/16 waren es 9,9 und 1916/17 15,3 Millionen. Bei Krupp lag der Vorkriegsdurchschnitt der Gewinne bei 31,6 Mio RM, 1915/16 waren es 86,5 Mio RM. Nach: Gerd Fesser, Deutschland und der Erste Weltkrieg, Köln 2014, S. 69.

zerneigentümers, eine bescheidene Hütte mit zweihundert Zimmern hoch über dem Essener Baldeneysee.[27]

Dass im Deutschen Reich vier Großbanken (Deutsche Bank, Dresdner Bank, Disconto Gesellschaft und Darmstädter Bank) den Finanzsektor beherrschten und große Teile der Industrie kontrollierten – Clark weiß mit schlafwandlerischer Sicherheit, dass dies nicht ausgebreitet zu werden braucht. Die Deutsche Bank und ihre führenden Vertreter Georg von Siemens, Arthur von Gwinner und Karl Helfferich – sie finden in Clarks Buch schlicht nicht statt. Es handelte sich bei der Deutschen Bank auch nur um die größte Bank der Welt, mit Niederlassungen im Vorderen Orient, in Afrika, in Russland – und nicht zuletzt in der Türkei.

Clark berichtet auf den Seiten 434ff über «Deutsche am Bosporus» und vage über «ein Unternehmen im Besitz von deutschen Banken», das dort mit dem «Bau einer gigantischen Eisenbahnlinie beauftragt» worden sei. Doch konkret wird nur eine Banque Impériale Ottomane aufgeführt. Hier handelte es sich, wie Clark betont, um «keine deutsche» Bank, sondern um «eine französisch-britische Bank» und dabei um «ein Instrument der französischen Politik».[28] Der Mann verschweigt, dass 1899, als Wilhelm II in Istanbul beim Sultan auf einen Sprung vorbeischaute, er von Georg von Siemens (Deutsche Bank) und Karl Helfferich (nochmals Deutsche Bank) begleitet wurde. Er lässt uns nicht daran teilhaben, dass Herr von Siemens über das Zusammensein von Wilhelm II mit Abdul Hamid II schrieb: «Der Kaiser war sehr vergnügt.» Entsprechend kann er uns nicht über den Grund für des kaiserlichen Vergnügens informieren. Bei diesem Stelldichein wurde nämlich eine Art staatsmonopolistisches Geschäft verabredet, wonach deutsche Konzerne und Banken die Konzession zum Bau eines Hafens in Haidar-Pascha und die Deutsche Bank just den erwähnten Auftrag zum Bau der Bagdad-Bahn erhalten würden.[29]

Die Einflussnahme deutscher Konzernchefs und Banker auf die Politik in Berlin war enorm. Krupp machte sogar Reichsaußenpolitik: Er bezahlte «auf Wunsch des Reiches» an Schweden bevorzugt seine Schulden für den Bezug von Erz –«als ein Akt der Neutralitätspflege».[30]

Beispielsweise wusste der schon erwähnte Deutsche Bank-Direktor Hellferich bereits Mitte Juli 1914, dass «Wien [...] in acht Tagen ein sehr scharfes, ganz kurz befristetes Ultimatum an Serbien stellen» würde.[31]

27 Nach: Ralf Georg Reuth, «Stahl und Kanonen für das Kaiserreich» in: Welt am Sonntag vom 22. Januar 2006.

28 Clark, a. a. O., S. 438.

29 Eberhard Czichon, a. a. O., S. 41. Dort auch das von Siemens-Zitat.

30 Lothar Gall (Hrsg.), Krupp im 20. Jahrhundert. Die Geschichte des Unternehmens vom Ersten Weltkrieg bis zur Gründung der Stiftung, Berlin 2002, S. 53.

31 Bericht des Krupp-Direktors Mühlon; zit. nach: Fritz Fischer, a. a. O., S. 54.

Friedrich Alfred Krupp war ebenfalls bereits Anfang Juli 1914 über den kommenden Krieg informiert. «Gustav Krupp hatte hierüber [das in Aussicht gestellte Ultimatum an Serbien, W.W.] zuvor schon persönlich mit dem Kaiser gesprochen. [...] Wegen der [...] sehr engen persönlichen Kontakte zwischen der Essener [Krupp-] Konzernzentrale und militärischen und diplomatischen Kreisen in der Reichshauptstadt kann man [...] davon ausgehen, dass spätestens ab Mitte Juli in Essen interne Kriegsvorbereitungen getroffen wurden.»[32]

Auch im Fall des Kriegsendes waren es mächtige Unternehmer, die dem Kaiser zeigten, wo der Hammer hängt. Fritz Fischer: «Am 23. und 26. August [1918] beriet sich [der Stahlindustrielle Hugo] Stinnes mit [dem Reeder] Albert Ballin in Hamburg [...] Beide beschlossen, in Erkenntnis der ernsten militärischen Lage, dem Kaiser die Notwendigkeit eines sofortigen Kanzlerwechsels und eines baldigen Friedensschlusses zu eröffnen. [...] Ballin übernahm die ihm ‹peinliche Mission›.» Ballin übermittelte dann seinem «kaiserlichen Herrn am 5. September auf Schloss Wilhelmshöhe bei Kassel» die entsprechende Botschaft.[33]

Es existiert ein interessanter Widerspruch zwischen den nationalen oder Block-gebundenen Strukturen von Politik, Kapital und Rüstung und der Durchdringung der nationalen Kapitale durch international agierende Finanzkapitale. In jüngerer Zeit gibt es interessante Untersuchungen, in denen festgestellt wird, die ehemals «nationalen» Konzerne und Banken würden im 21. Jahrhundert überwiegend von internationalen Kapitalgruppen kontrolliert. Damit sei eine nationalstaatliche (oder auch EU-weite) Politik weitgehend obsolet geworden. Das könnte sich auch heute als Irrtum erweisen. Wir erleben mit der Wahl von Trump zum US-Präsidenten, aber auch im Rahmen der Krise der Deutschen Bank, deutliche Renationalisierungstendenzen. Just wie vor dem Ersten Weltkrieg.

Denn vor einem Jahrhundert gab es eine vergleichbare Debatte. Vor allem der sozialdemokratische Theoretiker Karl Kautsky vertrat die Position, wonach der Kapitalismus in das Stadium eines «Ultraimperialismus» eingetreten sei, in welchem das internationale Finanzkapital und das nationale Kapitel derart eng verflochten seien, dass dadurch die Kriegsgefahren gemindert würden. W.I. Lenin widersprach dem unter anderem in seiner Schrift «Der Imperialismus als höchstes Stadium des Kapitalismus» und bezeichnete die «ultraimperialistischen Bündnisse» als «Atempausen zwischen Kriegen».[34]

---

32 Lothar Gall (Hrsg.), Krupp im 20. Jahrhundert..., a. a. O., S. 26 (hier Textbeitrag Klaus Tenfelde).

33 Fritz Fischer, a. a. O., S. 554.

34 W.I. Lenin, Der Imperialismus als höchstes Stadium des Kapitalismus, in: W.I. Lenin, Ausgewählte Werke, Band I, Berlin 1970, S. 866.

Der Beginn des Ersten Weltkriegs widerlegte die Theorie vom Ultrakapitalismus brutal. Internationale Kapitalverflechtungen und Exportinteressen spielten schlagartig keine größere Rolle mehr. Die nationale Expansion stand auf der Tagesordnung – unter Inkaufnahme zeitweiliger Verluste von angelegtem Kapital im nunmehr feindlichen Ausland. Und es war eindeutig, wer der Aggressor war; der intime Kenner und engagierte Kritiker der Deutschen Bank, Eberhard Czichon, schrieb hierzu: «Helfferich [Deutsche Bank] verwies zunehmend auf den immer größer werdenden Kapitalmangel in Deutschland und stellte schließlich im Frühjahr 1914 fest, dass für Deutschland die finanzielle Kriegsbereitschaft zum Kampf um die ‹nationale Selbsterhaltung› und um seine Weltgeltung nunmehr gegeben sei.»[35]

IV Die Rüstungsindustrie spielte im Ersten Weltkrieg eine entscheidende Rolle. Sie war mit verantwortlich für den aggressiven Kurs des deutschen Imperialismus.

Christopher Clark: «Das neue [deutsche] Flottenprogramm war weder ein empörender, noch ein ungerechtfertigter Schritt. Die Deutschen hatten allen Grund zu der Annahme, dass man sie nicht ernst nehmen würde, wenn sie sich nicht eine starke Seestreitmacht verschafften.»[36]

Den Ausgangspunkt für den Ersten Weltkrieg bildete eine jahrzehntelang betriebene Hochrüstung in Deutschland, Frankreich, Großbritannien, Österreich-Ungarn und Russland. Das Deutsche Reich war dabei der treibende Faktor. Die Hochrüstung der Marine stand im Zentrum und zielte darauf ab, die Vormacht des britischen Imperialismus zu brechen.

Der Anteil der Militär- und Rüstungsausgaben lag in Deutschland immer höher als drei Prozent des Nettosozialprodukts, wobei das letztere sich massiv erhöhte, womit die Rüstungsausgaben parallel enorm anstiegen. 1890 wurden beispielsweise 860 Millionen Reichsmark ausgeben – 1909 waren es bereits 1,46 Milliarden RM. Ab 1912 wurden die Rüstungsausgaben sprunghaft gesteigert – man konnte gewissermaßen die Orientierung auf den Krieg in diesen Zahlen ablesen.[37] Clark betätigt sich als

35 Eberhard Czichon, a. a. O., S.51.

36 Clark, a. a. O., S. 204.

37 Nach: Heinz-J. Bontrup / Norbert Zdrowomyslaw, Die deutsche Rüstungsindustrie – Vom Kaiserreich bis zur Bundesrepublik, 1988, S.22f. Danach lagen die «Militärausgaben (gesamt)» in Deutschland 1912 bei 1,560 Milliarden RM, 1913 bei 1,939 Mrd. RM (= +24,3%) und 1914 bei 7,2 Mrd. RM (+ 271%).

Märchenerzähler, wenn er schreibt, es habe bei den deutschen Rüstungsausgaben vor dem 13. Juli 1913, als ein neues Wehrgesetz beschlossen wurde, «eine lange Phase relativen Stillstands» gegeben.[38]

In vorkapitalistischen Gesellschaften diente die Herstellung von Waffen und Kriegsgerät in erster Linie dem Zweck, Kriege zu führen, sich zu verteidigen oder abzuschrecken. Der Gebrauchswert des Kriegsgeräts stand im Zentrum. Die Kosten für Rüstung und Krieg wurden primär als Abzug vom gesellschaftlichen Produkt wahrgenommen. Anders im Kapitalismus. In diesem ist Rüstung eine normale Kapitalanlage; vor allem in den großen, imperialistischen Staaten entwickelte sich mit dem Rüstungssektor ein relevanter Wirtschaftszweig. Grundsätzlich ist der Gebrauchswert einer Ware im Kapitalismus sekundär; es geht ausschließlich darum, dass der Wert der Ware realisiert, dass für die Ware eine Nachfrage gefunden (oder erfunden) und dass dabei ein «angemessener» Profit erzielt wird. Der Gebrauchswert von Waffen und Rüstung mag das Töten und Zerstören sein. Solange damit Gewinne erzielt werden, ist dies ein interessanter Markt.[39]

Die Gleichgültigkeit gegenüber der konkreten Form kapitalistischer Produktion wurde von einer Nazi-Größe auf den Punkt gebracht. 1938 hielt Hermann Göring eine Rede vor BMW- und Daimler-Managern. Er kündigte in dieser den baldigen Krieg an und forderte eine bedingungslose Ausrichtung jeglicher Fertigung auf Kriegsproduktion. Göring: «Was, meine Herren, bedeutet das alles, wenn Sie eines Tages statt Flugzeugen Nachttöpfe machen. Das ist ja einerlei.»[40] In den folgenden sieben Jahren produzierten diese Konzerne zu 95 Prozent für die NS-Kriegsmaschinerie. Ab Herbst 1945 waren es dann wieder zivile Produkte, wenn auch nicht gerade Nachttöpfe, die gefertigt wurden.

Diese wieselflinke Konversion von ziviler Fertigung zu Rüstungsproduktion fand 1913 auf 1914 und die umgekehrte 1918 auf 1919 statt. Das größte deutsche Unternehmen Krupp produzierte während des Ersten

---

38 Clark, a. a. O., S. 289.

39 Auch an terroristischen Akten kann man verdienen. Der Boss des US-Konzern General Electric, Jeffrey Immelt, führte 2002 auf einer Aktionärsversammlung unter Bezug auf die Terroranschläge vom 11. September 2001 aus: «Nachdem ich erst zwei Tage im Amt war, wurde ein Flugzeug, das mit unseren Triebwerken ausgestattet ist, in ein Gebäude gesteuert, das von uns versichert ist. Dies hat zu einer Katastrophe geführt, über die unsere Sender berichteten. Ich gehe von einem Gewinnwachstum unseres Unternehmens im laufenden Geschäftsjahr von elf Prozent aus.» Nach: Financial Times Deutschland vom 24. September 2001; zitiert in Winfried Wolf, Afghanistan, der Krieg und die neue Weltordnung, Hamburg 2002, S. 17.

40 Zitiert in: O.M.G.U.S. – Ermittlungen gegen die Deutsche Bank, Nördlingen 1985, S. 150.

Weltkriegs zu 85 Prozent ausschließlich für die Rüstung. Allerdings lagen «in den letzten Jahren vor Kriegsbeginn» der Anteil der Rüstungsfertigung bereits bei 58 Prozent und der Anteil von «Friedensmaterial» bei 42 Prozent.[41]

Die Nachfrage nach Rüstung ist eine besondere. Sie wird nicht von den klassischen Nachfragesubjekten, Lohnabhängigen und Unternehmern, und schon gar nicht durch einen anonymen «Markt» genährt. Die Nachfrage nach Rüstungsgütern ist zu fast einhundert Prozent eine staatliche. Sie kommt durch konkrete politische Beschlüsse zustande und wird finanziert durch aktuelle und zukünftige Steuergelder. Sei es staatliche Nachfrage im Inland: Die inländische und ausländische Rüstungsindustrie produziert für den Inlandsmarkt. Sei es staatliche Nachfrage aus dem Ausland: Die «heimische» Rüstungsindustrie exportiert ins Ausland, wobei die Rüstungsgüter in aller Regel von der Regierung oder von regierungsnahen Institutionen des betreffenden Landes geordert und damit erneut direkt oder indirekt mit Steuergeldern finanziert werden.

Damit zahlt immer die durchschnittliche Bevölkerung für Rüstung und Krieg. Direkt durch Steuern oder wenn die Rüstung zunächst auf Kreditbasis, also durch öffentliche Verschuldung, finanziert wird, so wird ein großer Teil zu einem späteren Zeitpunkt bezahlt, manchmal auch im Rahmen eines Staatsbankrotts, einer extremen Inflation wie nach dem Ersten Weltkrieg oder einer «Währungsreform» wie nach dem Zweiten Weltkrieg.

Im Reichstag bildete den Auftakt zum Ersten Weltkrieg interessanterweise nicht ein Ja zur Kriegserklärung, sondern die Abstimmung über die Kriegskredite. Der Begriff «Kriegsschuld» meint dann meist nicht (mehr) die Verantwortung für einen Krieg, sondern die im Krieg aufgenommenen Kriegskredite.

Der Charakter kapitalistischer Rüstungsproduktion ist ein besonderer – und ein für das Kapital besonders vorteilhafter: Die Abnahme ist garantiert, aufwendige Marktstudien erübrigen sich; selbst gewaltige Werbemaßnahmen wie die derzeit alle zwei Jahre in Berlin stattfindende Internationale Luft- und Raumfahrtausstellung ILA werden überwiegend vom Steuerzahler finanziert. Für Rüstungsgüter existieren langfristige Verträge für Entwicklung, Fertigung, Abnahme und Wartung über den gesamten Lebenszyklus – oder genauer gesagt für den Todeskreislauf – des Produkts. Die Konkurrenz ist eingeschränkt und kommt nur im Prozess der Bewerbung um einen Auftrag (Ausschreibung) zur Geltung. Kommt es zur Auftragsvergabe, so gibt es eine fast absolute Profitgarantie. Es herrscht dauerhaft Hochkonjunktur. Ein – seltener – Rückgang von

41 Lothar Gall (Hrsg.), a. a. O., S. 44 (Textbeitrag Klaus Tenfelde).

Rüstungsausgaben zeichnet sich meist langfristig ab und ist damit eher planbar.

Rosa Luxemburg machte in einem Vergleich zwischen «normaler» kapitalistischer Produktion und Rüstungsproduktion deutlich, wie vorteilhaft die Kriegswirtschaft aus Sicht der Rüstungskapitaleigner ist: Bei der Rüstungsproduktion «tritt an die Stelle einer großen Anzahl kleiner, zersplitterter und zeitlich auseinanderfallender Warennachfrage (...) eine zur großen, einheitlichen, kompakten Potenz zusammengefasste Nachfrage des Staates». Diese werde «außerdem der Willkür, den subjektiven Schwankungen der Konsumtion entrückt und mit einer fast automatischen Regelmäßigkeit, mit einem rhythmischen Wachstum begabt».[42]

Diese staatliche Nachfrage nach Rüstungsgütern mit der formidablen Begabung zu rhythmischem Wachstum wird oft von den Rüstungskonzernen selbst organisiert. Die riesigen griechischen Rüstungsaufträge des Zeitraums 1990 bis 2010, die zu einem sehr großen Teil den deutschen Rüstungskonzernen Siemens, Krauss Maffei-Wegmann und Rheinmetall zuflossen, kamen fast ausschließlich durch großangelegte Korruption, finanziert von eben diesen Konzernen, zustande, wobei Siemens die führende Rolle spielte.[43]

Im Vorfeld des Ersten Weltkriegs gab es eine großangelegte «Beschaffung» von Rüstungsaufträgen durch die Einflussnahme der Rüstungskonzerne auf die Reichsregierung. Berichtet werden dabei auch originelle Formen der Auftragsakquise: «Man führte den Kaiser bei einem Besuch der Germania-Werft [des Krupp-Konzerns in Kiel, W.W.] 1904 auch in den berüchtigten ‹Geheimschuppen› und präsentierte ihm U-Boote, die für den Zaren gebaut wurden, worauf Seine Majestät erregt schweigsam wurde und Tirpitz wenig später U-Boote [bei Krupp, W.W.] bestellte.»[44]

Grundsätzlich stellen Rüstungsausgaben einen Abzug aus dem Fonds für produktive Ausgaben dar. Was in die Rüstung fließt, kann nicht für Straßen, Schienen, übrige Infrastruktur, Schulen, Universitäten, Krankenhäuser usw. ausgegeben werden. Dennoch trifft es zu, dass sich Rüstung gelegentlich auch volkswirtschaftlich rechnet. Das ist dann der Fall, wenn durch Abschreckung und «militärische Interventionen» der Zugang zu strategischen Rohstoffen offen und deren Preis niedrig gehalten wird. Es trifft auch dann zu, wenn in einem Krieg ein Sieg erzielt wird und die Beute dann größer ist als die Rüstungsausgaben es waren. Möglich ist auch eine Orientierung auf Reparationsleistungen, die der unterlegene Gegner der Siegermacht

---

42 Rosa Luxemburg, Die Akkumulation des Kapitals, Berlin 1913 (Reprint 1969), S. 442.

43 Siehe Nikos Chilas und Winfried Wolf, Die griechische Tragödie. Rebellion, Kapitulation, Ausverkauf, Wien 2015, S. 89ff.

44 Lothar Gall, a. a. O., S. 43.

zu zahlen hat. Dies war nach dem deutsch-französischen Krieg 1870/71 der Fall, als Frankreich Elsass und Lothringen an das Deutsche Reich abtreten und fünf Milliarden Franc an Reparationen an das neu gegründete Deutsche Reich zahlen musste. Die Reparationsleistungen förderten den deutschen Gründerboom. Sie finanzierten einen Ausbau der Infrastruktur im Deutschen Reich. Und nicht zuletzt ermöglichten sie die beschriebene Hochrüstung Deutschlands, die dann in den Ersten Weltkrieg mündete.

Die US-Regierung entwickelte im Übrigen das Modell einer pfiffigen Umwegkriegsfinanzierung: Nach dem Golf-Krieg 1991 leistete die deutsche Regierung, die am Krieg selbst gar nicht beteiligt war, einen finanziellen Beitrag von 16,9 Milliarden DM. Die Deutsche Botschaft in Kuwait erklärt diese Kriegsmaut wie folgt: «Die Kosten, die unseren Bündnispartnern durch den Einsatz zur Befreiung Kuwaits entstanden, wurden von Deutschland mit etwa 15–20 % übernommen.»[45]

Krieg als kapitalistisches Business – so wurde dies auch im Ersten Weltkrieg gesehen. Die deutschen Konzerne bemächtigten sich in großem Umfang der Ressourcen – der Rohstoffe, der Maschinen und Anlagen und oft auch der Arbeitskräfte – in den eroberten, von der deutschen Armee besetzt gehaltenen Gebieten. Das galt im großen Maßstab für die riesigen Eroberungen, die die Mittelmächte nach der Februar-Revolution und insbesondere nach der Oktober-Revolution in Russland im Osten (heutiges Gebiet von Polen, in der Ukraine und in WeißRussland, in der baltischen Region) erzielten. Das galt auch für die besetzten Gebiete im Westen – in Belgien und in Frankreich. In der bereits zitierten Geschichte des Krupp-Konzerns heißt es, mit dem Vorrücken der deutschen Armee seien «die weiteren französischen Erze im Rücken der Front verfügbar» gemacht worden. Dies hatte die bemerkenswerte Folge, dass der Krupp-Konzern «bei Kriegsende über das Dreifache der Erzvorräte vom Kriegsbeginn (gebot) – und schon die waren exorbitant gewesen».[46]

Krieg als profitables Business sollte nach den Planungen der Bosse und Banker vor allem für die Zeit nach einem «Siegfrieden» gelten. Bereits in dem Jahrzehnt vor Beginn des Ersten Weltkriegs hatten führende Vertreter der deutschen Wirtschaft detaillierte Programme entwickelt, welche Gebiete im Fall eines Kriegs mit deutschem Sieg dauerhaft unter deutscher Kontrolle stehen sollten. In den ersten Wochen nach Beginn des Ersten Weltkriegs gab es eine größere Zahl entsprechender «Denkschriften» führender deutscher Wirtschaftsvertreter; Klaus Gietinger führt im Haupttext in diesem Buch die wichtigsten auf. Unten wird unter VII und IX

45 Deutsche Botschaft Kuwait, «In freundschaftlicher Verbundenheit», http://www.kuwait.diplo.de/Vertretung/kuwait/de/03/Bilaterale__Beziehungen/seite__Befreiung__Kuwait.html [abgerufen am 10. Januar 2017].

46 Lothar Gall, a. a. O., S. 37f.

auf die damit verbundenen Europa-Konzeptionen nochmals einzugehen sein. Die Debatte über die Kriegsziele wurde von den deutschen Bossen und Banker während des gesamten Weltkriegs bis in den Sommer 1918 hinein geführt. An ihr beteiligten sich so gut wie alle relevanten Vertreter der deutschen Konzerne und Banken. Es handelte sich dabei oft um äußerst präzise Vorstellungen, welche konkreten Kriegsziele zu verfolgen seien – und dabei geht es ja immer um Annexionen, um Landraub und um Ressourcenklau. Hier sei ausführlicher aus einem typischen Dokument zitiert; im September 1914 – das exakte Datum scheint nicht notiert zu sein – verfasste August Thyssen, der Eigentümer des hinter Krupp zweitgrößten deutschen Stahlkonzerns, eine an die Reichsleitung gerichtete «Denkschrift». In ihr heißt es:

«Unsere Armee ist gradezu [sic] großartig. Sie stellt alles in den Schatten. Ich sehe ein, wie groß und kühn man in Berlin alles plante [...] Die Zeit kommt näher, wo wir [...) den Friedensvertrag vorbereiten müssen. Vielleicht interessiert es Sie, meine Ansichten [...] über die zukünftige Gestaltung Europas kennen zu lernen. Werden wir den Krieg so glorreich durchführen, wie wir ihn begonnen haben, dann werden wir Frankreich und Russland niederwerfen und beiden Staaten die Bedingungen [...] diktieren können. [...] Was zunächst das westliche Gebiet anbelangt, so bin ich der Meinung, dass Belgien, die [französischen; W.W.] Departements du Nord und Pas de Calais mit den Häfen Dünkirchen und Boulogne, das Departement Meurthe und Moselle mit dem französischen Festungsgürtel und der Maas als Grenze bis zur Höhe von Givet und im Süden die Departements Vosges und Haut-Saone mit der Festung Belfort dem Reiche als Reichsland einverleibt werden müssen. Russland muss uns die Ostseeprovinzen, vielleicht Teile von Polen und [das] Don-Gebiet mit Odessa, die Krim, sowie asowisches Gebiet und den Kaukasus abtreten, um auf dem Landwege Kleinasien und Persien zu erreichen. [...] Wir werden nur dann eine Weltmachtstellung erreichen können, wenn wir jetzt nach dem Kaukasus und Kleinasien kommen, um England in Ägypten und Indien [...] erreichen zu können.»[47]

Der Erste Weltkrieg ist vor allem die Fortsetzung des Konkurrenzprinzips, das auch zwischen den nationalen Kapitalen und den Nationalstaaten herrscht, mit militärischen Mitteln. Der enge Zusammenhang zwischen Welthandel und Kriegen wird in den zitierten «Denkschriften» mit den zynisch-konkreten «Kriegszielen» zum Ausdruck gebracht. Er wird gelegentlich auch in «moderner» Form artikuliert. Thomas Friedman, ein einflussreicher Journalist mit engen Verbindungen zum US-Außenmi-

---

47 Abgedruckt in: Europastrategien des deutschen Kapitals 1900–1945, herausgegeben von Reinhard Opitz, Bonn 1994, S. 222.

nisterium, schrieb Ende der 1990er Jahre und mit Blick auf den Kosovo-Krieg des Jahres 1999: «Die unsichtbare Hand des Marktes kann ohne die verborgene Faust nicht funktionieren. McDonalds kann ohne McDonnell-Douglas [den damaligen US-Waffenproduzenten; heute Teil von Boeing, W.W.] nicht florieren. Die unsichtbare Faust, die Sicherheit in der Welt schafft, damit die Technologie des Silicon Valley floriert, nennt man US-Army, Luftwaffe und Marine-Corps.» Der «Big Mac» von McDonalds erobert die Welt vor dem Hintergrund der ständigen Drohung mit dem «Big Stick», mit dem großen Knüppel.[48]

V Wer die Kriegsverbrechen nicht erwähnt, erkennt nicht die Kontinuität der Kriegsführung in beiden Weltkriegen und leistet der Wiederholung solcher Verbrechen Vorschub.

Christopher Clark: «Deutschland wollte Großmacht sein, deshalb verhielt es sich wie eine Großmacht. Die deutsche Politik blieb völlig im Rahmen der Zeit.»[49]

In Deutschland und in Österreich wird in der öffentlichen Debatte nicht nur die Verantwortung für den Krieg relativiert. Die von den Mittelmächten begangenen Kriegsverbrechen finden auch kaum Erwähnung. Schon gar nicht kommt es zu einer angemessenen Aufarbeitung derselben.

So werden in der halboffiziellen, umfangreichen Schrift «Das Deutsche Kaiserreich 1871–1918», herausgegeben von der deutschen «Bundeszentrale für politische Bildung», die von der deutschen und österreichischen Seite begangenen Massaker in Belgien und Serbien und der deutsche Giftgaseinsatz erst gar nicht erwähnt. Unter der Überschrift «Der Weg in den Krieg 1914» ist die Rede davon, dass «die deutsche Außenpolitik in dem Geflecht von Bündnissen [...] legitime Interessen verfolgte». Unter der Überschrift «Der innenpolitische Streit um die Kriegsziele 1917» wird kein einziges konkretes Kriegsziel aufgeführt. Stattdessen wird ausführlich referiert, wie im Herbst 1917 bei der Redaktion der «sozialdemokratischen Tageszeitung ‹Münchner Post›» tausende Zuschriften eingingen, die einen «sofortigen Frieden» (in der Regel ohne Annexionen) forderten. Das gab es offensichtlich auch. Doch die Öffentlichkeit im Deutschen Reich

48 Thomas L. Friedman, in: New York Times vom 28. März 1999; https://www.globalpolicy.org/component/content/article/172/29945.html [abgerufen am 9. Januar 2017].

49 Clark in Junge Freiheit vom 4. Januar 2014 (Heft 221).

war bis in das letzte Kriegsjahr hinein geprägt von den Forderungen nach Annexionen und nach einem «Hindenburg-Frieden» – einem Sieg mit großen Annexionen und fetten Reparationen. Diese Tatsachen zählt die Bundeszentrale nicht zur zu vermittelnden «politischen Bildung».

Oder nehmen wir das Programm der Landeszentrale für politische Bildung Baden-Württemberg für das Jahr 2014 zum Thema Erster Weltkrieg. Dort gab es zwar viel Raum für Buchpräsentationen und Veranstaltungen mit Historikern wie Herfried Münkler, Gerd Krumeich und Jörn Leonhard (die ähnlich wie Clark die besondere deutsche Verantwortung für den Ersten Weltkrieg leugnen[50]). In den Veranstaltungen werden auch höchst spezifische Themen wie die «Grenzerfahrungen der Soldaten» abgehandelt. Beim Thema Massaker und Kriegsverbrechen wird als einzige Veranstaltung eine mit dem Titel angekündigt «Mit unerhörter Brutalität: Russische Gräueltaten in Ostpreußen 1914/15». Zur Abwechslung wird hier anstelle eines «neutralen» Australiers als Autor der «neutrale» Brite «Dr. Alex Watson (London)»[51] als Referent aufgeboten.[52] Watson gehört u.a. mit seinem Buch «Ring of Steel» zur Brigade derjenigen Historiker, die, ähnlich wie Jörg Friedrich, die These vertreten, es wären die Entente-Mächte gewesen, die entscheidend zur Radikalisierung des Ersten Weltkriegs beigetragen hätten.

Tatsächlich gab es deutsche und österreichische Kriegsverbrechen und Tabubrüche im Vorfeld des Ersten Weltkriegs und im Krieg selbst, die bis in die aktuelle Zeit ausstrahlen.

Als die Fronten im Westen im Stellungskrieg erstarrt waren, entwikkelte Erich von Falkenhayn als Chef des Großen Generalstabs eine «neue strategische Idee», wonach die französischen Truppen an einem symbolischen Ort zum Kampf gezwungen werden sollten, den sie aus Gründen der nationalen Ehre und Moral mit allen Mitteln halten mussten. Der dafür identifizierte Ort war Verdun. Das war auch ein strategisch wichtiger Ort, weil, wie Kurt Tucholsky schrieb, «am Horizont», hinter Verdun, «das

---

50 Krumeich versuchte hier in jüngster Zeit eine Wende in der Wende zu vollziehen. Am 18. Mai 2016 schrieb er in der Frankfurter Allgemeinen Zeitung über John C. G. Röhls und Guenther Roths Edition der Riezler-Briefe aus dem Großen Hauptquartier (an seine Verlobte Käthe Liebermann), diese Briefe seien «ein regelrechtes Plädoyer für eine Re-Revision der heutigen Weltkriegsforschung. Ein Aufruf zu einer Rückkehr zu den Thesen des Hamburger Historikers Fritz Fischer.»

51 Clark, a. a. O. , S. 195.

52 Letzteres war eine Veranstaltung am 17. Juli 2014 in der Württembergischen Landesbibliothek in Stuttgart. Zitate zuvor aus dem Programmheft «PpB Spezial 1914–2014 – Hundert Jahre Erster Weltkrieg» der Landeszentrale für politische Bildung Baden-Württemberg (o.J.; wohl 2013 herausgegeben für das Programm 2014).

raucht, was dem deutschen Idealismus 1914 so sehr gefehlt hat: das Erzlager von Briey».[53] Es ging jedoch nicht darum, einen Durchbruch zu erzielen; Falkenhayn erklärte bei einer Besprechung der Stabschefs am 26. Mai 1916, drei Monate nach Beginn der Schlacht um Verdun, die Oberste Heeresleitung habe nie die Absicht gehabt, Verdun zu nehmen. Die perverse Idee des «Ausblutens» war entwickelt worden. Dazu schrieb Jehuda L. Wallach: «Bisher hatten sich die Feldherrn darum bemüht, durch einen Sieg in der Schlacht [...] den Feind zu schlagen. [...] Seine [Falkenhayns] Theorie vom ‹Ausbluten› gründete sich auf der Annahme, dass der Angreifer dem Gegner [...] immer mehr Verluste beibringen würde, als er selbst in der gleichen Zeit hinzunehmen hat. [...] Er wollte eine gigantische ‹Saugpumpe› konstruieren, um den Franzosen das ‹Blut abzusaugen›.»[54] Die «Ermattungstrategie» wurde von Falkenhayn auch als «Weißbluten» bezeichnet.[55]

Seit Verdun ist nicht mehr die gegnerische Armee, sondern die gegnerische Gesellschaft der Feind, was auch durch den von Deutschland im Januar 1917 erklärten, uneingeschränkten U-Boot-Krieg unterstrichen wurde. Erich Ludendorff, Nachfolger von Falkenhayn, sprach dann vom «totalen Krieg». Als im Dezember 1916 im Reichstag das «Gesetz über den vaterländischen Hilfsdienst» verabschiedet wurde, argumentierte Ludendorff, nunmehr müsse «jeder Deutsche in dieser ernsten Zeit in den Dienst des Vaterlandes» gestellt werden, «wie es der uralten germanischen Rechtsauffassung» entspräche.[56] Als Josef Goebbels am 18. Februar 1943 im Berliner Sportpalast den «totalen Krieg» proklamierte, adaptierte er diese Parole aus der Schlussphase des Ersten Weltkriegs für die Schlussphase des Zweiten Weltkriegs.

Clark geht nicht auf die Kriegsverbrechen Deutschlands im Weltkrieg ein und kann dies damit begründen, dass sein Buch sinnvollerweise im August 1914 endet. Er verschweigt der Leserschaft aber auch die deutschen

---

53 Kurt Tucholsky, Vor Verdun, in: Kurt Tucholsky Gesammelte Werke, Hamburg 1981, Band 3, S. 432.

54 Jehuda L. Wallach, Kriegstheorien. Ihre Entwicklung im 19. und 20. Jahrhundert, Frankfurt am Main 1972, S. 256; hier zitiert nach: Jan-Philipp Reemtsma, «Die Idee des Vernichtungskriegs», in: Vernichtungskrieg. Verbrechen der Wehrmacht 1941 bis 1944, herausgegeben von Hannes Heer und Klaus Naumann, Hamburg 1997, S. 391.

55 Münkler: Der Generalstabschef sei sich sicher gewesen, «dass die Franzosen Verdun niemals aufgeben, [...] weil diese Stadt wie keine andere das Symbol der fränkischen Reichsteilung war, also der Ort, an dem Frankreich und Deutschland als eigenständige Herrschaftssphären entstanden waren». Münkler, a. a. O., S. 412.

56 Erich Ludendorff, Meine Kriegserinnerungen 1914–1918, Berlin 1919, Seite 258f; hier zitiert nach Reemtsma, a. a. O., S. 393.

Kriegsverbrechen in Afrika, so den Völkermord an den Herero und Nama.[57] Die Aktualität des Themas wurde Anfang Januar 2017 verdeutlicht, als Vertreter der Herero- und Nama-Völker vor einem Gericht in New York Klage gegen die Bundesrepublik Deutschland einreichten. Sie fordern von der Bundesregierung die Anerkennung der deutschen Taten 1904 im heutigen Namibia als Völkermord und eine finanzielle Wiedergutmachung. Die Bundesregierung reagierte darauf, wie fünf Bundesregierungen vor ihr reagiert hatten: mit Wegducken und einem Verweis auf «die laufenden deutsch-namibischen Verhandlungen über die Aufarbeitung der Kolonialgeschichte».[58]

Obgleich Clark, wie erwähnt, sein Buch mit dem Kriegsbeginn enden lässt, geht er auf das Thema deutsche Massaker in Belgien kurz und wie folgt ein: «Viele Deutsche waren schockiert über die belgische Entscheidung, bis zum Äußersten Widerstand leisten zu wollen.»[59] Die Täter werden als Opfer präsentiert. Im belgischen Fernsehen wurde er zu dem Thema festgenagelt. Auf die Feststellungen der TV-Berichterstatterin «Allein im Sommer 1914 haben deutsche Soldaten 6000 Zivilisten in Belgien auf grausamste Weise getötet», antwortete Clark wörtlich (das Interview wurde in deutscher Sprache geführt): «Der Einmarsch in Belgien und die damit einhergehenden Massaker an Zivilisten sind in der Tat ein erschreckendes Ereignis. Mit dem Ausbruch des Krieges hat das allerdings nicht viel zu tun. Auch die Briten und die Franzosen haben mit dem Gedanken gespielt, in Belgien einzumarschieren. [...] Die Deutschen haben damit natürlich die Schmach dieser Massaker auf sich nehmen müssen und damit den Entente-Mächten eine gewisse moralische Überlegenheit verliehen.»[60]

Wir werden diesem Schema bei Clark, umfassend dokumentiert im Text von Klaus Gietinger, noch oft begegnen: Die Täter sind die eigentlich Leidenden, hier die mit der Bürde der Schmach Beladenen.

Im berüchtigten Fall Langemarck gelang es sogar, eine deutsche Schmach in einen Heldenmythos umzudeuten, der bis in die heutigen Tage von Bedeutung ist. In der Nähe dieses belgischen Ortes wurde am 10. November 1914 jungen, schlecht ausgebildeten deutschen Soldaten ein

---

57 Siehe Gietinger 81f.

58 Nach: Süddeutsche Zeitung vom 9. Januar 2017. Im Klartext geht es immer darum, dass Deutschland nichts oder möglichst wenig zahlen will. Als der Grüne Joseph Fischer als Außenminister in Namibia weilte, hatte er das formvollendet auf den Punkt gebracht: «Ich kann keine Äußerung vornehmen, die entschädigungsrelevant wäre.» (Nach: Financial Times Deutschland vom 6. August 2004).

59 Clark, a. a. O., S. 704.

60 Belgischer Rundfunk / BRF-Nachrichten OstBelgien Eupen vom 4. Juli 2014 (TV-Debatte mit Christopher Clark im Belgischen Fernsehen).

sinnloser Durchbruchversuch befohlen; rund zweitausend starben im gegnerischen Sperrfeuer. Das deutsche Oberkommando verklärte den Vorgang zum heldenhaften Einsatz der «Jugend von Langemarck». Noch im Krieg entwickelte sich ein Opfermythos mit jährlichen Gedenktagen und hunderten Ehrendenkmälern. Das NS-Regime übernahm den verlogenen Kult und ließ 1936 auf dem Berliner Reichssportfeld eine Langemarck-Halle am Berliner Olympiastadium errichten. Die britische Besatzungsmacht sprengte das militaristische Denkmal 1947. Die Halle wurde jedoch Anfang der 1960er Jahre detailgetreu rekonstruiert und nochmals im Vorfeld der Fußballweltmeisterschaft 2006 grundlegend saniert. Bis zum heutigen Tag gibt es in Westdeutschland Dutzende Straßennamen, eine Bundeswehr-Kaserne in Koblenz und mehrere Denkmale – so ein gewaltiges, den Heldentod verklärendes in Ludwigshafen Mundenheim, das von Wikipdia als «Kunst im öffentlichen Raum in Ludwigshafen» herausgestellt wird –, die sich positiv auf einen Vorgang beziehen, den man als Massaker, begangen von deutschen Militärs an den eigenen Soldaten, bezeichnen muss.[61]

Anders als im Fall der Kriegsverbrechen in Belgien werden in den aktuellen Rückblicken auf den Ersten Weltkrieg die Massaker, die von österreichischen und deutschen Truppen im Osten und Südosten, darunter insbesondere in Serbien, verübt wurden, so gut wie nie erwähnt. Dabei liegt hier die Zahl der Ermordeten bei mehr als dem Zehnfachen.[62] Auch gibt es den umfassenden Bericht des Schweizer Professors Rodolphe Archibald Reiss, in dem diese Gräueltaten detailiert mit Texten, Interviews und

---

61 Zu Langemarck (im Belgischen: Langemark) siehe u.a. Ulrike Brunotte, Mythos Langemarck, in: Frankfurter Rundschau vom 11. November 2004. https://de.wikipedia.org/wiki/Kunst_im_%C3%B6ffentlichen_Raum_in_Ludwigshafen [abgerufen am 16. Januar 2017]. Es gibt Hunderte solcher fataler Kontinuitäten. Beispiel Gorch Fock: Dieser 1880 in Finkenwerder geborene Mann war jemand, der vor dem Weltkrieg für den Krieg warb, der im Weltkrieg plattdeutsche Kriegshetze verfasste, der 1916 in der Skagerrak-Seeschlacht den Tod fand, nach dem die Nazis 1933 das Segelschulschiff der Reichsmarine benannten ... auf dass die Bundesmarine 1958 ihr Segelschulschiff ebenfalls nach diesem Kriegshetzer benannte. In der Aula der Marineschule Mürwik in Flensburg gibt es auch heute noch Gedenktafeln, die an die Skagerrak-Schlacht mit den Worten erinnern: «Exoriare aliquis nostris ex ossibus ultor» – «Einst wird sich aus unseren Gebeinen ein Rächer erheben.» Nach: Frankfurter Allgemeine Zeitung vom 27. Mai 2016. Mitte 2016 wurde beschlossen, dass «die Aula ein neues Erscheinungsbild» bekommt. «Der symbolische Kern der Umgestaltung wird das Umdrehen der Bestuhlung um 180 Grad sein.» Damit soll erreicht werden, dass die Soldaten nicht mehr direkt auf die Gedenktafeln blicken. Nach: Flensburger Tageblatt vom 27. Mai 2016.

62 Hans Hautmann, Die österreichischen Kriegs- und Humanitätsverbrechen im Ersten Weltkrieg – eine Bilanz, in: Bildungsanlass Erster Weltkrieg, Schulheft 159, herausgegeben von Elke Renner, Hans Hautmann und Peter Malina, Wien 2015, S. 58f. Siehe auch G. I. Marcovic, Der große Krieg, a. a. O., S.217ff

Fotos dokumentiert wurden.[63] Der große kroatische Schriftsteller Miroslav Krleža hatte zweifellos Recht, wenn er schrieb, dass «das imposante Gebäude der europäischen Zivilisation» aufgebaut sei «auf den Knochen zahlloser besiegter europäischer Völker» und «dass es zwei Europas gibt: Neben dem klassischen, westeuropäischen [...] historisch-pathetischen lebt noch ein zweites, das bescheidene, in die Ecke gedrängte, seit Jahrhunderten immer wieder unterworfene periphere Europa der östlichen und südöstlichen europäischen Völker.»[64]

Im Ersten Weltkrieg wurde zum ersten Mal die Massenvernichtungswaffe Giftgas eingesetzt. Auch hier erfolgte der Tabubruch als erstes von der deutschen Seite – mit einem Giftgasangriff am 22. April 1915 an der Westfront bei Ypern. Es folgten weitere deutsche, französische, englische und russische Giftgaseinsätze. Clark hat sich bei dem Thema davongestohlen, weil außerhalb der «Reichweite» seines Buchs liegend. Herfried Münkler stellt fest, von den mehr als 400 Giftgas-Angriffen im Ersten Weltkrieg «gingen rund 350 auf das Konto der Briten und Franzosen». Damit unterstellt er, dass die Entente-Mächte bei den Giftgas-Einsätzen die größte Verantwortung tragen würden.[65] Tatsächlich lag die Zahl der durch Giftgas Getöteten bei 90.000. Auf der deutschen Seite waren es «nur» 2300, bei den österreichisch-ungarischen Truppen gab es 3.000 durch Giftgas Getötete. Die mit Abstand größte Opferzahl hatten die russischen Truppen: Bis zu 56.000 Soldaten der zaristischen Armee fanden durch Gift den qualvollen Tod. Die Briten beklagten 6109 durch Giftgas Getötete, die Franzosen 8.000 und die US-Truppen 14.000 Giftgas-Tote.[66] Auch Adolf Hitler berichtete nicht über deutsche Giftgasangriffe, sondern schrieb in «Mein Kampf», wie er «in der Nacht vom 13. auf den 14. Oktober» 1916 durch «englisches Gasschießen auf der Südfront vor Ypern» schwer verletzt wurde.»[67]

63 Der Reiss-Bericht ist in dem mehrfach erwähnten Buch von I. Marcovic und in diesem in einem gesonderten Beitrag, verfasst von Anton Holzer, zusammenfassend wiedergegeben (dort S. 71ff). Original: A(rchibald) Reiss, Rapport sur les Atrocités Commises par les Troupes Austro-Hongroises pendant la première Invasion de la Serbie, présenté au Gouvernement Serbe, Paris 1919.

64 Zit. in: Süddeutsche Zeitung vom 4.1.2017, anlässlich der erstmaligen Veröffentlichung des dreitausend Seiten starken Romans «Die Fahnen» von M. Krleza.

65 Herfried Münkler, Der Große Krieg. Die Welt 1914–1918, Berlin 2014, S. 392ff und S.422f.

66 Angaben nach der Enzyklopaedia Brittanica; zusammengestellt bei: Winfried Wolf, Händler des Todes, Bundesdeutsche Rüstungs- und Giftgasexporte im Golfkrieg und nach Libyen, Frankfurt am Main 1989, S. 18. Danach lag die Zahl der durch Giftgas Getöteten bei den Entente-Mächten und den USA beim 15,8-fachen der Giftgas-Opfer auf Seiten der Mittelmächte.

67 Adolf Hitler, Mein Kampf, 204. – 208. Aufl. 1936, S. 220; Hervorgeh. von WW.

Bemerkenswert erscheint in diesem Zusammenhang: Der Hersteller des WKI-Giftgases und die weitere Entwicklung dieses Kampfgas-Herstellers, dessen Nachfolger mit Firmenname Degesch im NS-Staat Zyklon B für die Vernichtungslager herstellte, werden bei Münkler nicht erwähnt.[68]

In den 1980er Jahren lieferten das deutsche Unternehmen Imhausen-Chemie und der deutsche Staatskonzern Salzgitter AG die entscheidenden Bauteile zur Errichtung einer Giftgasfabrik im libyschen Ort Rabta. Am 2. Januar 1989 kommentierte William Safire in der «New York Times» dieses «Auschwitz im Wüstensand» wie folgt: «Man sollte erwarten, dass die gegenwärtige Generation von Deutschen, die sich der Schuld ihrer Väter beim Vergasen von Millionen unschuldiger Menschen vor gar nicht so langer Zeit bewusst ist, besonders empfindlich auf die Möglichkeit reagieren würde, Deutsche könnten einem terroristischen Staat beim Gasmord in irgendeiner Weise helfen.» Die damalige Bundesregierung unter Helmut Kohl geriet mit diesem Skandal in erhebliche Bedrängnis. Doch die Krise in Osteuropa und in der DDR und die deutsche Einheit verdrängten das Thema von der Agenda.[69]

In Deutschland und Österreich stand im 19. und 20. Jahrhundert der Antisemitismus in engem Zusammenhang mit den Krisen und Kriegen. Bereits im Gefolge der großen Krise 1873 kam es zu einer starken Zunahme der antisemitischen Agitation, bei der «jüdische Spekulanten» für den Börsenkrach verantwortlich gemacht wurden. Bei Kriegsbeginn 1914 sahen sich die jüdischen Verbände unter besonderem Druck, ihre «vaterländische Gesinnung» zu demonstrieren. Am 1. August 1914, am Tag der Unterzeichnung des Mobilmachungsbefehls, hatten der «Centralverband deutscher Staatsbürger jüdischen Glaubens» und der «Verband der deutschen Juden» ihre Mitglieder dazu aufgerufen, «über das Maß der Pflicht hinaus» ihre «Kräfte dem Vaterland zu widmen».[70] Über zehntausend

68 Die Weltkrieg-I-Giftgas-Varianten waren ursprünglich am Kaiser-Wilhelm-Institut für physikalische Chemie und Elektrochemie (KWI) unter der Leitung von Fritz Haber entwickelt worden. 1917 wurde ein «Technischer Ausschuss für Schädlingsbekämpfung TASCH» gegründet, in dem das KWI und das Unternehmen Degussa vertreten waren. TASCH ging 1919 in die Deutsche Gesellschaft für Schädlingsbekämpfung mbH (auch als Degesch bezeichnet) über. An der Degesch waren u.a. Degussa, BASF und IG Farben beteiligt. Nach dem Zweiten Weltkrieg waren Degussa und Bayer die Degesch-Mehrheiteigner.

69 Zur Rabta-Affäre siehe ausführlich: W. Wolf, Händler des Todes, a. a. O., Seite 20ff.; und W. Wolf zu «Fluchtursachen» in Lunapark21 – Zeitschrift zur Kritik der globalen Ökonomie, Heft 31, Herbst 2015.

70 Zitiert bei Volker Ullrich, Fünfzehntes Bild: «Drückeberger». Die Judenzählung im Ersten Weltkrieg, in: Antisemitismus. Vorurteile und Mythen, herausgegeben von Julius H. Schoeps und Joachim Schloer, Frankfurt am Main o.J. (Verlag Zweitausendeins), S. 211.

deutsche Juden folgten dem Appell und meldeten sich freiwillig für den Kriegsdienst. Insgesamt nahmen von den 5.500.000 reichsdeutschen Jüdinnen und Juden rund 100.000 Männer als Soldaten am Krieg teil. 78.000, also vier Fünftel, von ihnen waren an der Front. Von ihnen fielen 12.000; mehr als 30.000 erhielten Tapferkeitsauszeichnungen. Die aktive Beteiligung der Juden am deutschen Krieg war damit zumindest proportional entsprechend des Anteils der jüdischen Bevölkerung an der gesamten Bevölkerung, obgleich die Diskriminierungen anhielten und jüdische Soldaten «bevorzugt» an besonders gefährlichen Frontabschnitten eingesetzt wurden.[71]

Doch kaum stockten im Herbst 1914 die ersten deutschen Angriffswellen, kam es zu einer deutlichen Zunahme der antisemitischen Agitation. Der Reichshammerbund, eine radikale antisemitische Organisation, forderte seine Mitglieder auf, «Kriegsermittlungen» dahingehend aufzunehmen, inwieweit die jüdische Bevölkerung ihren «vaterländischen Verpflichtungen» in ausreichendem Maß nachkommen würden. Im Übrigen würden Juden einen zu großen Einfluss im Wirtschaftsleben haben; das Schlagwort eines «Systems Rathenau-Ballin» machte die Runde. Darauf legte Walther Rathenau im März 1915 die Leitung der Kriegsrohstoffabteilung im preußischen Kriegsministerium nieder.

Am 11. Oktober 1916 kam es zum großen Tabubruch: Der preußische Kriegsminister Wild von Hohenborn gab dem antisemitischen Trommelfeuer nach und verpflichtete in einem Erlass alle militärischen Dienststellen, «eine Nachweisung der beim Heer befindlichen wehrpflichtigen wie auch der noch nicht zur Einstellung gelangten, vom Waffendienst zurückgestellten und als dauernd oder zeitweilig dienstuntauglich befundenen Juden beizubringen». Die «Judenzählung» fand statt. Um für die jüdische Bevölkerung besonders ungünstige Ergebnisse zu erhalten, bekamen viele jüdische Soldaten am Zähltag Urlaub von der Front. Doch die Manipulation war unzureichend;[72] Die Ergebnisse der Zählung wurden nie veröffentlicht – offensichtlich, weil es keine Belege für die behauptete «jüdische Drückebergerei» gab. Die Zählung als solche und die Geheimhaltung der Ergebnisse befeuerten fortan den Antisemitismus, bald gepaart mit der Kritik an dem in den letzten zwei Kriegsjahren aufblühenden Schwarzhan-

71 Zitat eines Kommandanten: Jüdische Neuankömmlinge seien, «wenn ausgebildet, umgehend ins Feld zu senden und zwar an die Stellen, wo sie dem feindlichen Feuer unrettbar ausgesetzt sind.» In: Kathleen Hildebrand, «Jüdische Soldaten im Ersten Weltkrieg», in: Süddeutsche Zeitung vom 9. Juli 2014.

72 Siehe Rudolf Hirsch und Rosemarie Schuder, Der gelbe Fleck. Wurzeln und Wirkungen des Judenhasses in der deutschen Geschichte, Köln 1999, S. 523.

del, der angeblich «von Juden kontrolliert» würde.[73] Wenige Wochen vor Kriegsende rief der Vorsitzende des nationalistischen Alldeutschen Verbandes, Heinrich Claß, dazu auf, «die Lage zu Fanfaren gegen das Judentum und die Juden als Blitzableiter für alles Unrecht zu benutzen».[74]

Adolf Hitler hat in «Mein Kampf» Giftgas und Antisemitismus zu einem Amalgam vermengt und geschrieben: «Hätte man zu Kriegsbeginn und während des Krieges einmal zwölf- oder fünfzehntausend dieser hebräischen Volksverderber so unter Giftgas gehalten, wie Hunderttausende unserer allerbesten deutschen Arbeiter aus allen Schichten und Berufen es im Felde erdulden mussten, dann wäre das Millionenopfer der Front nicht vergeblich gewesen.»[75]

Hier kann ein aufschlussreicher Personal-Bogen zu der in These IV beschriebenen Rüstungsindustrie gespannt werden. Heinrich Claß war eng verbunden mit Alfred Hugenberg; das Duo bestimmte den Alldeutschen Verband. Gustav Krupp berief im Oktober 1910 Hugenberg zum Chef des Krupp-Direktoriums.[76] Mit Hugenberg befand sich während der gesamten Dauer des Ersten Weltkriegs eine Kernfigur der alldeutsch-völkischen Bewegung in führender Position im entscheidenden Rüstungskonzern; hier wurde eine personelle Klammer zwischen Rüstung und Kriegstreiberei einerseits und völkischer und antisemitischer Propaganda andererseits hergestellt. Hugenberg baute bereits im Ersten Weltkrieg einen Medien-Konzern auf. Nach dem Krieg entwickelte sich der Mann zum Medienzar. Claß engagierte sich seinerseits als Herausgeber und Redakteur der «Deutschen Zeitung». Hugenberg und Claß agierten dann in der Weimarer Republik und vor allem in der Weltwirtschaftskrise mit ihrem maßgeblichen medialen Einfluss als Steigbügelhalter für Adolf Hitler.

---

73 Angaben und Zitate nach Volker Ullrich, a. a. O. und Benjamin Ziehmann, «Das Ende des Kaiserreichs...», a. a. O., S. 64f. Am 19. Oktober 1916 brachte der Zentrumsabgeordnete Matthias Erzberger im Hauptausschuss des Reichstags einen Antrag ein, demzufolge eine «Übersicht» über «das gesamte Personal aller Kriegsgesellschaften» (die Beschäftigung in allen als kriegswichtig deklarierten Unternehmen wie z.B. Krupp) nach deren Zusammensetzung und dabei auch «nach Konfession» zu erstellen war. Der Antrag wurde aufgrund des Widerstands der sozialdemokratischen und fortschrittlichen Abgeordneten nicht angenommen.

74 Zitiert bei Heinrich August Winkler, Die Kontinuität der Kriegspartei, in: Frankfurter Allgemeine Zeitung vom 25. August 2014. Winkler dort weiter: «Abermals zwei Jahre später nahm der Führer der Nationalsozialistischen Deutschen Arbeiterpartei, Adolf Hitler, Verbindung zu Claß auf. Der Führer der Alldeutschen, der wortmächtigste Sprecher der Kriegspartei, hatte einen gelehrigen Schüler gefunden.»

75 Adolf Hitler, Mein Kampf, 204. bis 208. Auflage 1936, S. 772.

76 Siehe Lothar Gall, Krupp, a. a. O., S 28.

VI Zwei Ultimaten an Belgrad – drei Kriege gegen Serbien – 100 Jahre Balkan-Tragödie

Christopher Clark: «Nur ein großer europäischer Konflikt, an dem die Großmächte beteiligt waren, würde ausreichen, um die beeindruckenden Hindernisse zu beseitigen, die der serbischen ‹Wiedervereinigung› im Weg standen.»[77]

Die – wie man heute zu sagen pflegt – «Erzählung» des Mr. Clark weist eine Besonderheit auf, die auf den ersten Blick wie an den Haaren herbeigezogen erscheint. Unser Seelentröster verweist nicht nur auf eine europaweite Schlafwandelei in Sankt Petersburg, London, Paris, Wien und Berlin. Nein, er präsentiert uns auch einen Kriegsschuldigen: den Serben. Dabei geht es in diesem Fall tatsächlich um den moralischen Begriff der Schuld, die in den Augen von Clark zu sühnen ist. Auch wenn im Übrigen von Clark, Münkler & Leonhard dem Historiker Fritz Fischer konsequent und fälschlicherweise unterstellt wird, dieser schreibe Deutschland eine «Schuld» zu und zugleich von diesem Revisoren-Trio der korrekte Begriff der «Verantwortung» gemieden wird.

Klaus Gietinger geht in seinem Text ausführlich darauf ein, wie besessen Clark diesen blutroten Faden spinnt, wie demagogisch der Australier Begriffe aus der aktuellen politischen Debatte wie «Schurkenstaat» und «Selbstmordattentäter» falsch und gezielt Serbien bzw. den bosnischen Attentätern zuweist. Wie der scheinbar Neutrale aus Cambridge auf diese Weise seine Erzählung auflädt. Wie disproportional sein Buch bereits in der Methodik aufgebaut ist: Eine Schrift zum Thema «Wie Europa in den Ersten Weltkrieg zog», in der gut ein Viertel des Textteils ausschließlich Serbien gewidmet ist[78], in der der Krieg selbst erst gar nicht auftaucht, in der Clarks wissenschaftlicher Gegner, der Historiker Fritz Fischer, lediglich einmal peripher auf Seite 715 erwähnt wird, in der dann jedoch auf vollen zwei Seiten (146f) der Liebestaumel des k.u.k. Generalstabschefs Franz Conrad von Hötzendorf ausgebreitet und dabei immerhin die interessante These aufgestellt wird, Conrad «betrachtete den Krieg sogar als Mittel, [die heimlich Geliebte] Gina in seinen Besitz zu bringen», und in der wir über den serbischen Volkscharakter wie folgt aufgeklärt werden: «Der Dialog, den der serbische Thronerbe Prinz Alexander auf einer Tour durch die eroberten Gebiete [...] mit den Einheimischen führte, war [...]

77 Clark, a. a. O., S. 97.

78 Die ersten 150 Seiten des rund 700 Seiten starken Textteils handeln ausschließlich von Serbien; hinzu kommen mehr als 30 weitere Seiten.

nicht gerade hilfreich: ‹Was seid ihr?› ‹Bulgaren.› ‹Ihr seid keine Bulgaren. Ich fick deinen Vater!›»[79]

Serbien war in diesem Krieg eindeutig Opfer. Mindestens 30.000 serbische Zivilisten wurden, wie bereits erwähnt, in organisierten, von den Militärs befohlenen Massakern grausam ermordet. Kein Wort davon bei Clark. Serbien verlor in dem Krieg 1,1 bis 1,2 Millionen Menschen und damit ein Viertel seiner Bevölkerung; kein anderes Land musste einen solchen Blutzoll erleiden. Keine Silbe dazu bei Clark.

Gleichzeitig äußert Mr. Clark seine revisionistischen Positionen von Ort zu Ort erstaunlich unterschiedlich dosiert. Als er sein Buch in Belgrad vorstellte, sagte er, wie der serbische Historiker Dragoljub Živojinovićberichtete, «die nettesten Dinge über Serbien und die Serben, und als er wieder aus dem Land war, beschuldigte er uns, ein Mörder-Volk zu sein, das Genozid betreibt».[80]

Eine maßgebliche Rolle bei der Inszenierung für den Ersten Weltkrieg spielte bekanntlich das österreichische Ultimatum. Clark behauptet, «die Bedingungen» in diesem Ultimatum «konzentrierten sich ganz auf die Bedrohung, die der serbische Irredentismus für die österreichische Sicherheit darstellte».[81] Einmal abgesehen davon, dass die Behauptung grotesk ist, das kleine Königreich Serbien habe «die österreichische Sicherheit» bedroht, war damals für alle Beteiligten klar, dass die Regierung eines souveränen Staates es niemals zulassen konnte, dass, wie in den Punkten 5 und 6 des Ultimatums gefordert, «Organe der k. u. k. Regierung», auf serbischem Boden «bei der Unterdrückung der [...] subversiven Bewegung» mitwirken bzw. «auf serbischem Territorium [...] an den diesbezüglichen Erhebungen [Ermittlungen, W.W.] teilnehmen» konnten.

Clark fügte an dieser Stelle als eine Art «Beweis» dafür, dass das Ultimatum doch eher harmlos sei, den Verweis hinzu, die NATO habe doch im März 1999 an Belgrad ein gewissermaßen noch «ultimativeres Ultimatum» gerichtet. Klaus Gietinger schreibt dazu zu Recht, dass sich Clark «spätestens damit» als Historiker disqualifiziere. Gleichzeitig sei es Clark allerdings gedankt, dass er hier politisch argumentiert. In Interviews wurde er noch deutlicher, so wenn er äußerte: «Die Klientelzusammenhänge und die politischen Bande sind dabei nach 1991 [im Bereich der damaligen Bundesrepublik Jugoslawien, W.W.] exakt die gleichen wie 1914. Die

79 Clark, a. a. O., S. 336f. Clark nennt dabei als Quelle einen bulgarischen Autor und einen bulgarischen Buchtitel.

80 Interview in: Die Presse (Wien) vom 21. Juni 2014. Dragoljub Živojinovićfügt hier hinzu: «Nein, er ist nicht ernst zu nehmen.» Das ist einerseits richtig hinsichtlich der wissenschaftlichen Sicht. Politisch jedoch ist Clark ernst zu nehmen, ja ein Ernstfall.

81 Clark, a. a. O., S. 586.

Russen unterstützen immer noch Belgrad gegen die Nato.»[82] Im Kielwasser seines neuen Meisters befindlich präzisierte Herfried Münkler im «Handelsblatt»: «Sarajewo kommt im 20. Jahrhundert zweimal vor, dort hat sich die Tragödie des Balkans ein zweites Mal abgespielt, nur dass sich diesmal der Rest Europas nicht auseinander dividieren ließ.»[83] Im Klartext: Gut so – endlich alle gegen den Serben!

Richtig ist: Es gibt diese Wiederkehr eines Kriegs gegen Serbien – mit ähnlichen Konstellationen: 1914 «Wien + Berlin ./. Belgrad». 1999 «Washington + Brüssel + Berlin ./. Belgrad». Nicht zu vergessen 1941 «Berlin ./. Belgrad».

1914 und 1999 werden Ultimaten gestellt. Diejenigen, die die Texte formulierten, tüftelten diese so aus, dass eine Annahme ausgeschlossen war. Und beides Mal sind es im Wesentlichen die gleichen Inhalte, die die Nicht-Annehmbarkeit begründen: Verlangt wird, dass «Organe» derjenigen, die das Land mit Krieg bedrohen, sich auf dem Boden Serbiens frei bewegen können.

Hier agierte eine westliche, antiserbische Diplomatie mit einer enormen Perfidie und mit einem bemerkenswert elefantösen Gedächtnis. Die westlichen Regierungen agieren nationalistisch, rassistisch und spalterisch. Der blutjunge Attentäter von Sarajewo, Gavrilo Prinzip, mag ein Heißsporn gewesen sein. Doch, so betont Draguljub Živojinović, «sagte er immer, auch im Gericht von Sarajewo, dass er für ein Jugoslawien kämpfe. Er war aufrichtig für Jugoslawien, auch wenn er ein Serbe war.»[84]

Die serbische Regierung musste Ende 1915 nach erbittertem Widerstand gegen die vielfach überlegenen österreichisch-ungarischen und deutschen Armeen das Land verlassen. Zehntausende Serbinnen und Serben fanden Aufnahme auf der griechischen Insel Korfu, in Thessaloniki, in anderen griechischen Städten, in Frankreich, in der Schweiz und in Nordafrika. Sie verabschiedeten mehrere Deklarationen, in denen sie für eine Einheit der Balkan-Völker eintraten. Bereits am 7. Dezember 1914 nahm die serbische Volksversammlung in Niš das «Jugoslawische Programm» mit der Zielsetzung einer «Union zwischen Slowenen, Kroaten und Serben» an. Am 7. Juli 1917 verkündeten der – von Clark vielfach geschmähte – Präsident des Ministerrats Nik P. Pašić, ein Serbe, und der Präsident des Jugoslawischen Komitees, Ante Trumbic, ein Kroate, die «Deklaration von Korfu», in der die Errichtung eines «Staats der Serben, Kroaten und Slowenen» mit einer «konstitutionellen, demokratischen und parlamentarischen Monarchie» angekündigt wird, ein Bundesstaat, in dem «alle anerkannten Religionen

---

82 Interview bei faz.net vom 28. Juli 2014

83 Interview in: Handelsblatt vom 1. Dezember 2015.

84 Interview in die Presse (Wien) vom 21. Juni 2014.

frei und öffentlich ausgeübt werden», und zwar explizit «das orthodoxe, katholische und mohammedanische Glaubensbekenntnis».[85] Nach dem Ersten Weltkrieg wurde dieser Plan für einen breit angelegten Balkanstaat in die Tat umgesetzt. Die Gleichberechtigung der verschiedenen Völker und Ethnien war zeitweilig nur hehrer Anspruch; vor allem gegen Ende des Königreichs der Serben, Kroaten und Slowenen («SHS-Staat») bzw. ab 1929 im Königreich Jugoslawien dominierten die Serben.

Am 6. April 1941 überfiel die deutsche Wehrmacht Jugoslawien. Auf ein Ultimatum und eine Kriegserklärung wurde komplett verzichtet. Nach der Kapitulation der jugoslawischen Armee am 17. April wurde Jugoslawien vom NS-Regime bewusst in zehn Teile mit unterschiedlichem staatsrechtlichem Status zerschlagen, wobei der neu gegründete Unabhängige Staat Kroatien – mit dem faschistischen Ustascha-Regime – einen bevorzugten Status erhielt, wohingegen Serbien unter direkte deutsche Militärverwaltung gestellt wurde. Ein großer Teil der Soldaten der Besatzungsarmee waren Österreicher. Die Kontinuität zum Ersten Weltkrieg war hergestellt. Von der in Gefangenschaft genommenen jugoslawischen Armee wurden alle diejenigen Soldaten freigelassen, die nicht serbischer Nationalität waren; 180.000 serbische Soldaten wurden als Zwangsarbeiter nach Deutschland verbracht.

Im Zweiten Weltkrieg verloren auf dem Gebiet des ehemaligen Jugoslawien rund zwei Millionen Menschen ihr Leben – wesentlich mehr als im Ersten Weltkrieg. Mehr als die Hälfte der Getöteten waren serbischer Nationalität.[86] Das heißt: In einem Dritteljahrhundert bzw. in den beiden Weltkriegen verloren 2,2 bis 2,4 Millionen Serbinnen und Serben oder weit mehr als ein Drittel der serbischen Bevölkerung ihr Leben durch den imperialistischen Aggressor Österreich-Deutschland bzw. Deutschland-«Ostmark» (Österreich).

---

85 Erklärung von Korfu wiedergegeben in: Gordona Ilic Marcovic (Herausgeberin), Der große Krieg, a.a.O., S. 212f; das zuvor zitierte «Jugoslawische Programm von Niš» ebenda, S.69. Interessant auch mit Blick auf die heutige Situation, bei der Slowenien lediglich einen 46,6 km breiten und Bosnien Herzegowina nur einen 20 Kilometer schmalen Zugang zur Adria zugestanden bekamen, die Formulierung in dieser «Erklärung von Korfu»: «Die Adria wird [...] frei und offen für alle und jeden sein.»

86 Allein die kroatische Ustascha ermordete – geduldet bzw. unterstützt vom NS-Regime und vielfach angefeuert von den Vertretern der katholischen Kirche – rund 500.000 Serbinnen und Serben. Siehe Peter Wiener, Schlachtet alle Serben!, in: Konkret 7-8/1999. Zu den Massakern von Wehrmacht und SS siehe Hannes Heer und Klaus Naumann, Vernichtungskrieg. Verbrechen der Wehrmacht 1941-1944, dort der Beitrag von Walter Manoschek und Hans Safrian auf den Seiten 359ff. Zur Zahl der Todesopfer insgesamt auf dem Gebiet Jugoslawien siehe Michael W. Weithmann, Balkanchronik. 2000 Jahre zwischen Orient und Okzident, Graz 1997, S. 421.

Im Kampf der kommunistisch geführten Partisanen gegen die deutschen und österreichischen Besatzer lebte erneut die Idee eines geeinten Jugoslawien der unterschiedlichen Balkan-Völker auf. Am 29. November 1943 wurde in Jajce eine provisorische jugoslawische antifaschistische Regierung gebildet und am 31. Januar 1946 die Verfassung der «Föderativen Volksrepublik Jugoslawien» beschlossen.[87] Diese Bundesrepublik Jugoslawien erlebte dann zwischen 1946 und 1985 vier Jahrzehnte einer relativen Blüte – eine Zeit mit einer kontinuierlichen Steigerung des Lebensstandards, mit einem Abbau der wirtschaftlichen und sozialen Unterschiede zwischen den Teilrepubliken und den Regionen und mit einem deutlichen Abbau der alten Spannungen und Feindschaften zwischen den Völkerschaften, wofür achthundertausend Mischehen Zeugnis ablegen.[88]

Wenn dieses Erfolgsmodell Jugoslawien nach der historischen Zäsur 1990/91 erneut zerschlagen wurde, so gibt es dafür Ursachen, die im Land selbst und bei nationalistischen Führern wie Slobodan Milosevic in Serbien und Franjo Tudjman in Kroatien liegen. Doch es gab auch ein massives zerstörerisches Einwirken seitens des Westens, angeführt von der Regierung in Bonn respektive Berlin. Dieser Prozess erfolgte auf vier Ebenen: Erstens in Form einer zersetzenden Einflussnahme westlicher Regierungen und Geheimdienste in Jugoslawien nach Titos Tod[89]. Zweitens in Form des politischen Eingreifens vor allem der deutschen Regierung nach 1990 zugunsten derjenigen Kräfte, die auf einen Zerfall der

87 Dort heißt es: «Die Föderative Volksrepublik Jugoslawien [...] FNRJ ist eine föderative Demokratie mit republikanischer Staatsform, eine Gemeinschaft gleichberechtigter Nationen [...] Die FNRJ setzt sich aus den Volksrepubliken Serbien, Kroatien, Slowenien, Bosnien und Herzegowina, Mazedonien und Montenegro zusammen.» Siehe Weithmann, Balkanchronik. A.a.O., S. 422.

88 Siehe Catherine Samary, Die Zerstörung Jugoslawiens. Ein europäischer Krieg, Köln 1992, S. 59 und 66. 1990 definierte sich in Jugoslawien eine deutliche Mehrheit als «jugoslawisch». An zweiter Stelle als «europäisch». Erst an dritter Stelle folgte die Zugehörigkeit zu der jeweiligen Teilrepublik oder Region. Nach: Spiegel.online http://www.spiegel.de/einestages/jugoslawien-krieg-antworten-auf-die-wichtigsten-fragen-a-1099538.html [abgerufen am 17. Januar 2017]

89 Der frühere BND-Mann und Geheimdienst-Aussteiger Erich Schmidt-Eenboom beschrieb dieses Vorgehen ausführlich bereits Mitte der 1990er Jahre in seinem Buch «Der Schattenkrieger – Klaus Kinkel und der BND». Unter anderem ist dort zu lesen, wie die deutsche Regierung und ihr Geheimdienst BND sich zusammen mit den Regierungen in Wien und Rom früh zugunsten nationalistischer kroatischer Kreise engagierten. Schmidt-Eenbohm: «In Rom gab es bereits 1981 ernsthafte Konsultationen zwischen Deutschland, Österreich und Italien über die Frage, wer welche Aufgabe beim Zerfall des Tito-Staates nach dem Tod des Marschalls am 5. Mai 1980 übernehmen sollte.» Erich Schmidt-Eenboom, Der Schattenkrieger – Klaus Kinkel und der BND, Düsseldorf 1995, S. 228.

Bundesrepublik Jugoslawien hinarbeiteten. Die BRD war 1991 der erste einflussreiche Staat, der die «Ausgründungen» Slowenien und Kroatien diplomatisch anerkannte. Drittens in Form der Waffenlieferungen an die neuen Ausgründungen im Zeitraum 1991 bis 1999 und die Förderung der terroristischen Untergrundorganisation UCK im Kosovo. Und viertens 1999 in Form des Nato-Kriegs gegen die Bundesrepublik Jugoslawien, ein Krieg, der ein doppelter Tabubruch war, weil er ohne UN-Mandat geführt wurde und weil an ihm erneut deutsche Soldaten und deutsche Kampfflugzeuge beteiligt waren.

Auf dem Balkan wurden nach dem Ersten und nach dem Zweiten Weltkrieg überzeugende Lehren zur Überwindung der ethnischen Spaltungen gezogen. Es waren vor allem diejenigen europäischen Mächte, die für den Ersten und für den Zweiten Weltkrieg die wesentliche Verantwortung tragen, die zur Zerstörung dieses hoffungsvollen, die Völker verbindenden Modells und zu massenhafter Vertreibung und der Schaffung eines riesigen Flüchtlingsheers beitrugen. Heute existieren auf dem Gebiet des ehemaligen Jugoslawiens erschütternde Armenhäuser mit Arbeitslosenquoten von zwanzig bis fünfzig Prozent.[90]

Der jüngste Zerstörungsprozess auf dem Balkan wurde von führenden deutschen Politikern erstaunlich offenherzig mit fatalen historischen Bezügen begründet. 1991 äußerte der ehemalige CDU-Bundesverteidigungsminister Rupert Scholz vor Managern und Generalen: Nach Überwindung der wichtigsten Folgen des Zweiten Weltkriegs «sind wir heute damit befasst, auch die Folgen des Ersten Weltkriegs zu bewältigen». Denn: «Jugoslawien ist als Folge des Ersten Weltkriegs eine sehr künstliche, mit dem Selbstbestimmungsgedanken nie vereinbar gewesene Konstruktion.»[91]

90 2016 lagen die Arbeitslosenquoten in Kroatien, Montenegro und Serbien bei rund 20%, in Mazedonien und Bosnien Herzegowina bei rund 30 % und im Kosovo bei gut 35%. Die Jugendarbeitslosigkeit liegt überall noch deutlich höher.

91 Zitiert in: Winfried Wolf, Bombengeschäfte ..., a. a. O., S. 96. Man vergleiche die EU-Ansprüche, die Völker Europas zu einen, damit, wie die EU bzw. wie vor allem die BRD nach 1990 ihren Einfluß geltend machten, die CSSR in Slowakei und Tschechien aufzuspalten, die Bundesrepublik Jugoslawien in ein halbes Dutzend neue Staaten zu zersetzen und die Bevölkerung der Ukraine in einen Weststaat und eine abtrünnige Ostregion aufzuspalten.

VII Hundert Jahre deutsche Europa-Konzeption

Christopher Clark: «Bismarcks Strategie hatte ihren Preis. [...] Deutschland blieb unter seinen Möglichkeiten.»[92]

Der 1871 gegründete deutsche Nationalstaat bedeutete die Schaffung eines neuen großen Binnenmarktes. Bis Ende des 19. Jahrhunderts erwies sich dies als eine geeignete Basis für den (preußisch dominierten) deutschen Kapitalismus, zumal zunächst die Dellen, die die schwere Weltwirtschaftskrise 1873 verursachte hatte, auszugleichen waren. Doch spätestens zum Jahrhundertwechsel erwies sich, kapitalistisch-ökonomisch gesehen, dieser Binnenmarkt als eng – in den Augen der meisten Konzernchefs als zu eng. Darauf konnte man militärisch antworten.

Vor Beginn des Ersten Weltkriegs gab es unter den Mächtigen in Deutschland einige wenige, die auf «friedlichem» Weg eine fortgesetzte Expansion des deutschen Kapitalismus verwirklichen wollten. Walther Rathenau, der den Elektrokonzern AEG repräsentierte, zählte zu ihnen. In einem von ihm 1913 verfassten Aufsatz heißt es: «Der friedliche Krieg der Nationen [gemeint ist der «Krieg», der ausschließlich in Form der kapitalistischen Konkurrenz ausgetragen wird, W.W.] bietet der Zukunft Deutschlands schwerere Gefahren als irgendein Waffengang. Er [...] zwingt uns auf die Dauer, teuer zu kaufen und billig zu verkaufen, und somit unentgeltliche Arbeit für das Ausland zu leisten.» Nachdem Rathenau im Fortgang des Textes all die ökonomischen Probleme im Fall dieser «friedlichen» Weltmarktkonkurrenz beschrieb, stellte er fest: «Es bleibt eine letzte (!) Möglichkeit: Die Erstrebung eines mitteleuropäischen Zollvereins, dem sich wohl oder übel, über kurz oder lang, die westlichen Staaten anschließen würden.» Damit, so Rathenau weiter, «wäre dem nationalistischen Hass der Nationen der schärfste Stachel genommen».[93]

Rathenau war mit dieser Position einigermaßen isoliert; es wurde der andere Weg – Fortsetzung der «friedlichen» Konkurrenz mit militärischen Mitteln – beschritten. Doch auch der 1914 von Berlin und Wien begonnene Krieg verfolgte eine «Europa-Konzeption». Der Vertraute des Reichskanzlers Kurt Riezler breitete dies in seinem Tagebuch am 18. April 1915 wie folgt aus: «Gestern lange mit dem Kanzler zusammengesessen, um ihm mein neues Europa, das heißt, die europäische Verbrämung unseres Machtwillens, auseinanderzusetzen. Das mitteleuropäische Reich deutscher Nation. Das bei Aktiengesellschaften übliche Schachtelsystem,

92 Clark, a. a. O., S. 194.

93 Walther Rathenau, Deutsche Gefahren und Ziele, in: Rathenau, Gesammelte Schriften in fünf Bänden, Band I, Berlin 1918, S. 268; hier zitiert nach: Europastrategien des deutschen Kapitals, a. a. O., S. 206ff.

das deutsche Reich eine AG mit preußischer Aktienmajorität. [...] Um das deutsche Reich herum ein Staatenbund, in dem das Reich ebenso die Majorität hat wie Preußen im Reich – daher denn Preußen auch in diesem Staatenbund die thatsächliche Leitung hat. Die belgische Frage so lösen, dass sie [...] nicht im Weg steht. [...] Dann Österreich so behandeln, dass es von selbst hineinwächst. [...] Dann den europäischen Gedanken in Skandinavien und Holland stärken. Man braucht da gar nicht von Anschluss an die Zentralmacht zu reden. Der europäische Gedanke [...] führt ganz allein zu solcher Konsequenz. Ditto die Ermüdung und der nach dem Kriege zu erwartende Pazifismus. Man muss der Welt den ewigen Frieden versprechen.»[94]

Es war dann erneut Rathenau, der wenige Wochen nach dem deutschen Überfall auf Belgien und noch vor den ersten schweren Niederlagen der deutschen Armee eine «Kriegszieldenkschrift» verfasste, in der der aus deutscher Sicht noch erfolgreiche Auftakt des Kriegs dazu genutzt werden sollte, die Vorkriegsidee von Mitteleuropa unter deutscher Kontrolle neu zu formulieren. Rathenau: «Unter diesen Umständen erscheint es als der stärkste Umschwung unserer Politik, wenn wir Frankreich zu einem freiwilligen Frieden gewinnen. [...] Das Endziel wäre der Zustand, der allein ein [sinnvolles] künftiges Gleichgewicht Europa bringen kann: Mitteleuropa geeinigt unter deutscher Führung – gegen England und Amerika einerseits, gegen Russland andererseits politisch und wirtschaftlich gefestigt. Das Opfer, das wir zu erbringen hätten, bestände im Verzicht auf französischen Landerwerb [...] Der Zeitpunkt ist günstig. Nach der beispiellosen Niederwerfung Frankreichs durch unsere Armee würde die Aufrichtung des Landes niemals als Schwäche, sondern als Akt der imposantesten Fernsicht erscheinen. [...] Die Zukunft zeigt uns den Aufstieg des angelsächsischen und den des östlichen Wirtschaftskörpers; es ist die deutsche Aufgabe, den alteuropäischen Körper zu verwalten und zu stärken.»

Das war kein Plädoyer für eine Friedenspolitik. Auch Rathenau geht hier davon aus, dass Belgien nicht mehr als souveräner Staat hergestellt wird. Er empfiehlt in der Schrift sogar einen Luftkrieg gegen britische Städte, um England zum Einlenken zu bewegen.[95] Es war jedoch ein Plädoyer zur Mäßigung, das zu einer rationalen kapitalistischen Expansionspolitik aufforderte und in gewissem Sinn an die Bismarck´sche Politik anknüpfte, die ja keineswegs eine friedliche war und die 1871 unter anderem mit der Annexion von Elsass und Lothringen verbunden war. Verglichen mit den

94 Kurt Riezler, Tagebücher , S. 268; hier zitiert nach Herfried Münkler, a. a. O., S. 282.

95 Walther Rathenau, Kriegszieldenkschrift an Bethmann Hollweg, Zentrales Staatsarchiv Potsdam Nr. 2476, Bl. 58ff; hier wiedergegeben in: Europastrategien des deutschen Kapitals, a. a. O., S. 12ff.

aggressiven Kriegsziel-Denkschriften seiner Kapitalisten-Kollegen waren Rathenaus Positionen aber ausgesprochen zurückhaltend.

Bemerkenswert ist jedoch, dass die Zielsetzungen sich nicht allzu sehr unterscheiden. Es geht immer um eine Ausweitung des Gebiets der deutschen Kapitalherrschaft, um die Beherrschung zumindest des europäischen Kontinents durch die deutschen Banken und Konzerne. Dies war immer nur zu haben, wenn der anderen Seite genommen, wenn annektiert und geraubt wird.

VIII Nicht «Persönlichkeiten», Menschen machen Geschichte. Das ist eine entscheidende Lehre aus dem Ablauf des Ersten Weltkriegs

Christopher Clark: «Die Geschichte schenkt uns keine Lehren.»[96]

In Wirklichkeit lassen sich aus dem Ersten Weltkrieg wertvolle Lehren ziehen. Eine Voraussetzung hierfür ist, dass in der «Erzählung» darüber, «wie Europa in den Ersten Weltkrieg zog», auch diejenigen Hauptdarsteller auftreten, die sich dem In-den-Krieg-ziehen widersetzten, diejenigen, die im Krieg Widerstand leisteten, und diejenigen, die entscheidend dazu beitrugen, dass der Krieg beendet wurde.[97]

Klaus Gietinger legt in seinem Text dar, dass Clark die SPD als die (ab 1912) größte Partei im Deutschen Reichstag, gerade mal mit einem halben Dutzend Zeilen erwähnt (und dann noch peinlich fehlerhaft). Die SPD-Führer August Bebel (er starb 1913; Clark beginnt seine «Erzählung» 1903), Friedrich Ebert und Gustav Noske – sie tauchen nicht auf. Die führenden Personen der SPD-Linken, Karl Liebknecht, Rosa Luxemburg und Clara Zetkin – der Australier findet sie nicht erwähnenswert.

Obgleich die SPD-Führung sich in den Jahren vor 1914 Schritt für Schritt von der traditionellen Haltung gegen Kriege und für Streiks zu deren Verhinderung entfernt hatte – Klaus Gietinger berichtet dazu ausführlich[98] – gingen im Juli 1914 bis zu 750.000 Menschen auf die Straße und demonstrierten für Frieden.[99] Clark übersieht das großzügig.

---

96 Zitiert in: Süddeutsche Zeitung vom 30. Juni 2014

97 Dass Clark sein Buch Anfang August 1914 enden lässt, ist auch methodisch höchst problematisch, weil auf diese Weise eine überzeugende Gesamtsicht nicht erreicht werden kann. Wobei Clark die Kräfte gegen den Krieg, die vor August 1914 wirkten, auch nicht erwähnt.

98 Siehe Gietinger auf den S. 256ff.

99 Informationen zur politische Bildung ..., a. a. O., S. 62. Ähnlich bei Fesser, a. a. O., S. 38f.

Während des Krieges gab es zahllose Massenstreiks. In Ergänzung zu dem, was Klaus Gietinger hierzu berichtet, seien diese Streiks knapp für den Krupp-Konzern skizziert. Zu ersten Streiks kam es in diesem entscheidenden Rüstungskonzern bereits im Sommer 1916; zunächst am 15. Juni auf der Germaniawerft in Kiel. Im Mittelpunkt der Forderungen stand die schlechte Versorgung mit Nahrungsmitteln; es kam zu Plünderungen u.a. der «Kruppschen Konsumanstalt». In einer wesentlich breiteren und radikaleren Streikwelle im Februar 1917 wurden «fast alle Betriebe der Gussstahlfabrik [von Krupp] erfasst»; es gab «Hungerunruhen». Gustav Krupp wandte sich in der Angelegenheit zweimal an den Reichskanzler und verwies darauf, dass «die Sendlinge der sogenannten ‹Spartakus›-Gruppe ihre Hand im Spiel gehabt» hätten. Im März 1917 streikten die Arbeiterinnen der Zündwerkstätten. Hier entschloss man sich «hart durchzugreifen: Zweihundert streikende Arbeiterinnen wurden kurzerhand entlassen und für die Dauer des Kriegs von jeder Wiederanstellung ausgeschlossen.» Nun ließ die Firmenleitung zur «Kanalisierung» der Proteste am 14. März 1917 eine Betriebs-Arbeitervertretung wählen – und stellte betroffen fest, dass die «wirtschaftsfriedlichen» und unternehmensnahen Vertreter in der Minderheit blieben. Ab Frühjahr 1917 kam es im weiten Krupp-Reich immer wieder zu Streiks. Mit Beginn des Jahres 1918 «versiegten die Protesthandlungen nicht mehr». Am 26. Januar 1918 waren 6.000 Mann und damit «fast die gesamte Belegschaft der Germaniawerft» in Kiel mit der Forderung der «Erzwingung des Friedens» in den Ausstand getreten. Am 17. März 1918 kam es, einberufen vom Arbeiter-Ausschuss, in Essen im großen städtischen Saalbau zu einer «Kruppschen Belegschaftsversammlung» mit «bis auf den letzten Platz gefüllten Stuhlreihen», auf der vor allem die Forderungen nach Friedensschluss im Zentrum standen.[100]

Bei den Streiks bei Krupp gilt es zu beachten: Die Arbeiter in der Rüstungsindustrie wurden deutlich besser bezahlt als die in der übrigen gewerblichen Wirtschaft. Sie genossen auch insoweit Privilegien, als sie – bei Wohlverhalten – nicht an die Front mussten. Krupp forderte von den Beschäftigten sogar ausdrücklich, sich nicht freiwillig zum Kriegsdienst zu melden.[101] Darüberhinaus hatte Krupp höchst erfolgreich eine spezifische Politik der Betriebsgemeinschaft mit eigenen sozialen Einrichtungen und eigenem, groß angelegten Wohnungsbau entwickelt. Doch all das nutzte offensichtlich am Ende nichts. Ab Sommer 1918 gingen die Streiks bei Krupp über in die allgemeine politische Streikwelle, wie sie bei Gietinger beschrieben wird.

100 Vorausgegangene Zitate und Berichte nach: Lothar Gall, Krupp ..., a. a. O., S. 73f, S. 76 und S. 79ff.

101 Lothar Gall, a. a. O., S. 19.

Die zwei Lehren, die zu ziehen sind, lauten: (1) Der Erste Weltkrieg war verhinderbar. Er wurde nicht verhindert, weil die Führungen von SPD und den sozialdemokratisch geführten Gewerkschaften versagten. (2) Das Völkermorden wurde in erster Linie durch die Streiks Hunderttausender Arbeiterinnen und Arbeiter, durch Befehlsverweigerungen und Widerstandsaktionen und Desertion Hunderttausender Soldaten in Deutschland, durch die Revolutionen im Februar und Oktober 1917 in Russland und durch die Novemberrevolution 1918 in Deutschland beendet.[102]

IX Die Debatte über das Clark-Buch ist eine Debatte über Krieg und Frieden heute

Clark: «Heute haben wir es mit einem genuin multipolaren System zu tun. Der Vorsprung der Amerikaner im militärischen Sinn ist noch immer vorhanden [...] Es entstehen neue regionale Machthaber [...] die Türkei, der Iran. Natürlich China. Und auch Russland ist stark im Kommen. In dieser Multipolarität zeigt sich die Ähnlichkeit zum Jahr 1914.»[103]

Die Auseinandersetzung über Clarks Buch «Die Schlafwandler» findet in einer Situation mit großen neuen Kriegsgefahren statt. Es gibt die Dynamik der EU-Krise. Es gibt die Konfrontation des Westens mit Russland. Und es gibt unter US-Präsident Donald Trump die Gefahr eines großen Kriegs der USA gegen China.

(1) EU-Krise und deutsche Aufrüstung: Deutschland war bereits 2014 in der Europäischen Union die mit Abstand größte Wirtschaftsmacht. Nach der britischen Entscheidung, aus der EU auszutreten, vor dem Hintergrund der strukturellen Schwäche Frankreichs und angesichts der Gefahr eines italienischen Finanzkollapses hat sich die deutsche Übermacht in der EU nochmals verstärkt. Vor allem in der Griechenlandkrise 2015 demonstrierte die Regierung in Berlin ihre Zuchtmeister-Stellung, die für Millionen Griechinnen und Griechen mit Verarmung und für das Land mit neuerlicher Demütigung durch Deutschland verbunden ist.

102 «Seit August [1918] setzte ein ‹verdeckter Militärstreik› der Frontsoldaten im Westen ein. Zu Hunderttausenden entfernten sie sich von den Truppen und bahnten sich auf eigene Faust einen Weg in Richtung Heimat durch das belgische Etappengebiet. [..] Dem Militär als dem Garanten des wilhelminischen Herrschaftssystems war damit bereits der Boden entzogen noch bevor die Meuterei der Kieler Matrosen am 29. und 30. Oktober das Signal zur Revolution gab.» Benjamin Ziemann, Das Ende des Kaiserreichs, in: Informationen zur politischen Bildung..., a.a.O., S.69.

103 Interview mit Christopher Clark in: die Presse (Wien) vom 17. Oktober 2015.

Das führte zu einer politischen Isolation der deutschen Regierung innerhalb der EU. Plötzlich tauchte wieder der Begriff einer «Einkreisung» auf. Dabei geht es im Grunde erneut, wie in den Jahren vor 1914, um eine «Auskreisung», um eine Politik der Selbstisolierung, die durch die aktuelle Dominanz der deutschen Konzerne in Europa und durch die gewaltigen deutschen Leistungsbilanzüberschüsse, die es seit der Euro-Einführung gibt, provoziert wurde.

Cora Stephan griff in mehreren Beiträgen u.a. in der Tageszeitung «Die Welt» die Thesen von Clark auf und überspitzte sie noch mit der Feststellung: «Ja, erst Großbritanniens Kriegseintritt hat den Krieg zum Weltkrieg werden lassen [...] Das ist das Päckchen, das England zu tragen hat.» Um fast nahtlos zu behaupten, dass Deutschland auch heute «seine ökonomische Macht nicht in eine politische ummünzen» könne und wolle. Wobei «selbst diese Zurückhaltung [...] dem Land nicht (hilft), das ‹zu groß für Europa und zu klein für die Welt› ist (Kissinger)».[104]

Die deutsche Regierung führt aktuell «nur» einen Wirtschaftskrieg in Europa, indem sie das Austeritätsmodell dem Rest der EU, vor allem den ökonomisch schwachen Ländern der Peripherie aufzwingt. Und auch hier ist diese EU-Krise in erster Linie Resultat der kapitalistischen Dynamik von wirtschaftlicher Expansion, Orientierung an der Profitmaximierung bei gleichzeitig beschränktem Binnenmarkt. Und parallel mit dem «Trachten» nach anderen Märkten wurde die Bundeswehr zur Interventionsarmee ausgebaut und gab es die ersten großen Bundeswehr-Auslandseinsätze. Als Donald Trump im Januar 2017 kritisierte, die europäischen Nato-Mitgliedsländer zahlten «nicht ihre Beiträge», verwiesen die deutsche Kanzlerin und die deutsche Verteidigungsministerin darauf, dass die Rüstungsausgaben Deutschlands längst steigen und dass sie zukünftig noch deutlich gesteigert werden würden.[105]

(2) Einkreisung von Russland und Ukraine-Krise: Nach dem Zusammenbruch des Blocks der nichtkapitalistischen Länder 1989–1991 und dem Verschwinden der West-Ost-Systemkonkurrenz gibt es heute im Wesentlichen nur noch kapitalistische Länder. Damit haben wir nach einem Jahrhundert wieder eine Situation, die mit derjenigen vor dem Ersten Weltkrieg vergleichbar ist. Nicht primär, weil diese Welt «multipolar» ist (was auch zutrifft), sondern vor allem, weil in allen diesen Ländern die beschriebene kapitalistische Dynamik Profit – Konkurrenz – Aufrüstung – Krieg vorherrscht. Dabei sah es ja auch, ähnlich wie im Zeitraum 1900 bis 1910, nach der Wende 1989/1990 ein knappes Jahrzehnt lang so aus, als könne

104 Cora Stephan, «Die Urkatastrophe» in: Die Welt vom 14. November 2013.

105 2015 bis einschließlich 2017 liegt die Steigerung der BRD-Rüstungsausgaben bei 20 Prozent.

sich ein «friedlicher Ultraimperialismus» herausbilden. Russland wurde in der Nato ein Klappsitz zugestanden und in die WTO aufgenommen; die G7-Tafelrunde wurde – für wenige Jahre – zu einem G8-Club erweitert.

Doch als am 24. März 1999 die Nato den Krieg gegen Serbien begann, wurde auch den Ex-Leninisten in Moskau schlagartig verklart, dass der Westen seine imperialistische Hegemonie damit ausbauen wird, dass er Krieg als Fortsetzung der Konkurrenz mit anderen Mitteln praktizieren und dabei auch das traditionell eng mit Russland verbundene Land Serbien zusammenbomben würde. Seither gab es weitere deutliche Zeichen für diese Tendenz – u.a. mit den Kriegen westlicher Allianzen gegen den Irak 2003, gegen Libyen 2011 und mit dem westlichen Eingreifen zugunsten bewaffneter, teilweise islamistischer Aufständischer in Syrien.

Vor allem erweiterte sich die Nato um mehrere osteuropäische Länder. Damit entstand in Russland der berechtigte Eindruck einer militärischen Einkreisung. Den bisherigen Höhepunkt dieser Entwicklung bildet die neue Ukraine-Krise. Am 20. Februar 2014 kam es in Kiew zu einem vom Westen unterstützten Putsch gegen die rechtmäßig gewählte Regierung. Deren erste Amtshandlung war das Verbot der russischen Sprache für regionale Amtsgeschäfte, womit Millionen russisch-sprachige Menschen im Osten und Süden der Ukraine zu Bürgern zweiter Klasse gemacht wurden. Es folgte der Anschluss der Krim an Russland und der Krieg der Regierung in Kiew gegen die russischsprachigen Gebiete im Osten und mit der faktischen Spaltung des Landes in einen westlichen Teil, in dem bald Nato-Kräfte operieren dürften, und in die Ostukraine, die mit Russland verbunden ist.

Am 4. Dezember 2014 verabschiedete das US-Repräsentantenhaus mit 411 gegen 10 Stimmen die Resolution 758. Mit ihr wird der Präsident aufgerufen, sich auf einen Krieg mit Russland vorzubereiten und «alle erdenklichen Maßnahmen» zu ergreifen, um «die russische Bedrohung abzuwehren». Vorgeschlagen werden u.a. Waffenlieferungen an Kiew und «die Unterstützung der Opposition gegen Russland».[106] Die Resolution ist nicht bindend. Doch sie hat den Charakter eines Blankoschecks. Dieser könnte einem US-Präsidenten Donald Trump gelegen kommen. Wobei der Bruch zwischen den beiden Präsidentschaften so groß nicht ist: Eine der letzten Amtshandlungen von US-Präsident Barack Obama war die Umsetzung der militärischen Operation «Atlantic Resolve» mit der Verlegung einer kompletten Kampfeinheit in Brigadegröße und mit 4.000 Soldaten nach Polen; die Nato als Ganzes hat kurz zuvor bereits vier Kampfeinheiten mit jeweils 1.000 Soldaten in den drei baltischen Staaten und in Polen stationiert. Damit ist genau das eingetreten, was 1990 von führenden

106 Siehe Hannes Hofbauer, Feindbild Russland, Wien 2016, S. 275f.

westlichen Politikern ausgeschlossen wurde. Am 17. Mai 1990 erklärte der damalige Generalsekretär der Nato, Manfred Wörner: «Das Faktum, dass wir bereit sind, keine Nato-Truppen außerhalb Deutschlands zu stationieren, gibt der Sowjetunion eine klare Sicherheitsgarantie.»[107]

Auch der Nato-Vormarsch in die Ukraine findet seine Parallele im Ersten Weltkrieg. Damals forderte der deutsche Stahlindustrielle August Thyssen: «Russland muss uns [...] das Don-Gebiet mit Odessa [und] die Krim [...] abtreten.» Bereits zu Kriegsbeginn, im August 1914, erklärte Gottlieb von Jagow, Staatssekretär des Auswärtigen in Berlin, notwendig sei das Anzetteln von Aufständen in der Ukraine «als Kampfmittel gegen Russland» und «weil im Fall glücklichen Kriegsausgangs die Bildung mehrerer Pufferstaaten zweckmäßig [sei], um Russland möglichst weit nach Osten zurückzudrängen.»[108]

(3) Die Gefahr eines neuen Großen Kriegs und die neue US-Präsidentschaft: US-Präsident Donald Trump identifizierte China als entscheidenden Faktor, der verhindere, dass «America great again» sei. Richtig ist, dass China in wirtschaftlicher Hinsicht die USA überflügelt hat und auf längere Sicht eine weit größere Herausforderung für die Hegemonie des US-Imperialismus darstellt als Russland. Trump kündigte an, die militärischen Ausgaben der USA nochmals deutlich zu steigern, obgleich diese bereits vierzig Prozent aller weltweiten Rüstungsausgaben ausmachen. Bereits unter Präsident Obama wurde beschlossen, das atomare Potential der USA massiv auszubauen und zu «modernisieren», um eine atomare Erstschlagkapazität zu erreichen. Trump knüpft daran nahtlos an und fragt, warum man Atomwaffen habe, wenn man sie nicht auch mal anwenden wolle.[109]

***

Mit dem Buch von Christopher Clark soll die Geschichte umgeschrieben werden. In der «Jungen Freiheit», der Zeitschrift der Salon-Faschisten, argumentiert Clark als der Große Seelentröster offen zynisch wie folgt: «Ich frage meine Studenten gern: Was war denn der Unterschied zwischen der damaligen britischen und der deutschen Flotte? Die britische war stets

107 Zitiert bei Hofbauer, a. a. O., S.114.

108 Zitate nach Claus Remer, Die Ukraine im Blickfeld deutscher Interessen bis 1917/18, Frankfurt/M. 1997; hier zitiert von: Götz Aly, «Deutsche Politik in der Ukraine 1914/18», in: Berliner Zeitung vom 6.5.2014.

109 Im Grunde ist Trump eine Person, die wesentliche Aussagen unserer Analyse überdeutlich unterstreicht: Ein Milliardär als US-Präsident, der den Chef des weltweit größten Ölkonzerns zu seinem Außenminister ernennt, den Klimawandel leugnet, die Folter rechtfertigt und erklärt, er könne «jemanden auf der Fifth Avenue in New York erschießen. Und die Leute würden mich trotzdem wählen.» Siehe Winfried Wolf, Trump-Triumph, in: Lunapark21, Heft 36, Winter 2016/17.

im Einsatz, die deutsche dagegen kaum. Das gleiche gilt für die britische und die deutsche Armee.»[110] Selbst der tote Fritz Fischer wird in Clarks Zeugenstand gerufen. Clark: «Fischer war ein großer Quellenfuchs. Die deutsche Schuld stand für ihn am Anfang gar nicht im Mittelpunkt. Sein Buch ‹Griff nach der Weltmacht› drehte sich vor allem um die Kriegsziele des deutschen Reichs. Erst unter dem Druck seiner Kollegen fügte er ein Kapitel über die Kriegsschuldfrage ein.»[111]

Eine deutsche besondere Verantwortung für den Ersten Weltkrieg darf es nicht geben, auch weil damit eine kritische Sicht auf die aktuelle Rolle der deutschen Regierung und der sie stützenden Konzerne und Banken in der EU- und Euro-Krise und in dem neuen gegen Russland gerichteten Aufrüsten grell beleuchtet werden würde.

Es ist die offizielle deutsche Politik, die sich in dieser Debatte einschaltet und dem großen Seelentröster nicht nur moralischen Beistand gewährt. Warum wurde am 17. März 2014 in Paris die französische Übersetzung des Buchs eines Australiers über den Zweiten Weltkrieg in der Deutschen Botschaft vorgestellt? Warum fand das Event nicht in der Botschaft Australiens (WK-I-Kriegsteilnehmer!) oder Großbritanniens statt?

Warum gab es am 29. Februar 2016 in Kopenhagen eine Veranstaltung mit Christopher Clark, die «vom Institut für Auslandsbeziehungen und von der Deutschen Botschaft in Kopenhagen unterstützt» wurde? Wäre es nicht Sache des Verlags oder die Angelegenheit von Mr. Clark selbst, sich eine derartig peinlich-parteiische Unterstützung zu verbieten? Warum lud der deutsche Bundespräsident Joachim Gauck am 27. Juli 2014 mit Christopher Clark, Herfried Münkler und Jörn Leonhard drei Historiker und ein Trio Infernale zu sich ins Schloss Bellevue in Berlin ein, die, wie Otto Köhler zu Recht schrieb, «als Chefärzte in der Geschichtsklinik zur Wiederherstellung der deutschen Unschuld an nahezu jedem Krieg» wirken?[112]

Die Antwort auf die letzte Frage gab der damalige oberste Repräsentant der Bundesrepublik Deutschland selbst, als er zum gleichen Zeitpunkt feststellte, Deutschland sei inzwischen «solide und verlässlich». Eine «Zurückhaltung» wie in früheren Zeiten sei überholt. Deutschland müsse «im Kampf um die Menschenrechte» gegebenenfalls «zu den Waffen greifen».[113]

---

110 In: Junge Freiheit vom 4. Januar 2014.

111 Interview in faz.net vom 28. Juli 2014. Das ist erneut Clark-Fantasy: Es gibt kein solches Fischer-Kapitel zur «Kriegsschuld»; schon gar kein unter Druck «eingefügtes».

112 Otto Köhler, Wie ein Vulkanausbruch, in: junge Welt vom 12. Oktober 2014.

113 Rede Mitte Juni 2014; nach: http://www.t-online.de/nachrichten/deutschland/id_69839734/gauck-deutschland-muss-notfalls-zu-den-waffen-greifen.html [abgerufen am 17. Januar 2017]

Seelentröster
Oder: Kein Griff nach der Weltmacht?

Von Klaus Gietinger

1. 1914 – Das Augusterlebnis der Belgier und Serben

«Wahrhaftig, die belgische Regierung wusste nicht, was sie ihrem Lande mit diesem Krieg antat.»

Tagebucheintragung Gustav Noskes, SPD, vom September 1914, beim Besuch des von Deutschland überfallenen Belgiens

Brandstiftung als die Norm, Fotografie eines Hauses in Mouland, Provinz Liège, Belgien, mit einem von deutschen Soldaten geschriebenen Hinweis, aus: Illustrierte Zeitung, 24. September 1914.

Belgien – Krieg der Illusionen

In der Nacht zum 4. August 1914 überfielen deutsche Truppen das neutrale Belgien. Es ist der eigentliche Beginn des Ersten Weltkriegs. Schon in den ersten Tagen kam es zu Kriegsverbrechen gegen die Zivilbevölkerung.[114] Die Deutschen waren von einer kollektiven Autosuggestion befallen, belgische Zivilisten könnten einen Volkskrieg, einen Freischärlerkrieg gegen sie führen. Vor nichts schien man sich mehr zu fürchten als vor Franktireurs[115]. Horrorgeschichten von belgischen Gräueln machten die Runde, überall wähnte man sich von Franktireurs aus dem Hinterhalt beschossen. Tatsächlich aber handelte es sich dabei fast immer um sich zurückziehende belgische bzw. französische Truppen oder um Schießereien, die von den nervösen deutschen Soldaten ausgelöst wurden und die bei ihnen zu Panikreaktionen führten.

In der Folge wurden Zivilisten als Geiseln genommen, massenhaft als Schutzschilde benutzt und viele von ihnen, darunter auch Frauen, Kinder, ja sogar Babys, ermordet. Dörfer und Städte wurden geplündert und eingeäschert, Menschen in ihren Häusern verbrannt und, wenn sie fliehen wollten, erschossen.

Alles Kriegsverbrechen, die nach der auch von Deutschland unterzeichneten Haager Landkriegsordnung (HLKO) von 1907 geächtet waren.[116]

Tatsache ist jedoch auch, dass das deutsche Militär Artikel 2 der Haager Landkriegsordnung, in dem ein Volkskrieg ausdrücklich als Antwort auf eine Besetzung sanktioniert wird, nie akzeptiert hatte. Er lautet: «Die Bevölkerung eines nicht besetzten Gebietes, die beim Herannahen des Feindes aus eigenem Antriebe zu den Waffen greift, um die eindringenden Truppen zu bekämpfen, ohne Zeit gehabt zu haben, sich nach Artikel 1 zu organisieren [Befehlshaber, erkennbares Abzeichen tragen, Klaus Gietinger (K.G.)], wird als kriegführend betrachtet, wenn sie die Waffen offen führt.»[117]

In der Schrift des deutschen Generalstabes von 1902, «Kriegsbrauch im Landkriege», wurde eine andere Grundthese vertreten: «Humanitäre An-

114 Ich folge hier der Arbeit von John Horne und Alan Kramer, Deutsche Kriegsgreuel 1914 – Die umstrittene Wahrheit, Hamburg 2004, S. 17–136, die sich auf umfangreiches Archivmaterial aus Belgien, Frankreich und Deutschland stützen. Bezeichnend ist, dass britische Forscher hier Pionierarbeit leisten mussten und dass die (west-)deutsche Militärgeschichtsschreibung es versäumt hat, diese Verbrechen aufzuarbeiten.

115 Französisch francteur = Freischärler; eingedeutscht Franktireur.

116 Die Artikel 25–27 und 47 untersagen Plündern und Brandschatzen, die Artikel 46, 50 und 56 schützen die Zivilbevölkerung – auch vor kollektiven Strafen.

117 Abgedruckt in Horne/Kramer, Deutsche Kriegsgreuel, Anhang 2, S. 653.

sprüche, d.h. Schonung von Menschen und Gütern, kommen nur insoweit in Frage, als es die Natur und der Zweck des Krieges gestatten.»[118]

Dieses Dokument, in dem davon die Rede war, «dass der Krieg gewisser Härten nicht entbehren kann, dass vielmehr in ihrer rücksichtslosen Anwendung häufig die einzig wahre Humanität liegt»,[119] wurde schon damals in England als in eklatantem Widerspruch zu Artikel 2 der HLKO stehend verstanden.

In der 1908 (nach der zweiten Haager Konferenz) herausgegebenen deutschen Felddienstordnung wurden Geiselnahmen und Strafandrohung an Einwohner ausdrücklich gefordert.[120] Damit wurde «schlüssig (bewiesen), dass das deutsche Heer nicht die Absicht hatte, die Bestimmungen der Haager Landkriegsordnung zu akzeptieren».[121]

In der Kriegsakademie, der Eliteschule der deutschen Offiziere, wurde ausdrücklich gelehrt, dass Artikel 2 HLKO «nicht der deutschen Auffassung entspreche, da hier dem Franktireurkrieg Tür und Tor geöffnet»[122] werde. Eine 1911 herausgegebene Verordnung erlaubte außerdem – in offenem Widerspruch zur HLKO stehend – fremde Staatsbürger, die Handlungen gegen deutsche Truppen begingen, an Ort und Stelle zu töten.[123] Gleichwohl sahen auch die deutschen Vorschriften für solche Fälle wenigstens Feldgerichte aus Offizieren vor, mit dem Recht des Angeklagten auf Verteidigung durch Dritte.[124]

Aber auch dies missachteten die deutschen Truppen von den ersten Stunden ihres Einmarsches an. Wahllos wurden sofort nach dem Überfall binnen weniger Tage 5521 belgische und 906 französische Zivilisten abseits der Kampfhandlungen erschossen.[125] Einige Beispiele:

---

118 Zitiert nach Manfred Messerschmidt, Völkerrecht und «Kriegsnotwendigkeit» in der deutschen militärischen Tradition seit den Einigungskriegen, in: German Studies Review, 6 (1983), S. 239 f.

119 Zitiert nach Horne/Kramer, Deutsche Kriegsgreuel, S. 223.

120 D.V.E. Nr. 267, nach Ernst Stenzel, Die Kriegsführung des deutschen Imperialismus und das Völkerrecht, Berlin (Ost) 1973, S. 35. Eine weitere Verordnung von 1914 (D.V.E. Nr. 90) sah sogar vor, Geiseln als Schutz mitzuführen und in die Kampfhandlungen einzubeziehen. Ebd.

121 Horne/Kramer, Deutsche Kriegsgreuel, S. 224.

122 Zitiert nach Horne/Kramer, Deutsche Kriegsgreuel, S. 225.

123 Kaiserliche Verordnung über die Strafrechtspflege bei dem Heere in Kriegszeiten und Kaiserliche Verordnung über das außerordentliche kriegsrechtliche Verfahren gegen Ausländer und die Ausübung der Strafgerichtsbarkeit gegen Kriegsgefangene (D.V. Nr. 217), hier § 18, nach: Stenzel, Kriegsführung, S. 34.

124 Nach Horne/Kramer, Deutsche Kriegsgreuel, S. 244.

125 Ebd., S. 121. Die Zahl 6000 taucht auch schon peripher in der deutschen Literatur – nicht aber der westdeutschen Militärhagiografie – auf: Harry Pross (Hrsg.), Die Zerstörung deutscher Politik. Dokumente 1871–1933, Frankfurt

- In Andenne und Seills, zwei belgische Städtchen in der Provinz Namur, die sich an der Maas gegenüberliegen, kam es am 20. August 1914 zu einer vermutlich durch Alkoholkonsum ausgelösten panikartigen Schießerei, bei der einige Deutsche dem eigenen Feuer zum Opfer fielen. Daraufhin wurde der Bürgermeister von Andenne von deutschen Soldaten mit dem Beil erschlagen, Frauen, junge Mädchen und ein Baby erschossen bzw. mit dem Bajonett aufgespießt, ein 14jähriger im Bett niedergemäht, weil er sich weigerte aufzustehen, eine in den Keller geflüchtete Familie füsiliert, ein Mädchen vergewaltigt und verstümmelt, ein Priester gefesselt, gefoltert, getötet und 800 Menschen auf dem zentralen Platz zusammengetrieben. Drei wurden sodann vor aller Augen erschossen, 25 zum Flussufer geführt und dort ermordet. Andere Verdächtige mit einem weißen Kreuz markiert und ebenfalls am Fluss umgebracht. Zusätzlich wurden Männer vor den Augen ihrer Frauen mit dem Bajonett erstochen. Der Wut der Deutschen fielen insgesamt 262 Bewohner zum Opfer.[126]
- Im Städtchen Tamines benutzten am 21. August, nachdem die sich zurückziehenden französischen Truppen die Deutschen beschossen hatten, letztere Zivilisten als Schutzschilde und trieben sodann die Bevölkerung in der Kirche zusammen. Am Abend mussten die Männer die Kirche verlassen. Sie wurden unter Schlägen und Schmähungen ans Ufer der Sambre getrieben, gezwungen «Vive L´Allemagne» zu schreien und schließlich mit Maschinengewehren, Gewehren und Bajonetten ermordet. Gezählt wurden insgesamt 383 zivile Opfer.[127]
- In Löwen – einer offenen Stadt, die am 19. August besetzt wurde – töteten die deutschen Truppen wenige Tage später 248 Zivilisten. 2000 Gebäude, darunter die Bibliothek, wurden niedergebrannt. General Walther Freiherr von Lüttwitz, später Putschist gegen die Weimarer Republik, bedauerte dies zwar. Doch auch er gab sich überzeugt, «Franktireurs» hätten auf deutsche Soldaten geschossen.
- In der Stadt Dinant verübten die deutschen Truppen am 23. August das größte Massaker. Den ganzen Tag über wurden Zivilisten als Schutzschilde benutzt. Männer, Alte, Frauen, Kinder, ja Babys wurden mit der Behauptung, man habe auf deutsche Truppen geschossen, reihenweise

---

1959, S. 183. Stenzel, Kriegsführung, S. 48f. Messerschmidt, Völkerrecht, S. 244.

126 Horne/Kramer, Deutsche Kriegsgreuel, S. 55ff.; Gerd Hankel behauptet, sich unkritisch nur auf die Aussage eines deutschen Oberstleutnants stützend, dass Freischärler die Deutschen vorher angegriffen hätten. Gerd Hankel, Die Leipziger Prozesse – Deutsche Kriegsverbrechen und ihre strafrechtliche Verfolgung nach dem Ersten Weltkrieg, Hamburg 2003, S. 273f., Anm. 601.

127 Horne/Kramer, Deutsche Kriegsgreuel, S. 64ff.

ermordet. Der Ort wurde nahezu komplett zerstört.[128] «674 Menschen (fast ein Zehntel der Einwohner)»[129] mussten ihr Leben lassen.

- Aus Rossignol und 14 anderen Ortschaften wurden am 25. August 108 Zivilisten dem Landsturmbataillon Gotha unter dem Befehl des Hauptmanns Hedemann übergeben. Der Kommandeur Oberst Tessmar – auf der Terrasse eines Cafés sitzend – erteilte schließlich mit den Worten «Was machen Sie so viele Geschichten?» den Befehl, alle Zivilisten zu erschießen. Die 122 Gefangenen, darunter eine Frau, wurden «in Gruppen zu jeweils zehn von einem Hinrichtungskommando erschossen. Die Letzten mussten auf den Leichenhaufen der vorherigen Opfer klettern, bevor auch sie erschossen wurden».[130] Übrigens wussten Reichskanzler Bethmann Hollweg und sein «Philosoph» und Adlatus, Kurt Riezler, von diesen Verbrechen: «Die Kriegsereignisse werden nie vergessen. Ein Kürassieroffizier erzählte von den Erschießungen in kleinen Städten, alle Männer vom 16.–60. Lebensjahr, 1000e reihenweise auf den Wiesen erschossen.»[131] Riezler leugnet oder weiß es nicht, dass auch Frauen und Kinder erschossen wurden. Er sieht die Ursache für die deutschen Kriegsgräuel bei der «levée en masse», den angeblichen Freischärlern. Angesichts der vorliegenden wissenschaftlichen Erkenntnisse muss dies als Schutzbehauptung angesehen werden. Bei der ersten Editierung der Riezler-Tagebücher im Jahr 1972 – sie war zu Recht umstritten, siehe dazu weiter unten – wurden diese Passagen durch den Herausgeber Karl-Dietrich Erdmann mit einer verfälschenden Anmerkung versehen, zu diesem Massaker sei es als Ergebnis des «von deutscher Seite mit Erbitterung und Härte beantworteten Franktireurs-Krieg in Belgien»[132] gekommen. Das Mitglied im Beirat der Bundesakademie für Sicherheitspolitik, der Politikwissenschaftler Herfried Münkler, spricht in seinem Buch *Der große Krieg* – mit dem wir uns als zweitem Bestseller neben Clark aber nur sporadisch beschäftigen werden – davon, es habe Berichte über «tatsächliche oder vermeintliche [belgische, K.G.] Heckenschützen» gegeben und «möglicherweise wurde die Brutalität des deutschen Vorgehens in Belgien gezielt eingesetzt, um einen vermeintlich

---

128 Horne/Kramer, Deutsche Kriegsgreuel, S. 71ff.; auch hier gerät Hankel, sich allein auf die Aussagen deutscher Offiziere stützend, in die Falle des imaginären Franktireurkrieges, Hankel, Leipziger Prozesse, S. 273f., Anm. 601.

129 Horne/Kramer, Deutsche Kriegsgreuel, S. 73.

130 Horne/Kramer, Deutsche Kriegsgreuel, S. 94.

131 Kurt Riezler, Tagebücher, Aufsätze, Dokumente, eingeleitet und herausgegeben von Karl-Dietrich Erdmann, Göttingen 1972 (die Neuausgabe von 2008 ist ein unveränderter Nachdruck, versehen mit einem apologetischen Vorwort von Holger Afflerbach, Göttingen 2008), 568, S. 216f.

132 Riezler, Tagebuch, S. 217, Anm.3 des Herausgebers.

im Entstehen begriffenen Partisanenkrieg im Ansatz zu ersticken.»[133] Die Deutschen ersticken etwas im Ansatz, das nur vermeintlich im Entstehen begriffen ist. Also ersticken sie ein Nichts. Tatsächlich kehrt sich hier die berüchtigte Wendung «So schnell schießen die Preußen nicht!» ins Gegenteil: Sie schießen schnell, und zwar schneller als überhaupt ein Franktireur-Feind hätte vielleicht entstehen können.[134]

Hundert Jahre früher argumentierte der Sozialdemokrat Gustav Noske bei seiner Fahrt durch das überfallene Belgien – «Trommeln rasselten, Lieder erklangen, hoch ragten die seidenen Fahnen der Regimenter und brausende Hurrarufe erfüllten die Luft»[135] – ganz ähnlich wie Münkler, Clark und andere moderne Theoretiker des «Schlafwandlertums» in den Ersten Weltkrieg hinein.

Noske, der bereits damals «embedded» – in Uniform, obgleich Zivilist – dem deutschen Angriff nachreiste, identifizierte verbrannte Häuser immer als diejenigen, aus denen geschossen worden war. Und wenn sie nicht verbrannt waren, waren es «offenbar Häuser, aus denen nicht geschossen wurde».[136]

Jörg Friedrich, der schon mit seinen Büchern *Das Gesetz des Krieges* und *Der Brand* bewies, dass das Aufwägen von Gräueltaten sein Spezialgebiet ist, arbeitet in seinem Buch *14/18*[137] erneut mit dem Aufrechner. Zunächst erweckt er den Schein, als habe es belgische Partisanen tatsächlich gegeben[138], um dann vorzurechnen, dass der belgische König in

133 Herfried Münkler, Der große Krieg. Die Welt 1914–1918, Berlin 2014^{5} (zuerst: 2013), S. 121 und 123.

134 Erst zeigt sich Münkler überzeugt, dass es diese angeblich «koordinierten Gegenstöße» vermeintlicher belgischer Partisanen nie gegeben habe, dass diese ein bloßes Fantasieprodukt waren, um aber – Überraschung – in einer Anmerkung wiederum zu relativieren, dass Holger H. Herwig belegt habe, dass es doch Heckenschützen gegeben habe. (Münkler, Krieg, S. 810, Anm. 14). Münkler benutzt hier eine interessante Methodik. Die des «Möglicherweise», des «eigentlich gab's keine Partisanen, schon gar nicht koordiniert, aber vielleicht ja doch». Eine Methodik des Infragestellens bereits hinreichend erforschter Tatsachen, indem man sie erst als Fakt referiert («Es existierte kein Partisanenkrieg») und dann relativiert durch plötzliche verunsichernde Wendungen, wie die, dass es Heckenschützen «gegeben haben muss» (sonst hätten die Deutschen doch nicht «zurückgeschossen», denkt sich der Leser). Genau eine solche Methodik werden wir bei Christopher Clark des Öfteren vorfinden.

135 Gustav Noske/Adolph Koester, Kriegsfahrten durch Belgien und Nordfrankreich 1914, Berlin [1915], S. 70.

136 Noske/Koester, Kriegsfahrten, S. 24.

137 Jörg Friedrich, 14/18 – Der Weg nach Versailles, Berlin 2014^{2}.

138 Friedrich, 14/18, S. 517ff.

Belgisch-Kongo doch viel größere Schandtaten begangen habe.[139] Er weiß genau, dass diese Gräueltaten nichts mit dem Überfall der Deutschen zu tun hatten. Und er schreibt das auch.[140] Dennoch führt er sie in die Debatte ein – und rechnet damit auf. Mehr noch, im modischen neuen unhistorischen Stil, den Clark uns auch noch zur Genüge vorführen wird, bringt er sogar die Atombombe von Hiroshima als Opfer-Rechenexempel ins Spiel. Sein Zusammenhang ist der im Ersten Weltkrieg als Leutnant dienende spätere US-Präsident Harry S. Truman[141], der allerdings erst im Jahr 1917 für die USA in Frankreich kämpfte. 1914, 1917, 1945, die Löwen im kongolesischen Urwald und die Bibliothek im belgischen Löwen, alles verrührt, alles ein Potpourri. Kann man solche manieristischen Bücher noch ernst nehmen? Einen Zusammenhang zwischen Belgisch-Kongo und dem «Hunnen-Überfall» könnte man tatsächlich anführen, nämlich den, dass die Deutschen im September 1914 ernsthaft überlegten, Belgien zu annektieren, womit ihnen des belgischen Königs durch Terror und Sklavenarbeit ausgebeuteten Kolonien auch zugefallen wären.

Ein letzter Belgienreisender sei noch erwähnt: Karl Liebknecht, der kurz vor Noske Belgien besuchte. Er leugnete die begangenen Gräuel nicht.[142] Er wurde nicht nur – im Gegensatz zu Noske – vom SPD-Vorstand für seine Fahrt gerügt[143], sondern entschloss sich auch, in Zukunft gegen die Kriegskredite zu stimmen.[144]

139 Friedrich, 14/18, S. 524ff., 529, 531ff.

140 Friedrich, 14/18, S. 529.

141 Friedrich, 14/18, S. 536.

142 Horne/Kramer, Deutsche Kriegsgreuel, S. 391.

143 Annelies Laschitza, Die Liebknechts. Karl und Sophie – Politik und Familie, Berlin 2007, S. 245ff.

144 Siehe: Holger Becker und Volker Külow, Ein Gespräch mit Robert Liebknecht, in: Sebastian Haffner / Stephan Hermlin / Kurt Tucholsky u.a. (Hrsg.), Zwecklegenden. Die SPD und das Scheitern der Arbeiterbewegung, Berlin 1996, S. 104.

Serbien muss sterbien

«Der Major: Is mir auch ein Schleier. Bei unserer Truppendivision — Herrgott waren das Zeiten — wie noch der Peter Ferdinand mehr freie Hand ghabt hat — da hams einmal gewettet, weißt die kaiserliche Hoheit und der Parma, der Generalstabschef — also ob bei der Hinrichtung von Vierzehnjährigen eine — Dingsda stattfinden werde — wie hat er's nur gheißen, der Doktor — so ein gspaßiges Wort — Ein Regimentsarzt: Aha, eine ejaculatio seminis! (Gelächter.) ... Der Oberintendant: Vierzehnjährige hinrichten — derfen s' denn das? (Gelächter.)»

Karl Kraus, Die letzten Tage der Menschheit, Berlin (Ost), 1978 (zuerst: Wien 1926), 5. Akt, 55. Szene, S. 580

Junge vor der Hinrichtung

Eineinhalb Wochen nach dem Einmarsch deutscher Truppen in Belgien, am 12. August 1914, fielen österreich-ungarische Truppen in Serbien ein. Schon wenige Tage später kam es zu Massakern an der Zivilbevölkerung in dem kleinen Ort Šabac, einer serbischen Stadt westlich von Belgrad, in unmittelbarer Grenznähe. Kurz danach auch in den Orten Lešnica, Tschokeschina, Brezjak und Lipolist: «Unbewaffnete Männer, Frauen und Kinder wurden zusammengetrieben, erschossen, erstochen, erhängt. Die Opfer wurden in Scheunen gesperrt und bei lebendigem Leib verbrannt.»[145] Frauen «wurden vor die Feuerlinie der Front geschickt und massenweise vergewaltigt, die Einwohner ganzer Ortschaften als Geiseln genommen, erniedrigt, gequält, Verwundete ermordet, ganze Ortschaften geplündert».[146] Die Täter waren österreichisch-ungarische Soldaten. Es waren keine Gewalttaten vereinzelter Soldaten oder Truppenteile, es war eine von ganz oben, vom österreichischen Generalkommando in Wien ausdrücklich genehmigte Kriegsführung. Die Täter wurden straffrei gestellt.[147] Schon während der Julikrise 1914, also noch vor der Kriegserklärung Österreich-Ungarns an Serbien, hatte der Chef des österreichisch-ungarischen Nachrichtendienstes («Evidenzbüro»), Oberst Oskar von Hranilović-Czvetassin, einen Bericht verfasst, der serbische Kämpfer («Komidaschi») – im Widerspruch zur Haager Landkriegsordnung – außerhalb des Völkerrechts stellte. Er forderte darin nicht nur diese «restlos niederzumachen», sondern auch – ein erneuter Verstoß gegen die Haager Landkriegsordnung – «Strafexpeditionen» gegen «verdächtige» Ortschaften.[148] Dies schloss ein, dass auch dort, wo gar keine «Freischärler» existierten, wie in Šabac und anderswo, die Zivilbevölkerung massakriert wurde. Ausnahmegesetze hoben nicht nur in Serbien, sondern auch in Österreich-Ungarn die Zivilverwaltung auf und stellten beide Länder faktisch unter Militärdiktatur. Schon kurz vorher war in einer Verordnung des 9. Korpskommandos unter General Lothar von Hortstein von «äußerster Rücksichtslosigkeit» die Rede und dass «Exempel» zu statuieren seien. «Die rascheste Erreichung unseres Zweckes» sei «allein maßgebend.»[149] Kompetenzüberschreitung wurde zur Regel erhoben. Die Befehle von oben trafen bei den Soldaten auf eine weitverbreitete Spionage- und Freischärlerhysterie, die das Ergebnis

145 Anton Holzer, Das Lächeln der Henker. Der unbekannte Krieg gegen die Zivilbevölkerung 1914–1918, Darmstadt 2008, S. 113.

146 Anton Holzer, Schüsse in Šabac. Die Massaker an der Zivilbevölkerung 1914, in: Veliki Rat – Der Große Krieg. Der Erste Weltkrieg im Spiegel der serbischen Literatur und Presse, Wien 2014, S. 71.

147 Holzer, Henker, S. 114.

148 Holzer, Henker, S. 115.

149 Holzer, Henker, S. 115f.

eines intensiven antiserbischen Propagandakrieges war.[150] Die Massaker in den ersten Kriegstagen waren weder das Ergebnis eines langen auszehrenden Krieges, noch das einer wild gewordenen Soldateska. Es waren geplante Kriegsverbrechen. «Wir erhielten den Befehl [...] alles zu töten und niederzubrennen, was uns im Laufe dieser Kampagne über den Weg läuft, und alles was serbisch ist, zu zerstören.»[151] So ein österreichischer Soldat über die befohlenen Aktionen. Befehlshaber des Massakers war Kasimir Freiherr von Lütgendorf.

Am schlimmsten wüteten die austro-ungarischen Truppen am 17. August 1914 in Šabac. Doch auch in zahlreichen anderen Orten und Dörfern wurden Zivilisten hingerichtet bzw. zu Tode geprügelt, erschlagen, erstochen, verstümmelt oder lebend verbrannt.[152] Doch drei Tage später wurden die Truppen von serbischen Einheiten vertrieben und mussten sich überraschend zurückziehen. So kamen die Massaker ans Licht der Öffentlichkeit. Im Oktober untersuchte eine Kommission unter dem in Deutschland geborenen Schweizer[153] Rodolphe Archibald Reiss die Verbrechen der Österreicher nach wissenschaftlichen Kriterien und kam für die ersten Tage des Überfalls auf Serbien auf die Zahl von 3500 bis 4000 ermordeten Zivilisten.[154]

Auch nach der zweiten Besetzung Serbiens mit deutscher und bulgarischer Hilfe kam es immer wieder zu Massakern an Serben, so 1917 in Toplika, wo Tausende von Serben ermordet wurden.[155]

Insgesamt wird die Zahl der im Ersten Weltkrieg durch Österreich-Ungarn ermordeten serbischen sowie – an der russischen Ostfront – ruthenisch-galizischen Zivilisten auf bis zu 60.000 geschätzt (wobei in Serbien die Hälfte der Opfer zu beklagen sind).[156] Überhaupt hatten die Serben,

---

150 Holzer, Henker, S. 114.

151 Ein Soldat des 26. Regiments, zitiert nach R(odolphe) A(rchibald) Reiss, Rapport sur les Atrocités Commises par les Troupes Austro-Hongroises pendant la première Invasion de la Serbie, présenté au Gouvernement Serbe, Paris 1919, S. 38.

152 Reiss, Rapport, S. 146, siehe auch, Holzer, Šabac, S. 83.

153 Noch in dem Buch von Daniela Schanes, Serbien im Ersten Weltkrieg. Feind- und Kriegsdarstellungen in österreichisch-ungarischen, deutschen und serbischen Selbstzeugnissen, Frankfurt 2011, wird Reiss als parteiisch, weil «französischer Professor» dargestellt, was beides falsch ist. S. 176f..

154 Reiss, Rapport, Grafik Abb. 1, Grafik Abb. 29 und 30, sowie S. 139ff.; siehe auch Holzer, Henker, S. 129, und Holzer, Šabac, S. 83. Die Seriosität von Reiss' Untersuchung wird inzwischen nicht mehr bestritten.

155 Jörn Leonhard, Die Büchse der Pandora. Geschichte des Ersten Weltkriegs, München 2014[4], S. 290.

156 Anton Holzer, Der lange Schatten von Abu Ghraib. Schaulust und Kriegsfotografie, in: Mittelweg 36, H1/2006, S. 10. Holzer bezieht sich dabei auf

gemessen an ihrer Einwohnerzahl, in diesem Weltkrieg den höchsten «Blutzoll», wie es heißt, zu erbringen (1,1 Millionen Tote). Erstaunlicherweise sind die Massaker bis heute wenigen bekannt. Im Gegensatz zu denen der Deutschen in Belgien, sorgten sie nicht für weltweites Aufsehen. Während die Deutschen durch ihre Kriegsverbrechen (die allerdings in Deutschland selbst so gut wie keine Spuren der Erinnerung hinterlassen haben[157]) in den ersten Kriegstagen international als «Vandalen» und «Barbaren» angesehen wurden, die einen «Vernichtungskrieg» führten, gar einen «Holocaust»[158] inszeniert hatten, blieben die Massaker an den Serben im Dunkeln, trotz des Reiss-Berichtes.

Karl Kraus sowie Walter Mentzel, Kriegsflüchtlinge in Cisleithanien im Ersten Weltkrieg, Wien 1997, S. 62, und Hans Haumann, Die Verbrechen der österreichisch-ungarischen Armee im Ersten Weltkrieg und ihre Nichtbewältigung nach 1918. Referat von 1999. Das Österreichische Staatsarchiv geht sogar von bis zu 60.000 ermordeten Zivilisten allein in Serbien aus: www.oesta.gv.at/site/6782/default.aspx (November 2014). Siehe auch Leonhard, Pandora, S. 186ff.

157 So ging Bundespräsident Gauck in seiner Rede zum 100. Jahrestag nur auf die Zerstörung von Löwen ein, während er die restlichen 6000 belgischen und französischen zivilen Opfer nicht dem Vergessen entriss.

158 Die Zitate aus alliierten Postkarten/Zeitungen (Kriegspostkarte, Excelsior, Le Temps, Daily Mail) sind zu finden bei Horne/Kramer, Deutsche Kriegsgreuel, S. 307, 321, 263.

Christopher Clark bewahrt uns vor Massakern

«Krieg ist was furchtbares, aber Militär is was schön's!»
Kaiser Franz Joseph in Joseph Roths Roman Radetzkymarsch

Christopher Clark, sonst in der Beschreibung von Massakern (die bei ihm nur Serben begehen) nicht zurückhaltend, erspart uns obige Kriegsverbrechen, da er sein voluminöses Buch[159] noch vor Beginn der Kampfhandlungen enden lässt. So schlägt er zwei Fliegen mit einer Klappe: Er muss die Mittelmächte Deutschland und Österreich-Ungarn nicht als die eigentlichen Aggressoren zeigen und er erspart ihnen die Feststellung, als erste – und im Gegensatz zu Frankreich und England – während des Ersten Weltkriegs Zivilisten massakriert zu haben. Der Überfall Deutschlands auf Belgien und der Österreich-Ungarns auf Serbien waren ein kaum zu unterschätzender Tabubruch, eine Entgrenzung schon zu Beginn des «Großen Krieges» (und auch Münkler erwähnt die Massaker in Serbien übrigens mit keinem Wort[160]). Hier wurden erstmals seit dem 30jährigen Krieg in Zentraleuropa[161], systematisch und von der Militärführung befohlen bzw. sanktioniert, massenhaft Zivilisten, darunter auch Frauen, Kinder und Babys ermordet. Dies hätte insbesondere nicht in Clarks Gartenlaubenbild der jovial regierten, allen Nationalitätenkonflikten zum Trotz, als «pulsierende Einheit» funktionierenden Doppelmonarchie Österreich-Ungarn

159 Christopher Clark, Die Schlafwandler. Wie Europa in den Ersten Weltkrieg zog, München 2013, zuerst: London 2012, siehe auch die Zusammenfassung im Anhang. Sein Buch beginnt mit der detaillierten Beschreibung der Abschlachtung des serbischen Königspaares, S. 23–25, später erwähnt er die Misshandlungen von Bulgaren durch Serben im 1. Balkankrieg 1912, S. 336, die Grausamkeit der Serben in Albanien,S. 368 und Massaker der Serben gegen Albaner 1913, S. 462, ohne den Guerillakrieg der Albaner oder die systematischen Massaker der Bulgaren, Griechen oder Türken in den Balkankriegen auch nur zu streifen.

160 Münkler, Krieg, S. 176–186, die Ermordung von Zivilisten in Ostgalizien erwähnt er nur kurz, S. 188f.

161 Schon vorher hatten in den beiden Balkankriegen (1912/1913) serbische, jedoch hauptsächlich bulgarische und türkische Truppen Massaker und Deportationen an der jeweils «feindlichen» Zivilbevölkerung veranstaltet. Letztgenannte Staaten schlossen sich 1915 den Mittelmächten an. Vgl. Björn Opfer-Klinger, Bulgarische Kriegsgreuel 1912-1918, in: Sönke Neitzel, Daniel Hohrath [Hrsg.], Kriegsgreuel. Die Entgrenzung der Gewalt in kriegerischen Konflikten vom Mittelalter bis ins 20. Jahrhundert, Paderborn 2008.

gepasst, die kein «Unterdrückungsapparat»[162] gewesen sei, sondern deren «Ehrwürdigkeit» und «Beständigkeit» er in «der unerschütterlichen Figur des Backenbart tragenden Kaisers Franz Joseph personifiziert» sah.[163] Das «blühende und relativ gut verwaltete Reich bewies, genau wie sein betagter Monarch, eine bemerkenswerte Stabilität».[164] Ein Land voller «Humanität und Effizienz».[165] Der australische Historiker präsentiert uns hier einen weiß glänzenden, sauberen Operettenstaat. Dass in Wien die Prostitution und der Mädchenhandel, wie kaum woanders, fröhliche Urständ feierten[166], dass der Antisemitismus wie fast nirgendwo sonst grassierte und nicht nur bei den charismatischen Galionsfiguren des Frühfaschismus Bürgermeister Karl Lueger (Christlichsoziale Partei) und Georg von Schönerer (Alldeutsche Vereinigung), sondern auch bei Franz Ferdinand sozusagen zum guten Ton gehörte[167] – und später die Basis für Hitlers eliminatorischen Antisemitismus bildete – ignoriert er, genauso wie die sozialen und ökonomischen Tatsachen: «Im Land herrschten soziale Not, Arbeitslosigkeit, Teuerung, mangelnde soziale Sicherung, Streit und schwindende Loyalität zum Vielvölkerstaat»,[168] schreibt Brigitte Hamann über denselben Staat. Und oben regierte, so Hamann weiter, «ein alter, depressiver Kaiser, der, ohnehin politisch wenig befähigt, sich völlig auf den Rat mittelmäßiger Minister und Hofwürdenträger verließ und die sprichwörtliche Politik des ‹Fortwurstelns› ohne jedes Konzept und ohne politische Führungskraft betrieb».[169] Genauso ignoriert Clark den Ruf der Moderne, vertreten u. a. durch Gustav Mahler, Arnold Schönberg, Gustav Klimt, Oskar Kokoschka, Adolf Loos, Stefan Zweig und Joseph Roth nach einer neuen Zeit. Im Gegenteil, Clark zitiert Karl Kraus, Jaroslav Hasek und Robert Musil selektiv da, wo sie keine Kritik am überkommenen Habsburgerreich üben. Und er zögert nicht, ironische Wendungen, wie die von den «weißen, breiten, wohlhabenden Straßen», die das Reich «wie Flüsse der Ordnung, wie Bänder aus hellem Soldatenzwillich durchzogen», als bei Musil ernst gemeint zu präsentieren. Man fragt sich nur, warum dieser so anständige Staat dann Serbien überfallen und als erstes seine Zivilisten ermordet hat. Auch beim Deutschen Reich lässt Clark Milde walten. Dass in ihm «der völlig toll gewordene Militarismus» herrsche, wie der US-Oberst Edward

162 Clark, Schlafwandler, S. 108.
163 Clark, Schlafwandler, S. 109.
164 Clark, Schlafwandler, S. 110.
165 Clark, Schlafwandler, S. 112.
166 Brigitte Hamann, Hitlers Wien, Lehrjahre eines Diktators, München 1996, S. 477f.
167 Hamann, Hitlers Wien, S. 285–435.
168 Hamann, Hitlers Wien, S. 398.
169 Hamann, Hitlers Wien, S. 398.

House dem amerikanischen Präsidenten Woodrow Wilson berichtete, sei ein «unglückliche(s) Missverständnis».[170] Clark sieht das Deutsche Reich gar weniger militaristisch als die anderen Großmächte. Obwohl er es vordergründig ablehnt, die Schuldfrage zu stellen, serviert er uns Schuldige: Die eigentlichen Kriegstreiber heißen bei ihm Russland, Frankreich, ja selbst England. Und last but not least entdeckt er den einzig wirklichen Aggressor: Serbien. Denn der serbische Ministerpräsident Nikola Pašić, den er «zu den Hauptakteuren»[171] der Julikrise 1914 zählt, also der Krise, die unmittelbar zum Ersten Weltkrieg führte, wäre überzeugt gewesen, «dass die historische Endphase der serbischen Expansion aller Wahrscheinlichkeit nach nicht ohne einen Krieg erreicht werden konnte. Nur ein großer europäischer Konflikt, an dem die Großmächte beteiligt wären, würde ausreichen, um die beeindruckenden Hindernisse zu beseitigen, die der serbischen ‹Wiedervereinigung› im Weg standen.»[172] Schon nach 97 Seiten hat hier Clark – allen Beteuerungen zum Trotz – einen Hauptschuldigen gefunden.

Dies befreit – bereits nach einem Zehntel des Buches – die Deutschen von jahrzehntelanger Knechtschaft Fritz Fischers und Imanuel Geiss', den Berghahns, Ullrichs, Wehlers und Wettes, die ihnen einreden wollten, die Hauptverantwortlichen am Ersten Weltkrieg seien in Deutschland und Österreich zu suchen. Und zahlreiche einst kritische Historiker, wie z. B. Holger Afflerbach, Gerd Krumeich und Sönke Neitzel, vergessen ihre frühere Kritik bzw. mildern sie ab und schließen sich dem Seelentröster Clark an. Geopolitiker wie Münkler können endlich aus dem Vollen schöpfen und die Aggression der Deutschen als nicht imperialistischer wie diejenige der anderen verharmlosen. Dies geht so weit, dass die Forschungen von Fischer und Geiss dem Scheiterhaufen der Geschichte übergeben werden: Fischers Arbeiten (und die seiner Schüler wie z. B. Geiss) seien «überholt, nur noch Zeugnisse für einen überwundenen Moment der Geschichte unserer Republik».[173] Und Krumeich weiter in einem Interview: «Unter Historikern wird Fischer heute nicht mehr ernst genommen.»[174] Auf solche

170 Clark, Schlafwandler, S. 284.

171 Clark, Schlafwandler, S. 39.

172 Clark, Schlafwandler, S. 97.

173 Gerd Krumeich, Juli 1914. Eine Bilanz, Paderborn 2014, S. 11.

174 Krumeich am 14.11.2013 im Interview mit Georgios Chatzoudis. Krumeich verzichtet in seinem Buch auch nicht darauf, Geiss zu unterstellen, er vertrete im Kommentar seiner Dokumentensammlung die These, dass Deutschland seine «Weltmachtstellung mittels eines europäischen Krieges» durchsetzen habe wollen. Krumeich 1914, S. 79. Doch in der von Krumeich angegebenen Stelle (Krumeich, 1914, S. 79, Anm. 1) macht Geiss dies gerade nicht: Imanuel Geiss (Hrsg.), Julikrise und Kriegsausbruch 1914, 2 Bde., Hannover 1976[2] (zuerst 1963/64), S. 119.

von hohem Ross gesprochenen Worte der einzelnen Herren Schlafwandler-Historiker wird noch einzugehen sein.

Doch waren die Regierungen Österreich-Ungarns und Deutschlands tatsächlich diese Unschuldslämmer, als die sie, Clark sei Dank, nun erscheinen? Dies gilt es weiter zu untersuchen.

Dazu müssen wir zurück in die Zukunft: Am 7. Mai 1919 (die Waffen ruhten seit dem 11. November 1918), der Erste Weltkrieg war also seit Monaten zu Ende, wurden dem damaligen Außenminister des Deutschen Reiches, das nun Republik war, Ulrich Graf von Brockdorff-Rantzau, nach tagelangem Warten im Hotel «Trianon Palace» in Versailles die Friedensbedingungen übergeben. Rantzau verwahrte sich in einer – später auch von deutscher Seite heftig kritisierten – Rede, bei der er demonstrativ leise sprach und sitzen blieb, vor dem französischen Ministerpräsidenten Georges Clemenceau, dem englischen Premierminister David Lloyd George und dem Präsidenten der USA Woodrow Wilson entschieden gegen eine Alleinschuld Deutschlands und er hat kurz darauf auch seine Unterschrift unter den Versailler Friedensvertrag verweigert und ist zurückgetreten.

Jedoch machte er – der als arrogant galt – selbst in dieser emotionalen Verteidigungsrede eine Einschränkung: «Wir sind fern davon, jede Verantwortung dafür, dass es zum Weltkriege kam, und dass er so geführt wurde, von Deutschland abzuwälzen. Die Haltung der früheren deutschen Regierung auf den Haager Friedenskonferenzen, ihre Handlungen und Unterlassungen in den tragischen zwölf Julitagen [1914] mögen zu dem Unheil beigetragen haben.»[175]

Beide Punkte, sowohl die Haager Friedenskonferenzen vom 18. Mai bis 29. Juli 1899 bzw. vom 15. Juni bis 18. Oktober 1907, als auch die Zeit vom 20. Juli bis 31. Juli 1914 (Julikrise) gilt es zu untersuchen. Zunächst jedoch eine Rückblende in die Jahre 1897, 1899, 1900, 1907 und 1912 – Flashbacks in die Vorgeschichte des Ersten Weltkriegs und ihre eigenwillige Interpretation durch Christopher Clark.

175 Herbert Michaelis, Ernst Schraepler [Hrsg.], Ursachen und Folgen. Vom deutschen Zusammenbruch 1918 und 1945 bis zur staatlichen Neuordnung Deutschlands in der Gegenwart, Bd. 3, Der Weg in die Weimarer Republik, Berlin [1959], S. 347.

2. 1897 – Made in Germany: Weltpolitik – Weltmacht – Weltherrschaft

«Ich scheiße auf die ganzen Beschlüsse.»
Wilhelm II., 23. Juni 1899

Delegierte der 2. Haager Friedenskonferenz

Die Haager Friedenskonferenzen

Die erste Haager Friedenskonferenz war 1899 auf Initiative des russischen Zaren Nikolaus II. zustande gekommen, aus Furcht, die massiven Rüstungen der Großmächte könnten die sozialistische Bewegung vorantreiben. Vordergründig hatte Wilhelm II. das Unterfangen seines Cousins begrüßt, aber in seinem Telegramm an «Nicky»[176] gleich einen Riegel vorgeschoben: «Könnten wir uns vielleicht selbst vorstellen, dass ein Monarch, der den persönlichen Befehl über seine Armee innehält, seine Regimenter auflöst, die durch hunderte Jahre Geschichte geheiligt sind (und seine Städte den Anarchisten und der Demokratie übergibt)?»[177] Womit er dem Zaren widersprach und genau das Gegenteil behauptete: Abrüstung statt Rüstung spiele den Anarchisten und Demokraten in die Hände.

Die Konferenz sollte nach russischem Willen drei Punkte behandeln:

1. Abrüstung
2. Kriegsrecht und
3. ein Schiedsgericht.

Auf Punkt eins wollte sich praktisch kein Staat einlassen. Die Arbeitsgruppe zu Punkt zwei erzielte wichtige Übereinkünfte, doch als wichtigster wurde der dritte angesehen, das Schiedsgericht. Die deutsche Delegation, deren prominentes Mitglied, Freiherr von Stengel, ein dezidierter Gegner der Weltfriedensidee war, weigerte sich strikt, einem permanent tagenden Schiedsgericht, das bei Streitigkeiten zwischen Staaten obligatorisch hätte angerufen werden müssen, zuzustimmen. Wilhelm II. bezeichnete diese Idee als «eine ungeheuerliche Frechheit».[178] Und höhnisch fügte er hinzu: Warum, weil «alle nicht so schnell mobil machen können als wir!»[179] Und als vorgeschlagen wurde, ein Büro dazu einzurichten: «Oh herrje! Vorstand Frau von Suttner!» Womit die spätere Friedensnobelpreisträgerin und Pazifistin Bertha von Suttner gemeint war. Und als er erfuhr, dass in den Kirchen der USA während der Haager Konferenz allsonntäglich für den Frieden gebetet wurde, sprach er von «heuchlerischen Pharisäern».[180]

---

176 Falsch «Nikki» bei Münkler, Krieg, S. 103; bei Krumeich falsch «Nicki», Krumeich, 1914, S. 293, 313.

177 Jost Dülffer, Regeln gegen den Krieg? Die Haager Friedenskonferenzen von 1899 und 1907 in der internationalen Politik, Berlin, Frankfurt, Wien 1981, S. 108.

178 Zitiert nach Peter Winzen, Reichskanzler Bernhard von Bülow. Mit Weltmachtphantasien in den Ersten Weltkrieg. Eine politische Biographie, Regensburg 2013, S. 243.

179 Tagebuch Waldersee vom 17.12.1899, zitiert nach John C. G. Röhl, Wilhelm II. Der Weg in den Abgrund, München 2009[2] (zuerst 2008), S. 93.

180 Waldersee Tagebuch, 7.2.1900 und 23.10.1899, zitiert nach Röhl, Wilhelm II., S. 94.

Es kam fast zu einem Eklat. Reichskanzler Fürst von Bülow – über den noch zu berichten sein wird – hatte – da er die Russen, die er für seine Weltmachtpolitik brauchte, nicht in «Missstimmung» bringen wollte – die Delegation geschickt dahingehend instruiert,

1. keiner auch noch so kleinen Rüstungsbeschränkung zuzustimmen,
2. darauf zu bestehen, dass Beschlüsse nur einstimmig zu fassen seien,
3. zu verlangen, dass Schiedsgerichte nur für untergeordnete Probleme eingesetzt werden dürften.

Womit alle drei Vorschläge praktisch erledigt waren. Außerdem sollte alles von der Zustimmung des Kaisers Wilhelm II. abhängen. Und der hatte klar gemacht, dass Rüstungsbeschränkungen nur Russland zugute kämen bzw. er gab eines seiner berüchtigten Bonmots zum Besten: «Die Konferenzkomödie mache ich mit, aber den Degen behalte ich zum Walzer an der Seite.»[181] So bemühten sich die deutschen Konferenzvertreter, «so viele Sicherheitsventile in diesen gekünstelten Apparat zu bringen, dass das ganze nur Sand wird, den wir der öffentlichen Meinung in die Augen werfen können».[182] Nach diesem Prinzip wurden massive Einschränkungen für das Schiedsgericht vorgeschlagen, die einem Begräbnis 1. Klasse gleichkamen. Im Ergebnis kam es daher nur zur Verabschiedung von Absichtserklärungen. Der deutsche Kaiser kommentierte selbst dieses magere Ergebnis in «unerreichter Hässlichkeit», so die Herausgeber einer Dokumentensammlung.[183] Er «scheiße auf die ganzen Beschlüsse».[184] Fortan galten die Deutschen nicht ganz zu Unrecht als kriegstreibend.

Auch der zweiten Konferenz erging es nicht viel besser. Diese kam 1907 auf Initiative der USA zustande und führte wenigstens zur Haager Landkriegsordnung. Doch diesmal sorgten das Deutsche Reich und Österreich-Ungarn zusammen und als einzige dafür, dass es zu keiner Rüstungsbeschränkung kam. «Daher muss unser altes Programm von der letzten Haager Konferenz unbedingt aufrecht erhalten bleiben.» Nur wenn «Abrüstungsfragen» total ausgeschaltet würden, «werde ich die Konferenz beschicken, sonst nicht»,[185] hatte der Kaiser 1906 an den Rand eines Zeitungsartikels notiert. Auch die Schiedsgerichtsbarkeit scheiterte erneut am deutschen Widerstand, obwohl man bewusst die «Lebensfragen» einer Nation, Fra-

181 Winzen, Bülow, S. 243, auch bei Düffler, Regeln, S. 109

182 Thomas Hans Otto Bredendiek, Die Haager Friedenskonferenzen von 1899 und 1907, (1994), S. 41, in: www.hans-otto-bredendiek.org.

183 Johannes Lepsius, Albrecht Mendelssohn-Bartholdy, Friedrich Thimme (Hrsg.), Die Große Politik der europäischen Kabinette 1871–1914, Berlin 1922–1927 (künftig: GP). Die Sammlung gilt als apologetisch und ist äußerst umstritten. Clark zitiert sie mehrfach und seine Methodik ähnelt der der Sammlung.

184 Kaiserin Friedrich, am 23. Juni 1899, zitiert nach Röhl, Wilhelm II., S. 94.

185 Wilhelm II., zitiert nach Düffler, Regeln, S. 291.

gen der Ehre und der Unabhängigkeit, also die der staatlichen Souveränität, ausdrücklich ausgenommen hatte. Auch diese Konferenz wurde ein Misserfolg, maßgeblich durch das deutsche Eingreifen. Und so kam selbst Brockdorff-Rantzau 1919 in seiner Verteidigungsrede in Versailles nicht darum herum, diese Tatsache zu erwähnen.

Für Clark hingegen sind die Haager Konferenzen erst gar kein Thema.

Das Deutsche Reich hatte sich im Übrigen in den acht Jahren zwischen den Konferenzen in jeder Hinsicht isoliert und sah sich plötzlich «eingekreist».

Clark schildert diesen Prozess zwar ausführlich, lässt aber Wichtiges weg. Seiner Ansicht nach stand Deutschland arm da, als ein «Emporkömmling» mit «leeren Taschen», der «verzweifelt versuchte einen Platz an dem bereits überfüllten Tisch zu ergattern».[186] Auch er sieht das Deutsche Reich, erstaunlich ähnlich wie dieses damals sich selbst, durch die Politik Russlands, Frankreichs und Englands umzingelt. Doch will er Deutschland dafür praktisch nicht in der Verantwortung sehen. Im Gegenteil, die Isolation Deutschlands sei ihm grade nicht «durch sein ungeheuerliches internationales Auftreten selbst zuzuschreiben».[187] Genau aus diesem Grund erwähnt Clark das Auftreten der Deutschen auf den Haager Friedenskonferenzen erst gar nicht. Auch macht er um die Politik Bülows einen merkwürdigen Bogen. Von Bülow stammt das Bonmot vom «Platz an der Sonne», den sich Deutschland erkämpfen wolle. Seine und des Kaisers Politik gilt es daher nun nachzuzeichnen.

186 Clark, Schlafwandler, S. 195.
187 Clark, Schlafwandler, S. 216.

Der «Platz an der Sonne»

«Man kann Fritz Fischer nicht widerlegen.»
Christopher Clark im TV-Sender Phoenix, 29.1.2014

Bernhard von Bülow

1871, sehr spät also, wurde Deutschland ein Nationalstaat. Bismarck hatte dazu drei Kriege inszeniert, aber nun das Deutsche Reich für saturiert – als Großmacht gesättigt – erklärt. Doch 1890 gab der neue Kaiser Wilhelm II. – der selbst die Richtlinien der Politik bestimmen wollte – seinem Kanzler den Laufpass. Hielt sich dessen Nachfolger Leo Graf von Caprivi noch leidlich an Bismarcks geschickte ausgleichende Großmacht- und Bündnispolitik (Dreibund Deutschland-Österreich/Ungarn-Italien), so machte der Graf schon 1890 den Fehler, den diesen Bund ergänzenden Rückversicherungsvertrag mit Russland nicht mehr zu verlängern. Nach Sönke Neitzel «die größte Torheit».[188] Nach Clark die beste Möglichkeit, um «den selbstauferlegten Beschränkungen der Bismarck'schen Politik zu entrinnen».[189] Caprivis übernächster Nachfolger im Reichskanzleramt, Bernhard von Bülow (1900–1909), sah dann 1897, damals noch als Außenminister[190], den Zeitpunkt für gekommen, Bismarcks saturiertem Reich wenig schlafwandlerisch «zu entrinnen» und «Weltpolitik!» zu betreiben. Galt bis dahin: In Europa herrscht Gleichgewicht, außer-

188 Sönke Neitzel, Kriegsausbruch. Deutschlands Weg in die Katastrophe 1900 – 1914, Zürich 2002, S. 28. Neitzel hat sich inzwischen zu einem bedingungslosen Anhänger Clarks entwickelt und es ist nicht klar, ob er die in diesem Buch dargelegten Positionen noch aufrechterhält.

189 Clark, Schlafwandler, S. 196.

190 Die Bezeichnung «Außenminister» war zu dieser Zeit nicht üblich, man nannte die Position noch «Staatssekretär des Äußeren». Und die Funktionsträger, die man heute als «Staatssekretäre» bezeichnet, hießen «Unterstaatssekretäre».

halb Europas herrscht England, so galt nun als Ziel: Außerhalb Europas herrscht (mindestens) Gleichgewicht und in Europa herrscht Deutschland.[191] Deutschland wollte auch Weltmacht werden. Zwei Großmächten (Frankreich und Russland) und einer Weltmacht (England) kam man damit ins Gehege. Die USA und Japan zählten zu dieser Liga erst einige Jahre später.

«Die Zeiten, wo der Deutsche dem einen seiner Nachbarn die Erde überließ, dem anderen das Meer und sich selbst den Himmel reservierte, wo die reine Doktrin thront (Heiterkeit – Bravo!) – diese Zeiten sind vorüber. [...] Wir wollen niemand in den Schatten stellen, aber wir verlangen auch unseren Platz an der Sonne (Bravo!).»[192] Dieser Satz aus Bülows Reichstagsrede vom 6. Dezember 1897 zählt zu den am häufigsten zitierten Passagen in der Historiografie des Imperialismus, der erste Teil des Gesamtzitats wird allerdings weniger oft herangezogen. Dabei macht er klar, was Bülow und sein Kaiser wollten: Weder England die Weltmeere überlassen noch Deutschlands Nachbarn Mitteleuropa.

Beinahe zwei Jahre zuvor hatte Kaiser Wilhelm II. vollmundig, aber noch keineswegs der Realität entsprechend, verkündet: «Aus dem deutschen Reich ist ein Weltreich geworden.»[193] Hier war der Wunsch Vater des Gedankens und den wollten Wilhelm wie Bülow umsetzen. Und sie waren nicht allein.

Ursache dieser Weltpolitik war einerseits die Entstehung modernster kapitalistischer Industrien in Deutschland, verbunden (ab 1890) mit einem ungeheuren Wirtschaftswachstum[194], was das Reich bis 1913 zur stärksten Wirtschaftsnation Europas und zur wohl mächtigsten Militärmacht der Welt werden ließ. Andererseits waren die herrschenden Klassen im

---

191 Sebastian Haffner, Die sieben Todsünden des Deutschen Reiches im Ersten Weltkrieg, Bergisch Gladbach 2001 (zuerst: Hamburg 1964), S. 15. Haffner wird von den meisten Historikern gemieden, weil er nicht mit Anmerkungen arbeitet, was aber den schon klassischen Wert seiner Arbeiten nicht mindert.

192 Bülow vor dem Reichstag am 6. Dezember 1897, www.reichstagsprotokolle.de (Dezember 2014) 1897/98,1, S. 60; siehe auch Winzen, Bülow, S. 198.

193 Zitiert nach Imanuel Geiss, Der lange Weg in die Katastrophe. Die Vorgeschichte des Ersten Weltkriegs 1815–1914, München 1991[2] (zuerst 1990), S. 209.

194 Fritz Fischer, Krieg der Illusionen, Die deutsche Politik von 1911 bis 1914, Düsseldorf 1978 (zuerst: 1969), S. 18–22; Imanuel Geiss, Sozialstruktur und imperialistische Dispositionen im Zweiten Deutschen Kaiserreich, in: Imanuel Geiss, Das Deutsche Reich und die Vorgeschichte des Ersten Weltkrieges, München 1985 (zuerst: 1978); Volker Ullrich, Die nervöse Großmacht, Aufstieg und Untergang des deutschen Kaiserreichs 1871-1918, Frankfurt 2006, (zuerst: 1999), S. 135–142; Clark, Schlafwandler, S. 224, wobei bei Clark der erstarkende deutsche Kapitalismus bloß als Angstlieferant für England dient.

Kaiserreich – der Adel, das aufstrebende kapitalistische Bürgertum und maßgebliche Intellektuelle – mit einem unglaublichen Machtbewusstsein ausgestattet. Wobei ostelbische Junker (adlige Großagrarier) und die Großindustriellen von Kohle und Stahl durchaus nicht unbedingt gleiche Machtziele hatten. Die fast noch feudal-antimodernen Junker und ihr politischer Arm, die Konservativen, waren keine Flottenfreunde und ließen sich die Zustimmung zu dieser Aufrüstung mit der Verfünffachung der Getreidezölle bezahlen. Die Kohle- und Stahlmagnaten – teils selbst Adlige, teils aufstrebende Bourgeois (politisch die Nationalliberalen und die Liberalen) – sahen jedoch in einer starken Militärmaschinerie zu Lande das Mittel, um kontinentale Großmachtpolitik gegenüber Russland und Frankreich und in der Flotte die Macht, um «Weltpolitik» gegenüber England treiben zu können. Als williges Fußvolk diente ihnen dabei das Kleinbürgertum, die Handwerker und die Bauern, bei denen Begeisterung, ja Wahnvorstellungen für Weltmachtpläne geweckt wurden. Der Handelskapitalismus, der mehr am Export-Import als am Krieg interessiert war – einer seiner Vertreter war der Reeder Albert Ballin[195] – geriet dabei mehr und mehr ins Hintertreffen. An der Spitze dieser Weltpolitik, deren Ziel es war, «die bestehende Staatenordnung aus den Angeln zu heben, um zur Vormachtstellung auf dem europäischen Kontinent und somit zum Status einer globalen Supermacht – im damaligen Sprachgebrauch zur Weltmacht – aufzusteigen»[196], stand ein unberechenbarer, extrem aggressiver Kaiser mit fast pathologischen Zügen, der in Extremsituationen gar «paranoide Wahnvorstellungen»[197] hatte. Der jedoch bis zur Auslösung des Ersten Weltkrieges eine oft auch von Clark unterschätzte Machtstellung innehatte, die auf Basis der Bismarck'schen Verfassung weder von einem stark beschnittenen Parlament noch vom Reichskanzler kontrolliert werden konnte.

«Das stärkste, in seinen politischen Initiativen sprunghafteste persönliche Regiment», also der Kaiser, wurde ergänzt durch «den schwächsten, jeder Opposition unfähigen Parlamentarismus, dazu alle bürgerlichen Schichten im schroffsten Gegensatz zur Arbeiterklasse zusammengeschlossen und hinter der Regierung verschanzt, so konnte man voraussehen, dass dieser junge, kraftstrotzende, von keinerlei Hemmungen beschwerte Imperialismus, der auf die Weltbühne mit ungeheuren Appetiten trat, als die Welt bereits so gut wie verteilt war, sehr rasch zum unberechenbaren Faktor der allgemeinen Beunruhigung werden musste.»[198] Das schrieb Rosa

195 Fritz Klein, Deutschland im Ersten Weltkrieg. I. Vorbereitung, Entfesselung und Verlauf des Weltkrieges, Berlin (Ost), 1970, S.100.

196 Röhl, Wilhelm II., S. 25.

197 Röhl, Wilhelm II., S. 26.

198 Rosa Luxemburg («Junius»), Die Krise der Sozialdemokratie, in: Rosa Luxem-

Luxemburg in ihrer berühmten Junius-Broschüre 1915. Ein ungeheurer «Wille zur Macht» war also hier in Deutschland versammelt.

Im Zentrum dieser Ideologie stand der weit verbreitete Sozialdarwinismus, in dem die Lehre Darwins vom «struggle for life» und «survival of the fittest» auf die menschliche Gesellschaft übertragen und zum zentralen Antrieb des politischen und ökonomischen Denkens wurde.[199] Nirgendwo war diese Lehre so tief verwurzelt wie im halbabsolutistischen Deutschland, etwa in Wilhelms II. «Hunnenrede» (1900), «Pardon wird nicht gegeben!», in seiner Ansicht, man müsse «erst die Sozialisten abschießen, köpfen und unschädlich machen – wenn nötig per Blutbad – und dann Krieg nach außen»,[200] führen (1905). Der als unvermeidlich angesehene Kampf der «Germanen gegen die Slawen» (Moltke, Wilhelm II., Bülow, Bethmann), sowie der Genozid der deutschen Militärmaschinerie an den Nama und Herero in Afrika (1904–1907) sind zentrale Beispiele dieses Denkens und Handelns. Diese Haltung war neben der ökonomischen Dynamik der Antrieb für die Weltpolitik. Selbst liberale Geister wie Max Weber brachten es schon 1895 auf den Punkt: «Wir müssen begreifen, dass die Einigung Deutschlands ein Jugendstreich war, den die Nation auf ihre alten Tage beging und seiner Kostspieligkeit halber besser unterlassen hätte, wenn sie der Abschluss und nicht der Ausgangspunkt einer deutschen Weltmachtpolitik sein sollte.»[201] Dieser in der Geschichtswissenschaft ansonsten gern zitierte Anstoß Webers[202] kommt bei Clark nicht vor. Wie ihn überhaupt ökonomische Motive wenig (mit den Ausnahmen zur Untermauerung eines serbischen Expansionismus bzw. zur Unterstellung einer «Germanophobie in der britischen Außenpolitik»[203]) interessieren und er Weltpolitik anderen zuschreibt, genauso wie er Rassismus, Sozialdarwinismus und Militarismus zwischen den halbabsolutistischen Mächten Deutschland, Russland und den Demokratien Frankreich und England gleich verteilt sieht. Wir kommen im Detail noch dazu. Und Österreich-Ungarn, seinem

burg, Gesammelte Werke (GW), Bd. 4, Berlin (Ost) 1974, S. 78 (sogenannte Junius-Broschüre, daher im Folgenden zitiert als Junius).

199 Imanuel Geiss, Kurt Riezler und die deutsche Weltpolitik vor 1914. Zur Beurteilung der deutschen Reichspolitik im Ersten Weltkrieg, in: Geiss, Reich 1985, S. 132f.; Röhl, Wilhelm II., S. 977, 989, 1008; Krumeich, 1914, S. 18f.

200 Zitiert nach Winzen, Bülow, S.359 und Röhl, Wilhelm II, S. 459.

201 Max Weber, Der Nationalstaat und die Volkswirtschaftspolitik. Akademische Antrittsrede, in: Wolfgang J. Mommsen / Rita Aldenhoff (Hrsg.): Max-Weber-Gesamtausgabe, Band I/4: Landarbeiterfrage, Nationalstaat und Volkswirtschaftspolitik, Tübingen 1993, S. 571.

202 Vier Beispiele: Fischer, Illusionen, S. 69 f.; Imanuel Geiss, Öffentliche Meinung und Krieg vor 1914, in: Geiss, Reich 1985, S. 115f.; Ullrich, Großmacht, S. 196; Krumeich, 1914, S.19.

203 Clark, Schlafwandler, S. 224f.

Lieblingsstaat, traut er gar nichts Böses zu. Ebenso verharmlost er, dass den imperialistischen Mächten Russland, Frankreich und der Weltmacht England ein nervöser Konkurrent um Kolonien, Absatzmärkte, Rohstoffbasen, Handelsplätze und geopolitische Macht erwuchs. Ein Spätzünder, der umso hektischer wirkte, je mehr er begriff, dass ein Großteil der Erde schon verteilt war. Das deutsche Reich schwankte zwischen den Zielen, die Vorherrschaft auf dem Kontinent zu erkämpfen einerseits und andererseits noch möglichst viele Kolonien zu gewinnen, hin und her bzw. es versuchte zeitweise beides gleichzeitig und demonstrierte so «notorische Unberechenbarkeit».[204]

Diese «irrlichternde Dynamik», repräsentiert durch Wilhelm II., bedingte nicht nur ein arrogantes Auftreten auf dem internationalen Parkett, sondern mündete in eine gigantische Flottenrüstung (Weltherrschaft) und eine nicht minder starke Heeresvergrößerung (Kontinentalherrschaft). Dass beides zusammen auch der stärksten industriellen wie militärischen Macht des Kontinents zu viel des Guten sein würde, verschwand immer wieder aus dem Blickfeld der politisch Handelnden des Deutschen Reiches. Frankreich galt als Erbfeind, dies hatte auch schon Bismarck nicht anders gehandhabt. Aber die beiden anderen wichtigen europäischen Mächte, England und Russland, konnte sich Deutschland nicht beide zum Feind machen. Doch genau dies geschah letztlich bis zum großen Knall 1914.

Kaiser Wilhelm II. repräsentierte wie kein anderer diese Schaukelpolitik. Er war ein in zweierlei Hinsicht schwankendes Rohr. Einerseits pendelte er ständig zwischen den potenziellen Bündnispartnern England (seiner Hassliebe) und Russland (seinem eigentlichen «slawischen» Hassobjekt) hin und her, andererseits brüskierte er alle seine Nachbarn durch unglaublich provokante Reden und Kriegsdrohungen (siehe weiter unten die Hale- und Daily-Telegraph-Interviews), um schließlich dann, wenn seine Politiker und Militärs es vorschlugen, vor einem Krieg zurückzuschrecken und «umzufallen». Bis er letztlich im Juli 1914 sein geladenes Rohr auf Frankreich, Russland und England richtete und mit den Worten «Diesmal falle ich nicht um!» abfeuerte[205].

«Es war zweifellos die aggressive deutsche Weltmacht- und Flottenpolitik, die das europäische ‹Konzert der Mächte› zu Beginn des 20. Jahrhunderts entscheidend veränderte.»[206] Dies stellt sogar der Freund Clarks, der Historiker Gerd Krumeich, – und im Gegensatz zu diesem – fest.

Neben dem schwankenden, gern großspurig tönenden Wilhelm II. und seinem «persönlichen Regiment» betrieb jedoch der neue Reichskanzler

204 Ullrich, Großmacht, S. 194

205 Nach wie vor maßgebend hierzu: Röhl, Wilhelm II., S. 1068–1175.

206 Krumeich, 1914, S. 21.

Bülow – «mein Bismarck» (Wilhelm II.) – zumindest über mehrere Jahre eine recht eindeutige Politik. Er sah England, die bis dahin wirklich einzige Weltmacht (die USA waren zu diesem Zeitpunkt noch Weltmacht im Werden) als den eigentlichen Konkurrenten. Zusammen mit Admiral Alfred von Tirpitz, dem mächtigen Staatssekretär im Reichsmarineamt, betrieb Bülow ab 1897 eine Flottenrüstungspolitik, die England auf seinem ureigensten Gebiet, auf dem Wasser, durch den Bau von Schlachtschiffen und Superschlachtschiffen (Dreadnoughts) den Schneid abkaufen und die Weltherrschaft erringen sollte. Eine solche Flottenpolitik – die selbstredend den Segen des Marinefetischisten Wilhelm II. hatte – zielte nicht auf Gewinn von Kolonien durch Kreuzergeschwader mit weltweiten Stützpunkten, was man mit den anderen Mächten noch hätte aushandeln können, sondern auf die Brechung der englischen Weltherrschaft vor deren Haustür, in der Nordsee. Hier sollte England nicht nur Paroli geboten, sondern u. U. sogar geschlagen werden, um ihm die Weltherrschaft abzunehmen, mindestens aber mit ihm gleichzuziehen.[207] Ziel war das Brechen «der englischen Weltherrschaft und damit das Freilegen des notwendigen Kolonialbesitzes für die ausdehnungsbedürftigen mitteleuropäischen Staaten».[208] Was man sich natürlich nur unter deutscher Führung vorstellen konnte. Dies bedeutete die direkte Konfrontation mit England. Und hier ist – immanent betrachtet – ein entscheidender Fehler der deutschen Weltmachtpolitik zu sehen, die Konfrontation mit England und das Ausschlagen eines Bündnisses mit dieser damaligen Weltmacht.

Dies sieht Clark – allerdings ohne Beleg – ganz anders. Das Deutsche Reich habe nur «eine Zeitlang» dem «Begriff Weltpolitik» gehuldigt. Von wann bis wann gibt er nicht an, kann er auch nicht, denn Deutschland betrieb Weltpolitik von 1897 bis zum Beginn des Ersten Weltkriegs. Ab 1912 jedoch wieder konzentriert auf dem europäischen Kontinent. Nach Clark habe diese deutsche Weltpolitik im Grunde nur «den Hunger nach echt nationalen Projekten» ausgedrückt.[209] Im Unterschied zu den «Projekten» der jungen Balkanstaaten, insbesondere Serbiens, scheint hier Clark zwischen «echten nationalen» und «unechten nationalen Projekten»

---

207 Nach wie vor maßgebend: Volker R. Berghahn, Der Tirpitz-Plan. Genesis und Verfall einer innenpolitischen Krisenstrategie unter Wilhelm II., Düsseldorf 1971, S. 192ff., sowie: Volker Berghahn, Des Kaisers Flotte und die Revolutionierung des Mächtesystems vor 1914, in: John G. Röhl, Elisabeth Müller-Luckner [Hrsg.], Der Ort Kaiser Wilhelms II. in der deutschen Geschichte, München 1991, S. 171ff.

208 Walter Görlitz [Hrsg.]: Der Kaiser... Aufzeichnungen des Chefs des Marinekabinetts Admiral Georg Alexander v. Müller über die Ära Wilhelms II., Göttingen 1965, S. 36ff.

209 Clark, Schlafwandler, S. 207.

zu unterscheiden. Die Deutschen sind berechtigt, aggressiv vorzugehen, die Serben nicht. Er meint hier mit «echt national» wohl den zu spät gekommenen deutschen Imperialismus. Auch die aggressive Flottenpolitik wischt Clark mit einem Federstrich beiseite. Das deutsche Flottenbauprogramm sei «weder ein empörender noch ein ungerechtfertigter Schritt»[210] gewesen, weil man die Deutschen sonst nicht ernst genommen hätte. Diese verharmlosende Einschätzung deutschen Weltmachtstrebens führt Clark zu der überraschenden Feststellung, dass das Bündnis Frankreichs mit Russland, dessen Zustandekommen er unabhängig vom deutschen Gebaren sieht, und die Entente Englands mit Frankreich Deutschland eingekreist habe und nicht dessen aggressives Verhalten für die Bündnisse verantwortlich war. Die Geschichtswissenschaft der 1970er bis 1990er Jahre wird damit einfach – und ohne neue Quellen – zu Grabe getragen. Es habe «keineswegs am deutschen Schiffbau nach 1898» gelegen, «dass Großbritannien engere Beziehungen zu Frankreich und Russland anstrebte. Die Entscheidung, mit Frankreich eine Entente zu bilden», sei allein «wegen des Drucks an der Peripherie des Empires zustande»[211] gekommen.

Eine im wahrsten Sinne des Wortes weit hergeholte Begründung.

Clark muss dabei einen entscheidenden Fakt herunterspielen bzw. er erlaubt sich, ihn in nur wenigen Zeilen zu erwähnen: Das deutsche Ausschlagen englischer Bündnisangebote in den Jahren 1898–1901. Ende März 1898 hatte der englische Kolonialminister Joseph Chamberlain dem deutschen Botschafter in London, Paul Graf von Hatzfeld-Wildenburg, auseinandergesetzt, dass man im Kabinett erwäge, die bisherige Politik der «splendid isolation» aufzugeben, um, so telegrafierte Hatzfeld, «zu einer Verständigung mit uns und unsren Freunden zu gelangen».[212] Man habe ihm den «Wunsch nach einer bindenden Abmachung zwischen England und dem Dreibund»[213] unterbreitet. Dieses Angebot wurde drei Jahre lang aufrechterhalten bzw. mehrfach erneuert. In der deutschen «Handels- und Finanzbourgeoisie» gab es «große Sympathien» für ein solches Bündnis.[214] Doch Bülow gelang es als Außenminister und dann als Reichskanzler, den ebenfalls nicht abgeneigten (mit dem englischen Königshaus verwandten) Wilhelm II. hinzuhalten und mit geschickten Aktionen die englischen Angebote und Wilhelms (wie immer großspuriges) Eingehen darauf immer wieder abzuwürgen[215] bzw. immer dreistere Forderungen zu stellen, bis die Engländer Ende 1901 schließlich aufgaben und sich erst Japan, dann

210 Clark, Schlafwandler, S. 204.
211 Clark, Schlafwandler, S. 205.
212 Hatzfeld, zitiert nach Winzen, Bülow, S. 290.
213 Hatzfeld, zitiert nach Ullrich, Großmacht, S. 202.
214 Klein, Deutschland, S. 82.
215 Winzen, Bülow, S. 292–307.

Frankreich und schließlich Russland zuwandten. Sebastian Haffner, Fritz Klein[216] und Volker Ullrich sehen darin eine vertane historische Chance. Der Biograf Bülows, Peter Winzen, gar eine Jahrhundertchance. Gerade weil Großbritannien «eskalierende Konflikte mit Frankreich in Nordafrika und mit Rußland in Ostasien»[217], sprich China[218], erwartete, also genau das, was Clark als Begründung für das spätere Bündnis England-Russland sah, näherte Großbritannien sich dem aufstrebenden Deutschland an. Und erst als dieses nach Jahren der Verhandlungen – an denen nicht nur Chamberlain, sondern 1901 auch der damalige britische Außenminister Henry Charles Lansdowne beteiligt war[219] – das Angebot Großbritanniens ablehnte, wandte es sich Frankreich (1904) – allerdings war dies noch «kein Bündnis, sondern eine Verständigung» über «Kolonialinteressen»[220] – und Russland (1907) zu. Auch hier schloss man erst nur eine Vereinbarung.[221] Das erkannte 2001 selbst Sönke Neitzel, der heute einer der großen Parteigänger Clarks ist. Er stellte sich damals die Frage, «ob es nicht ein schwerer Fehler Bernhard von Bülows gewesen ist, 1898 die Hand des britischen Kolonialministers Chamberlain auszuschlagen. So war möglicherweise die Chance vertan, einen Faden zwischen beiden Ländern zu spannen, aus dem später eine engere Beziehung hätte werden können». Er verneint diese Chance dann, begründet dies aber mit dem «Selbstverständnis» Deutschlands, das nicht «Juniorpartner Englands» werden wollte.[222]

Fazit: Deutschland hatte sich ausgekreist oder wie Haffner bemerkte: «Es hatte sich selbst eingekreist.»[223] Allerdings war selbst diese Triple-Entente England-Frankreich-Russland auch dann noch kein vertraglich fixiertes Bündnis. Es war nicht einmal ein Defensivbündnis. In ein solches

---

216 Klein, Deutschland, S. 82.

217 Ullrich, Großmacht, S. 202.

218 Winzen, Bülow, S. 290.

219 Winzen, Bülow, S. 304ff.; Clark, Schlafwandler, S. 199.

220 Leonhard, Pandora, S. 50.

221 Imanuel Geiss, Deutsche Außenpolitik 1871–1914, in: Geiss, Reich 1985, S. 70. Niall Ferguson, ein Vordenker und Vorläufer Clarks, stellt schon im Jahr 1998 die provokante These auf, die «wirkliche Erklärung für das Scheitern eines anglo-deutschen Bündnisprojektes lag nicht in der Stärke, sondern der Schwäche Deutschlands». Niall Ferguson, Der falsche Krieg. Der Erste Weltkrieg und das 20. Jahrhundert, Stuttgart 1999 (zuerst: London 1998), S. 89. Allerdings begründet er die angebliche «Schwäche» Deutschlands mit dessen Zögern, die englische Politik in China gegen die Russen zu unterstützen. Das aber wiederum geschah, weil Bülow sich lieber Russland als Bündnispartner gewünscht hätte, und nicht aus Schwäche heraus.

222 Neitzel, Kriegsausbruch, S. 34.

223 Haffner, Todsünden, S. 19.

wurde es erst durch ein aggressives Deutschland hineingedrängt. «Auch wenn es zwischen 1906 und 1912 zu konkreten militärischen Absprachen mit Frankreich und Russland kam, konnte von einer russisch-französisch-britischen Triple-Allianz mit offensiver Ausrichtung gegen Deutschland keine Rede sein.»[224]

England verfolgte hier – nachdem es misslungen war, Deutschland zum «Juniorpartner» zu machen – schlicht und einfach seine 400jährige Politik der «Balance of Power» weiter, die da lautet, keine Hegemonialmacht auf dem Kontinent zu dulden und sich daher immer mit der zweitstärksten Macht auf dem Kontinent zu verbünden.

Dies war durch den kometenhaften Aufstieg des Deutschen Kaiserreiches Frankreich. Russland als Verlierer seines Krieges mit Japan von 1905 diente den Engländern als Balance in Ostasien.

Doch noch einmal zurück zum englischen Angebot von 1900. So interpretiert Clark dies: England (mit der stärksten Flotte der Welt) habe Deutschland tatsächlich nichts zu bieten gehabt, «um die verstärkte französische und russische Feindschaft zu kompensieren».

Was tat aber Deutschland tatsächlich? Es zeigte England die kalte Schulter, rüstete gegen es, machte keine Anstalten, sich in irgendeiner Weise Frankreich anzunähern, und schaffte es auch nicht, den alten Draht zu Russland wiederherzustellen. Dem stand die aberwitzige Politik der «freien Hand» entgegen, also des irrlichternden Pendelns zwischen allen Großmächten hin und her, oder anders ausgedrückt: des Sitzens zwischen allen Stühlen. Das Reich handelte nun nach dem Grundprinzip: Überall dabei zu «sein, überall ein Töpfchen mit übelriechenden Sachen an anderer Leute Feuerherd zu stellen» und sich dadurch «bei aller Welt verdächtig und verächtlich» zu machen, wie es der deutsche Botschafter in Rom, Anton Graf von Monts, ausdrückte.[225] Hinzu kam der rassistische Sozialdarwinismus, der ein Bündnis mit den «Slawen», das Bülow zeitweise anstrebte, höchst ungern akzeptieren wollte. So hatte sich Deutschland in die Isolation manövriert, und eben weil es Englands Hand ausschlug, sich Frankreich, Russland und schließlich und letztlich auch England zum Gegner gemacht.

Clark, der sonst in seinem Buch die Vormacht der englischen Flotte unablässig betont, kommt in diesem Fall zu einer grotesken Geringschätzung der Homefleet, die ihm zufolge bei einem Bündnis Deutschland-England-Österreich/Ungarn-Italien «kaum ins Gewicht fallen» würde. Doch im Er-

224 Leonhard, Pandora, S. 51.

225 Anton Graf von Monts an den späteren deutschen Botschafter in Wien, Heinrich von Tschirschky und Bögendorff, am 26.1.1905, zitiert nach Michael Epkenhans, Die Wilhelminische Flottenrüstung 1908–1914, München 1991, S. 23.

sten Weltkrieg war es genau die starke englische Flotte, die nicht nur die deutsche zwang, meist untätig in den Häfen zu liegen, sondern diejenige, die die Blockade der Mittelmächte eisern durchsetzte und die das britische Expeditionskorps nach Frankreich brachte, jenes Expeditionskorps von 150.000 Mann, das den entscheidenden Ausschlag dafür gab, dass die deutschen Truppen im September 1914 an der Marne aufgehalten wurden und nicht über Paris herfallen bzw. den Krieg schon nach Wochen gewinnen konnten. Ein Bündnis Deutschland-England um die Jahrhundertwende hätte – aus der deutschen kontinentalen Sicht heraus, also immanent gedacht – zwar nicht die Gefahr eines Zweifrontenkrieges mit Frankreich und Russland beseitigt, jedoch eine dritte entscheidende Macht, nämlich Großbritannien, nicht nur neutralisiert, sondern als Defensiv-Verbündete an die Seite des Deutschen Reiches gestellt. Ein Weltkrieg wäre unmöglich geworden. Ab 1909 versuchte der Nachfolger Bülows als Kanzler, Theobald von Bethmann Hollweg, jahrelang diese Annäherung von deutscher Seite aus zu wiederholen, doch da war es – ganz abgesehen von der deutschen Flottenrüstung – schon zu spät, nicht einmal eine ausgewiesene Neutralität Englands war nun noch zu haben.

Der Reichsleitung, hier Bülow, ging es aber um 1900 nicht primär darum, sich nicht «in eine antirussische Vereinigung hineinziehen» zu lassen.[226] Sie wollte zu Beginn des 20. Jahrhunderts Weltpolitik treiben und England mit einer aggressiven Flottenpolitik als Weltmacht ablösen.[227] Da war ein Bündnis mit ihm, in dem man vielleicht auf der Weltbühne nur eine Juniorpartnerrolle gespielt hätte, extrem unpassend.

Somit erweist sich Clarks Darlegung als Fehlinterpretation der außenpolitischen Möglichkeiten.

Zusammenfassung I

Clark versucht den deutschen Politikern, Militärs, Wirtschaftsführern, Bürgern, Adligen und nicht zuletzt dem Kaiser Wege aus den «selbstauferlegten Beschränkungen der Bismarck'schen Politik» aufzuzeigen und verteidigt ihren aggressiven Imperialismus. Wobei die Wirtschaftsführer bei ihm so gut wie nicht oder nur indirekt auftauchen.

Den Anstoß Max Webers zur Weltmachtpolitik ignoriert er. Weltpolitik gab's seiner Ansicht nach beim Deutschen Reich nur temporär und der Begriff sei eh verwaschen. Im übrigen repräsentiert er nur «den Hunger nach echt nationalen Projekten».

226 Clark, Schlafwandler, S. 199.

227 Berghahn, Tirpitz-Plan, S. 399; Dülffer, Haager Friedenskonferenzen, S. 250; Epkenhans, Flottenrüstung 1908–1914, München 1991, S. 22.

Unecht national sind nur die anderen (außer Österreich). Der deutsche Flottenbau war weder «empörend» noch «unberechtigt», sondern notwendig, damit Deutschland «ernst» genommen wurde. Sein aggressives Verhalten und seine Flottenrüstung haben nicht zur Einkreisung geführt und überhaupt nichts damit zu tun, dass England, Frankreich und Russland zusammenrückten. Dies geschah durch Druck an der Peripherie des englischen Empires. Das Reich war unschuldig daran. Es musste Englands Bündnisangebot ausschlagen, weil es da ja nur der imperialistische Juniorpartner gewesen wäre, was Clark ihm nicht zumuten wollte. Vor allen Dingen, weil Deutschland aus einem Bündnis mit England keinen Vorteil hätte ziehen können, hauptsächlich da die englische Flotte – die er sonst als weit überlegen darstellte – für das Reich in der Mitte des Kontinents keine Sicherheit gebracht hätte gegen die dann verstärkt (warum eigentlich?) verfeindeten Franzosen und Russen. Komischerweise brachte Frankreich das Bündnis mit England sehr viel, so u. a. auch den Stopp der Deutschen an der Marne im Sommer 1914.

Die Haager Friedenskonferenzen an sich waren unwichtig (ebenso deren Scheitern, hauptsächlich durch Deutschland verursacht), daher werden sie – inklusive des Kaisers «Scheißen» darauf – nicht behandelt. Clark bewahrt uns vor deutschen und österreichischen Massakern zu Beginn des Krieges, während er kein serbisches auslässt und sogar mit einem detailliert beschriebenen einsteigt.

Er sieht Österreich-Ungarn im Gegensatz zu fast allen anderen Historikern und Literaten als «blühende(s) und relativ gut verwaltete(s) Reich» mit «bemerkenswerte(r) Stabilität». Ein Land voller «Humanität und Effizienz». Und mit einem aufgeklärten Erzherzog und Thronfolger, der sogar die EU vorwegnehmen und «Vereinigte Staaten von Großösterreich» schaffen wollte.[228] Der deutsche Militarismus ist ein großes Missverständnis der Geschichte und der Hauptakteur in der Julikrise und damit Hauptkriegstreiber heißt Nikolai Pašić, seines Zeichens Ministerpräsident von Serbien.

---

228 Clark, Schlafwandler, S. 153.

Deutsche Gespenster und Clarks australischer Aberglauben

Überlebende Herero

In Deutsch-Südwestafrika kam es im Jahr 1904 zu mehreren Aufständen der Herero und Nama (rassistisch: Hottentotten).

Im Januar erhoben sich die Herero, die von den Deutschen von ihrem Grund und Boden verjagt und «in die eigene wirtschaftliche Unmündigkeit» getrieben worden waren. «Rücksichtslose Bodenenteignungen und eine bedenkenlose Ausbeutung der Eingeborenen durch betrügerischen Kreditwucher»[229] waren Bestandteil dieser «systematischen Expropriation».[230]

Obendrein waren sie Opfer der Rinderpest, von Malaria, Heuschreckenplagen und Dürren. Viele wurden so in deutsche Lohnarbeit gepresst.[231]

---

229 Wolfgang U. Eckart, Medizin und kolonialer Rassenkrieg: Die Niederschlagung des Herero-Nama-Aufstandes im Schutzgebiet Deutsch-Südwestafrika (1904–1907), in: Wolfram Wette/Gerd R. Ueberschär (Hrsg.): Kriegsverbrechen im 20. Jahrhundert, Darmstadt 2001, S. 59.

230 Horst Drechsler, Südwestafrika unter deutscher Kolonialherrschaft, Berlin (Ost) 1984[2] (zuerst Stuttgart 1966), S. 131.

231 Gerd Fesser, Völkermord in der Wüste Omaheke. Der Aufstand der Herero und Nama in Deutsch-Südwestafrika 1904, in: Gerd Fesser, Der Traum vom Platz an der Sonne. Deutsche «Weltpolitik» 1897–1914, Bremen 1996, S. 87; Susanne Kuß, Deutsches Militär auf kolonialen Kriegsschauplätzen. Eskalation von

Hinzu kam die völlige Rechtlosigkeit der Herero (ca. 80.000 Menschen) und Nama (ca. 20.000), die von den Deutschen als Paviane bezeichnet wurden.[232]

Der deutsche Gouverneur Oberst Theodor Leutwein, der nach dem Prinzip «Teile und herrsche» die Herero und Nama gegeneinander ausgespielt hatte und glaubte, sich mit Samuel Maharero, dem Oberhäuptling der Herero, gut zu verstehen, war gleichwohl überrascht vom Angriff der ca. 8000 Kämpfer.

Maharero hatte befohlen, sämtliche männliche Deutsche zu töten. Die Kämpfer überfielen Polizeistationen, plünderten deutsche Farmen, erschlugen ihre Besitzer mit Keulen und umzingelten Orte. Frauen, Kinder, Missionare sowie Engländer und Buren wurden ausdrücklich geschont.[233] Nur in zwei Militärstationen in Windhuk und Okahandja, Forts, die sie wie mittelalterliche Burgen ausgebaut hatten, konnten sich die Deutschen halten. Die Aufständischen unterbrachen auch die Bahnverbindung Windhuk–Swakopmund, dem einzigen Hafen, von dem aus militärische Hilfe aus Übersee kommen konnte.

Leutwein war relativ ratlos, da er mit nur knapp 800 Mann auch nicht über eine genügend starke «Schutztruppe» verfügte. Das Land war wesentlich größer als das gesamte Deutsche Reich. Durch Einberufung von Landsturmmännern und Freiwilligen in der Kolonie konnte der Gouverneur seine Truppe aber auf ca. 2000 Männer aufstocken. Da die Herero nur zur Hälfte bewaffnet waren, gelang es ihm, die umzingelten Ortschaften zu entsetzen. Die Herero fürchteten sich auch nicht vor offenen Feldschlachten. So musste Leutwein immer wieder empfindliche Niederlagen hinnehmen. Nach Walter Nuhn verbot man ihm jedoch von Berlin aus Verhandlungen.[234]

Dort wurde jetzt der oberste Stratege mit dem Ausarbeiten eines Planes zur Bekämpfung des Aufstandes beauftragt: Alfred von Schlieffen. Es ging nun nicht mehr um die Bekämpfung eines Aufstandes, sondern «um die Führung eines veritablen Krieges».[235] Und Schlieffen präzisierte im Herbst 1904 in einem Bericht an Kanzler Bülow: «Der entbrannte Rassekampf ist nur durch die Vernichtung oder vollständige Knechtung der einen Partei abzuschließen.»[236]

Gewalt zu Beginn des 20. Jahrhunderts, Berlin 2010, S. 81.

232 Drechsler, Kolonialherrschaft, S. 132, sowie 128ff.

233 Fesser, Völkermord, S. 84.

234 Walter Nuhn, Sturm über Südwest. Der Hereroaufstand von 1904 – Ein düsteres Kapitel der deutschen kolonialen Vergangenheit Namibias, Koblenz 1989, S. 112; siehe auch Fesser, Völkermord, S. 88.

235 Kuß, Eskalation, S. 83.

236 Zitiert nach Drechsler, Kolonialherrschaft, S. 167; Susanne Kuß, Die deutschen

Der Kaiser selbst setzte dafür seinen besten Krieger – gegen den Widerstand von Kanzler, Kriegsminister und den Chef des Generalstabes – durch: General von Trotha. Und er verbot Leutwein bis zum Eintreffen von Trothas Truppe jede weitere militärische Operation.[237] Der Vernichtungskrieg wurde hier zumindest schon ins Auge gefasst. Und man suchte Schuldige. Zuerst wurden die Engländer für den Aufstand verantwortlich gemacht. Dann die Missionare. Schließlich hatte der Anführer der Herero Samuel Maharero verboten, Missionare zu töten. Doch den Missionaren, die immerhin zunächst als eine Art Einfallstor des Kolonialismus in Deutsch-Südwest fungiert hatten, platzte der Kragen. In Briefen an deutsche Tageszeitungen zeigten sie die wirklichen Ursachen auf. Die Urheber der Briefe wurden dingfest gemacht und geschasst.

Bereits zwei Tage nach Beginn des Aufstandes geriet Leutwein selbst ins Visier der imperialistischen Vereine. Der Deutsche Kolonial-Bund bezichtigte ihn in einem Flugblatt «des Zauderns und der weichen Hand».[238]

Maharero hatte den Anführer der Nama nicht überzeugen können, von Anfang an mitzumachen, was ein großer Nachteil für die Herero war. Im Juni 1904 landete von Trotha mit mehreren tausend Mann in der deutschen Kolonie und löste den als zu nachsichtig und «zivil» geltenden Leutwein als Oberbefehlshaber ab. Trotha ging mit der am Schluss über 14.000 Mann starken Truppe sehr bald zum Vernichtungskrieg über. Er hatte den Begriff vom «Rassenkampf» als erster aufgebracht.[239]

Am 11. August 1904 griff er mit dem ihm zu diesem Zeitpunkt zur Verfügung stehenden 4000 Mann, 30 Geschützen und 12 Maschinengewehren die Herero am Waterberg, wohin sie sich zurückgezogen hatten, an. Die Herero (und ihr Anführer), insgesamt ca. 60.000 Menschen, darunter 6000 Krieger, aber auch viele Frauen und Kinder, waren passiv geblieben und hatten ein Friedensangebot von Trothas erwartet.

Trotha aber wollte den Feind «angreifen, um ihn zu vernichten».[240] Die Herero wichen nach Osten aus, dort, wo die deutschen Angreifer am schwächsten waren; sie flüchteten in die Omaheke-Wüste. Susanne Kuß bezweifelt, ob dies von Trothas Absicht war. Nuhn, Fesser und Drechsler bejahen es, durchaus mit Belegen.[241]

Kolonialkriege in Südwest- und Ostafrika, in: Thoralf Klein und Frank Schumacher (Hrsg.), Kolonialkriege. Militärische Gewalt im Zeichen des Imperialismus, Hamburg 2006, S. 210 zitiert den Bericht auch nach Drechsler und zeigt leichte Abweichungen, die aber nicht von Bedeutung sind.

237 Kuß, Eskalation, S. 83.

238 Zitiert nach Drechsler, Kolonialherrschaft, S. 142.

239 Fesser, Völkermord, S. 91.

240 Zit. nach Kuß, Eskalation, S. 89. Die folgende Darstellung nach Kuß, S. 89–96.

241 Kuß, Eskalation, S. 90; Nuhn, Sturm, S. 229; Fesser, Völkermord, S. 90; Drechs-

Trotha ließ die Herero, die ihr Vieh zurückließen, verfolgen und alle, derer er habhaft werden konnte (auch Frauen und Kinder), töten. Interessant: Bezüglich bewaffneter Herero-Männer gab es einen Befehl, dass diese sofort zu erschießen seien.[242] Für unbewaffnete Männer (und das war die Mehrzahl) sowie für Frauen und Kinder gab es einen solchen Befehl nicht. Trotzdem wurden auch sie ermordet und zwar schon bevor Trotha seinen berühmt-berüchtigten Vernichtungsbefehl gab. Im Übrigen hatte schon Leutwein die Schonung von Frauen und Kindern verworfen.

Die Herero, die bis zu diesem Zeitpunkt überlebt hatten, flohen weiter in die Wüste. Ende August versuchte von Trotha nochmals, die Herero zu umfassen, was ihm aber misslang. Die Deutschen besetzten die Wasserlöcher. Ein Großteil der Herero verdurstete. Doch von Trotha verschärfte noch seinen Verfolgungskurs, angeblich weil sich die Herero wieder sammeln würden. Jetzt ließ er die Wüste abriegeln und wollte nun einen Krieg mit «Strömen von Blut» und «krassem Terrorismus».[243] Schlieffen stimmte dieser Strategie zu. Am 2. Oktober 1904 erließ Trotha seinen Vernichtungsbefehl:

«Ich, der große [sic!] General der deutschen Soldaten, sende diesen Brief an das Volk der Herero [...] Jeder der einen der Kapitäne [Häuptlinge, K.G.] an einer meiner Stationen als Gefangenen abliefert, erhält 1000 M[ark, K.G.]; wer Samuel Maharero bringt 5000 M. Das Volk der Herero muss jetzt[244] das Land verlassen. Wenn das Volk dies nicht tut, so [bei Fesser «dann», K.G.] werde ich es mit dem ‹groot Rohr› [Kanone, K.G.] dazu zwingen. Innerhalb der deutschen Grenze wird jeder Herero, mit oder ohne Gewehr, mit oder ohne Vieh erschossen. Ich nehme keine Weiber und Kinder mehr auf, treibe sie zu ihrem Volke zurück oder lasse auf sie schießen. Das sind meine Worte an das Volk der Herero. Der Große [nun geschichtsträchtig groß geschrieben, K.G.] General des mächtigen Kaisers, von Trotha.»[245]

Selbstverständlich wurden jetzt erst recht keine Gefangenen gemacht, Männer, ob bewaffnet oder nicht, Frauen und Kinder ausnahmslos erschossen oder zu Dutzenden an Bäumen erhängt. Tatsache ist allerdings auch, dass die meisten Herero schon vor diesem Befehl ermordet worden waren.

Erst jetzt, von schwarzen Deserteuren aus der deutschen Truppe über den Völkermord an den Herero informiert, kämpften auch die Nama,

---

ler, Kolonialherrschaft, S. 159.

242 Kuß, Eskalation, S. 91.

243 Zitiert nach Kuß, Eskalation, S. 93.

244 Nach Fesser, Völkermord, S. 91 und Drechsler, Kolonialherrschaft, S. 159 heißt es hier grammatikalisch falsch: «jeder».

245 Zitiert nach Kuß, Eskalation, S. 93f.; Fesser, Völkermord, S. 91, Drechsler, Kolonialherrschaft, S. 158f.

wandten aber die Guerilla-Taktik an. Auch ihnen drohte von Trotha mit Vernichtung und versuchte dies auch durchzusetzen. Und auch hier gab es einen ähnlichen Vernichtungsbefehl, datiert auf den 22. April 1905.[246]

Der Krieg wurde absichtlich als Rassen- und Vernichtungskrieg geführt. Interessant ist jedoch, dass die Herero weder Frauen und Kinder töteten noch Missionare oder andere Weiße, sondern nur deutsche Männer. Man kann von Seiten der Herero und Nama aus also keinesfalls von einem Rassenkrieg sprechen. Der wurde nur von deutscher Seite geführt.

Beachtenswert ist, dass hier zum ersten Mal im 20. Jahrhundert ein «Kolonialkrieg als Rassenkrieg gedacht, geplant und realisiert wurde und dass am Ende nicht die Unterwerfung der Aufständischen, sondern deren Vernichtung im Sinne des Genozids stehen sollte und stand».[247]

Noch heute ist dieser Genozid von der Bundesregierung nicht anerkannt. Während sie gleichzeitig – inklusive Bundespräsident – die Türkei des Völkermords an den Armeniern (zutreffend) bezichtigt, wird im eigenen Hause nicht gekehrt. Es wurde weder eine Entschuldigung ausgesprochen noch wurden Reparationen bezahlt.

Christopher Clark, der Massaker der Serben zu Hauf in seinem Opus Magnum *Die Schlafwandler* detailgenau ausbreitet, meidet diesen Genozid in diesem Werk, erwähnt ihn aber in seinem Preußen-Buch. Hier erklärt er uns, was die eigentliche Ursache dieses Völkermordes war: Die nicht vorhandene Befehlsgewalt des Reichskanzlers von Bülow über General von Trotha, die es Bülow unmöglich machte «die Krise in der Kolonie durch direktes Eingreifen zu schlichten».[248] Hatte sich doch Leutwein am 23. Oktober 1904 bei Bülow über seine Entmachtung beschwert. Bülow vollzog nun einen Kurswechsel, die zuvor auch vom Kanzler für den Aufstand mitverantwortlich gemachten Missionare sollten nun Trotha bei der Befriedung der Herero helfen. Denn wenn die Vernichtung weiterging, hatten die Missionare nichts mehr zu missionieren. Doch Bülow brauchte eine ganze Weile, bis er den Kaiser endlich überzeugt hatte, den Befehl zu widerrufen. Das passierte am 8. Dezember 1904. Der Kaiser befahl: «Die Preise auf Köpfe der Herero-Kapitäne zu erhöhen, den sich ergebenden Herero Gnade walten zu lassen.»[249] Zwei Monate nach Trothas Genozidbefehl und mehr als sechs Wochen nach Leutweins Telegramm gab man sich in Berlin einen Ruck. Trotha war außer sich vor Wut und hatte auch nach des Kaisers

246 Kuß, Eskalation, S. 95.

247 Eckart, Rassenkrieg, S. 59.

248 Christopher Clark, Preußen. Aufstieg und Niedergang 1600–1947, Bonn 2007 (zuerst: 2006), S. 691. Einen Völkermord als Krise zu bezeichnen, erfordert ein gewisses Maß an Zynismus.

249 Zitiert nach Drechsler, Kolonialherrschaft, S. 167f.

Telegramm den Befehl noch eigenmächtig interpretiert.[250] So schnell stoppen die Preußen das Völkermorden nicht.[251] Die Missionare sammelten die Überlebenden ein. 12.500 von 80.000 Herero waren noch übrig.[252] Nach Kuß und Drechsler waren es noch ca. 15.000.

Den restlichen Herero wurde folgendermaßen Gnade erwiesen: Sie wurden in Ketten in – ja, so lautete damals bereits die Bezeichnung – «Konzentrationslager» gesteckt, wo bis März 1907 fast die Hälfte von ihnen elendiglich an Skorbut und Ruhr zugrunde gingen.[253] Von den 2000 übriggebliebenen Nama starben ebenfalls nahezu die Hälfte in den Lagern.

So sah Bülows «Schlichten der Krise» aus. Was Clark natürlich nicht erwähnt. Hätte Bülow Befehlsgewalt über Trotha gehabt, wären die Herero schon früher in KZs gesteckt worden und dann dort in Massen gestorben.

Vielleicht hätte der Zivilist Bülow aber auch noch mehr deutsche Ärzte nach «Südwest» geschickt. Die kamen jedoch während des Krieges gegen die Eingeborenen nicht auf die Idee, verwundete Herero zu pflegen, sondern nutzten die Leichen der Herero für empirische Forschung und vergewaltigten Herero-Frauen.[254]

Ansonsten beobachteten sie durch den Feldstecher, wie man die Herero in ihren Lagern von der Krankheit der Widerspenstigkeit gegen die Deutschen heilte. Aus dem Bericht eines Schutztruppenarztes: «Die meisten liegen um die Feuer und schlafen [...] Die Weiber gehen zum Vieh mit Milchgefäßen [...] Da um halb sieben kracht aus dem 5 km hinter uns postierten Geschütz der erste Schuss und gut gezielt platzt die Granate mitten in einen aufgerührten Bienenschwarm. [...] Diesmal war der Überfall gelungen und diesmal saß das schwarze Gesindel im Kessel, wie in einem Hasentreiben.»[255]

So viel zur Arbeit von Zivilisten in Weiß, zu denen, die einen Hippokratischen Eid geschworen hatten.

Da nicht alle Herero und Nama in deutsche Gefangenschaft gerieten, wird geschätzt, dass 80% der Herero (64.000) und 50% der Nama (10.000) durch den deutschen Vernichtungskrieg umkamen.[256]

---

250 Drechsler, Kolonialherrschaft, S. 168.

251 In einem Spiegel-Interview gibt Clark den Jörg Friedrich und rechnet gleich noch einen Fast-Genozid der Amerikaner auf den Philippinen dagegen: «Ein Bollwerk der Demokratie», Interview von Klaus Wiegrefe und Martin Doerry mit Christopher Clark, in: Der Spiegel, Nr. 33, 13. August 2007, S. 43.

252 Fesser, Völkermord, S. 93.

253 Drechsler, Kolonialherrschaft, S. 207, 213; Kuß, Eskalation, S. 99f.

254 Eckart, Rassenkrieg, S. 67 und 62.

255 Schutztruppenoberarzt H. von Ortenberg, zitiert nach Eckart, Rassenkrieg, S. 61.

256 Drechsler, Kolonialkrieg, S. 213.

Was Clarks Argumentation entgegensteht: Schon vor Trothas Vernichtungsbefehl war die ausnahmslose Vernichtung der Herero Praxis. Und Ausnahmebefehle, wie «alle bewaffneten Männer sind zu erschießen», wurden einfach gesteigert, indem man unbewaffnete Männer ebenso erschoss wie Frauen und Kinder. Und: «Die Verantwortung für diese Kolonialkriegführung trugen nicht allein die Militärs, sondern auch die zivilen Behörden.»[257] Im Übrigen wurde im Reichstag das Vorgehen der Kolonialtruppen mehrheitlich ausdrücklich gebilligt (die Sozialdemokraten und die Linksliberalen verweigerten ihre Zustimmung).

Man gerät immer wieder ins Staunen, wie der Australier seine Liebe zu Preußen und dessen Methoden in grandiosen Ausreden über deren Untaten ausdrückt. Interessant ist aber in dem Zusammenhang, dass er in seinem Buch *Preußen* eine Preußenmethode auslässt: Schon in seinem Silvesterbrief 1905 hatte ja der Kaiser, bevor man in der Lage sei, einen Krieg anzufangen, vorgeschlagen: «Erst die Sozialisten abschießen, köpfen und unschädlich machen – wenn nötig per Blutbad.»[258]

1907 versuchte man in den geheimen Weisungen des Generalstabes dies in juristische Form zu gießen. Man erließ die «Vorschrift für den Kampf in insurgenten Städten». Darin führten die Militärs aus, bei einem angenommenen proletarischen Aufstand sei u.a. folgendermaßen vorzugehen: «Alle Rädelsführer oder wer mit der Waffe in der Hand gefangen wird, ist dem Tode verfallen.»[259] Wir erkennen hier eine «Vorschrift», die es schon als Befehl 1904 gegen die Herero am Waterberg gab.

General Moritz Ferdinand Freiherr von Bissing vom 7. Armeekorps in Münster gab die «Vorschrift» gegen aufständische Städte sofort an sein Korps als Erlass weiter.

Ein Exemplar des Bissing-Erlasses geriet in die Hände von Sozialdemokraten. Auf deren Parteitag in Magdeburg im September 1910 wurde er in Teilen öffentlich gemacht[260] und ausgerechnet Gustav Noske (SPD) brachte ihn im Februar 1911 im Reichstag mit den folgenden Worten zur Sprache: «Wir haben nie daran gezweifelt, dass die Machthaber in Preußen oder in Deutschland bereit seien, ihre Herrschaft über die Volksmassen unter

257 Kuß, Eskalation, S. 101, sowie S. 421.

258 Röhl, Wilhelm II., S. 419.

259 Bissing-Erlass, zitiert nach der kompletten Wiedergabe bei Dieter Fricke, Zur Rolle des Militarismus nach innen in Deutschland vor dem ersten Weltkrieg, in: Zeitschrift für Geschichte, H. 6, Berlin (Ost) 1958, S. 1298–1310, hier S. 1305, siehe auch Bernd F. Schulte, Die deutsche Armee 1900–1914. Zwischen Beharren und Verändern, Düsseldorf 1977, S. 535–547, hier: 545, Anm. 2; Horne/Kramer, Deutsche Kriegsgreuel, S. 238; Förster, Militarismus, S. 191f.

260 Mitteilung eines Sozialdemokraten namens Limberz-Essen vom 23. September 1910, Parteitagsprotokoll, S. 430f. Siehe: http://library.fes.de/parteitage/spd-pt-einl.html (Juli 2015).

allen Umständen auch schließlich mit brutalster Gewalt und Waffenanwendung aufrecht zu erhalten.»[261]

Im August 1914 erließ das XII. Armeekorps einen ähnlichen Befehl gegen die belgische Bevölkerung.[262] General Bissing wurde übrigens im November 1914 Generalgouverneur von Belgien.[263]

Wir haben gesehen, dass die Truppen sowohl in Deutsch-Südwest als auch in Belgien sofort über diesen Befehl hinausgingen, somit Zehntausende Herero und Nama und über 6000 belgische und französische Zivilisten Opfer eines solchen Befehls wurden. Ironie der Geschichte: Nicht einmal fünf Jahre später sollte ein Zivilist, noch dazu Sozialdemokrat, nämlich genau jener Gustav Noske, der den Bissing-Erlass 1911 im Reichstag geißelte, auf Initiative eines Hauptmanns hin einen vergleichbaren Befehl gegen die Einwohner Berlins umsetzen. Der Kaiser hatte nie – so gern er gewollt hätte – die Gelegenheit gehabt, ein Blutbad unter den deutschen Sozialdemokraten anzurichten. Das erledigte deren Führung 1919 selbst.

März 1919: Eine sozialdemokratisch dominierte Regierung regierte in Berlin. Der Kaiser hatte schon vor Monaten abgedankt, der Weltkrieg war seit vier Monaten zu Ende, Deutschland Republik. Die Arbeiter- und Soldatenräte sollten zerschlagen werden. Doch sie wollten ihrer Vernichtung nicht tatenlos zusehen. Und sie forderten die Abschaffung der im Regierungsauftrag umhermarschierenden militärischen Banden, der Freikorps. Es kam zum Generalstreik in Berlin, den die Basis von USPD, KPD und SPD beschlossen hatte. Inszenierte Plünderungen und bewaffnete Provokationen der Freikorps führten zu Straßenkämpfen. Aufgrund einer lancierten Zeitungsente, in einem Polizeipräsidium in Lichtenberg seien sechzig Polizisten abgeschlachtet worden, gab niemand anderes als der zum Reichswehrminister aufgestiegene Gustav Noske (SPD) den von Hauptmann Waldemar Pabst entworfenen rechtswidrigen Befehl: «Jede Person, die mit Waffen in der Hand gegen Regierungstruppen kämpfend angetroffen wird, ist sofort zu erschießen.»[264] Pabst selbst verschärfte den Befehl noch und ließ Menschen erschießen, in deren Häusern Waffen gefunden wurden. Noske billigte auch diesen Befehl. Offensichtlich hatte der Reichswehrmi-

261 Gustav Noske im Reichstag am 24. Februar 1911, www.reichstagsprotokolle.de (Juli 2015), 1911/2, S. 4906.

262 Horne/Kramer, Deutsche Kriegsgreuel, S. 245, Hankel spricht von ähnlichen Tagesbefehlen, Hankel, Leipziger Prozesse, S. 263.

263 Horne/Kramer, Deutsche Kriegsgreuel, S. 238, Anm. 103.

264 So wurde er von Noske in der Nationalversammlung bekannt gegeben, 13. März 1919. Siehe: www.reichstagsprotokolle.de (Juli 2015), 1919/20,2, S. 742. Der Wortlaut ist auch abgedruckt bei: Noske, Kiel, S. 109; Müller, Bürgerkrieg, S. 177.

nister ganz vergessen, dass er jetzt selbst das tat, was er acht Jahre zuvor im Reichstag angeprangert hatte, die «Herrschaft über die Volksmassen» mit «brutalster Gewalt und Waffenanwendung» umzusetzen.

Clark erwähnt zwar in seinem Preußenbuch – dessen Abschnitt über die Novemberrevolution im Übrigen unzählige Fehler enthält[265] – die Kämpfe vom März 1919, aber den Befehl und seinen Ursprung lässt er weg. Und so haben bei ihm dann 1919 am Ende der Märzkämpfe «1200 Menschen den Tod gefunden».[266]

---

265 Clark, Preußen S. 707–714. Einige Beispiele solcher fehlerhafter Darstellungen – in Skizze und ohne jeden Anspruch auf Vollständigkeit: Clark hat von Arbeiter- und Soldatenräten wie von den revolutionären Obleuten offensichtlich noch nichts gehört. Er behauptet, Spartakus hätte «ein deutsches Sowjetsystem nach bolschewistischem Modell» im Sinn gehabt. Rosa Luxemburgs Spartakusprogramm mit seinem radikal-demokratischen Grundduktus hat er wohl nicht gelesen. Dann sieht er die Zerreißprobe von SPD und USPD «im zukünftigen Status der preußisch-deutschen Armee» und hat offensichtlich von dem mit Eberts Wissen geplanten Putsch der OHL gegen die Räte – die ja für ihn Luft sind – auch noch nichts gelesen. Er behauptet, die handzahmen USPD-Volksbeauftragten hätten nach der undemokratischen Exekutierung der Hamburger Beschlüsse durch Ebert im Dezember 1918 «umgehend ihre Anhänger mobilisiert». Was völlig an den Haaren herbeigezogen ist. Er sieht in der Volksmarinedivision (deren Mitglieder in ihrer übergroßen Mehrheit Anhänger der Nationalversammlung waren) die «wildeste» militärische Einheit, die es abgelehnt habe, den Marstall zu räumen. In Wirklichkeit wollten diese das Stadt-Schloss räumen (um den Marstall ging es gar nicht) und die Schlüssel übergeben, aber nur wenn man ihnen, wie allen anderen Einheiten, den Sold ausbezahlte. Was ihnen verweigert wurde. Auch gaben sie nicht auf, als Ebert (ohne seine USPD-Kollegen in der Regierung zu fragen) das Schloss mit Feldhaubitzen (und Gasgranaten, was er nicht wusste) beschießen ließ, sondern leisteten Widerstand, bis die Volksmassen einen Waffenstillstand erzwangen. Auch waren die Linken nicht der Überzeugung, «ein einziger entscheidender Schlag» würde ausreichen, sondern waren extrem disparat und ohne Führung. Bei den Freikorps vergisst er das größte, die Garde-Kavallerie-Schützen-Division (ca. 30.000 Mann). Noske war im Januar 1919 noch nicht Reichswehrminister (wie bei Clark berichtet), sondern Oberbefehlshaber in den Marken, also Oberbefehlshaber der Freikorps. Auch haben die Kommunisten den Januaraufstand nicht gestartet. Liebknecht und Luxemburg wurden nicht zu Tode geprügelt, sondern erschossen. Auch der Generalstreik im März 1919 wurde nicht von den Kommunisten «in erbittertem Hass auf die Sozialdemokraten» ausgerufen, sondern vom Groß-Berliner Arbeiter- und Soldatenrat, und zwar gemeinsam mit den Stimmen von USPD, KPD und SPD. Was man sich unter einer «zunehmend anti-zivilen Einstellung des Militärs» vorzustellen hat, wird auch sein Geheimnis bleiben. Denn, wenn das Militär eine zivile Einstellung hätte, wäre es kein Militär mehr, sondern zivil. Ob Clark mit so vielen Fehlern auf wenigen Seiten das Berlin/Brandenburgische Abitur im Leistungskurs Geschichte bestehen würde, ist nach alledem fraglich.

266 Clark, Preußen, S. 712.

Was er zudem weglässt: Obwohl der Befehl am 9. März offiziell aufgehoben wurde, setzte man ihn im Mai 1919 in München und im März 1920 im Ruhrgebiet erneut in die Tat um – mit nachträglicher Genehmigung von Noske. Mehrere tausend Menschen fielen ihm zum Opfer. Ein Münchner Gerichtsurteil, aufgrund dessen mordende Soldaten freigesprochen wurden, bekräftigte: «Dieser Befehl gab, wie der Zeuge Noske in der Hauptverhandlung auch bestätigte, die Möglichkeit, dass Leute, welche die Waffen streckten oder sich gefangen gaben, an Ort und Stelle erschossen werden durften.» [267]

Die Preußen erschießen gern und schnell, notfalls mit einem zivilen sozialdemokratischen Oberbefehlshaber. «Und endlich hat der Zeuge Oberpräsident Noske, der den Schießerlass an die Truppen herausgegeben hatte, in der Hauptverhandlung seiner Meinung dahin Ausdruck gegeben, dass er nicht sagen könne, dass jemand, dem die Gefangenen von der Gendarmerie oder von dritter Seite als Rotgardisten oder sonst in übler Weise bezeichnet wurden, das Gefühl hatte, etwas zu tun, was ihm eines Tages wegen Mords auf die Anklagebank brächte, wenn er solche Gefangenen erschoss oder erschießen ließ.»[268]

Das heißt, wurde einem Offizier eine Person gebracht, und von wem auch immer («von dritter Seite») nur «in übler Weise» angeschwärzt, konnte sie erschossen werden. Von «kämpfend» oder «Waffe in der Hand» oder in der Wohnung gefundenen Waffen ist hier gar keine Rede mehr.

Fazit: Es scheint, als wäre Clarks Glaube an die Humanität eines zivilen preußisch-deutschen Oberbefehlshabers ein Aberglaube.

Und wir haben hier drei verschiedene Schattierungen ein und derselben dezidierten Kampfesweise[269]:

1. Aufständische Schwarze werden in einem Rassenkrieg genozidal vernichtet.[270]
2. Europäische Freischärler – oder auch nur die Fiktion von Freischärlern – und deren Frauen und Kinder werden ausnahmslos erschossen, deren Häuser verbrannt. Hier geben sich preußisch-protestantisches Deutschtum und katholisch-bäuerliches Österreich durchaus die Hand.

---

267 Aus dem Urteil des Schwurgerichts beim Landgericht München I in der Strafsache gegen Pölzig, Georg und Genossen, wegen Mordes, vom 15.2.1926. Staatsarchiv München, Staatsanwaltschaft 3082/VI, Bl.1150RS.

268 Urteil des Schwurgerichts, Staatsanwaltschaft 3082/VI, Bl. 1154R.

269 Mit einer Gemeinsamkeit: Ausgangspunkt ist ein auch nach preußischem Recht rechtswidriger Befehl, dass nichtmilitärische Kämpfer auch in Gefangenschaft sofort zu erschießen seien.

270 In Deutsch-Ostafrika kamen bei der Bekämpfung des Majimaji-Aufstands weitaus mehr Menschen als in Deutsch-Südwest um, jedoch war dieser Krieg nicht genozidal. Kuß, Eskalation, S. 102–126.

3. Revolutionären Kämpfern im eigenen Land wird der Kombattantenstatus versagt, sie werden auch als Gefangene oder nur als Verdächtige ohne Gnade erschossen, dies notfalls unter zivilem sozialdemokratischem Oberbefehl. Es genügt dabei, dass man sie «in übler Weise» anschwärzt.

In ganz Europa lässt sich kein anderes Land finden, in dem, wie in Deutschland, alle diese drei völkerrechtswidrigen Methoden vor, während und kurz nach dem Ersten Weltkrieg in dieser Weise praktiziert wurden.

Und so eröffnete Bethmann Hollweg folgerichtig am 4. August 1914 den Ersten Weltkrieg in seiner Ansprache vor dem Reichstag mit den gleichen Worten, mit denen Noske 1919 – ebenfalls im Reichstag (unter «stürmischem Beifall» auch der SPD-Abgeordneten) – seinen Schießbefehl rechtfertigte: «Not kennt kein Gebot!»[271] Das ist der Kern des deutschen Militarismus.

---

271 Bethmann Hollweg am 4. August 1914 im Reichstag, www.reichstagsprotokolle.de, 1914/18,1 , S. 6 und Gustav Noske am 27. März 1919, www.reichstagsprotokolle.de, 1919/20,2 , S. 853 und sinngemäß: am 13. März 1919, www.reichstagsprotokolle.de, 1919/20,2 , S. 742f.

1904/05

Der Russisch-Japanische Krieg 1904/05, den Russland verlor, und die nachfolgende Revolution in Russland (1905) schwächten das Zarenreich für mehrere Jahre und veränderten so jäh das imperiale Gleichgewicht. Frankreich sah sich dem mächtigen Deutschland gegenüber alleingelassen (die Entente mit England war noch kein richtiges Bündnis, das wurde sie erst 1914) und die Führung des Deutschen Reiches wollte nun wieder Russland ins Boot bekommen. Schon 1904 hatte dies Wilhelm II. versucht und es kam Ende des Jahres tatsächlich zu Vertragsentwürfen. Doch Russland wollte Frankreich dabei haben, Deutschland aber gerade das Bündnis Russland-Frankreich sprengen. So scheiterte der erste Versuch. Während des Höhepunktes der Russischen Revolution im Sommer 1905 wurde ein weiterer Coup eingefädelt – erneut von Wilhelm II. Bei einer Begegnung der beiden Hochseejachten von «Nicky» und «Willy» (so sprachen sich die beiden Herrscher an) in der Ostsee nahe der Insel Björkö überrumpelte der deutsche Kaiser den russischen Zaren mit einem Vertrag, den dieser prompt unterzeichnete. Doch die Herrscher hatten die Rechnung ohne «ihre» Regierungen gemacht. Bülow bemängelte, dass das gegen England gerichtete Bündnis nur für Europa gelten sollte, und die russische Reichsleitung sah den Zweibund mit Frankreich zerstört. Russland wäre völlig in deutsche Hand geraten und Frankreich hätte sich deutscher Aggression schutzlos ausgeliefert gesehen. Die Russen lehnten ab. Als die Deutschen zudem die Beteiligung deutschen Kapitals für eine Anleihe Russlands blokkierten, um nochmals Druck aufzubauen, nahmen die Russen stattdessen französisches Kapital.[272] Ergebnis: Der schon 1892/94 aus Angst vor deutschen Rüstungen geschlossene Zweibund Russland-Frankreich[273] war danach noch gefestigter.

Clark beschreibt zwar den letzten dieser deutschen Annäherungsversuche, lässt aber an der Stelle die Gegnerschaft Bülows weg, wie überhaupt den finanziellen deutschen Druck, der das Bündnis Frankreich-Russland noch festigte.[274]

---

272 Geiss, Katastrophe, S. 230ff.

273 Neitzel, Kriegsausbruch, S. 61f.

274 Clark, Schlafwandler, S. 211f. Später, S. 244 erwähnt er es, aber nur um die angebliche Machtlosigkeit Wilhelms zu belegen.

Die erste Marokkokrise

Wilhelm II. reitet in Tanger ein (31. März 1905)

Den nächsten Versuch, das «Bündnis» Frankreich-Russland zu sprengen, startete Deutschland ein Jahr später (1906) in Marokko. Dort war das imperiale Frankreich eingedrungen und hatte gegen geltendes Völkerrecht verstoßen. Wilhelm II. landete (übrigens unwillig) auf Drängen des Auswärtigen Amtes kurzzeitig in Tanger und versprach dem Sultan von Marokko, er könne jederzeit auf den deutschen Kaiser als Freund zählen. Hinter dieser angebotenen Freundschaft verbargen sich auch wirtschaftliche Interessen, die Firma Mannesmann zeigte verstärktes Interesse an den marokkanischen Erzgruben.[275] «Die deutsche Montanindustrie hat ihr Augenmerk auf Marokko gerichtet», schrieb Kanzler von Bülow an den deutschen Botschafter in Paris.[276] Bülow befürchtete zudem, dass Waffenlieferungen an Marokko nicht mehr von Krupp, sondern von Frankreich getätigt würden.[277]

Die Franzosen reagierten elastisch und strebten eine friedliche Lösung an: Der provokante französische Außenminister Théophile Declassé trat zurück und seine Aufgaben wurden vom pazifistischen Ministerpräsidenten Maurice Rouvier übernommen, der den Deutschen gar bilaterale Verhandlungen vorschlug. Doch die Deutschen verlangten – das Völkerrecht

275 Klein, Deutschland, S. 99; Geiss, Katastrophe, S. 243.
276 Bülow, zitiert nach Klein, Deutschland, S. 88.
277 Klein, Deutschland, S. 88f.

plötzlich wie eine Monstranz vor sich hertragend – eine internationale Konferenz, zu der es dann tatsächlich im spanischen Algeciras kam. Aber wider Erwarten blieb die Verurteilung Frankreichs (und die Sprengung des lockeren Bündnisses Frankreichs mit England) aus. Die anderen europäischen Mächte (Großbritannien, Russland, Spanien und Portugal) erkannten weiter reichende Absichten Deutschlands gegen Frankreich. Nur Österreich-Ungarn hielt zu seinem Bündnispartner. Zwar war eine offizielle Besitzergreifung Marokkos durch Frankreich abgewehrt worden, doch die Sprengung der Entente Cordiale England-Frankreich (was noch kein Bündnis war) war misslungen, im Gegenteil, beide Staaten gingen aus der Krise gefestigt hervor. Bülow hatte, als er sah, wie sich die Konferenz zum Nachteil Deutschlands entwickelte, den Abzug der deutschen Delegation befohlen und zum Krieg gegen Frankreich gedrängt. Doch der Kaiser wollte nicht, Krieg sei noch nicht möglich.[278] Zudem hatte der britische Außenminister Edward Grey (seit 1905 im Amt) klargemacht, dass England bei «einem deutsch-französischen Kriege wegen Marokko» sich «auf der Seite Frankreichs befinden würde».[279] Bülow musste sich beugen und in Algeciras einlenken. Schließlich bekam er einen Nervenzusammenbruch; die deutsche Reichsleitung hatte ihr Konferenz-Trauma. In der Bosnienkrise 1908/09 und in der Julikrise 1914 verhinderte sie daher jede vorgeschlagene Konferenz.

Clark wiederum kommt zwar nicht darum herum, festzustellen, dass es Deutschland in der ersten Marokkokrise «weniger» um «Recht» gegangen sei, doch Deutschlands Vorstoß in der Marokkofrage war für ihn die «‹westliche› Variante der Annäherungsversuche an Russland».[280] Wie er zu einer solchen Einschätzung gelangt, ist rätselhaft. Immerhin hatte die deutsche Reichsleitung in dieser Krise kein Fettnäpfchen ausgelassen, sie hatte bilaterale Gespräche abgelehnt, wollte Frankreich am Pranger sehen und war, als dies alles nicht geschah, bereit, einen Krieg in Kauf zu nehmen.

Die Militärplanungen der Deutschen sahen genau in dieser Zeit neben dem weiter betriebenen forcierten Flottenbau gegen England den Zweifrontenkrieg gegen Frankreich und Russland vor.

278 Winzen, Bülow, S. 360f.
279 Winzen, Bülow, S. 361.
280 Clark, Schlafwandler, S. 213.

Die Annexionskrise

Nachdem Russland aufgrund der Niederlage gegen Japan und der Revolution immer noch als geschwächt galt, provozierte Österreich-Ungarn 1908/09 die nächste Krise. Der nach Clark «blitzsaubere», nach Neitzel (2001) reformunfähige[281] Vielvölkerstaat annektierte Bosnien und Herzegowina, die ihm schon beide 1878 zur Verwaltung überlassen worden waren und offiziell noch zum Osmanischen Reich gehörten. Damit dehnte sich Österreich-Ungarn weiter in den Balkan aus. Eine zentrale Rolle spielte hierbei der laut Clark so friedfertige Freund Wilhelms II., der österreichische Thronfolger Franz Ferdinand. Er war – nach Röhl – der eigentliche Treiber der Annexion.[282]

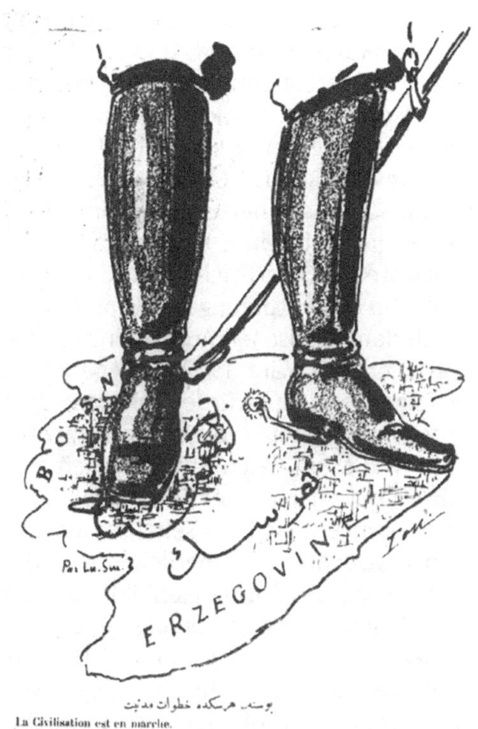

بوسنه، هرسکده خطوات مدنیت

La Civilisation est en marche.

Wilhelm II. telegrafierte dem Kanzler am 5. November 1908, dass «Franz Ferdinand [die] Annexionsfrage sehr lebhaft» behandele. «Er hat überall dabei, und zwar treibend mitgewirkt.»[283] Auch die neueste Biografin Ferdinands geht davon aus, dass der Thronfolger die Annexion zumindest mitgetragen hat.[284] Kein Wunder, dass der Hass der serbischen Bosnier hier ein Objekt gefunden hatte. Die Annexion forderte das spät national «erwachte» Serbien heraus, das auch Anspruch auf dieses Gebiet erhob. Im Übrigen waren die Alldeutschen in Österreich auch gegen diese Annexion, da sie ihn als weiteren Schritt zur Slawisierung sahen.[285]

281 Neitzel, Kriegsausbruch, S. 101.
282 Röhl, Wilhelm II., S. 752ff.
283 Zitiert nach Röhl, Wilhelm II., S. 753.
284 Alma Hannig, Franz Ferdinand. Die Biografie, Wien 2013, S. 175.
285 Hamann, Hitlers Wien, S. 340.

Die russische Führung, die Jahre zuvor Österreich unter bestimmten Bedingungen ein Ja zur Annexion signalisiert hatte, stellte sich jetzt auch quer. Doch die Deutschen – nach Winzen waren sie und speziell Bülow es, die Österreich-Ungarn in diesen Konflikt drängten[286] – wussten von der Schwäche Russlands und erhöhten den Druck: Russland müsse zustimmen. Sie verbanden dies mit einer «indirekten» [287] bzw. «kaum verhüllten Kriegsdrohung».[288] Auch Wilhelm II. stimmte einem Krieg der Österreicher gegen die Serben zu und stellte (wie dann nochmals 1914) ihnen einen Blankoscheck aus. Ladislaus von Szögyény-Marich, der österreichisch-ungarische Botschafter in Berlin, berichtete, der Deutsche Kaiser werde «auch im Falle eines Krieges ganz an unserer Seite stehen».[289] Bülow jedoch stellte Österreich nicht nur einen Blankoscheck aus, sagte also militärische Unterstützung zu, wenn es gegen Serbien vorgehe, und teilte dies auch dem russischen Außenminister Alexander Iswolsky mit,[290] sondern er verlangte im März 1909 die Anerkennung der Annexion durch Russland. Erfolge sie nicht, würde man «den Dingen freien Lauf lassen».[291] Die östliche Großmacht, die sich noch nicht genügend erholt bzw. gerüstet sah und in diesem Fall von Frankreich nicht unterstützt wurde, akzeptierte als «Schutzmacht» der Serben zähneknirschend den österreichischen Vorstoß. Winzen und Röhl sehen es als gesichert an, dass Bülow und Wilhelm («nun vorwärts und einrücken!»[292]) den Krieg mit Russland 1909 als beste Lösung des Bosnienkonflikts angesehen hätten.[293] Clark dagegen sieht die deutsche Kriegsdrohung gegen Russland nicht oder er will sie nicht sehen, sondern er unterstellt Bülow nur, dieser habe «die Möglichkeit eines österreichischen Krieges gegen Serbien (angedeutet)»(sic!) und Russland obendrein mit der Veröffentlichung von Dokumenten gedroht, die Russlands frühere Zustimmung für die Annexion bewiesen hätten.[294] Auch die Serben mussten klein beigeben, da die Engländer einen Krieg gegen Österreich nicht unterstützt hätten, wie sie auch Österreich vor einem Angriff auf Serbien warnten. Und die Türkei, zu deren osmanischem Reich Bosnien und Herzegowina damals noch formell gehörten, wurde mit Geld abgegolten.

---

286 Winzen, Bülow, S. 362f.

287 Geiss, Katastrophe, S. 250.

288 Winzen, Bülow, S. 369.

289 Zitiert nach Röhl, Wilhelm II., S. 769.

290 Winzen, Bülow, S. 364ff.

291 Winzen, Bülow, S. 369; Neitzel, Kriegsausbruch, S. 100 spricht davon, dass «Berlin» habe «gefahrlos den Ton verschärfen» können.

292 Wilhelm II., zitiert nach Röhl, Wilhelm II, S. 770.

293 Winzen, Bülow, S. 370; Röhl, Wilhelm II., S. 770.

294 Clark, Schlafwandler, S. 125f.

Doch dies war ein Pyrrhussieg. Russland würde diese Demütigung nicht vergessen und erhöhte das Rüstungstempo. Deutschland musste nun zu Lande nicht nur gegen Frankreich, sondern auch gegen Russland rüsten und gegen England das gigantische Flottenrüstungsprogramm weiter durchziehen. Italien, das jedoch keine Kompensation für Österreichs Landnahme bekam, driftete weiter vom Dreibund ab. Und die Militärs Helmuth von Moltke (der Jüngere) und Conrad von Hötzendorf wandelten schlicht das Defensivbündnis Deutschland-Österreich/Ungarn (Beistand bei einem Angriff Russlands) zu einem Angriffsbündnis um. Sollte Österreich Serbien – und dann Russland Österreich – angreifen, wollte Deutschland den «Casus foederis» als gegeben ansehen und mit Österreich kämpfen.[295] Deutschland hatte sich seinen einzig verbliebenen Verbündeten wie einen «Klotz ans Bein» gebunden.[296]

Während Krumeich, der übrigens einer der ersten war, der Clarks Werk als einen «großen Wurf» bezeichnete, und der nicht müde wird, in der Öffentlichkeit die Freundschaft mit «Chris» (Christopher Clark) zu betonen, die Annexion als «brutale Aktion»[297] bezeichnet, wird Clark wiederum nicht müde, die «Berechtigung» und die «Vorteile» dieser Annexion zu betonen, die «auf der Hand» lägen. Denn «jegliche Zweifel an der Zukunft der Provinzen wären damit aus der Welt geschafft.» Man könne endlich einen Landtag einsetzen, «ein stabileres Umfeld für Binneninvestitionen würde entstehen» und – ganz wichtig: «Die Annexion würde Belgrad (und den Serben in Bosnien-Herzegowina)» – immerhin fast die Hälfte der Bevölkerung – «signalisieren, dass Österreich-Ungarn auf Dauer dieses Land besitzen werde, und somit, zumindest in der Theorie, jeden Anreiz für weitere Agitation beseitigen.»[298] Im Klartext: Für Österreich bringt das Glück und Landgewinn, für die Serben Demütigung und Knute. Und so macht Clark die Annexion zur Bedingung, um den Kroaten, Slowenen und Serben in Kaiser Franz Josephs Reich großzügig einen Reformprozess mit dem Ziel einer «trialistischen» Monarchie Österreich-Ungarn-Südslawien in Aussicht zu stellen.[299] Dies sei Außenminister Baron Alois Graf Lexa von Aehrenthals Programm gewesen. Wobei auch der nie – Clark verschweigt es dezent – eine Gleichberechtigung der Slawen haben wollte. Mit dem Mythos des Trialismus, also eine Dreifachmonarchie Österreich-Ungarn-Südslawen, die Franz Ferdinand angeblich geplant hatte, ist auch die gesamte apologetische Thronfolger-Hagiografie durchwoben. Das geht so

295 Klein, Deutschland, S. 96; Winzen, Bülow, S. 368.
296 Neitzel, Kriegsausbruch, S. 102.
297 Krumeich, 1914, S. 27.
298 Clark, Schlafwandler, S. 123.
299 Clark, Schlafwandler, S. 124.

weit, dass behauptet wird, Erzherzog Franz Ferdinand (und seine ihn umgebende Kamarilla) habe sich sogar für eine Gleichberechtigung auch der Slawen eingesetzt, was völlig an den Haaren herbeigezogen ist. Er mochte zwar die Ungarn nicht und wollte sie zugunsten Österreichs entmachten. Aber sich noch einen dritten «Störenfried» ans Bein zu binden, war nie seine Absicht. Zumal er den Serben, wie allen anderen sogenannten slawischen Völkern (Kroaten, Slowenen etc.) keinerlei Sympathie entgegenbrachte.

Clark behauptet ebenfalls, Franz Ferdinand habe sich eine Weile lang «für eine Stärkung des slawischen Elements in der Monarchie» ausgesprochen, was er nicht belegen kann.[300]

Hannig widerspricht: «Es ist höchst unwahrscheinlich, dass Franz Ferdinand die Auseinandersetzungen um die gemeinsamen Angelegenheiten um einen weiteren nationalen Faktor hätte erweitern wollen», zumal er den Slawen genauso feindlich wie den Ungarn gegenübertrat. Die Slawen hätten sich bei «gleichen Mitspracherechte(n)» dann mit den Ungarn verbünden und den neuen Kaiser auf diese Weise «erpressen können».[301] Clark weiß das, nutzt aber den Trialismus-Mythos als Beleg, dass «Reformer und Gemäßigte» in «der Logik terroristischer Bewegung» mehr «zu fürchten sind als direkte Gegner und Hardliner».[302] Bei Franz Ferdinand war dies ein serbisches Missverständnis, denn er war beileibe kein Freund der Serben; er sprach sich mehrfach für Krieg gegen Belgrad aus.[303] Aus Sicht derjenigen, die später das Attentat in Sarajewo verübten, hatte sich Erzherzog Ferdinand also für die geplante Tat ausreichend «qualifiziert».

Und dass Franz Ferdinand ein Gegner der Annexion gewesen sei, wie Clark (ebenfalls ohne Beleg) behauptet[304], ist (siehe oben) schlicht falsch, genauso falsch wie die Behauptung, er sei ein absoluter Gegner des «aggressiven Abenteurertums»[305] Conrads von Hötzendorf (oft nur als «Conrad» bezeichnet) gewesen, den Clark zu den «faszinierendsten Figuren» zählt, die ein militärisches Amt im 20. Jahrhundert innegehabt hätten.[306] Das faszinierendste an Conrad war, dass er permanent, mehr als 20-mal den «Präventivkrieg» gegen Serbien forderte, und zwar aus sozialdarwinistischen Gründen.

Übrigens zog sich Franz Ferdinand mit seinen angeblichen trialistischen Bestrebungen nicht nur den Hass der Serben und der Alldeutschen zu. «Es

300 Clark, Schlafwandler, S.153.
301 Hannig, Ferdinand, S. 100.
302 Clark, Schlafwandler, S. 81.
303 Hannig, Ferdinand, S. 99–103, 172–194, 281f.
304 Clark, Schlafwandler, S. 155.
305 Clark, Schlafwandler, S. 154.
306 Clark, Schlafwandler, S. 146.

war die Faust der Göttin ewigen Rechtes und unerbittlicher Vergeltung, die den tödlichsten Feind des österreichischen Deutschtums, Erzherzog Ferdinand, gerade durch die Kugeln fallen ließ, die er selbst mithalf zu gießen. War er doch der Patronatsherr der von oben herunter betätigten Slawisierung Deutschlands.»[307] So Adolf Hitler in *Mein Kampf*.

Clark dagegen zögert nicht, sich beinahe vollkommen mit dem österreichischen Annexions-Standpunkt zu identifizieren. Und er drückt sich elegant aus, man könne «meinen, dass die nominelle Änderung vom Status eines besetzten Gebiets zu einem annektierten keine große Rolle spielte».[308] Und die nationale «Hysterie»[309], die daraufhin in Serbien ausbrach, ist ihm ein vollkommenes Rätsel. Gleichzeitig kann er für den deutschen «Hunger nach echt nationalen Projekten»[310] durchaus Verständnis aufbringen, für Österreichs Drang nach Süden sowieso. Die Doppelmonarchie geht ihm unverhohlen über alles.

Armeechef Moltke sah übrigens 1909 den Krieg nur für drei bis vier Jahre aufgeschoben. Die «Auseinandersetzung zwischen Germanentum und Slawentum» werde unweigerlich kommen. Ein Unsicherheitsfaktor seien nur die «schlechte(n) Nerven» des (deutschen) Kaisers.[311]

Zusammenfassung II

Clark, auf serbische Massaker fixiert, vergisst in *Die Schlafwandler* den bewusst begangenen ersten Genozid des zwanzigsten Jahrhunderts, den die Deutschen in Südwest-Afrika an den Herero und Nama vollzogen. In seinem Preußen-Buch behandelt er den Völkermord dagegen kurz und sieht bei dieser «Krise» das Problem im fehlenden zivilen Oberkommando über die preußischen Militärs. Er lässt dabei aus, dass die Zivilverwaltung genauso für diesen Genozid verantwortlich war und durch Einrichtung von KZs dazu beigetragen hat. Unbekannt sind ihm die Weisungen des Generalstabes zum Verhalten preußisch-deutscher Truppen bei Aufständen im eigenen Land. Ein Befehl zur Tötung gefangener Kämpfer bzw. angeblicher Kämpfer bildet die Grundlage für den Massenmord an den Herero und Nama 1904–1907, dann für die Massakrierung von Zivilisten in Belgien und Frankreich 1914 und schließlich 1919 für die Niederschlagung der Novemberrevolution durch unter sozialdemokratischem Oberbefehl stehende

307 Adolf Hitler, Mein Kampf, München 1943 (zuerst 1925), S. 13.
308 Clark, Schlafwandler, S. 61f.
309 Clark, Schlafwandler, S. 67.
310 Clark, Schlafwandler, S. 207.
311 Zitiert nach Winzen, Bülow, S. 371.

Freikorps. Immer waren Tausende von Toten die Folge. Die Liquidierung der Novemberrevolution 1919 widerlegt zudem die Clark'sche These, das Manko der deutschen Militärpolitik sei der mangelnde zivile Oberbefehl gewesen, da in diesem Fall ein Sozialdemokrat widerrechtliche Befehle erteilte und ausführen ließ.

Deutschlands aggressives Auftreten in der ersten Marokkokrise, das bis zur Kriegsbereitschaft reichte, interpretiert Clark – rätselhaft wie eine Sphinx – als «‹westliche› Variante der Annäherungsversuche an Russland».

In der Annexion Bosniens und Herzegowinas durch Österreich 1908, von dem mit Clark befreundeten Historiker Krumeich als «brutale Aktion» bezeichnet, sieht Clark nur «Vorteile», wie zum Beispiel im Beseitigen jedes Zweifels an der positiven «Zukunft der Provinzen», womit zudem Belgrad signalisiert wurde, wo der Hammer hängt.

Der später ermordete Erzherzog sei geneigt gewesen, den Slawen in der k.u.k. Monarchie Gleichberechtigung zu bringen bzw. er habe sich «für die Stärkung des slawischen Elements» eingesetzt. Was den Trialismus-Mythos befördert, wovon der cholerische Thronfolger aber nie wirklich sprach. Franz Ferdinand – der Nebenregent – wird so als großer Reformer aufs Podest gehoben, dessen Konservativismus, Militarismus, Demokratiefeindlichkeit und persönliches Regiment darunter vergraben. Clark zögert nicht, das Klischee vom Gemäßigten zu bemühen, der grundsätzlich immer eher als ein Hardliner in den Fokus von Attentätern gerate. Daher muss der landesweit unbeliebte Franz Ferdinand zum grundsätzlichen Gegner der Bosnien-Annexion und eines Krieges gegen Serbien erklärt werden – was erwiesenermaßen falsch ist.

Verstörende Interviews

Doch es waren nicht nur die schlechten Nerven des Kaisers, wie Moltke befürchtet hatte, die Europa und die Welt in Erstaunen versetzten. Wilhelm II. erwies sich nicht nur als «schwankendes» – sondern «scharf geladenes» – Rohr, das gleichzeitig unfassbar beleidigende und schrille Sirenen-Töne aussandte. In einem *Daily-Telegraph*-Interview (abgedruckt im Oktober 1908) gab er sich als besonderer Englandfreund. Die deutsche Schlachtflotte sei gar nicht gegen England gerichtet, sondern gegen die «Gelbe Gefahr» (Japan). Im Übrigen habe damals im Burenkrieg (1899–1902) ein von ihm ausgearbeiteter Schlachtplan England zum Sieg verholfen. Außerdem habe er ein ihm gegen England angebotenes Kontinentalbündnis mit Frankreich und Russland empört zurückgewiesen. Die Engländer seien «verdreht wie Märzhasen», wenn sie in ihm nicht einen loyalen Freund sähen.

Und in einem zweiten Interview (entstanden im Juli 1908) mit dem amerikanischen Journalisten William Bayard Hale von der *New York Times* beschimpfte er die englischen Staatsmänner mehrfach als Idioten und bezeichnete den Krieg zwischen Deutschland und England als unausweichlich. Großbritannien betrachte Deutschland als seinen Feind und orientiere sich strategisch auf einen Angriff auf Deutschland, weil Berlin die stärkste Macht auf dem Kontinent repräsentiere. Es sei schon immer Englands Methode gewesen, die stärkste Macht auf dem Kontinent anzugreifen. Wilhelm II. lieferte hier eine grandiose Verdrehung der englischen «Balance of Power»-Politik. Hale berichtete an seine Zeitung: «Er überschüttete die Engländer zwei Stunden lang mit einem ununterbrochenen Schwall von Beleidigungen.»[312]

Wilhelm II. und sein Cousin, Zar Nikolaus I., jeweils in der Uniform des anderen.

Wilhelm II. weiter: Außerdem werde er England Ägypten wegnehmen (und der Türkei das Heilige Land). Er zeigte sich überzeugt, das Britische Empire sei in Auflösung begriffen und im bevorstehenden Weltkrieg (sic !), der ein Kampf der weißen Rasse gegen die gelbe sei, werde das Deutsche Reich Schulter an Schulter mit den Vereinigten Staaten und China gegen Frankreich, Russland und England kämpfen. Womit aus Chinesen Weiße und aus Franzosen und Engländern Gelbe wurden.[313] Die Rasse der Amerikaner und der Deutschen sei gleich, ihnen als «Anglo-Teutonen»[314], die aus dem Norden Europas stammten, gehöre die Zukunft. Eine ähnliche Rassentheorie gab Adolf Hitler 16 Jahre später in *Mein Kampf* zum Besten.[315]

Als Hale mit dem Interview-Text nach den USA zurückkehrte, löste er dort Entsetzen aus. Einstimmig entschied die Redaktion der *New York*

312 Hale, zitiert nach Röhl, Wilhelm II., S. 667.

313 Röhl, Wilhelm II., S. 668.

314 Röhl, Wilhelm II., S. 669.

315 «Der rassisch rein und unvermischt gebliebene Germane des amerikanischen Kontinents ist zum Herrn desselben aufgestiegen; er wird der Herr so lange bleiben, so lange nicht auch er der Blutschande zum Opfer fällt.» Hitler, Kampf, S. 313f.

Times, das Interview nicht zu veröffentlichen. Auch Präsident Theodor Roosevelt wurde Hales Zusammenfassung übermittelt. Er sprach sich ebenso entschieden gegen eine Veröffentlichung aus und schrieb an den ehemaligen US-Außenstaatssekretär Elihu Root: «Die Veröffentlichung des Interviews würde wirklich den Weltfrieden gefährden.»[316]

Roosevelt, der bislang die Ängste der Engländer vor dem Deutschen Reich als «ein bisschen lächerlich» empfunden hatte, änderte nun seine Meinung und sah in Wilhelm II. das, was er war: Einen, «der aus einem Impuls heraus den Weltfrieden gefährden könnte».[317]

Doch der Inhalt des Hale-Interviews drang auch an die Ohren der englischen Regierung. Und zwar ausgerechnet auf dem Weg über die japanische Botschaft in den USA! Dass es in Tokio nicht gerade einen günstigen Eindruck machte, kann man sich denken. Auch der französische Botschafter in Washington verschaffte sich den Text. Der englische König Edward VII., Wilhelms Onkel, hielt es erst für eine Fälschung. Grey, Hardinge und der König verhinderten eine Veröffentlichung sowohl in der englischen *Morning Post* als auch in der *National Review*. Obwohl die Öffentlichkeit nichts von den Hasstiraden des Kaisers erfuhr, bewirkten sie einen Sinneswandel in der englischen Politik: Auch Winston Churchill und eine Mehrheit im Kabinett vollzogen eine Wendung zugunsten Frankreichs.[318] Die Regierung tendierte immer mehr dazu, im Fall eines deutsch-französischen Konflikts Frankreich beizustehen.[319]

Während das angeblich «englandfreundliche» *Daily-Telegraph*-Interview dem Kaiser die Kritik fast der gesamten deutschen Öffentlichkeit einbrachte (es kam zu wütenden Protestmärschen, bei denen die Abdankung Wilhelms gefordert wurde) und ihn fast den Thron kostete, empfanden diejenigen in England, die Kenntnis von dem zweiten Interview hatten, dieses als zutiefst beleidigend. Clark dagegen interessiert sich für diese kaiserliche Brüskierung Englands nicht. Er erwähnt das *Daily-Telegraph*-Interview nur ganz kurz; das entlarvende Hale-Interview lässt er sogar gänzlich weg. Selbst in seiner ausführlichen Wilhelm-II.-Biografie erspart Clark seiner Leserschaft jegliche Belastung mit dem Interview, dessen Veröffentlichung nach Auffassung von Roosevelt den Weltfrieden erschüttert hätte.[320]

Bülow jedoch hatte das *Daily-Telegraph*-Interview des Kaisers gelesen, abgenommen und zur Veröffentlichung frei gegeben. Er leugnete dies und

316 Röhl, Wilhelm II., S. 670f.

317 Roosevelt, zitiert nach Röhl, Wilhelm II., S. 671.

318 Röhl, Wilhelm II., S. 670ff.

319 Winzen, Bülow, S. 378.

320 Christopher Clark, Wilhelm II. Die Herrschaft des letzten deutschen Kaisers. München 2009 (zuerst: London 2000).

ließ damit seinen Herrscher im Stich. In der Folge musste er bald gehen. Er bekam mit Theodor von Bethmann Hollweg einen als gemäßigt geltenden Nachfolger, den Clark apologetisch als «solide, gemäßigte und beeindruckende Persönlichkeit»[321] beschreibt. Eine Persönlichkeit, die solide, gemäßigt und beeindruckend den Ersten Weltkrieg auslösen sollte. Doch zunächst versuchte Bethmann Hollweg, die «Selbsteinkreisung» des Reiches vorsichtig zu durchbrechen, indem er wieder Kontakt zu Großbritannien aufnahm. Doch schon bald schlitterte die deutsche Regierung in die zweite Marokkokrise.

Die zweite Marokkokrise

Frankreich nutzte im Mai 1911 Stammesrevolten gegen die Zentralregierung des Sultans in Marokko, um mit einer militärischen Intervention (zu der sie der Sultan von Marokko gerufen hatte) die Grundlage für ein französisches Protektorat zu legen.

Selbst der englische Außenminister Grey erwartete nach dem französischen Eingreifen nun Kompensationen für Deutschland. Der neue deutsche Außenminister Alfred von Kiderlen-Waechter, der wie sein Kanzler Bethmann Hollweg als eher auf Ausgleich mit England bedacht galt, was sich aber angesichts deutscher Flottenrüstung und des Kaisers törichtem Gebaren als schwierig erwies, wurde nun aber von mächtigen Interessengruppen im Reich angetrieben.

Er geriet unter wachsenden Druck des Alldeutschen Verbandes, einer einflussreichen Vereinigung, die nichts anderes als die Weltherrschaft anstrebte und hinter der einflussreiche Industrielle steckten. Angeführt wurde diese protofaschistische Vereinigung, die eine mächtige mediale Stimme hatte und der auch Kronprinz Wilhelm angehörte, von Heinrich Claß. Mitglied war auch Emil Kirdorf, Generaldirektor der GBAG und Aufsichtsratsvorsitzender des rheinisch-westfälischen Kohlesyndikats, der Anspruch auf die Erzgebiete in Marokko erhob. Kirdorf sollte zwanzig Jahre später einer der eifrigsten Unterstützer Hitlers werden, der mit seinem Geld und Einfluss maßgeblich half, ihn an die Macht zu hieven. Claß dagegen hatte ein dickes Buch geschrieben, in dem Deutschland praktisch Anspruch auf ganz Europa, auf das englische Weltreich und mehr erhob.

Als nun auch spanische Truppen in Marokko landeten und damit der Vertrag von Algeciras endgültig hinfällig war, gab Kiderlen-Waechter den Startschuss, um erneut Weltpolitik zu treiben. Oder wie er es ausdrückte: Damit das Reich nicht «für lange aus der Welt politisch ausgeschaltet»

321 Clark, Schlafwandler, S. 265.

sei. Er ließ ein – nicht gerade das modernste – Kanonenboot namens Panther nach Agadir schicken. Kiderlen-Waechter glaubte, so Druck ausüben und Frankreich zum Verhandeln über Ersatzkolonialbesitz in Afrika bewegen zu können (oder vielleicht doch noch etwas von Marokko abzubekommen). Und Kiderlen-Waechter heizte die Stimmung an, indem er sich der nationalen Presse und der Alldeutschen bediente. Und dies lief gründlich aus dem Ruder. Nahezu die gesamte Presse (mit Ausnahme der sozialdemokratischen Blätter) verstand den «Panthersprung» als Startzeichen, um den deutschen Anspruch auf die Atlantikküste Marokkos, also auf Westmarokko, anzumelden. Bei Russland ging man davon aus, dass es sich immer noch wirtschaftlich wie militärisch nicht erholt habe und daher Frankreich nicht beistehen könne, womit der «Erbfeind» zur Geisel imperialer deutscher Politik würde. So das Denken in Berlin. Tatsächlich reagierte Russland nicht und revanchierte sich so für Frankreichs Stillhalten in der Annexionskrise.

Kiderlen-Waechter gab zwar mit seiner «gemäßigten» Weltpolitik den Bremser angesichts der alldeutschen Weltherrschaftsgelüste. Doch der nationale Taumel steigerte sich immer mehr. Davon angetrieben ging Kiderlen-Waechter auf Kollisionskurs mit Frankreich und glaubte, nun den ganzen Kongo als Kompensation fordern zu können. Eines der Ziele der Montankapitalisten und Alldeutschen: ein in sich geschlossenes deutsches Kolonialreich in Afrika.[322] Bethmann Hollweg, der Kanzler, ließ sich hier treiben[323] bzw. war von Beratern wie Kurt Riezler umgeben, dem er einerseits nach einem Saufgelage mit Kiderlen anvertraute, «Kiderlen ziehe nicht nur einen Krieg in Betracht, sondern wolle es darauf anlegen», und mit dem er andererseits «die echt deutsche idealistische und richtige Überzeugung» teilte, «dass das Volk einen Krieg nötig hat».[324] Riezler selbst vertrat eine krude imperialistische Ausdehnungstheorie, die, wie er selbst ausführte, zum Krieg führen musste. 1914, kurz nach Kriegsausbruch, agierte er mit Begriffen wie Weltmacht, ja Weltherrschaft im Hintergrund.

Kiderlen-Waechter ruderte dann noch etwas zurück und forderte schließlich nicht den ganzen Kongo, doch das reichte, um die Stimmung in der englischen Regierung zu kippen. Man befürchtete die Sprengung der Triple-Entente (die immer noch kein festes Bündnis war). Man nahm an, Kiderlen-Waechter würde nicht nur bluffen, sondern sei auf Krieg aus (was nicht ganz falsch war). Zudem forderten die Alldeutschen und fast die ganze Presse, zum «Schwert zu greifen».

---

322 Klein, Deutschland, S. 99.
323 Krumeich, 1914, S. 30.
324 Riezler, Tagebuch, S. 178–180.

David Lloyd-George, damals englischer Finanzminister, machte in einer mit Grey abgesprochenen Rede deutlich, dass England dann zugunsten Frankreichs intervenieren werde. Gleichzeitig – und dies lässt Clark wiederum weg – bot Grey den Deutschen an, ihre Forderungen offenzulegen und gemeinsam «eine internationale Lösung des Konfliktes herbeizuführen. Die Rede war insofern nicht ein weiterer der vermeintlich vielen Schritte in den Krieg, sie dokumentierte auch die anhaltende Suche nach möglichen Wegen zur Deeskalation von Konflikten.»[325] Doch darauf reagierte die deutsche Reichsleitung nicht. Auf das angedrohte Eingreifen schon. Man ging auf Kollisionskurs. Und der forsche Kaiser – auf Nordlandfahrt – bekam wieder Angst, fiel, wie schon bei der ersten Krise, um und stoppte das durch nationalistische Hetze und Vabanque-Spiel des Außenministers auf Rammgeschwindigkeit getrimmte deutsche Schlachtschiff. Kiderlen-Waechter war beleidigt und reichte mehrfach seinen Rücktritt ein. In seinem Rücktrittsgesuch machte er klar, dass er auch zu mehr bereit gewesen wäre als nur zu bluffen: Die Franzosen würden nur dann ein annehmbares Angebot machen, «wenn sie ganz fest überzeugt sind, dass wir andernfalls zum Äußersten entschlossen sind». Einen «befriedigenden Abschluss erreichen wir aber nur, wenn wir bereit sind, die letzten Konsequenzen zu ziehen». Was Krieg hieß, zu dem das Reich «auch innerlich entschlossen sein» müsste. Doch Bethmann Hollweg, der laut Riezler zu diesem Zeitpunkt «durchhalten und das Kriegsrisiko tragen», auf Krieg selbst aber in letzter Konsequenz «nicht ablegen»[326] wollte, schwächte das Schreiben ab. Kiderlen-Waechter blieb und der Kaiser wollte es nicht zur Mobilisierung kommen lassen. Als Folge wurde er jetzt von den Alldeutschen und Nationalen mit Hohn überschüttet, ja als «Guillaume le timide, le valeureux poltron» (Wilhelm der Ängstliche, der tapfere Feigling) tituliert.

Kiderlen-Waechter lenkte ein und bekam als Beute von Frankreichs Botschafter Cambon (nach Abtretung eines Teils von Kamerun) ein Stück des Kongos. Doch die rechten Kontrolleure der öffentlichen Meinung waren schwer enttäuscht, genauso die Militärs.[327]

Auch im Reichstag war man traurig, dass es nicht zum Krieg gekommen war, wo doch «durch alle Schichten unserer Bevölkerung eine so entscheidende Kriegsentschlossenheit» gegangen sei.[328]

---

325 Leonhard, Pandora, S. 58.

326 Riezler, Tagebuch, S. 180.

327 Annika Mombauer, Helmuth von Moltke and the Origins of the First World War, Cambridge 2001, S. 124.

328 Geiss, Katastrophe, S. 252; George W. F. Hallgarten, Imperialismus vor 1914. Die soziologischen Grundlagen der Außenpolitik europäischer Großmächte vor dem Ersten Weltkrieg, München 1963, II, S. 267.

Die Wahl 1912 machte die SPD zur stärksten Fraktion (in der die Kolonialfreunde und Nationalisten noch in der Minderzahl waren). Die «gemäßigten» Imperialisten Bethmann Hollweg und Kiderlen-Waechter wandten sich noch stärker den Ultrarechten zu.

Doch eines war nun ebenfalls klar: In Konkurrenz mit den alten imperialen Mächten wie Frankreich war vom kolonialen Kuchen ohne Krieg kein größeres Stück mehr zu holen. Weltmacht ohne Krieg war nicht zu haben. Interessant ist, dass der als gemäßigt geltende Bethmann Hollweg genau drei Jahre später, auf dem Höhepunkt der Julikrise, dem englischen Botschafter Goschen eröffnete, dass man zwar Frankreich und Belgien überfallen, ihnen aber nichts wegnehmen wolle – außer den Franzosen die Kolonien. Und dieses Angebot wollte Bethmann Hollweg auch noch als «Friedensangebot» für England, als Bitte um deren Neutralität verstanden wissen. Was man 1905 und 1911 nicht erreicht hatte, wollte man 1914 in ganz großem Stil nachholen und Deutschlands Anspruch auf große Teile Afrikas untermauern. Eine Tatsache, die Clark und seine Vordenker wie Niall Ferguson[329] verschweigen. Auch dazu kommen wir noch.

Zunächst Clarks Interpretation der zweiten Marokkokrise. Für ihn war der Panthersprung nach der französischen und spanischen Intervention «unvermeidlich».[330] Die deutsche Politik habe konsequent darauf abgezielt, «unter der Schwelle eines bewaffneten Konflikts zu bleiben»,[331] was nach Lektüre von Kiderlen-Waechters Rücktrittsgesuch und Riezlers Tagebuch Unsinn ist.[332] Die von Kiderlen-Waechter angestachelte Presse sei Wasser auf die «Mühlen der Falken in Paris» gewesen. Falken gab's für Clark nur in Paris, nicht in Deutschland. Und Kiderlen-Waechters «kurzzeitige» Ermunterung der Rechten zur Agitation für Westmarokko habe zur Entfremdung von den Rechten geführt. Womit genau das Gegenteil von dem erzählt wird, was 1912 anstand: die Bindung nach rechts als Block gegen die SPD.[333]

Am schönsten aber ist Clarks Erklärung für den «faustischen Pakt» zwischen Kiderlen-Waechter und protofaschistischen Alldeutschen. Er habe keine andere Möglichkeit gehabt, zu verhindern, dass seine eigene Kontrolle des Entscheidungsfindungsprozesses «durch den Souverän (also Kaiser Wilhelm II., K.G.) gestört wurde.»[334] Er meint wohl damit, dass Kiderlen-Waechter seine aggressive Politik nach rechts absicherte, um nicht

329 Ferguson, Krieg.
330 Clark, Schlafwandler, S. 271.
331 Ebenda, S. 275. Neitzel bläst schon hier ins gleiche falsche Horn wie Clark, Neitzel, Kriegsausbruch, S. 111.
332 Riezler. Tagebuch, 178–180.
333 Neitzel, Kriegsausbruch, S. 111f.
334 Clark, Schlafwandler, S. 276f.

durch «Wilhelm den Ängstlichen», den «tapferen Feigling» (der er wohl auch in Clarks Augen war), in seiner Aggression gestört zu werden.[335] Eine höchst offenherzige Begründung. Im Übrigen gibt Clark hier unfreiwillig zu, dass der deutsche Kaiser, den er sonst immer als harmlosen «aufgeregten Teenager»[336] darstellt, dessen «Geschwätz» keiner ernst nahm,[337] mit seinem «persönlichen Regiment» großen Einfluss auf die deutsche Politik hatte.

Was für Clark zudem wichtig ist: Durch das aggressive Auftreten von Kiderlen-Waechter und den Alldeutschen hatten die «Deutschenhasser um Grey» – berechtigterweise, möchte man fast sagen – Zulauf und der britische Außenminister setzte durch, dass, falls ein französisch-deutscher Krieg ausbrechen sollte, ein englisches Expeditionskorps nach Frankreich geschickt werden sollte. Genau dieses Korps war es dann, das half, die angreifenden Deutschen an der Marne aufzuhalten. Was Clark verschweigt, ist das Angebot Greys an die Deutschen, ihre Forderungen offenzulegen und gemeinsam eine internationale Lösung des Konfliktes zu suchen. Die Deutschen wollten jedoch keine internationale Lösung ihres Kolonialkonflikts mit Frankreich; sie wollten die Entente Cordiale sprengen. Bei Clark sind aber nicht die Deutschen die Betreiber der Aggression, sondern England und Frankreich. Man könnte dies auch als Fetischisierung von Geschichte, als Verkehrung von Ursache und Wirkung, bezeichnen.

Zusammenfassung III

Den beiden die Welt verstörenden Interviews des Kaisers versagt sich Clark, indem er das erste nur kurz erwähnt, das zweite in Gänze ignoriert. So entgeht ihm die Selbstisolierung des Kaisers gegenüber England. Den Kanzlerwechsel begrüßt er, indem er, in seiner Zuneigung zu den Mittelmächten, den neuen Mann – der dann maßgeblich zur Auslösung des Ersten Weltkriegs beitragen sollte – Bethmann Hollweg als «solide, gemäßigte und beeindruckende Persönlichkeit» zeichnet. Den Kriegskurs des Außenministers Kiderlen-Waechter in der zweiten Marokko-Krise übergeht er geflissentlich. Und dessen Bündnis mit den alldeutschen Kriegshetzern sowie deren Presse stilisiert er zum «faustischen Drama», das nicht, wie in Wirklichkeit geschehen, zur Annäherung an die deutschen Rechten geführt habe, sondern wider alle Logik zur Entfremdung von

335 Clark, Schlafwandler, S. 275.
336 Clark, Schlafwandler, S. 245.
337 Clark, Schlafwandler, S. 241ff.

ihnen. Selbstverständlich beflügelte es laut Clark dagegen nur die Falken in Frankreich. Das Angebot Greys an die Deutschen, ihre Forderungen offenzulegen und gemeinsam eine internationale Lösung des Konfliktes zu suchen, erspart Clark der geneigten Leserschaft. Und er sieht Kiderlens Annäherung an die Protofaschisten als einzige Lösung, dem persönlichen Regiment des Kaisers zu entkommen – wobei dieser im vorliegenden Fall einmal gegen Krieg war. Clark gesteht hier – entgegen seiner sonstigen Darstellung – in durchaus bizarrer Weise ein, dass der Kaiser Macht hatte und gerade hier als temporärer Friedensfaktor ausgeschaltet werden musste. Als die wahren Betreiber der Aggression sieht Clark – in offenem Widerspruch zu den historischen Fakten und in der Fetischisierung des tatsächlichen Ablaufs – Frankreich und England und nicht Deutschland.

Die Balkankriege 1912/13

THE BOILING POINT.

Karikatur zu den Balkankriegen

1912 schlossen sich die, um einen Begriff von Clark, den er nur den Deutschen zugesteht, zu verwenden, «echt national erwachten» Balkanstaaten Serbien, Bulgarien, Griechenland und Montenegro zum Balkanbund zusammen. Sie nutzten die Schwäche des Osmanischen Reiches und erklärten ihm den Krieg. Die türkische Armee erlitt eine Niederlage nach der anderen und wurde faktisch aus Europa vertrieben. Der erste Balkankrieg brachte allen Balkanstaaten erheblichen territorialen Gewinn, über den sie sich im zweiten Balkankrieg dann, ausgelöst von Bulgarien, untereinander blutig stritten. Es kam zu gegenseitigen Massakern an der Zivilbevölkerung aller dieser Staaten und ersten ethnischen Säuberungen, vor allem mit Moslems als Opfer. Alle Großmächte Europas sahen den ersten Balkankrieg kritisch, auch Russland, das Serbien traditionell unterstützte. Serbien jedoch ermöglichte der erste Balkankrieg, sein Staatsgebiet bis zur

Adria auszuweiten. Österreich-Ungarn wollte dieser Expansion mit allen Mitteln entgegentreten, sah es sich doch über eine offene Flanke an der Adria bedroht – auch wenn die dortigen Häfen als russische Flottenstützpunkte ungeeignet waren. Doch der Verbündete Deutschland und hier insbesondere Kaiser Wilhelm II. hatten zunächst kein Interesse, Österreich-Ungarn beizustehen.[338] Friedensliebe war hierbei nicht der Motor. Vielmehr wollte der Kaiser zu diesem Zeitpunkt alle vier Balkanstaaten als Verbündete des Dreibunds gewinnen, um so endlich – über den Umweg Balkan und mit Stoßrichtung Schwarzes Meer, Mittlerer Osten, ja Indien – den Durchbruch zur deutschen Weltmacht zu erreichen.[339] Bethmann Hollweg und Kiderlen-Waechter jedoch waren der Ansicht, dass «die Balkankrise das Deutsche Reich sehr wohl etwas angehe».[340] Schon weil man den einzig wirklich noch verbliebenen Verbündeten nicht verprellen wollte. Im Fall eines Kriegs gegen Frankreich und Russland wurde er schließlich gebraucht.

Russland wiederum verschob die Entlassung von zahlreichen Wehrpflichtigen.

Die österreichischen Militärs gewannen nun den Thronfolger Franz Ferdinand für «Gegenmaßnahmen»,[341] was wiederum unterstreicht, dass dieser kein «Friedensfürst» war. Vier k.u.k.-Armeekorps in Galizien, also an der russischen Grenze, wurden mobilisiert; der Thronfolger reiste am 22. November 1912 nach Berlin, um Kaiser Wilhelm «umzudrehen», was auch gelang. Das «schwankende Rohr» wollte im Kriegsfall an der Seite Franz Josephs (und Franz Ferdinands) stehen und gen Russland ziehen (möglichst ohne Eingreifen Englands und Frankreichs).[342] «Der Kaiser war damit auf die Linie der Militärs eingeschwenkt.» Moltke hatte Österreich selbstverständlich auch Unterstützung zugesagt «und ging sogar soweit, für den Kriegsfall eine deutsche Offensive gegen Russland anzukündigen. Er respektierte den Primat der Politik nicht mehr».[343]

Auch das russische Militär drängte nun auf Mobilmachung, doch der russische Ministerpräsident Wladimir Kokowzow überredete den Zaren, nicht zu mobilisieren.[344] Clark muss hier zugeben, dass der russische Außenminister Sergej Dimitrijewitsch Sasonow, den er sonst immer als Kriegstreiber darstellt, sich an die Seite Kokowzows gestellt, sich also gegen die Teilmobilisierung gewandt habe. Dies seien aber die letzten Zuckungen

338 Röhl, Wilhelm II., S. 936ff.

339 Röhl, Wilhelm II., S. 939ff., mit Zitaten Wilhelms.

340 Neitzel, Kriegsausbruch, S. 128.

341 Neitzel, Kriegsausbruch, S. 128.

342 Neitzel, Kriegsausbruch, S. 129; Clark, Schlafwandler, S. 350.

343 Neitzel, Kriegsausbruch, S. 129.

344 Neitzel, Kriegsausbruch, S. 129; Clark, Schlafwandler, S. 350.

der «einigen» Regierung gewesen, denn Sasonow habe eigentlich einen Konfrontationskurs gegen Österreich gefahren. Doch schon wenige Zeilen später muss Clark wiederum zugeben, dass Sasonow noch Mitte Dezember Rüstungsmaßnahmen des russischen Kriegsministers (erneut zusammen mit Kokowzow) ablehnte.[345]

England seinerseits hatte ebenfalls kein Interesse an einem Krieg wegen eines unwichtigen Adriahafens und schickte Signale nach Berlin zur Lösung der Krise. Bethmann Hollweg und sein Außenminister waren zwar auch, wie der Kaiser und das Militär, einem Krieg nicht abgeneigt, sahen aber wohl den Anlass für nicht groß genug an und wollten nun auch eine friedliche Lösung, freilich ohne österreichisch-ungarischen Gesichtsverlust. Eine Botschafterkonferenz sollte die Lösung bringen. Die Reichsleitung stimmte dem Vorschlag Großbritanniens zu und wich diesmal von der Kriegsbereitschaft des Kaisers und der deutschen Militärs (die sich ja immer kriegsbereit gaben) ab. Hier gab es also die umgekehrte Situation wie im Fall der Marokkokrisen, als die Kriegsbereiten von Bülow bzw. Kiderlen-Waechter am Widerstand des Kaisers gescheitert waren. Bethmann Hollweg erklärte am 2. Dezember 1912 im Reichstag einerseits seine Bereitschaft, die Krise durch gemeinsames Handeln der Großmächte zu lösen, andererseits glaubte er sich zur Beruhigung von Österreich-Ungarn als deren Schutzpatron präsentieren zu müssen. Wenn Deutschlands südlicher Nachbar angegriffen würde, werde das Reich «an der Seite unserer Verbündeten zur Wahrung unserer eigenen Stellung in Europa, zur Verteidigung der Sicherheit und Zukunft unseres eigenen Landes fechten. (Bravo! rechts, im Zentrum und bei den Nationalliberalen)».[346]

Mitte Dezember reaktivierte der nach Clark angebliche «Friedensfürst» Franz Ferdinand den obersten Falken des Vielvölkerstaates, Conrad von Hötzendorf, und machte ihn wieder zum Generalstabschef[347] (sein Vorgänger General Blasius von Schemua[348] wurde in allen Ehren entlassen). Auch Kriegsminister Moritz von Auffenberg wurde durch Alexander von Krobatin ersetzt. Conrad und Krobatin forderten sogleich den Angriff gegen Serbien. Clark notiert zwar die Wiedereinführung Conrads, lässt aber unerwähnt, dass dies durch Franz Ferdinand geschah. Im Gegenteil. Er präsentiert Franz Ferdinand als Warner vor Conrad[349], allerdings «belegt»

345 Clark, Schlafwandler, S. 350f.

346 Bethmann Hollweg im Reichstag, am 2. Dezember 1912, www.reichstagprotokolle.de, 1912, 14,4 , S. 2472.

347 Lawrence Sondhouse, Franz Conrad von Hötzendorf: Architect of the Apocalypse, Bosten, Leiden, Köln 2000, S. 120.

348 Neitzel nimmt fälschlich an, Schemua sei Kriegsminister gewesen, Neitzel, Kriegsausbruch, S. 132f.

349 Clark, Schlafwandler, S. 378.

durch einen Brief mit Datum 12. Oktober 1912, also über einen Monat vor Ferdinands Einschwenken auf den Kriegskurs der österreichischen Militärs und dem Geheimtreffen mit Wilhelm II. am 22. November 1912.

Doch Außenminister Leopold Graf Berchthold konnte Kaiser Franz Josef am 11. Dezember 1912 in einer entscheidenden Sitzung – mit Hinweis auf die Haltung der deutschen Reichsleitung und entgegen der Haltung des Thronfolgers Franz Ferdinand, der anfänglich auch für Krieg plädierte – noch einmal von einem Angriff abhalten. Franz Ferdinand ließ sich überzeugen, zumal der Kaiser auch gegen Krieg war.[350] Wenige Monate später war Berchtold für einen Kriegseinsatz und im Juli 1914 gehörte auch er schnell zu den Falken, die er hier noch bremste. In der Sprache Clarks hatte sich Berchtold in der Julikrise zum «unerschütterlich standhaften Führer» gewandelt.[351]

Clark wiederum kann den Kriegskurs Franz Ferdinands im Dezember 1912 nicht verschweigen, dies sei aber ein «kurzer Ausrutscher»[352] gewesen. Ohne, wie gesagt, zu erwähnen, dass Franz Ferdinand sich den kriegstreiberischen Militär Conrad zurückgeholt hatte und ohne das Geheimtreffen mit Wilhelm II. und den deutschen Militärs nochmals anzuführen.

Hätte Österreich-Ungarn Serbien angegriffen, wäre das Deutsche Reich mit in den Krieg gezogen, nicht schlafwandelnd, sondern bewusst handelnd.

Maßgeblich war jedoch die englische Haltung. Großbritannien war nicht gewillt, Russland in einem Krieg gegen Österreich und Deutschland zu unterstützen, obwohl Frankreich, hätte Deutschland eingegriffen, bereit war, den Marschbefehl zu erteilen.

Gleichzeitig reagierte der britische Lordkanzler Richard Haldane, der über den Schlieffenplan (die Absicht Deutschlands, im Kriegsfall erst Frankreich und dann Russland anzugreifen, siehe unten) wohl Bescheid wusste, auf die Rede Bethmann Hollwegs. Er teilte dem deutschen Botschafter in England, Karl Max Fürst von Lichnowsky, mit, England werde eine (erneute) Niederwerfung Frankreichs durch Deutschland nicht dulden.[353]

Dies erboste den sprunghaften Kaiser nun wiederum so, dass er einen «Kriegsrat» ohne den Reichskanzler Bethmann Hollweg einberief, in dem alternativlos über «verstärkte Rüstung zu Lande, diplomatische und

350 Röhl, Wilhelm II., S. 974.

351 Clark, Schlafwandler, S. 510.

352 Clark, Schlafwandler, S. 379.

353 Lichnowsky an Bethmann-Hollweg, 3.12.1912, GP 39, Nr. 15612, S. 122; Geiss, Katastrophe, S. 269; Krumeich, 1914, S. 36. Frankreichspezialist Krumeich macht hier den britischen Lordkanzler Haldane zum Regierungschef.

psychologische Vorbereitung in Deutschland auf einen zumindest begrenzten Kontinentalkrieg gegen Russland und auch gegen Frankreich»[354] nachgedacht wurde. Moltke sah das Heer bereit und gab sein berühmtes «je eher, desto besser»[355] zum Besten. Doch Tirpitz gab an, dass – um gegen England Krieg führen zu können – die Flotte noch nicht soweit sei und man noch eineinhalb Jahre warten müsse, bis der Nord-Ostsee-Kanal für die großen Dreadnoughts der deutschen Flotte ausgebaut sei und Helgoland als U-Boot-Stützpunkt dienen könne. Charakter und Zielsetzung des Kriegsrats sind heute in der historischen Forschung immer noch umstritten: Fischer, Geiss und Röhl[356] sehen in ihm die Determination des Krieges, andere wie Leonhard sehen dies nicht so eindeutig. Er spreche «für eine wachsende Kriegsbereitschaft der Militärs in Deutschland», sei aber noch kein Beweis für einen über lange Jahre geplanten Krieg. Jedoch belege es «ein Denken ohne Alternativen». Krumeich – der zwar ebenfalls nicht an eine zielgerichtete Kriegsherbeiführung glauben möchte – sieht bei Kaiser und Militär allerdings die Zeichen «auf Sturm» stehen. Präziser Ullrich und Mombauer: Sie stellen eine Zunahme der «spezifischen Präventivkriegsbereitschaft»[357] fest bzw. eine immer stärkere Disposition des deutschen Militärs, einen Krieg zu provozieren.[358] Die Deutschen hielten sich eben für eine kaum zu besiegende Macht, die schnell handeln musste, bevor das anders wurde. Und tatsächlich, eineinhalb Jahre später, im Juli 1914, waren der Kanal gebaut und Helgoland aufgerüstet. Nun «entfielen» mäßigende Ratschläge an Österreich-Ungarn.[359]

Clark jedoch verharmlost den Kriegsrat am deutlichsten als «Episode».[360] Er sieht Serbien und mit seinem Nationalismus als die eigentlichen Kriegstreiber. Da es die Türken vertrieben habe, blieben jetzt nur noch die Österreicher. Clark benutzt an dieser Stelle einen Kampfbegriff, um Frankreich als weiteren Kriegstreiber zu entlarven. Frankreich habe 1912/13 das französisch-russische Bündnis «balkanisiert». Er verwendet hier, wie so oft, provokative unhistorische Begriffe. Ohne es weiter zu benennen, unterstellt er dem französischen Staatspräsidenten Raymond Poincaré das, was man landläufig unter Balkanisierung versteht: Chaos, Gewalt und Rückständigkeit werden im «zivilisierten» Europa vom Balkan kopiert.

Nun ist es tatsächlich erstaunlich, dass das demokratische Frankreich sich mit dem absolutistischen Russland verbündete. Doch wie Clark selbst

354 Geiss, Katastrophe, S. 269. Siehe auch Fischer, Illusionen, S. 233.
355 Zitiert nach Fischer, Illusionen, S. 233.
356 Röhl, Wilhelm II., S. 966.
357 Ullrich, Großmacht, S. 234;
358 Mombauer, Moltke, S. 138.
359 Geiss, Katastrophe, S. 270.
360 Clark, Schlafwandler, S. 428.

schildert, geschah dies hauptsächlich, weil Frankreich die «von Deutschland ausgehende Gefahr»[361] erkannte. Das Bündnis war für Poincaré «ein Mittel, Deutschland entgegenzutreten und einzudämmen».[362] Zudem war es ein Verteidigungsbündnis, das unzweideutig als Casus foederis (Vertragsfall) nur einen Angriff Deutschlands auf Frankreich oder Russland bzw. Österreich-Ungarns auf Russland definierte. Andererseits sei Poincaré geradezu das «kalte Grausen»[363] gekommen angesichts des umfangreichen russischen Engagements auf dem Balkan.

Doch jetzt kommt für Clark der Sündenfall: die «Balkanisierung». Der französische Staatspräsident drängte im November 1912 – der erste Balkankrieg war gerade vier Wochen alt – Russland (und England) dazu, mit einem gemeinsamen Präventivschlag Österreich-Ungarn an dem Eingreifen in Serbien (das ja Franz Ferdinand und Conrad zu dem Zeitpunkt tatsächlich planten) zu hindern. Russland zeigte sich erstaunt über den Stimmungswechsel.

Einerseits gab es dagegen in Frankreich Widerstand, sowohl von der erstarkten Linken als auch vom französischen Botschafter in Berlin, Jules Cambon, andererseits schien das Balkanszenario für Frankreich die Lösung, den deutschen Angriffsdruck gegen die Grande Nation zu mindern. Denn die Militärs erklärten dem Regierungschef, ein österreichisch-serbischer Konflikt binde bis zu 2/3 der österreichischen Truppen und eröffne so Russland die Chance, Deutschland anzugreifen, was wiederum Frankreich vom Alb des deutschen Angriffs befreie.

Das heißt, Frankreich sah den Balkan als Ablenkung der deutschen Aggression. Es zeigt sich hier tatsächlich eine Bereitschaft der französischen Regierung zum Krieg auf dem Balkan. Doch war wiederum die eigentliche Ursache Deutschland, das auch 1913 kräftig aufrüstete und somit erst die Verlängerung der militärischen Dienstzeit in Frankreich auf drei Jahre provozierte. Zudem ist der Begriff «Balkanisierung» falsch, weil er sozusagen Frankreich ins Lager der «Barbaren» (Massaker der Balkanstaaten untereinander) wechseln sieht («Balkan» als Gegensatz zur «Zivilisation»). Clark begibt sich hier in gefährliches Fahrwasser. Ein anderer Autor schreibt: «So war die Frucht des Kampfes gegen die Machtentwicklung Deutschlands politisch die Herbeiführung der französischen Hegemonie auf dem Kontinent [...] So wie nun Englands traditionelle politische Ziele eine gewisse Balkanisierung Europas wünschen und benötigen, genau so diejenigen Frankreichs eine Balkanisierung Deutschlands.»[364]

361 Clark, Schlafwandler, S. 383.
362 Clark, Schlafwandler, S. 382.
363 Clark, Schlafwandler, S. 386.
364 Hitler, Kampf, S. 696.

Clark versteigt sich sogar dazu, Poincaré als «Drahtzieher»[365] (wie die Serben) zu bezeichnen.

Und hier holt sich Clark einen Kronzeugen für den angeblich chauvinistischen Kurs in ganz Frankreich. Aus den zahllosen Gesandtenberichten aus Paris zieht er sich selektiv welche des belgischen Gesandten Baron Paul Guillaume heraus. So z. B. diejenigen vom 17. April 1913 und 12. Juni 1913. Clark zitiert und kommentiert kurz: «‹Eben die Herren Poincaré, Declassé und Millerand› beobachtete Guillaume im Januar 1914, ‹erfanden und verfolgten die nationalistische und chauvinistische Politik›, deren Wiedergeburt nunmehr ein so markantes Kennzeichen des öffentlichen Lebens in Frankreich war. Er sah darin ‹die höchste Gefahr für den Frieden im heutigen Europa›».[366]

Helmut Donat hat nachgewiesen, dass Clark hier tatsächlich eine «grobe Verfälschung» [367] vorgenommen hat. Denn die Originalzitate lauten: «Ich hatte schon die Ehre, Ihnen zu berichten, dass es die Herren Poincaré [seit dem 18. Februar 1913 Staatspräsident, K.G.], Declassé [bis 1905 Außenminister, 1911/12 Flottenminister, Februar 1913 bis Januar 1914 Gesandter in St. Petersburg, K.G.], Millerand [Alexandre Millerand, ab 1912 Kriegsminister K.G.] und ihre Freunde gewesen sind, die die nationalistische, militaristische und chauvinistische Politik erfunden und befolgt haben, deren Wiedererstehen wir festgestellt haben. Sie bildet eine Gefahr für Europa – und für Belgien. Darin erblicke ich die größte Gefahr, die heute den Frieden Europas bedroht, nicht als ob ich zu der Annahme berechtigt wäre, dass die französische Regierung vorsätzlich den Frieden stören will – ich glaube eher das Gegenteil –, sondern weil die Haltung des Kabinetts Barthou [Louis Barthou März – Dezember 1913 Ministerpräsident, K.G.] meiner Ansicht nach das Anschwellen militaristischer Neigungen in Deutschland hervorgerufen hat. Die Kriegsgelüste der Türkei und das Gesetz über die dreijährige Dienstzeit scheinen mir die einzigen Gefahren zu bilden, die den Frieden Europas bedrohen. Ich glaube, die Gefahren darlegen zu können, die die derzeitige Heeresgesetzgebung der Republik in sich birgt... Herr Caillaux [Joseph Caillaux, von Juni 1911 – Januar 1912 Ministerpräsident, K.G.] hat gegen das Gesetz über die dreijährige Dienstzeit gestimmt; die Zahl der Politiker, die ihn unterstützen und seine Ansichten in dieser Hinsicht teilen, ist groß. Unter dem Einfluss

365 Clark, Schlafwandler, S. 393.

366 Clark, Schlafwandler, S. 401.

367 Helmut Donat, Hermann Fernaus «Weltbürger» und die Bedeutung seines Tagebuchs «Paris 1914» in Vergangenheit und Gegenwart, in: Helmut Donat/ Lothar Wieland [Hrsg], Hermann Fernau, Tagebuch eines deutschen Republikaners und Pazifisten, Bremen 2014, S. 262–283. Ich folge Donats Argumentation.

von hochstehenden Persönlichkeiten der Republik hat der Ministerpräsident versprochen, das Gesetz über die dreijährige Dienstzeit loyal durchzuführen; aber es ist wohl nicht übertrieben anzunehmen, dass er ebenso wie seine Freunde im Inneren weiter daran denkt, die gegenwärtig bestehenden Härten erheblich zu mildern. Herr Caillaux, der der eigentliche Ministerpräsident ist, neigt bekanntlich zu einer Annäherung an Deutschland; er ist ein ausgezeichneter Kenner seines Landes und weiß, dass, abgesehen von den politischen Führern, einer Handvoll Chauvinisten und von Leuten, die ihre Gedanken und Neigungen nicht einzugestehen wagen, die Mehrheit der Franzosen – Bauern, Kaufleute, Industrielle – nur widerwillig die übermäßigen Ausgaben und persönlichen Lasten erträgt, die man ihm auferlegt.»[368]

Klammern wir erst mal aus, ob die Einschätzung stimmt, die drei oben genannten Politiker seien Chauvinisten gewesen. Was schreibt Guillaume?

1. Caillaux sei eher für eine Annäherung an Deutschland und die Radikalen bzw. Radikalsozialisten erhielten immer mehr Zulauf. Tatsächlich gewannen die Linken kurz darauf die Wahlen, Caillaux wurde Finanzminister.
2. Caillaux als der eigentliche Ministerpräsident sei gegen die dreijährige Dienstzeit gewesen und verspreche Milderung.
3. Guillaume argumentiert widersprüchlich, denn nationalistische und chauvinistische Tendenzen sind nicht auf dem Vormarsch, sondern nur bei einer Handvoll Chauvinisten und angeblich den drei genannten Politikern vorhanden.
4. Eine große Mehrheit der Franzosen sei gegen die Lasten des Gesetzes und unterstütze Caillaux, der ja für eine Annäherung an die Deutschen sei.
5. Poincarés Politik sei eine Gefahr für Europa, da das «Anschwellen der militaristischen Tendenzen in Deutschland» auf das Verhalten der Regierung Barthou zurückzuführen sei. Aber Frankreich habe keine Kriegsabsichten.

Clark zitiert nicht nur ungenau, er verkürzt Guillaumes Aussagen darauf, in Frankreich gäbe es faktisch nur gefährliche Chauvinisten und Nationalisten (wohingegen es bei ihm in Deutschland keinen Militarismus gibt, den derselbe Clark´sche Kronzeuge Guillaume sehr wohl sieht) und diese Politik sei «ein so markantes Kennzeichen des öffentlichen Lebens in Frankreich» gewesen. Letzteres ist genau das Gegenteil von dem, was Guillaume schrieb.

Übrigens bemerkte Guillaume in einem vorausgegangenen anderen Bericht, am 19. Februar 1913: «Die deutsche Presse wundert sich über die

368 Richard Grelling, Belgische Aktenstücke, Lausanne 1918, S. 130.

militärischen Maßnahmen, die die französische Regierung als Antwort auf die Heeresverstärkung Deutschlands ergreifen will.»[369] Ähnliches am 21. Februar 1913. Hier haben wir die Ursache des deutsch-französischen Wettrüstens: Deutschland.

Berücksichtigt man darüber hinaus, dass Guillaume kein Freund der Franzosen war und dass seine Berichte einen kleinen Ausschnitt der belgischen Gesandtenberichte aus Paris, London, Berlin und Wien darstellen, und ruft man ins Bewusstsein, dass Clark sich hier auf ein Dokument aus der selektiven Sammlung der deutschen Seite beruft (von 678 insgesamt übermittelten Berichten veröffentlichten die Deutschen nur 119[370]), so gelangt man schon jetzt zum Ergebnis: Clark selektiert, verkürzt, verbiegt, ja verfälscht sogar. Dabei stützt er sich auf keine neuen Dokumente, sondern auf längst bekannte, oft aber auch auf Papiere in deutschen Publikationen der 20er Jahre, mit denen die Unschuld des Deutschen Reichs belegt werden sollte.

Einer seiner heutigen Freunde, Gerd Krumeich, zeichnete 1980 noch ein deutlich anderes Bild von der politischen Szene in Frankreich vor dem Ersten Weltkrieg. Poincaré sei kein «Kriegstreiber» gewesen, sondern habe noch vor den Balkankriegen versucht, «den russischen Partner zu permanenter Konzertation mit Frankreich bewegen und damit die Risiken einer an Balkaninteressen orientierten russischen Politik eindämmen zu können».[371]

Erst im Zuge der Balkankriege habe Poincaré – so Krumeich – den Kurs verschärft und den Balkan bzw. die russische Balkanpolitik als Entlastung Frankreichs vor dem deutschen Angriffsdruck gesehen.[372] Denn in den westeuropäischen Hauptstädten war man spätestens seit 1912 durch Spionage darüber unterrichtet, dass Deutschland aufgrund des Schlieffenplans im Konfliktfall zuerst Frankreich angreifen würde.[373] Der Plan galt ab 1913 der deutschen Militärführung als alternativlos, denn Angriffspläne gegen Russland wurden von ihr im selben Jahr zu den Akten gelegt. «Nach außen hin unsichtbar blieb eine weitreichende Maßnahme im Jahr 1913: Die Kassierung des sog. Ostaufmarsches durch den preußischen Generalstab signalisierte, dass die politisch an Gewicht zunehmende militärische Führung nicht mehr an die Möglichkeit eines isolierten

369 Grelling, Aktenstücke, S. 142f.

370 Siehe dazu Grelling, Aktenstücke, S. 15 und 17f.; sowie Donat, «Weltbürger», S. 281, Anm. 49.

371 Gerd Krumeich, Aufrüstung und Innenpolitik in Frankreich vor dem Ersten Weltkrieg. Die Einführung der dreijährigen Dienstpflicht 1913–1914, Wiesbaden 1980, S. 25.

372 Krumeich, Aufrüstung, S. 27.

373 Leonhard, Pandora, S. 65.

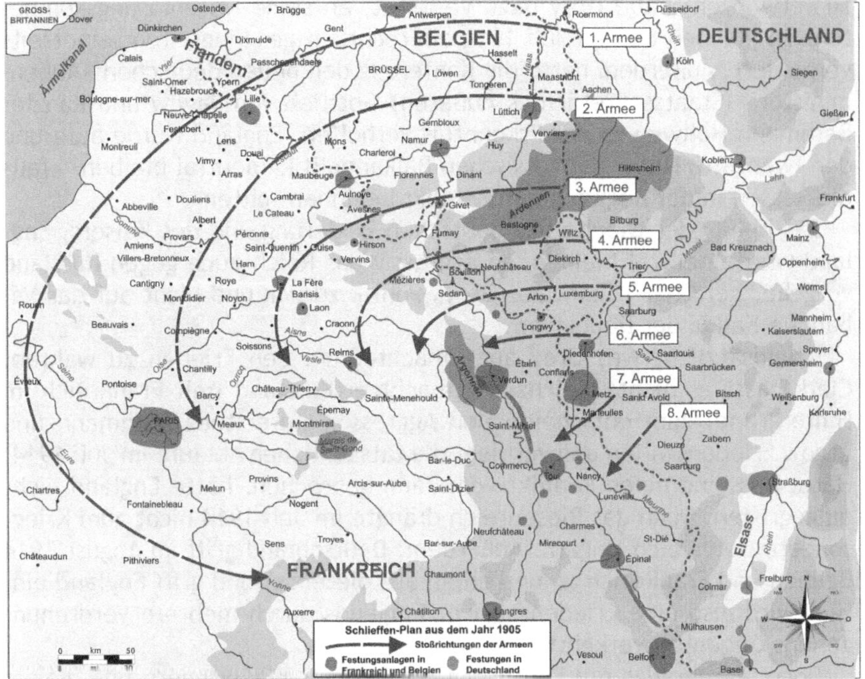

Krieges gegen Russland und damit an eine Angriffsoffensive gegen Russland glaubte.»[374]

Der Doppelschlag gegen Frankreich und Russland, somit der Kontinentalkrieg und auch der Krieg gegen England wurde hier mehr als nur ins Kalkül gezogen.

Die deutsche Weltpolitik stand vor dem Bankrott, der Weltkrieg vor der Tür.

Die von England zur gleichen Zeit angeregte Botschafterkonferenz der Großmächte (Russland, Österreich-Ungarn, Italien, Deutschland und Großbritannien) in London brachte – wenn auch nur kurzzeitig – Entspannung. Was Clark nun wiederum einem seiner «Hauptfeinde», Grey, nicht zubilligen möchte, denn «die Entspannung konnte unter Umständen das Gefahrenpotenzial sogar steigern, indem sie bei den Hauptakteuren das Bewusstsein für die drohenden Gefahren schwächte».[375] Die erfolgreiche Botschafterkonferenz (bei der im Dezember 1912 der Staat Albanien aus der Taufe gehoben wurde, um Serbien den Zugang zum Mittelmeer

374 Geiss, Katastrophe, S. 273.
375 Clark, Schlafwandler, S. 421.

zu verwehren) habe Grey dazu verleitet, an seine Krisenlösungskompetenz zu glauben und im Juli 1914 ein rechtzeitiges Eingreifen seinerseits verhindert. Außerdem hätte die Konferenz den neuen deutschen «Außenminister» (Staatssekretär des Äußeren) Gottlieb von Jagow und Kanzler Bethmann Hollweg zu der Erkenntnis verholfen, England würde aufgrund der «wahre(n) Natur der russischen Balkanpolitik» neutral bleiben, «falls die Russen in der Region einen Konflikt beginnen sollten».[376]

Das heißt, der Glaube der deutschen Regierung und des Kaisers, England würde neutral bleiben, so aggressiv das Reich auch gegen Russland vorgehe, geht nach Clark auf Greys Politik zurück und nicht auf das Vabanque-Kalkül der Deutschen.

Grundsätzlich, was Grey auch machte, um den Frieden zu wahren, Clark passt es nicht; gleichzeitig macht er Russland (mit Frankreich im Hintergrund) zum entscheidenden Aggressor, unterstellt Bethmann und Jagow Friedenswillen und verbiegt die tatsächlichen Abläufe im Juli 1914: Hätte Russland einen Konflikt vom Zaun gebrochen, hätte England nicht eingegriffen. Doch das Riesenreich drängte im Juli 1914 nicht zum Krieg, sondern Österreich-Ungarn. Außerdem: Deutschland griff im August 1914 Belgien und Frankreich an und allein aus diesem Grund griff England ein. Hier wird also eine Friedensabsicht Englands durch mehrere Verdrehungen ins Gegenteil verkehrt.

Doch warum war die Konferenz erfolgreich? Wir erinnern uns: Kaiser und Militär im Deutschen Reich sahen sich noch nicht kriegsbereit (Kriegsrat), die Reichsleitung wollte wegen eines unbedeutenden Adriahafens noch keinen Krieg wagen und Russland eben auch nicht. Österreich (inklusive Thronfolger) stand in seiner Kriegsabsicht (noch) allein. Doch was bewirkte die Konferenz?

Die Konferenz zwang Serbien, zurückzustecken und einen Pufferstaat, Albanien, an der Adriaküste zu billigen.

Doch als Serbien Ende September 1913 Nordalbanien – in Reaktion auf einen Guerillakrieg der Albaner[377] – besetzte und den Rückzug verweigerte, sah es sich einem österreichischen Ultimatum gegenüber, diesmal mit der Unterstützung Deutschlands. Und diesmal war der deutsche Kaiser bereit, «bis zum Kriegsrisiko durchzuhalten». Denn bei der Einweihung des Völkerschlachtdenkmals am 18. Oktober 1913 ermunterte er Conrad von Hötzendorf, endlich Serbien anzugreifen. Einen Bericht des deutschen Geschäftsträgers (vom selben Tag) mit der Aussicht, dass Serbien das Ultimatum annehmen würde, kommentierte er wie immer forsch: «Das wäre

376 Clark, Schlafwandler, S. 422.
377 Clark, Schlafwandler, S. 373.

sehr zu bedauern, jetzt oder nie.»[378] Gleichzeitig drängten die Alldeutschen ebenfalls auf Krieg, und zwar aus innenpolitischen Motiven. Die SPD war im Reichstag stärkste Partei geworden und eine sozialdemokratisch-linksliberale Mehrheit im Reichstag drohte. Da aber niemand Deutschland angreife, formulierten die Alldeutschen entlarvend, müsse Deutschland den angeblich unvermeidbaren Krieg provozieren. Ein solcher Krieg war aber nur unvermeidbar, wenn man endlich die Weltmachtstellung umsetzen wollte, ansetzte, «den Balkan von Russland zu befreien»,[379] und das *missing link* zum potenziellen Verbündeten, der Türkei, als auch zur Bagdadbahn und den Erdölfeldern im Nahen Osten beseitigte: Serbien.

Ein Präventivkrieg gegen den Panslawismus und dessen Bund mit der serbischen Nationalbewegung sollte «nach innen die Bedrohung von links abwenden, nach außen die ‹Weltpolitik› aus ihrer Sackgasse befreien».[380]

Doch die Serben nahmen – auch auf Druck aus Russland hin[381] – das Ultimatum an. Das nächste, neun Monate später, sollten die Serben auch annehmen, bis auf zwei Punkte. Das reichte für einen Weltkrieg.

Erneut erwähnt Clark den extremen Kriegsdruck von Kaiser Wilhelm II. auf Conrad von Hötzendorf, somit auf Österreich-Ungarn, und denjenigen der Alldeutschen auf die deutsche Reichsleitung mit keinem Wort. Für ihn ist nur wichtig, dass «ein Ultimatum Wirkung zeigte» und dass die «verschlagene»[382] Politik der Serben sofort von Neuem «Nadelstiche und Provokationen» parat hatte, sobald Österreich «den Druck» verringerte. «Das Axiom, dass Serbien letztlich nur die Sprache der Gewalt verstehe, gewann an Bedeutung.»[383] Schon fast grenzenlos ist auch hier wieder Clarks Sympathie für Österreich-Ungarn. Das arme Wien wäre «isoliert» gewesen, man habe «wenig Verständnis» für seine «Sichtweise» des Balkankonflikts. Die «Gleichgültigkeit der anderen Mächte» sei gepaart gewesen mit völliger «Missachtung der Interessen Wiens». Die internationale Gemeinschaft habe nicht erkannt, wie «ernsthaft bedroht» Österreichs «Sicherheit an der südlichen Peripherie» gewesen sei. Als sei Serbien kurz vor einem Angriff auf Österreich-Ungarn gestanden und als sei Deutschland

---

378 Zitiert nach Geiss, Katastrophe, S. 274.

379 Randvermerk Wilhelms II. vom 3. August 1914 zu einem Telegramm König Konstantins von Griechenland vom Vortag. Karl Kautsky, Deutsche Dokumente (künftig: DD), 702. Online: http://www.archiv.diplo.de/Vertretung/archiv/de/03a-Digitalisate/03a-1-julikrise-1914/3a-1-0julikrise-1914.html (Juli 2015).

380 Geiss, Katastrophe, S. 275.

381 Clark, Schlafwandler, S. 374.

382 Clark, Schlafwandler, S. 374.

383 Sämtliche Zitate, auch die folgenden – so nicht anders bezeichnet – bei Clark, Schlafwandler, S. 375.

(im Schatten des Völkerschlachtdenkmals) nicht zum Krieg gegen Russland bzw. auch Frankreich bereit gewesen. Clark sieht im Drängen des Kaisers und Moltkes auf Krieg nur eine «lauwarme deutsche Unterstützung». Und dies ist sehr geschickt, denn Clark bezieht sich in seinen Äußerungen auf den ersten Balkankrieg 1912 und lässt die Reaktion des Kaisers und der deutschen Reichsleitung auf die Besetzung Albaniens durch Serbien im Oktober 1913 weg. Und so kann er Verständnis aufbringen für seinen blitzsauberen Vorbildstaat, dass dieser auf die «wiederholten Nadelstiche» der Serben von «1912/13» den «Widerstand gegen kriegerische Lösungen» [384] in Österreich schwinden ließ. Ein braver unkriegerischer Vielvölkerstaat, der doch so gut funktionierte und in Bosnien und Herzegowina für Ordnung sorgte, wurde hier mit Desinteresse Englands (und Frankreichs!) gestraft, musste sich auf lauwarme Unterstützung der Deutschen verlassen und der Bedrohung durch die verschlagenen, hinterhältigen Serben (die ihren Schurkenstaat mit allen Mitteln vergrößern wollten) endlich erwehren. Die Grenze zum Rassismus und zur Hagiografie Österreich-Ungarns ist hier von Clark überschritten. Objektivere Historiker wie Oliver Janz sehen die Reaktion Österreich-Ungarns in nicht so mildem Licht wie Clark: «Daher schlug die Donaumonarchie nun eine aggressivere Außenpolitik ein, die wenig Rücksicht auf die Erhaltung des Friedens in Europa nahm und sich ganz auf Serbien konzentrierte.»[385]

Deutsche Hilfe für den «kranken Mann am Bosporus»

Und Deutschland? Schon Jahre vorher hatte sich Deutschland zur Schutzmacht des Osmanischen Reiches erhoben, das dortige Militär ausgebildet, um Richtung Naher Osten auszugreifen. Kurz nach Beendigung der zweiten Balkankrise, die eindeutig die Bündnissysteme verhärtet und trotz Botschafterkonferenz die Beziehungen der Großmächte weiter verschlechtert hatte[386], wurde im Dezember 1913 dem forschen deutschen Generalleutnant Liman von Sanders ein militärisches Kommando in der Türkei übertragen. Er wurde zum Oberbefehlshaber des ersten osmanischen Armeekorps ernannt. Außerdem sollte er Mitglied des obersten Kriegsrates der Türkei werden.[387] Dies verstand Russland als Provokation, Sasonow sah

384 Clark, Schlafwandler, S. 378.
385 Oliver Janz, 14. Der Große Krieg, Frankfurt/New York 2013, S. 57.
386 Janz, 14, S. 58.
387 Klein, Deutschland, S. 141.

sich persönlich beleidigt, hatte die deutsche Führung ihm doch versprochen, «alle Fragen der internationalen Politik mit vollkommener Offenheit zu erörtern».[388] Ihm wurde aber bei seinem Besuch in Berlin in den ersten Monaten des Jahres 1914 nichts von der Liman-Mission erzählt. Während der russische Ministerpräsident und Finanzminister Kokowzow versuchte, die Affäre herunterzuspielen und bald darauf seinen Hut nehmen musste, war Sasonow nachhaltig alarmiert. Noch in seinen Memoiren sah er den einen wichtigen Punkt auf der Erdkugel, «auf den unsere eifersüchtige Aufmerksamkeit konzentriert wäre»,[389] und das sei Konstantinopel.

Generalleutnant
Otto Liman von Sanders

Schließlich war Russland doch jahrelang darauf erpicht, «Konstantinopel und die Meerengen für Russland zu gewinnen».[390] Als dies auf diplomatischem Wege nicht gelang «und an eine erfolgversprechende militärische Aktion gegen die Meerengen aus eigener Kraft nicht zu denken war», wollte man den Status quo erhalten: Keine andere Großmacht sollte an den Meerengen Fuß fassen dürfen.[391]

Auch wirtschaftliche Gründe waren für das Schielen der Russen auf die Meerengen mitentscheidend. Die Getreideexporte Russlands über diese Wasserstraße waren für Russlands sprunghafte Entwicklung zur kapitalistischen Industrienation von großer Wichtigkeit. Eine kurzzeitige Sperrung durch die Türkei während des Balkankriegs hatte zu beträchtlichen Verlusten geführt.[392]

---

388 Horst Günther Linke, Rußlands Weg in den Ersten Weltkrieg, in: Wolfgang Michalka (Hrsg. im Auftrag des Militärgeschichtlichen Forschungsamtes), Der Erste Weltkrieg. Wirkung. Wahrnehmung. Analyse, Weyarn 1997 (zuerst: München 1994), S. 58.

389 Sasonow, zitiert nach Linke, Rußlands Weg, S. 57.

390 Geiss, Katastrophe, S. 270.

391 Linke, Rußlands Weg, S. 56f.

392 Klein, Deutschland, S. 141.

Russland und seine Verbündeten erhoben Einspruch gegen Liman. «Die Meerengen einem mächtigen Staat zu überlassen, wäre gleichbedeutend damit, die ganze wirtschaftliche Entwicklung des südlichen Russland diesem Staat zu unterwerfen»,[393] berichtete Sasonow dem Zaren. Und im Rüstungsgeschäft mit der Türkei konkurrierten die Deutschen mit den Engländern.[394] Krupp machte große Profite mit Kanonenlieferungen und versprach sich durch die Liman-Mission noch größere Geschäfte. Die britische Konkurrenz u.a. mit den Unternehmen Armstrong und Vickers machte Verträge über Docks.[395] Aber auch die Franzosen wollten mit Schneider-Creusot rüstungsmäßig profitieren.

Die Entente verlangte Limans Abberufung, aber der Sultan weigerte sich. «Deutsche Bahnbauten, deutsche Militärpolitik, russische Getreidefrachten, englische und deutsche Rüstungsgeschäfte, türkische Korruption, französisches Rüstungskapital ballten sich zum wüstem Knäul.»[396] Wilhelm hielt «den Nacken steif und die Hand ans Schwert».[397] Schließlich gaben die Deutschen und die Türken scheinbar nach. Doch der deutsche General wurde nun zum Generalinspekteur der osmanischen Armee erhoben und bildete somit die türkische Armee aus. Russland erlebte eine erneute Schlappe. Und Sasonow sah ab jetzt alle Handlungen Deutschlands als unaufrichtig und unter dem Blickwinkel der Russlandfeindlichkeit.

Und man war im Osten überzeugt, Österreich-Ungarn sei in seiner antiserbischen Politik von Deutschland gedeckt oder gar «geschoben» worden. Doch der Appetit der Österreicher reichte noch weiter. Nach Rosa Luxemburg fiel das Interesse der Habsburger «wahllos bald auf Saloniki, bald auf Durazzo».[398] Die Kapitalisten Russlands dagegen sahen sich plötzlich durch den deutsch-russischen Handelsvertrag von 1904 als billige Rohstofflieferanten und lukrativen Absatzmarkt der Deutschen. Zudem reagierte auch die Bourgeoise gereizt; in der russischen Öffentlichkeit wurde der von deutschen Presseorganen zelebrierte Kampf des Germanentums gegen das Slawentum gern aufgegriffen.[399]

Auch der Zar sah jetzt in dem Griff der deutschen Diplomatie und des Militärs auf Konstantinopel die Gefahr, dass Russland keinen Durchgang aus dem Schwarzen Meer ins Mittelmeer mehr bekommen würde.[400] Und der Kriegsminister verkündete, Russland sei für einen Krieg gerüstet. Die

393 Sasonow, zitiert nach Hallgarten, Imperialismus vor 1914, II, S. 435.
394 Hallgarten, Imperialismus vor 1914, II, S. 429–441ff.
395 Hallgarten, Imperialismus vor 1914, II, S. 434.
396 Hallgarten, Imperialismus vor 1914, II, S. 435.
397 Hallgarten, Imperialismus vor 1914, II, S. 435.
398 Luxemburg, Junius, S. 103.
399 Linke, Rußlands Weg, S. 60.
400 Linke, Rußlands Weg, S. 62.

Friedensbereitschaft des Zaren, und mehr noch Sasonows, bröckelte. Englands Außenminister Grey leugnete indes gegenüber dem deutschen Reeder Ballin Verhandlungen über eine britisch-russische Marinekonvention.[401] Doch diese waren ausspioniert und durch den Verleger Theodor Wolff öffentlich gemacht worden. Damit verstärkte sich in Berlin die Einkreisungsphobie, wiewohl Grey gegenüber Botschafter Lichnowsky am 9. Juli 1914, also schon vorher, angedeutet hatte, Englands Politik trage «keine aggressive Spitze» gegen Deutschland.[402] Grey teilte zur gleichen Zeit dem russischen Botschafter mit – wie dieser an Sasonow berichtete –, während der letzten Jahre habe man in Deutschland «dauernd von einer englischen oder russischen ‹Einkreisungspolitik› gesprochen, ohne wirklich daran zu glauben, sondern nur zum Zweck, im Parlament Rüstungen durchzusetzen. Durch das Reden darüber habe sich die Überzeugung festgesetzt und mache Fortschritte. Man hat sich dort in den Kopf gesetzt, Russland habe aggressive Absichten.»[403] Als Bethmann mit Riezler darüber am 7. Juli 1914 sprach, bezeichnete er jedoch die strategische Lage in Polen (das ja russisch war) als «hinhaltbar». Dass Bethmann jedoch nicht, wie immer wieder behauptet, «unhaltbar» geschrieben hatte[404], entdeckte erst 2014 Bernd Sösemann, was auf die Edition der Riezler-Tagebücher – und insbesondere den heftig umstrittenen Teil über die Juli-Krise – ein schlechtes Licht warf.[405] Als Sösemann dies – fast genau einhundert Jahre nach der Niederschrift – in der FAZ veröffentlichte[406], antwortete ihm sofort der Geopolitiker Münkler und stellte kabarettreif fest: Riezler habe «womöglich ‹hinhaltbar› geschrieben, aber ‹unhaltbar› gemeint».[407]

Ähnliches behauptete schon Erdmann, als er meinte, Riezler habe zwar in seinem Tagebuch (übrigens auch in den Briefen an seine Verlobte Käthe Liebermann) mehrfach «Weltherrschaft» geschrieben, aber «eindeutig immer» nur «Teilhabe Deutschlands an der Weltherrschaft» gemeint. Deutschland als eine Weltmacht neben anderen. Verbunden mit der «Gewinnung eines politisch-militärisch-wirtschaftlichen Vorfeldes im Osten

---

401 Geiss, Julikrise, I, 282, S. 350; siehe auch Klein, Deutschland, S. 236.

402 Geiss, Julikrise, I, 60, S.137.

403 Geiss, Julikrise, I, 64, S. 141.

404 So nach der Erdmann-Edition: Riezler, Tagebuch, S. 182.

405 Bernd Sösemann, Die «Juli-Krise» im Riezler-Tagebuch – Eine kritische Edition (7. Juli – 15. August 1914), in: Historische Zeitschrift, Bd. 298 (2014), S. 686–707, hier S. 689. Im Folgenden wird das Tagebuch für diesen Zeitraum nur nach Sösemanns Edition zitiert.

406 Bernd Sösemann, Neuinterpretierte Zeitdokumente: Regierten doch keine Schlafwandler?, in: FAZ, 24. Juni 2014.

407 Herfried Münkler, Julikrise 1914: Der Reichskanzler war kein verantwortungsloser Hasardeur, in: FAZ, 9. Juli 2014.

und Westen des Reiches, um den Zweifrontendruck ein für allemal loszuwerden und damit eine sichere Basis für Kolonial- und Wirtschaftspolitik in Übersee zu gewinnen».[408] Was will man mehr. Das ist genau das, was Clark für den Südosten so schön metaphernreich als «Platz an dem Tisch», wo «die Beute verteilt» wird, bezeichnet (siehe unten). Oder wie Rosa Luxemburg es ausdrückte: «Deutschlands Imperialismus, gekettet an zwei verwesende Leichname [gemeint sind Österreich-Ungarn und das Osmanische Reich, K.G.], steuerte geraden Weges in den Weltkrieg. Die Fahrt war übrigens ganz bewusst.»[409] Schlafwandler erwacht! Und nachdem sie alle oben aufgezählten Krisen referiert hatte, schrieb Luxemburg: «Derart hing der heutige Weltkrieg seit acht Jahren in der Luft.»[410]

Zurück zum Bosporus, denn dort blieb es nicht ruhig. So forderte im Frühjahr 1914 ein von Liman von Sanders mitgebrachter bayerischer Major mit dem sinnigen Namen Kübel «die Reform» des Bahnnetzes der Bagdadbahn innerhalb weniger Monate – für den militärischen Aufmarsch. Im Salonwagen auf der Fahrt nach Ankara koramierte (absichtliche Beleidigung zur Herbeiführung eines Duells, K.G.) er – in Anwesenheit des osmanischen Kriegsministers Enver Pascha und türkischen Generalstäblern – den Direktor der Bagdadbahn Huguenin (einen preußisch-imperialistisch gesinnten Schweizer) und erklärte, dass er, Kübel, jetzt für die Türken die Bagdadbahn übernehme.[411] Der sofortige militärische Ausbau sollte im Übrigen einhundert Millionen Mark kosten und überstieg damit sogar die finanzielle Potenz der Deutschen Bank.[412] Die Episode wirft ein Schlaglicht darauf, wie die Deutschen sich in der Türkei – ihrem potenziellen Verbündeten – zu benehmen pflegten und wie die strategischen Pläne sogar die Ressourcen des deutschen Finanzkapitals überforderten.

Liman von Sanders versuchte dann, während des Krieges eines von Wilhelms Lieblingszielen zu verwirklichen und das «Heilige Land» in deutsche Hände zu bekommen, was misslang, genauso wie der vom Kaiser und der deutschen Reichsleitung beabsichtigte Heilige Krieg, ganz offiziell *Dschihad* genannt, in dem die Deutschen die ganze moslemische Welt im Ersten Weltkrieg gegen die Entente einschließlich Indiens führen wollten.[413]

---

408 Karl Dietrich Erdmann, Bethmann Hollweg, Augstein und die Historikerzunft, in: Die Zeit, 25. September 1964, online: www.zeit.de (Juni 2015), siehe auch: Geiss, Riezler, S. 145.

409 Luxemburg, Junius, S. 105.

410 Luxemburg, Junius, S. 107.

411 Hallgarten, Imperialismus bis 1914, II, S. 441ff.

412 Klein, Deutschland, S. 142.

413 Fritz Fischer, Griff nach der Weltmacht. Die Kriegszielpolitik des kaiserlichen Deutschland 1914/1918, Düsseldorf 1964 (zuerst 1961), S. 143; Röhl, Wilhelm II., S. 1141.

Freilich weiß Clark nichts vom angestrebten Heiligen Krieg der Moslems und Inder im Auftrag der Deutschen zu berichten, weil sein Buch noch vor dem Beginn des Krieges abschließt. Allenfalls erwähnt er einen eher harmlosen Trinkspruch Wilhelms im Rathaus von Damaskus bzw. betrachtet er die Entente-Ängste vor Wilhelms Hang zum Muselmanentum als »weit hergeholt».[414] Auch das Auftreten der deutschen Militärs in der Türkei stört Clark wenig. Er hat sogar einen Entlastungsangriff für Liman von Sanders parat.

Die Deutschen wollten laut Clark mit von Sanders nur «reaktiv», sozusagen verteidigend, das «Osmanische Reich angesichts der russischen Bedrohung» stabilisieren, nicht aber über die Türkei und die Bagdadbahn zu den Erdölfeldern des Nahen Ostens ausgreifen. Schließlich ging es ja vor allem darum, dass man «mit dem Zug direkt von Berlin bis Bagdad reisen» hätte können. Und überhaupt sei der «Schienenbau» im Osmanischen Reich «genau wie der Bau von Staudämmen in den 1930er bis 1950er Jahren oder die Weltraumreisen in den 1960ern» ein eher zivilwirtschaftliches Projekt gewesen, zumal «der Verlauf der Bahnlinie – sehr zum Missfallen der Ingenieure und Investoren – so weit von russischen Interessensgebieten wie möglich entfernt verlegt» worden war.[415] Doch in St. Petersburg sei all das nicht verstanden worden, weswegen Clark dann doch rhetorisch bei den längst Hingeschiedenen nachfragen muss: «Warum reagierten die Russen so heftig auf die Liman-Mission?»[416]

Ganz kann er das Bestreben der Deutschen, ins «Heilige Land» einzudringen, aber dann doch nicht leugnen, denn «falls der Zusammenbruch des Osmanischen Reiches das Tor zu einer territorialen Aufteilung unter den Weltreichen öffnen sollte, wollten sie sichergehen, dass sie einen Platz an dem Tisch bekamen, wo die Beute verteilt wurde». Nur wenn das Osmanische Reich zusammenbrach? Wilhelm sah – nachdem er die Balkanstaaten nicht gemeinsam als Verbündete gewinnen konnte – in der Türkei schließlich einen wichtigen Verbündeten, über den er an Beute kommen konnte.

Auch das «Missing Link» Serbien auf dem Weg ins Heilige Land sieht Clark nicht, ebenso wenig sein Kollege Münkler, der im Übrigen die Liman-Affäre erst gar nicht erwähnt.

Rosa Luxemburg wies schon 1915 aus dem Gefängnis – in dem sie saß, weil sie die deutschen Proletarier aufgerufen hatte, nicht auf die französischen zu schießen – auf «das wichtigste Operationsfeld des deutschen Imperialismus» hin, «die Türkei»[417], und machte «als Schrittmacher» die-

414 Clark, Schlafwandler, S. 437.
415 Clark, Schlafwandler, S. 436f.
416 Clark, Schlafwandler, S. 440.
417 Luxemburg, Junius, S. 83.

ses Imperialismus «die Deutsche Bank und ihre Riesengewinne in Asien» dingfest, »die im Mittelpunkt der deutschen Orientpolitik stehen». Was «die kleinasiatische Bauernwirtschaft» zum «Objekt eines wohlorganisierten Aussaugungsprojektes» machte.[418] Wobei sich der deutsche Einfluss «namentlich der *Militärorganisation* bemächtigt.»[419] Und sie negierte auch nicht die Konfrontation mit dem «Hauptziel der traditionellen Politik des Zarismus wie der modernen Appetite der russischen Bourgeoisie» auf «die Dardanellen».[420]

Und «zugleich wurde der türkische Militarismus zur Dependenz des preußisch-deutschen Militarismus, zum Stützpunkt der deutschen Politik im Mittelmeer und in Kleinasien».[421] Außerdem war Luxemburg schon klar, dass Österreich-Ungarn «auf dem Wege zum Brennpunkt der deutschen Orientpolitik liegt».[422]

Auch Hallgarten weist auf das nicht zu unterschätzende wirtschaftliche, politische und militärische Ausgreifen der Deutschen (teilweise gemeinsam mit Österreich-Ungarn) «in den südosteuropäischen und kleinasiatischen Raum»[423] hin[424]. Luxemburg, Hallgarten, Klein, Fischer und Geiss haben die Wichtigkeit des Balkans für den Griff der Deutschen auf den Nahen Osten über den Schienenweg nach Bagdad betont. Der Kaiser selbst sah noch viel weiter, nach Odessa, übers Heilige Land, nach Alexandrien und Indien.[425]

Und die Gedanken des Kanzlers «Philosophen» waren schon immer frei und bewaffnet und reichten bis hin zum Weltreich und zur «Weltherrschaft»[426].

---

418 Luxemburg, Junius, S. 83.

419 Luxemburg, Junius, S. 85.

420 Luxemburg, Junius, S. 99.

421 Luxemburg, Junius, S. 87.

422 Luxemburg, Junius, S. 102.

423 Linke, Rußlands Weg, S. 56.

424 Hallgarten, Imperialismus vor 1914, I, S. 223–246, 266–270, 474–483, 595–599 und II, S. 44–51, 63–65, 92–119, 159–178, 361–370, 429–451.

425 Röhl, Wilhelm II., S. 941.

426 Riezler Tagebuch, 11.10.1914, S. 217, 13.12.1914, S. 234, 1. August 1916, S. 368; Brief Riezlers an seine Verlobte Käthe Liebermann, 22. August 1914, Faksimile einsehbar auf der Homepage des Leo Baeck Instituts:http://findingaids.cjh.org/?pID=2737638 (Juli 2015). Die Briefe sind mittlerweile erschienen: Guenther Rath / John C. G. Röhl (Hrsg.), Aus dem großen Hauptquartier, Kurt Riezlers Brief an Käthe Liebermann, 1914–1915, Wiesbaden 2016.

Zusammenfassung IV

Clark gesteht den Balkanstaaten, speziell Serbien, ein «echt nationales» Erwachen nicht zu, dem deutschen Imperialismus dafür umso mehr. In Clarks Verklärung Franz Ferdinands findet die Wiedereinberufung Conrads als Generalstabschef durch den Thronfolger keine Erwähnung. Im Gegenteil, er präsentiert uns Franz Ferdinand als Warner vor Conrad und des Thronfolgers Kriegskurs im November 1912 – in Übereinstimmung mit seinem Freund Wilhelm II. – als «kurzen Ausrutscher».

Die Einberufung und Abhaltung des Kriegsrats durch den deutschen Kaiser im Dezember 1912 verharmlost er als Episode und benutzt zweifelhafte Kampfbegriffe wie «Balkanisierung» für das sich verstärkende französisch-russische Bündnis. Den französischen Präsidenten Poincaré verunglimpft Clark als «Drahtzieher», obwohl er selbst eingestehen muss, dass Poincarés Balkanpolitik als versuchte Entlastung Frankreichs vor dem deutschen Angriffsdruck anzusehen ist. Clark schreckt auch nicht davor zurück, die einseitigen Berichte des belgischen Gesandten Guillaume in Paris zusätzlich zu verfälschen. Die vom britischen Außenminister Grey initiierte Botschafterkonferenz sieht der Australier nicht als Ventil, um Druck abzulassen, sondern als Bewusstseinsschwächung für drohende Gefahren. Mit solcher Methode lässt sich jede Friedenskonferenz verunglimpfen. Das Ergebnis der Botschafter-Konferenz – die im Übrigen Serbien in seine Schranken verwies – habe Grey davon abgehalten, im Juli 1914 rechtzeitig einzugreifen. Genau diesen angeblich schon lange bestehenden Willen zum Eingreifen wirft er ihm jedoch in der Julikrise 1914 vor. Den Kriegsdruck des deutschen Kaisers auf Conrad im Jahr 1913 negiert bzw. bezeichnet er als «lauwarme deutsche Unterstützung», wobei sich Clark nur auf den ersten Balkankrieg 1912 bezieht, nicht aber auf den des Jahres 1913, um den es hier geht, womit er die deutsch-österreichische Aggression ausblendet. Dadurch kann er behaupten, Druck erzeugten nur die «verschlagenen» Serben, die, so Clark zustimmend zur österreichischen Politik, nur «die Sprache der Gewalt» verstünden. Die k.u.k. Monarchie ist in seinen Augen ein bedauernswerter, von allen Mächten Europas allein gelassener Staat. Die Militärpräsenz der Deutschen in der Türkei durch einen kommandierenden General (Liman Sanders) stört ihn nicht weiter. Für ihn geht es vor allem um deutsche Hilfe für den kranken Mann am Bosporus, darum, dass «die am wenigsten entwickelten Regionen des [Osmanischen] Reichs zivilisiert»[427] werden sollten.

«Das Ausgreifen der Deutschen» (Hallgarten) auf den Nahen Osten und weiter will er nicht sehen. Clark verharmlost es damit, dass die Deutschen,

427 Clark, Schlafwandler, S. 435.

wenn das Osmanische Reich zerfiele (nur dann?) einen «Platz am Tisch», wo «die Beute verteilt» wird, beanspruchten.

Die Pläne Wilhelms II. im Südosten zur endlichen Weltmachtetablierung sind ihm keine Erwähnung wert und des «Philosophen» und Kanzlerberaters Weltherrschaftsabsichten erst recht nicht.

3. Strategien deutscher Denker und deutschen Kapitals

«Spiegel: Was waren eigentlich die deutschen Kriegsziele?
Neitzel: Anfang August 1914 gab es noch gar keine.
Erst als es richtig losgegangen war, begannen vor allem rechte Kreise von Annexionen zu faseln.»

Der Historiker Sönke Neitzel, im Spiegel-Heft Geschichte Nr. 5/2013, S. 16

Der deutsche Imperialismus vor dem Ersten Weltkrieg unterscheidet sich von dem Englands, Frankreichs und Russlands dadurch, dass er einerseits «zu spät» kam, aber andererseits neben dem Versuch, kurz vor Toresschluss noch große Kolonialgewinne zu machen, vor allem eine aggressive Europastrategie vertrat.

Während England darauf achtete, sein schon früh erobertes Empire zusammenzuhalten (und mit den aufstrebenden Mächten USA und Japan Vereinbarungen schloss), während sich Frankreich vor allem in Afrika bediente (sich jedoch die letzten Jahre vor dem Krieg mit der Annexion von Elsass-Lothringen durch Deutschland abgefunden hatte[428]) und Russland in Ostasien sich auszubreiten versuchte, nach Westen aber vor allem auf die Kontrolle der Meerengen (Dardanellen und Bosporus) schielte[429], wollte sich Deutschland territorial nach allen Seiten ausbreiten, und zwar kontinental und in Übersee.

Ideen und Absichten dazu hatten einflussreiche Männer, darunter viele Kapitalisten, sowie Vereine schon lange vor der Reichsgründung 1871, ja noch vor der gescheiterten bürgerlichen Revolution von 1848. So vertrat der Eisenbahnpionier Friedrich List[430] schon 1841 die Doppelstrategie: Einerseits Kolonien, andererseits die Beherrschung Zentraleuropas durch Deutschland. List schlug dazu – wie gesagt, es waren noch dreißig Jahre

428 Britische Historiker und der Ausbruch des Ersten Weltkrieges, in: Michalka, Weltkrieg, S. 943.

429 Zum Vorkriegsimperialismus dieser drei Mächte siehe Wolfgang J. Mommsen, Imperialismus. Seine geistigen, politischen und wirtschaftlichen Grundlagen, Hamburg 1977, S. 39–109, 163–178.

430 In der DDR trug eine Verkehrshochschule seinen Namen.

bis zur Reichseinheit – vor, sich Holland und Belgien einzuverleiben, eine gemeinsame Flotte zu bilden und damit auch deren Kolonien zu «germanisieren», Englands Vormachtstellung zur See zu kippen und Asien «in Zucht und Pflege zu nehmen».[431]

Dies alles bedingte eine starke Flotte gegen das englische Empire, zusätzlich ein übermächtiges kontinentales Heer, mit dem man Mitteleuropa in eine Zollunion oder Ähnliches pressen konnte, notfalls per Annexion.

Die Beherrschung Mitteleuropas als Ausgangspunkt für eine zu erobernde Weltmachtstellung taucht danach immer wieder und in allen Varianten auf. So wollte Wilhelm Roscher, der Begründer der historischen Schule der Volkswirtschaftslehre (auf die sich Max Weber später berief), 1848 «Moldau und Walachei, Bulgarien» und die «Nordküste von Kleinasien» dem immer noch nicht geeinten Deutschland als Erbe der Türkei einverleiben, um so gegen den Panslawismus ein Bollwerk zu bilden.[432] Doch für die Deutschen und ihre Freunde sind immer die anderen die Aggressoren.

Paul de Lagarde, einer der geistigen Väter des eliminatorischen Antisemitismus, wollte 1853 die deutsche Kolonisation «nach strategischen Gesichtspunkten überlegten Plane nach Istrien, nach den slowakischen und magyarischen Teilen Ungarns, nach Böhmen und Galizien, nach den polnischen Strichen Schlesiens und nach Posen gerichtet» sehen.[433] Doch damit nicht genug, Lagarde erstrebte – bei gleichzeitiger vorgeschlagener Judendeportation – noch mehr für ein künftiges Deutschland: «Russisch Polen im Osten und zwar über die Weichsel hinaus bis an die Pinsker Sümpfe, Elsaß und das gesamte Lothringen östlich von den Argonnen.»[434] Letzteres schaffte man 1871, Ersteres (allerdings nur für wenige Monate) durch den Gewaltfrieden von Brest-Litowsk im März 1918.

Gut zwanzig Jahre später, 1873, inzwischen war Deutschland wieder ein Reich, war Lagarde schon die Neutralität Belgiens ein Dorn im Auge. Er wollte «den Besitz Luxemburgs fast», den «Belforths ganz unbedingt». Aus dem angeblichen deutschen «Lämmchen» sollte ein Raubtier werden, das Österreich zur deutschen Kolonie machte, die Südslawen als «Störenfriede» loswürde, die Ungarn, Tschechen, Ruthenen und Slowaken

431 Friedrich List, Die nationalen Handelssysteme von England, Holland und Deutschland, 1841 und derselbe, Das nationale System der Politischen Ökonomie, 1841, in: Reinhard Opitz (Hrsg.), Europastrategien des deutschen Kapitals 1900–1945, Bonn 1994², S. 48, 51, 53. Das Zitat S. 54.

432 Wilhelm Roscher, Nationalökonomische Ansichten über die deutsche Auswanderung, 1848, in: Opitz, Europastrategien, S. 75.

433 Paul de Lagarde, Über die gegenwärtigen Aufgaben der deutschen Politik, 1853, in: Opitz, Europastrategien, S. 77.

434 Lagarde, Aufgaben, 1853, S. 81. Die Juden verschwinden zu lassen, schlägt er auf S. 83f. vor.

beherrschte und auch nach Osten und Südosten ausgreife. Ziele: «Von Memel bis zum alten Gothenlande am schwarzen Meere.» Dazu «im Süden jedenfalls Triest» und nicht zu vergessen: «Klein-Asien».[435]

1881 tauchte dann in den Aufsätzen des Philosophen Eduard von Hartmann der Wunsch nach einem Mitteleuropäischen Zollverein[436] auf, den der gleiche Autor 1885 mit dem Vorschlag ergänzte, man müsse «das Slawentum in unseren Grenzen ausrotten» sowie die Germanisierung Polens und die Deportation seiner Ureinwohner in die Kolonien vorantreiben.[437]

1885 wollte Lagarde endlich «Mitteleuropa»,[438] das «man meinethalben Germanien nennen mag», gegen Frankreich und Russland gerichtet sehen und aus Germanien und Rumänien eine Zollunion basteln.[439] Jetzt tauchten auch die Alldeutschen mit ihren Eroberungsplänen auf. Ihre Forderung lautete: «Heraus aus der bloßen Großmachtstellung in eine Weltmachtstellung!» – und dies zwei Jahre bevor Bülow den «Platz an der Sonne» erstreiten wollte. Den Panslawismus sah man – wie üblich – als Bedrohung an, um dann einen Grund zu haben, «Ellenbogenraum» im Osten und Südosten zu gewinnen. Man strebte die Donau entlang über Österreich, die Balkanhalbinsel nach «Kleinasien» (das immer wieder auftauchte). «Deutsche Kolonisation, deutscher Gewerbefleiß und deutsche Bildung sollen das geistig niedriger stehende Völkergemisch assimilieren und weiterentwickeln.» Ein unvermeidlicher Krieg, ein «Riesenkampf mit Russland und Frankreich» wurde zudem hier prophezeit.[440]

Weltpolitik, wie sie in diesen Köpfen, Schriften und – ernst gemeinten und ernst zu nehmenden – Politikansätzen herumgeisterte, war ein explosives Gemisch aus Rassismus, Geopolitik, Übertünchen von inneren Spannungen und Kapitalakkumulation.

Die Alldeutschen gründeten sich auf Initiative des späteren Großindustriellen Alfred Hugenberg 1890 und speisten sich zuerst aus einem von dem Kolonialisten Carl Peters 1866 gegründeten Verband. In späteren Schriften, die auch schon mal in eine imaginäre Zukunft blickten[441], wurde

435 Paul de Lagarde, Über die gegenwärtige Lage des deutschen Reichs, 1875, in: Opitz, Europastrategien, S. 87–89.

436 Eduard von Hartmann, Die deutsche Wirtschaftspolitik, 1881, in: Opitz, Europastrategien, S. 90f.

437 Eduard von Hartmann, Der Rückgang des Deutschthums, 1885, in: Opitz, Europastrategien, S. 92f.

438 Das er schon 1853 so nannte, Lagarde, Aufgaben, 1853, S. 82.

439 Lagarde, Pflichten, 1885, S. 95.

440 Deutschlands Weltstellung und der Weiterbau am deutschen Nationalstaat, Alldeutsche Blätter, Januar 1894, in: Opitz, Europastrategien, S. 99f.

441 Ernst Hasse (ein «Alldeutscher»), Großdeutschland und Mitteleuropa um das Jahr 1950, in: Opitz, Europastrategien, S. 107–124.

nichts, was man in Zentral- und Osteuropa erobern könnte, ausgelassen. Das Raubgut-Spektrum reichte von Holland, Belgien, Luxemburg, Frankreich, der Schweiz, Italien, Österreich-Ungarn über die Balkanländer bis hin zu großen Teilen Russlands, mit entsprechenden Prophezeiungen von Kriegen gegen Russland und Frankreich. Der Balkan spielte dabei immer eine große Rolle.

Einer der Höhepunkte alldeutscher Agitation war das 1912 unter dem Pseudonym Daniel Frymann erschienene Buch des Vorsitzenden des Alldeutschen Verbandes Heinrich Claß: *Wenn ich der Kaiser wäre*. Es propagierte in aggressivster Weise den Griff nach der Weltmacht mittels Krieg plus Sondergesetzen für Sozialdemokraten und Juden. Seine Methodik: Erst stellte er die Probleme dar, die eine kontinentale Expansion in Europa nach allen Seiten plus ethnische Säuberungen mit sich brachte, genauso wie die Expansion in Afrika und Übersee, was eine gewaltige Flotte und ein noch gewaltigeres Heer gleichzeitig bedingte, um dann trotz aller Schwierigkeiten alles zu fordern. Der Balkan lag ihm dabei besonders am Herzen. Selbst Bülow war klar, dass dies den Weltkrieg bedeutete.

Claß forderte dann logischer Weise während des Ersten Weltkriegs umfangreiche Annexionen in Ost und West.[442] Er gründete 1917 mit Tirpitz und Wolfgang Kapp, einem Aufsichtsratsmitglied der Deutschen Bank (der sich eineinhalb Jahre nach dem Weltkrieg mit Hilfe von Freikorps 1920 kurzzeitig zum Kanzler putschen ließ) mit der Deutschen Vaterlandspartei eine erste faschistoide Massenpartei, der 1919 eine völkische Massenorganisation, der Deutschvölkische Schutz- und Trutzbund, folgte. Claß war nicht nur einer der ideologischen Vorbereiter des deutschen Faschismus, sondern unterstützte eben jenen Kapp-Putsch 1920 und den Hitler-Ludendorff-Putsch 1923. Der alldeutsche Industrielle Kirdorf war schließlich ein früher Finanzier Hitlers.

Claß gab sich als Gegner Bethmanns und setzte ihm mit seinen Eroberungsplänen ordentlich zu. Die Alldeutschen waren die Speerspitze des deutschen Imperialismus.

Doch es gab auch einen liberalen Imperialismus: Nationalliberale und die deutsche Fortschrittspartei. Auch hier herrschte die Ansicht, dass «der Anzug, den wir jetzt tragen», Deutschland «zu klein» werde, wie der Geschäftsführer des Hansabundes Freiherr von Richthofen feststellte. Auch die Jungliberalen strebten nach außen. Besonders angetan hatte es ihnen ein Zollbund «von Borkum bis Bagdad». So vertrat auch der jungliberale Publizist Karl Mehrmann die Berlin-Badgad-Ideologie in der Zeitschrift

442 Heinrich Claß, Denkschrift betreffend die national-, wirtschafts- und sozialpolitischen Ziele des deutschen Volkes im gegenwärtigen Kriege, in: Opitz, Europastrategien, S. 226–266.

Mainbrücke, hinter der die moderne Großbourgeoisie und die chemische Industrie, darunter Adolf Haeuser von Hoechst, standen. Der einflussreiche Publizist Arthur Dix forderte 1912 einen festen «militär-politischen» Zusammenhalt «der Länder quer durch Mittel- und Südosteuropa». Ziel: «Freihaltung der mitteleuropäischen, durch Vorderasien führenden Ausgänge nach dem Indischen Ozean hin; auf die wirtschaftliche Annäherung und wechselseitige Kräftigung der Lande zwischen Elbe und Euphrat.»[443]

Schon Jahre zuvor propagierte der ebenfalls liberale Imperialist Paul Rohrbach 1901/02 in seinem Buch «Die Bagdad-Bahn» ein besonderes Ziel: «England kann von Europa aus nur an einer Stelle angegriffen und schwer verwundet werden: in Ägypten». Und von da könnten die Schienen dann nach Indien, Afghanistan und Persien führen.[444] Gut elf Jahre später im Juni 1913 wurde er noch deutlicher. Ob Deutschland ein «Weltvolk» werde, müssten «die Geschütze entscheiden».[445]

Zu erwähnen wäre des Weiteren die 1904 erfolgte Gründung eines einflussreichen mitteleuropäischen Wirtschaftsvereins.[446] Auch der rechte Flügel des Zentrums – vertreten durch Martin Spahn – unterstützte einen Imperialismus Richtung Südostasien.[447] Man wollte sich (um mit Clark zu sprechen) rechtzeitig an den Tisch setzen, sollte die Türkei ganz zerfallen. Freikonservative und die Schwerindustrie beabsichtigten, den Zug auf der Linie «Berlin-Bagdad» ebenfalls nicht zu verpassen. Vorderasien rückte bei ihnen immer mehr in den Vordergrund, da eine Weltpolitik ohne Krieg nur zu Kolonialreichen führte, «die im Monde liegen».[448] Sogar die preußischen Altagrarier und Junker sahen sich nun nicht mehr als saturiert an, sondern plädierten für eine «konsequente Machtsteigerung» und näherten sich dem Alldeutschen Verband an.[449]

Und Friedrich Naumann zeigte, was für ein Liberaler er war, ein Nationalsozialer mit imperialen Absichten. Er wollte «eine Politik der Macht nach außen und der Reform nach innen» und forderte die Ausdehnung deutscher Wirtschaftskraft (vor allem die der expandierenden neuen

---

443 Arthur Dix, Deutscher Imperialismus,1912, zitiert nach Fischer, Illusionen, S. 328, die zwei anderen Liberalen zitiert nach S. 326f.

444 Zitiert nach Gerd Fesser, Die Bagdad-Bahn, in: Fesser, Traum, S. 53. Siehe auch Paul Rohrbach, Die Bagdadbahn, in: Opitz, Europastrategien, S. 134–137.

445 Rohrbach, Zum Weltvolk hindurch, 1914, zitiert nach Fischer, Illusionen, S. 375.

446 Siehe Opitz, Europastrategien, S. 137–169 und S. 172–176.

447 Fischer, Illusionen, S. 342f.

448 Die Deutsche Arbeitgeber-Zeitung vom 27. April 1913, zitiert nach Fischer, Illusionen, S. 340.

449 Fischer, Illusionen, S. 351.

Chemie- und Elektroindustrie) und die Ausbreitung deutschen Geistes (das war immer ganz wichtig), natürlich Kolonien, deren zusätzliche «nach glücklichen Seekriegen»[450] gewonnen werden sollten, sowie die «Zerbrechung der nationalen Freiheit kleinerer Völker», wozu er auch Serbien zählte.[451] Die «Verherrlichung nackter Macht-, Militär- und Kolonialpolitik» wollte er mit einer Art früher Querfront aus Volkskaisertum, Liberalen und Sozialdemokraten kombinieren – ein typisches Produkt der inneren Widersprüche des Reiches. «Führende Nazis von Goebbels bis Himmler entstammten genau jenem Milieu, aus dem sich einige Jahrzehnte zuvor der ‹Nationalsoziale Verein› rekrutiert hatte.»[452] Noch immer ist Naumann der Namensgeber der Parteistiftung der FDP.

Schließlich wären da noch der Hansabund und der feinsinnige Industrielle Walter Rathenau von der Allgemeinen Elektricitäts-Gesellschaft (AEG) zu erwähnen, der mit seiner Mitteleuropapolitik Bethmann Hollweg so manchen Anstoß gab: «Je mehr die Industrie zur Weltwirtschaft neigt, je mehr die fernsten Küsten zum Markt der Rohstoffe beitragen müssen, desto gefährlicher wird die Geringfügigkeit unseres Anteils am Landbesitz der Welt.»[453] Bethmann stimmte ihm im Juli 1912, als der AEG-Aufsichtsratsvorsitzende ihn in Hohenfinow besuchte, zu.[454] Schon im Februar des gleichen Jahres hatte sich Wilhelm II. als künftiger «Leiter der Vereinigten Staaten von Europa»[455] gesehen und aufgrund der Rathenauvorschläge dem kunstliebenden Citoyen gegenüber einen genialen Plan entwickelt: «Vereinigte Staaten von Europa gegen Amerika.»[456] So mancher sieht Rathenau als einen frühen Vater einer EU unter deutscher Führung.

Im Spätsommer 1913 gründete sich der Deutsch-Österreich-Ungarische Wirtschaftsverband, in dem führende Personen aus Wirtschaftsverbänden, Banken, Versicherungen und im geringen Maß auch aus der Schwerindustrie vertreten waren. Bekanntester Namen in diesem Zusammenschluss war Gustav Stresemann, Präsidialmitglied im Bund der Landwirte (BdL) und Direktor im Hansabund. Es war ein Zusammenschluß, der Rathenaus Mitteleuropaidee als wirtschaftliche Einheit gegen die aufkommende

450 Friedrich Naumann, National-sozialer Katechismus, in: Opitz, Europastrategien, S. 125f.

451 Friedrich Naumann, Das Ideal der Freiheit, 1908, in: Opitz, Europastrategien, S. 170.

452 Vgl. Udo Leuschner, Zur Geschichte des deutschen Liberalismus: http://www.udo-leuschner.de/liberalismus/liberalismus3.htm

453 Walther Rathenau, Deutsche Gefahren und neue Ziele, 1913, in: Opitz, Europastrategien, S. 204–208.

454 Fischer, Griff, S. 36.

455 Röhl, Wilhelm II., S. 895–899.

456 Fischer, Griff, S. 36; Röhl, Wilhelm II., S. 905.

Weltmacht USA – ganz auf Linie mit dem Kaiser – verwirklichen wollte. Zwar sprachen sich die Mitglieder vorderhand gegen eine kriegerische Umsetzung aus. Wie diese Ziele aber mitten im Hochimperialismus ohne einen Krieg umzusetzen sein sollten, blieb schwer vorstellbar.

Im September 1914, also kurz nach Kriegsbeginn, schließlich war Rathenau dann einer der ersten, der Kriegsziele formulierte. In aller Bescheidenheit plädierte er für ein germanisch dominiertes Mitteleuropa, das «den Völkerkreis Karls des Großen von neuem vereinigte».[457]

Die herrschenden Machtzentren des Deutschen Reiches standen unter dem Einfluss all dieser Dichter und Denker des Kapitals, der Parteien und der Geopolitik, seien es die präventivkriegsverliebte Militärführung, ganz besonders Wilhelm II., sei es die große Mehrheit im Reichstag, sei es die Reichsleitung. So wurden auch Ideen wie «Weltpolitik ohne Krieg» und Bethmanns Versuch zu bremsen, da er der Ansicht war, ein Krieg zur falschen Zeit könnte großen Schaden verursachen, von den rechten und liberalen Imperialisten mit Hohn und Spott überschüttet.

Kurt Riezler, des Kanzlers Adlatus, war ein ganz besonderes Exemplar des dichtenden Denkers; er beeinflusste Bethmann Hollweg durchaus mit seinen imperialistischen Weltideen. In zwei Büchern hatte der «Philosoph» des gern mit einer Generalsuniform «bewaffneten» Reichskanzlers seine Sicht der Weltherrschaft formuliert. Im ersten von 1912 hieß seine Grundthese – die er nie mehr revidierte – «der Idee nach aber will jedes Volk wachsen, sich ausdehnen, herrschen und unterwerfen ohne Ende, will immer fester sich zusammenfügen und immer Weiteres sich einordnen, immer höhere Ganzheit werden, bis das All unter seiner Herrschaft ein organisches geworden».[458] Alle Freundschaft der Völker sei «nur Aufschub der Feindschaft», da «den Beziehungen der Völker der Idee nach Feindschaft zugrunde liegt». Dies sei «für die Beziehungen der Staaten untereinander erstes und unterstes Gesetz». Und deswegen haben Verträge keine Gültigkeit, wird «das internationale Papier zerrissen». In «einem Kampf, an dem alle beteiligt und Rücksichten auf den Zuschauer ausgeschaltet sind, werden alle Konventionen vergeblich sein.»[459] Hier haben wir es wieder, das *Not kennt kein Gebot*. Aufgeladen wurde dies noch mit primitivstem Sozialdarwinismus: «In den meisten Fällen gehört die Reinerhaltung der Rasse zu den Zielen der Völker, welche rassenfremde Minoritäten gemeinhin nur aufzusaugen versuchen, wo es deren Zahl

457 Kriegszielschrift Walther Rathenaus an Bethmann Hollweg, 1914, in: Opitz, Europastrategien, S. 212–215, das Zitat auf S. 214.

458 Kurt Riezler, Die Erforderlichkeit des Unmöglichen. Prolegomena zu einer Theorie der Politik und zu anderen Theorien, München 1912, S. 203.

459 Riezler, Erforderlichkeit, S. 227f. und 229f.

oder Charakter wegen ohne Gefahr für die Reinheit der eigenen Rasse geschehen kann.»[460]

In einem weiteren Buch – unter Pseudonym – geschrieben 1914, wenige Wochen vor der Julikrise, ist er nach wie vor der Überzeugung, der Sinn des «Selbst» sei «nicht die Erhaltung, sondern die Entfaltung, der unendliche Wille zu wachsen und sich auszudehnen ohne Ende».[461] Und «die nationale Menschheitsidee geht aus von einem Gegeneinander, die kosmopolitische von einem Nebeneinander der Völker.» Auch dieses Buch macht klar, welches seine Weltanschauung ist. Denn der wirtschaftliche Aufschwung Deutschlands fordert eine bestimmte Politik. «Weltpolitik indes muss getrieben werden. Die wirtschaftliche Expansion und der Lebenswille des Volkes drängen hinaus.» Und das heißt: «Daher ist das erste Erfordernis der deutschen Weltpolitik, dass Deutschland auf dem Kontinent so stark ist, dass jeder möglichen Konstellation gegenüber die Chancen des Sieges auf seiner Seite sind. Nur dann wird es bei weltpolitischen Unternehmungen die Rückwirkungen auf die kontinentale Konstellation auf sich nehmen können. Ja, diese Rückwirkungen werden ausbleiben, sobald man sieht, dass Deutschland auf dem Kontinent mit Aussicht auf Erfolg auch durch Zusammenschluss seiner weltpolitischen Gegner nicht angreifbar ist. Die Entscheidung über die deutsche Weltpolitik fällt auf dem Kontinent.»[462] Dieses Super-Deutschland «kann sich die noch offenen weltpolitischen Betätigungsgebiete nicht verbauen lassen. Ein Versuch einer solchen Verbauung wird, an seiner realen Macht wie an seinem gewaltigen Lebensdrang scheitern».[463]

Hier bekommt Clark vom «Diplomaten und Philosophen Kurt Riezler», des «engsten Beraters und Vertrauten»[464] des Kanzlers, frei Haus die Definition geliefert, was Weltpolitik ist. Und er muss nicht mehr mit General Alfred von Waldersee fragen, «was das sein soll», oder behaupten, sie enthielte «nie eine feste oder konkrete Bedeutung». Riezler und all die noch mehr allmachtsfantasierenden Alldeutschen zeigen ihm, dass Weltpolitik weder flüssig oder gasförmig bzw. abstrakt ist oder nur «eine Zeitlang» die adligen, bürgerlichen und kleinbürgerlichen Köpfe beherrschte. Der Weltpolitik war die Welt nicht genug. Denn Deutschland beabsichtigte sich, nach Riezler, auszudehnen, bis ihm «das All» gehörte und zwar mit der Startbasis Kontinentalmacht. Und die musste so stark sein, dass niemand sich traute, die Weltpolitik Deutschlands mit einem Gegenangriff zu

---

460 Riezler, Erforderlichkeit, S. 205

461 J.J. Ruedorffer (d.i. Kurt Riezler), Grundzüge der Weltpolitik in der Gegenwart, Stuttgart/Berlin 1914, S. 9.

462 Ruedorffer/Riezler, Weltpolitik, S. 106f.

463 Ruedorffer/Riezler, Weltpolitik, S. 115f.

464 Clark, Schlafwandler, S. 541.

stören. Vielleicht hat sich Riezler für sein zweites Buch die europäischen Rüstungszahlen von 1913 und davor genau angesehen, die der Kriegsminister Heeringen Bethmann vorgelegt hatte.[465]

Rüstungsausgaben 1913 in Mio. Pfund		**Dreibund**	**Triple-Entente**	**Entente Frankreich-Russland**
Großbritannien (GB)	72,5		72,5	
Frankreich	72,0		72,0	72,0
Russland	101,7		101,7	101,7
Deutschland	93,4	93,4		
Österreich-Ungarn	25,0	25,0		
Italien	39,6	39,6		
Summe		**158,0**	**246,0**	**174,0**

Tabelle[466]: Rüstungsausgaben

Deutschland würde mit Österreich und auch nicht mit Italien zusammen an die gemeinsame Rüstungsmacht Frankreichs, Russlands und Großbritanniens heranreichen. Um Großbritannien nun nicht mit dem Griff nach dem All herauszufordern, baute er in seinem Buch ein paar Bremsen ein. Riezler versuchte die Politik seines Kanzlers, nämlich England unbedingt zur Neutralität zu bewegen, dadurch zu unterstützen, indem er bekundete, dass Deutschlands Expansion «nicht unter allen Umständen dem britischen Interesse zuwiderlaufen muss».[467] Gleichwohl sah er in der «heutigen Politik der Großmächte» nur einen Aufschub «kriegerischer Auseinandersetzungen».[468] Hatte man Englands Neutralität, fehlte es beim «Zusammenschluss seiner weltpolitischen Gegner», war Deutschland «nicht angreifbar» und der Griff nach der Weltherrschaft für Riezler möglich, da Frankreich und Russland an Deutschlands «reale(r) Macht

465 Bethmann Hollweg vor dem Reichstag am 7. April 1913, www.reichstagsprotokolle.de, 1912/14,7, S. 4514.

466 Tabelle nach Leonhard, Pandora, S. 40. 1911 und 1912 gab es ähnliche Verhältnisse, wobei das Wettrüsten vor allem Russland (Steigerung von 71 auf 101,7 Mio. Pfund) und Deutschland (von 68,1 auf 93,4 Mio. Pfund) erfasste. Die Steigerungsraten Frankreichs (von 60,8 auf 72 Mio.) und Großbritanniens (von 67,8 auf 72,5 Mio.) fielen hier geringer aus. Österreich-Ungarn steigerte sich von 17 auf 25 Mio.

467 Ruedorffer/Riezler, Weltpolitik, S. 201.

468 Ruedorffer/Riezler, Weltpolitik, S. 214. Und fast wird er an der Stelle nachdenklich, weil er eine Ahnung davon zu haben scheint, was für einen wirtschaftlichen Aufwand (die Menschen interessieren ihn nicht) der nächste Krieg haben könnte.

wie an seinem gewaltigen Lebensdrang scheitern» mussten. Von diesem hohen Ross aus konnte man dann eine Politik des kalkulierten Risikos[469] vorantreiben und die dem Kanzler schmackhaft machen, der zwar von Weltherrschaft nichts wissen wollte, aber doch ein von Kaiser, Militär, Alldeutschen, rechten Philosophen und Weltgeistern, Schlotbaronen, modernen Chemie- oder Elektrokapitalisten wie Rathenau und schließlich auch von seinem Adlatus Riezler Getriebener wurde. Das war der liberale Imperialismus, der aus dieser Konstellation herauskam.

Und so benutzte Bethmann am 7. April 1913 bei seiner Begründung einer neuen Heeresvorlage im Reichstag, nachdem er Grey für seine Botschafterkonferenz gedankt hatte, den Sprachschatz der Alldeutschen und Sozialdarwinisten. Denn, so Bethmann, sollte es einmal zu einem europäischen Krieg kommen, der «Slawen und Germanen einander gegenüberstellt, dann ist es für die Germanen ein Nachteil, dass die Stelle im System der Gegengewichte, die bisher von der europäischen Türkei eingenommen wurde, jetzt zum Teil von südslawischen Staaten besetzt ist». Eine rassistische Spitze gegen Serbien, mit der er die massive deutsche Heeresaufrüstung rechtfertigte. Auch wenn der Kanzler gleich nachschob: «Ich sage dies nicht, weil ich einen Zusammenstoß von Slawentum und Germanentum für unausweichlich hielte»,[470] war er damit im Fahrwasser der Kriegshetzer gelandet.

All das will Clark nicht sehen bzw. er nennt keinen dieser Vorbeter Bethmanns beim Namen, geschweige denn ihre Absichten. Nicht einmal Claß erwähnt er, als der sich während der Marokkokrise 1911 mit Kiderlen traf, um die Stimmung im Land anzuheizen. Rathenau taucht bei Clark nur einmal, aber nicht mit seinem Mitteleuropaprogramm auf. Einzig das Buch *Deutschland und der nächste Krieg* von Friedrich von Bernhardi erwähnt er, betont aber, dass sich der Autor, bevor er zum Krieg hetzen konnte, doch seitenlang mit dem deutschen Pazifismus auseinandergesetzt habe.[471] Clark reiht sich hier erneut ein in die Verharmloser der Alldeutschen und sonstigen zahlreichen Kriegstreiber. Für ihn sind die anderen Europäer die schlimmen Geopolitiker. Clark ignoriert die Tatsache, dass es in keinem anderen Land in Europa solche Interkontinental-Pläne gab.[472]

---

469 Es gewinnt «derjenige, der mit der Behauptung, dass er bereit sei, loszuschlagen, länger aushält». Ruedorffer/Riezler, Weltpolitik, S. 221. Siehe dazu: Andreas Hillgruber, Riezlers Theorie des kalkulierten Risikos und Bethmann Hollwegs politische Konzeption in der Julikrise 1914, in: Historische Zeitschrift, Bd. 202, 1966, S. 333–352.

470 Bethmann Hollweg vor dem Reichstag am 7. April 1912, www.reichstagsprotokolle,de, 1912/14,7, S. 4512f.

471 Clark, Schlafwandler, S. 311.

472 Gleicher Ansicht Imanuel Geiss, Kurt Riezler und die deutsche Weltpolitik vor

«Heilig sei uns der Krieg, wie das läuternde Schicksal, denn er wird alles Große und Opferbereite, alles Selbstlose wecken in unserem Volke und seine Seele reinigen von der selbstischen Kleinheit.»[473] Auch dieses Verlangen von Claß nach einem heiligen Krieg, in dem er sich mit dem alten Moltke traf, der den Krieg als die Entfaltung «der edelsten Tugenden des Menschen»[474] beschrieben hatte, ist in dieser Form – nicht als Notwendigkeit, sondern als religiöses Zentrum des Lebens – nirgendwo sonst in Europa zu finden.

Der deutsche Imperialismus war, weil zu kurz gekommen und von starken inneren sozialen Spannungen gezeichnet – die SPD wurde 1912 stärkste Partei –, schlicht und einfach der aggressivste. Und so war es mit allen anderen Machtzentren in Deutschland, ob Militär, Kaiser, Reichsleitung, Schlotbarone, Junker, moderne Kapitalisten sowie Dichter und Denker. Sie wollten alle immer ein Stück mehr als die anderen Europäer und das ein Stück aggressiver.

Des Kanzlers Westentaschen-Mephisto, Kurt Riezler, hatte als letztes Glied der ganzen Kontinental- und Weltpolitik-Ideologen dann auch, in Erwartung des baldigen Sieges in Frankreich 1914, das Septemberprogramm Bethmanns 1914[475] ausarbeiten dürfen. «Muß ein großes Memorandum machen über die Siegespreise»[476], schrieb er weltherrschaftsgewiss am 8. September 1914 an seine Verlobte Käthe Liebermann. Dies war nur logisch, nachdem der Reichskanzler in Generalsuniform schon am Ende der Julikrise (29. Juli 1914) in einem persönlichen Gespräch dem englischen Botschafter Edward Goschen mitgeteilt hatte, dass Deutschland nach Belgien, Frankreich und vor allen dessen Kolonien ausgreife. Doch es kam anders.

1914, in: Geiss, Vorgeschichte, S. 131.

473 Daniel Frymann (d. i. Heinrich Claß), Wenn ich der Kaiser wär, zitiert nach Gerd Fesser, «Heilig sei uns der Krieg». Die Kriegsdisposition der Alldeutschen, in: Fesser, Traum, S. 157.

474 Helmuth Karl Bernhard von Moltke, Brief an Johann Caspar Bluntschli, 11.12.1880, in: Harry Pross (Hrsg.), Die Zerstörung deutscher Politik. Dokumente 1871–1933, Frankfurt 1959, S. 29.

475 Bethmann Hollweg, Septemberprogramm 1914, in: Opitz, Europastrategien, S. 215–217.

476 Riezler, zitiert nach John Röhl, Brisante Briefe an Käthe, in: Die Zeit Nr. 15, 27. April 2015, http://www.zeit.de/2015/15/erster-weltkrieg-ausloeser-reichskanzler-theobald-von-bethmann-hollweg/komplettansicht; so auch der Herausgeber Erdmann, in: Riezler, Tagebuch, S. 57, 198, Anm. 2, 208, Anm. 4, Riezler, Briefe, 18, S. 140.

4. 1900 – Militär – Preußen

«Hört auf mit dem militaristischen Quatsch!»

Überschrift einer Rezension von Patrick Bahners
am 21.März 2007 in der FAZ zu Christopher Clarks Buch «Preußen»

Der Sohn des
deutschen Kanzlers
Bethmann Hollweg

Clarks Bücher (*Preußen, Wilhelm II.* und *Die Schlafwandler*) sind eine einzige Abwehrschlacht gegen die Behauptung, Preußen-Deutschland sei militaristisch gewesen. Schon seit Jahren wird dieses Unterfangen freudig begrüßt vom deutschen Feuilleton, zahlreichen deutschen Historikern und nicht zuletzt einer Erlösung suchenden Leserschaft. Auch kritische Geister, wie Volker Ullrich, gingen dem netten Australier anfangs auf den Leim, haben aber seit *Die Schlafwandler* durchaus Teile ihrer Kritikfähigkeit wiedergefunden. Clarks geschicktes Unterfangen besteht darin, in all diesen Büchern scheinbar unbedarft, sozusagen ideologiefrei daherzukommen, um dann umso mehr seine Ideologie vom keinesfalls reaktionären, sondern nur reaktiven Preußen-Deutschland gleichsam en passant auszubreiten. Preußen-Deutschland ist darin mehr modern als militärisch. Und es antwortete in diesem Clark'schen Drama immer nur auf Aggressionen von Russland, Frankreich und England. Seinen gesunden Willen zum Platz an der Sonne Europas und der Welt musste es schließlich notgedrungen mit Macht vertreten. Nie war es dabei wirklich militaristisch.

Immer für eine Anekdote gut, holt Clark dafür den Hauptmann von Köpenick ins Scheinwerferlicht.[477] Dies sei symptomatisch für den deutschen Militarismus und die Fähigkeit der Preußen, über sich selbst zu lachen.[478] Unzählige Filme und Theaterstücke wurden über diese Tat des Schusters Wilhelm Voigt gemacht, der sich mit einer beim Trödler erworbenen Uniform Befehlsgewalt und jede Menge Kohle erschlich. Wir verzeihen Clark, dass er nur das Stück von Carl Zuckmayer und die Helmut-Käutner-Verfilmung mit Heinz Rühmann kennt. Was allerdings nahezu unverzeihlich ist: einen Ausspruch wegzulassen, den Kaiser Wilhelm II. im Stück von Zuckmayer macht: «Kein Volk der Welt macht uns das nach.»

Ein anderes Beispiel preußischen Militarismus' lässt Clark geflissentlich weg. Denn darüber wurde in Deutschland gar nicht gelacht, sondern nur im Ausland: die Zabernaffäre. In Elsass-Lothringen hatte ein junger Leutnant, Günter Freiherr von Forstner (20), seine Rekruten aufgefordert, bei Auseinandersetzungen mit der Bevölkerung, die er mit dem – übrigens ausdrücklich verbotenen – Schimpfwort *Wackes* (Strolch, Taugenichts) bezeichnete, ordentlich vom Seitengewehr Gebrauch zu machen – was ja nach der geheimen Verordnung über das Verhalten in insurgenten Städten von 1907 ausdrücklich erlaubt war. Das war Preußen: «Und wenn sie dabei einen solchen Wackes über den Haufen stechen, schadet das gar nichts.»[479] «Elsässische Lausbuben» bezeichneten danach auf der Straße

477 Clark, Preußen, S. 680–687.

478 Clark, Preußen, S. 682.

479 Zitiert nach Röhl, Wilhelm II., S. 1031, auch das Folgende nach Röhl, S. 1030–1037.

Forstner als *Bettschisser*.[480] Und die Zaberner riefen ihm zu «Vive la France» und «Merde la Prusse!» Der Leutnant sah schon die Revolution im Elsass vor Augen und ging fortan nur noch begleitet von einer bewaffneten Eskorte (mit aufgepflanztem Bajonett) auf die Straße, in den Tabakladen oder zum Schokoladenhändler. Doch mehr noch, am 9. November 1913 ließ Forstners Regimentskommandant Oberst Adolf von Reuter, mit Zustimmung des kommandierenden Generals des XV. Armeekorps in Straßburg, Berchtold von Deimling – der bei der Vernichtung der Hereros in Südwestafrika schon Erfahrung gesammelt hatte[481] –, Maschinengewehre in dem kleinen Städtchen in Stellung bringen. Es wurde mit der Verhängung des Belagerungszustandes gedroht und der General gab die Order, bei Widerstand «rücksichtslos zum Waffengebrauch zu schreiten».[482]

Man darf nicht vergessen, Elsass-Lothringen war seit über vierzig Jahren okkupiert, hatte einen Sonderstatus als «Reichsland», wurde von den deutschen Militärs wie ein Besatzungsgebiet behandelt und der zivile Statthalter Carl Graf von Wedel unterstand direkt (wie auch der militärische Oberkommandierende) dem Kaiser.[483]

Rekruten berichteten außerdem, Forstner haben ihnen zugerufen «Auf die französische Fahne könnt ihr scheißen». Kaiser Wilhelm II. hatte bislang nur auf die Haager Beschlüsse seine Notdurft verrichten wollen. Das drohte jetzt auch der Trikolore. Soldaten, die dagegen protestierten, wurden verhaftet. Übrigens verbot der Paragraf 47 des Militärstrafgesetzbuches (der in jedem Soldbuch abgedruckt war) die Ausführung von verbrecherischen Befehlen. Hier sehen wir die Lücke zwischen Gesetz und Praxis im Militärstaat Preußen. Die Mühlhausener Sozialdemokraten riefen nun unter dem Banner «gegen den Militarismus» (an der Basis war man's ja noch) zu öffentlichen Versammlungen auf. Reuter ließ sodann flugs 27 Zivilisten durch Militärpatrouillen verhaften.[484] Auch ein zufällig anwesender Landgerichtsrat wurde eingekerkert.[485] Die Presse, vor allem die des Auslandes, bekam Wind von der Sache. Kaiser Wilhelm II. goss Öl ins Feuer, was er ja gern tat, und sah verschwörerisch mit französischem Geld «aufgeputschte Wackes».[486] Unterstützt wurde er dabei von seinem älte-

480 Nach Wette, Militarismus, S. 79. Wette verharmlost unbeabsichtigt den Vorfall, indem er schreibt, der Leutnant habe einen Rekruten mit Wackes bezeichnet.

481 Kuß, Eskalation, S. 85, 91. Deimling wandelte sich übrigens nach dem Ersten Weltkrieg zum Pazifisten, S. 493.

482 Zitiert nach Volker Ullrich, Zabern-Affäre. Durchgreifen im Elsass, in: Die Zeit vom 2.11.2013, www.zeit.de.

483 Ullrich, Zabern-Affäre.

484 Röhl, Wilhelm II., S. 1031; Wette, Militarismus, S. 79.

485 Ullrich, Zabern-Affäre.

486 Röhl, Wilhelm II., S. 1032.

sten Sohn, dem Kronprinzen Wilhelm (später ein fanatischer Nazi), der seinem Vater die Augen öffnete, dass «die jüdische Demokratie» nichts weiter wolle, als seine «Kommandogewalt untergraben». «Bravo!» telegrafierte der Kronprinz an General Deimling, «immer feste druff!» Seine Offiziere müssten «in jeder Beziehung gegen die Unverschämtheiten des Zaberner Plebs geschützt werden. Es müsste ein Exempel statuiert werden, um den Herren Eingeborenen [sic!] die Lust an derartigen Vorfällen zu versalzen.»[487]

«Zabern wird zum Symbol militaristischer Willkür», schreibt Volker Ullrich.[488]

Wilhelm II., zu dem Zeitpunkt auf der Jagd im nahegelegenen Donaueschingen, weigerte sich konsequent, sich vom zivilen Statthalter Wedel über die Exzesse des Militärs informieren zu lassen. Gleichwohl warf er Wedel völliges Versagen vor und gab Deimling in einem Telegramm völlig freie Hand bei der «Aufrechterhaltung von Ruhe und Ordnung». Er ergänzte dann noch, er möge es «dabei an der nötigen Energie nicht fehlen lassen».[489] Gleichwohl ist von Deimling keine Vernichtungsproklamation eines Großen Generals des Großen Kaisers, wie in Südwestafrika, bekannt.

Doch der junge Leutnant hatte noch nicht genug. Als seine Kompanie von Arbeitern beschimpft wurde, zog Forstner blank. Die Arbeiter flohen, ein lahmer 19jähriger Schustergeselle, der nicht davonrennen konnte, wurde von Forstner mit dem Säbel verletzt.

Am nächsten Tag, dem 3. Dezember 1913, kam die Sache vor den Reichstag. Bethmann Hollweg, vom Kaiser abhängig – der hatte ihm die Parole «Durchhalten» mitgegeben –, verteidigte das Militär,[490] praktizierte damit die Unterwerfung unter eine «ausgesprochen chauvinistische Gesinnung»[491] und salbaderte vom «Rock des Königs», der unter allen Umständen respektiert werden müsse – Elsässer oder lahme Schusterbuben dagegen nicht. Der preußische Kriegsminister Erich von Falkenhayn setzte dem Ganzen noch die Pickelhaube auf und trat in schneidigem Kasinoton (übrigens zum ersten Mal) vor das Hohe Haus. «Disziplin und Ehrgefühl der Armee» müssten unbedingt hochgehalten werden.[492] Es kam zu Tumulten, die der Reichstag vorher noch nicht gesehen hatte. Und die überwältigende Mehrheit (des sonst extrem konservativen Parlaments) stimmte

487 Röhl, Wilhelm II., S. 1032; bei Wette leider wieder falsch, der das letzte Zitat dem Kaiser selbst zuweist (was natürlich denkbar gewesen wäre), Wette, Militarismus, S. 79

488 Ullrich, Zabern-Affäre.

489 Röhl, Wilhelm II., S. 1033.

490 Röhl, Wilhelm II., S. 1032.

491 Fischer, Illusionen, S. 409f.

492 Zitiert nach Fischer, Illusionen, S. 410.

für eine Missbilligung des Kanzlers. In einem wirklich demokratischen System hätte er seinen Hut nehmen müssen. Doch der Kaiser schützte ihn mit seiner Autorität. Weder in Frankreich noch England wäre so etwas möglich gewesen. Im deutschen Militarismus jedoch schon. Leutnant Forstner wurde in erster Instanz wegen des heldenhaften Angriffs auf den lahmen Schustergesellen zu 43 Tagen Gefängnis verurteilt, in zweiter Instanz freigesprochen.[493] Das Bürgertum und der Reichstag zogen den Kürzeren. Rechtlich oder verfassungsrechtlich wurde nichts geändert. Das Militär war stärker denn je. Der Kanzler ein «Gefangener» des Militärs und des Kaisers. In seiner Wilhelm-II.-Biografie kann Clark die Zabern-Krise nicht ganz auslassen, aber er zieht sich damit aus der Affäre, dass er die Beleidigungen, das Blankziehen und die angedrohte Massakrierung von Zivilisten gar nicht beim Namen nennt. Stattdessen reitet er sein altes Steckenpferd. Es mangele dem Preußenstaat an zivilem Oberbefehl. Und den Kanzler nimmt er in Schutz, obwohl sich der dem Militär und dem Kaiser unterworfen hatte, und stattdessen dreht Clark mal wieder den Säbel um und behauptet, der Kaiser habe sich damit von seiner Zivilleitung entfernt, wo es doch genau umgekehrt war. Der Kanzler hatte vor dem Militär und dem Kaiser gekuscht, wo der doch nach Clark nicht ernst genommen wurde.

Für Clark hätten wir außerdem noch einen weiteren preußischen Charakter parat. Die Kunstfigur Dietrich Hessling, ein Militarist, Nationalist und Kriecher, grandios beschrieben von Heinrich Mann in *Der Untertan* und grandios von Wolfgang Staudte bei der DEFA 1950 verfilmt. Roman und Film sind weitaus schärfer als Zuckmayers und Käutners «Hauptmann von Köpenick» und sie treffen den deutschen Militarismus und Untertanengeist mitten ins Herz. So kam es auch, dass der Film von einem verfassungsfeindlichen Ausschuss der Adenauerregierung (1951) erst verboten und später erst stark gekürzt freigegeben wurde. Einen solchen Angriff auf den Preußengeist wollte man in der BRD nun doch nicht dulden. In der DDR stellte man Friedrich II. dann erst viel später wieder aufs Ross unter den Linden.

Auch Clark zensiert uns diesen Film: Er erwähnt ihn genauso wenig wie die Zabernaffäre, dafür das harmlos lustige Rühmannfilmchen. So leicht lässt sich der preußische Militarismus aber nicht verharmlosen.

Schon weiter oben haben wir gezeigt, dass Clarks harmlose Militarismus-Kritik, die Befehlsgewalt der zivilen Führung habe nicht bestanden und deswegen habe es Exzesse gegeben, nicht greift. Da die zivile Führung oft einfach gleicher Meinung war wie das Militär und dessen Säbelrasseln mitgemacht hat. Doch folgen wir Clarks weiterer Argumentation:

493 Ullrich, Zabern-Affäre.

Nachdem er in *Preußen* den Militarismus vergraben hat, stellte er in *Wilhelm II.* das persönliche Regiment des Kaisers und seine Eskapaden gründlich in Frage, um dann in *Die Schlafwandler* den Militarismus zu europäisieren, wobei, wie immer in der Clark'schen Argumentation, zwei sich widersprechende Tendenzen versteckt sind (die bis jetzt offensichtlich noch niemandem auffielen): Die anderen sind genauso schlimm bzw. die anderen sind schlimmer als die Preußen. Letzteres setzt sich bei Clark meist durch.

Die Preußen schießen nicht so schnell, sondern immer nur die andern. Und wenn die Deutschen mal zuerst schießen, wurden sie von den andern dazu gezwungen. Sinngemäß: Angreifen heißt nicht immer, der Angreifer zu sein. Ergebnis ist auf jeden Fall immer: Die Deutschen sind weniger bis gar nicht schlimm.

Das soll uns aber nicht daran hindern, uns den preußisch-deutschen Militarismus etwas näher anzusehen.

Genesis Preußens

Preußen ist faktisch aus dem Krieg geboren.[494] Kriegführen gehörte zu seinen Lebensgesetzen und im 18. Jahrhundert gab dieser Staat neunzig Prozent seiner Einnahmen fürs Militär aus. Der König war oberster Kriegsherr und Gesetzgeber, die Adligen stellten die Gutsherren und die Offiziere, die Bauern waren einfache Soldaten, höchstens Unteroffiziere. Mit Friedrich II. – als der Große bezeichnet – weitet sich das Land durch Kriege, die dieser nur durch Vabanque-Spiel gewann und so zum Vorbild Hitlers wurde. Dann trat eine lange Phase der Konsolidierung ein, in der Preußen keinen Angriffskrieg nötig hatte, jedoch von Napoleon und seinen Armeen besiegt wurde. Die Befreiungskriege 1813/14, teils mit Guerillataktik geführt – was Clark nicht gefallen kann, daher weggelassen wird – verstärkten, ergänzt um die allgemeine Wehrpflicht, den sozialen Militarismus, der 1849 mit der erfolgreichen Konterrevolution («gegen Demokraten helfen nur Soldaten») und der Niederlage der badischen Revolutionsarmee (plus Erschießungen von Revolutionären)[495] noch weiter an Explosionskraft gewann. Gemessen an seiner Bevölkerung beherbergte Preußen jetzt ein Riesenheer. Ein Zugeständnis an die verlorene 1848er-Revolution war eine

494 Folgendes nach Wolfram Wette, Militarismus in Deutschland. Geschichte einer kriegerischen Kultur, Frankfurt 2011 (zuerst 2008), S. 32–47.

495 Siehe die persönlichen Erlebnisse von Friedrich Engels als Mitglied der Badischen Revolutionsarmee: Friedrich Engels, Die deutsche Reichsverfassungskampagne, in: Karl Marx – Friedrich Engels – Werke (MEW), Bd. 7, S. 111–197, hier: S. 122 und 166.

Verfassung, die allerdings nur ein Dreiklassenwahlrecht, das die Großgrundbesitzer bevorzugte, hervorbrachte. Die ganze Kultur dieses Staates mit seinen Sekundärtugenden (Pünktlichkeit, Treue, Gehorsam, Disziplin, Ordnungsliebe, Sauberkeit), der absolutistisch verbrämten Aufklärung, seinem spartanischen Protestantismus und seinen Reförmchen war nicht auf friedliches Zusammenleben mit anderen Staaten aus. Ein verknöchertes, aufgeblasenes Offizierskorps sorgte für den rechten Soldatengeist. Der sich entwickelnde Kapitalismus wurde durch den starren Militärstaat behindert.

Die Einigungskriege 1864—1871 und die Vorherrschaft Preußens im neuen Reich beförderten den Militarismus weiter. Das Bürgertum passte sich an, der sich nun sprunghaft entwickelnde Kapitalismus und die sozialen Konflikte im Gefolge des Aufkommens einer starken Industriearbeiterklasse beförderten schließlich den Imperialismus, als geopolitische Antwort auf Kapitalakkumulation, Industriewachstum und innere Spannungen.

Doch wie sah das System im Innern konkret aus?

Kadetten

«Wichtigste Pflanzstätte des Offizierskorps bildete das Kadettenkorps»[496], das alle Umgestaltungsversuche der kurzen Revolution von 1848 überstand.

Manfred Messerschmidt belegt, dass das Bildungsniveau der Kadetten, überhaupt der Offiziere in Deutschland ziemlich schlecht war, allenfalls einer Fachschule zur Ehre gereicht hätte und mit zur Isolierung der Militärelite vom sich rasch wandelnden kapitalistischen System der aufstrebenden nervösen Großmacht Deutschland beitrug.[497] Kniebeuge und Klopfpeitsche seien die wichtigsten Erziehungsmittel gewesen, schreibt ein anonymer Stabsoffizier 1920 über die Schule der Kadetten.[498] «Was einzig geachtet wurde war die physische Kraft.» Und «wer körperlich zart war, litt bitter unter dem ‹Geist› der Anstalt».[499] Ein Ausweg war Flucht oder Selbstmord oder eben noch härter zu werden als die andern.

---

496 Das Alte Heer (anonym, «von einem Stabsoffizier»), Berlin 1920, S.8.

497 Manfred Messerschmidt, Militärische Eliten in Deutschland und Frankreich seit 1870, in: Manfred Messerschmidt, Militarismus, Vernichtungskrieg, Geschichtspolitik. Zur deutschen Militär- und Rechtsgeschichte, Paderborn/München/Wien/Zürich 2006, S. 14, 16. Auch belegt durch: Stabsoffizier, Das Alte Heer, S. 2 und Leopold von Wiese, Kadettenjahre, Ebenhausen 1978 (zuerst: Kindheit. Erinnerungen aus meinen Kadettenjahren, Hannover 1924), S. 54.

498 Stabsoffizier, Das Alte Heer, S. 2.

499 Ebd., S. 4.

Der Soziologe Leopold von Wiese schilderte seine Kindheit in der Kadettenanstalt, in die er gegen seinen Willen von der Mutter gesteckt wurde. Als erstes erhielt er von einem Kameraden eine Backpfeife, weil er etwas nicht wusste, was er gar nicht wissen konnte. Schnell erfuhr er, dass er sich im Land der Dichter und Denker befand. Denn es zeigte sich, dass Tinte und Feder «zu körperlichen Quälereien vielfach verwendbar waren».[500] Er floh mehrfach, kehrte aber immer zurück oder wurde erwischt.

So geriet er nicht nur in «Korpsverschiss» (völlige Ignorierung durch die anderen Kadetten), sondern erhielt auch «eine glatte Lage» verabreicht. Eine «glatte Lage» aber waren Prügel von den eigenen Kameraden. «Der Delinquent wird über einen Querbaum gezogen; jedes Mitglied der Kompanie ist berechtigt und moralisch verpflichtet, mit einem beliebigen Instrument den Körper des Verbrechers aus Leibeskräften zu bearbeiten.» Am schmerzhaftesten waren dabei Hiebe mit dem Holzgriff der Klopfpeitsche «auf den vorletzten Wirbelknochen des Rückgrats».[501] Ein besonders empfindlicher Nerv wurde getroffen. Wiese fiel in Ohnmacht und träumte vom «Sterntalerkind». «Aber leider fielen die Dukaten des Himmels auf meinen Rücken.»[502] Terror als Schule des Lebens.

«Die glatte Lage ist das Ideal aller guten Nationalisten. (...) Am schlimmsten sind nicht einmal die Vorgesetzten, am schlimmsten sind die kleinen Vorgesetzten: die Kameraden»,[503] schrieb Kurt Tucholsky in einer Rezension des Buches.

Ein anderer berühmter Kadett und Freikorpskämpfer, Ernst von Salomon, plauderte noch detaillierter über das, was sie in diesen Anstalten lernten. Ein Offizier hielt gleich zu Anfang eine Ansprache und bestätigte ihnen, dass sie den schönsten Beruf der Welt erwählt hätten mit einem wichtigen Ziel. «Sie sind hier, um sterben zu lernen.»[504] Und – dies sagte der Offizier nicht – um töten zu können. Auf beides war die ganze Ausbildung ausgerichtet, dazu diente die körperliche Qual der Kadetten: «Wenn ich mich vergeblich mühte, die Nase über die Reckstange hochzuziehen (...) half der Stubenälteste wohlwollend nach, indem er mit der geballten Faust auf die angespannten Muskeln des Oberarmes schlug.»[505]

Und von Beginn an Kameraden-Terror: Der Kadett Glöcklen II musste wegen eines nichtigen Vergehens «ein Tablett mit Nippesfiguren auf ausgestreckten Händen balancieren (wehe, ein Stück fiele herunter),

---

500 Wiese, Kadettenjahre, S. 28.

501 Ebd., S. 40.

502 Ebd., S. 41.

503 Kurt Tucholsky, Gesammelte Werke (GW) 1–10, Hamburg 1995, Bd. 3, S. 501.

504 Ernst von Salomon, Die Kadetten, Hamburg 1957 (zuerst: Berlin 1933), S. 28.

505 Salomon, Kadetten, S. 37.

dabei in der Kniebeuge hocken, während zwischen Ferse und Gesäß ein Zirkel so aufgespannt ist, dass er stechen bzw. herausfallen würde bei der geringsten Bewegung des Gesäßes nach oben oder unten. Die gelöste Aufgabe bedeutet ein sofortiges Heraufrücken in der Hierarchie. Der Kadett ist nicht mehr der letzte Sack – Säcke heißen alle Neuen, und so werden sie behandelt. Ausgeleert, ausgeklopft, neu gefüllt.»[506]

Das Bett war kalt – was auch schon mal zu Lungenentzündung und Tod führte[507] –, die Decken und das Waschwasser auch. Scheu davor führte zum Untertauchen. Wer zuerst nach der Schrippe griff, bekam nichts. Mutproben, Drill und wenn man die Wahl hatte bei der Strafe, wurde immer die körperliche gewählt: Prügel. «Der Körper schluckt Angriff auf Angriff, bis er süchtig wird»[508] Ergebnis: «Allmählich hatte ich mich eingelebt. Der Dienst war mir nicht mehr eine geheimnisvoll sausende Maschine mit unmotivierten Überraschungen, immer mehr traten aus dem Gewirre von Gestalten die wenigen, mit denen ich eine Beziehung hatte irgendwelcher Art, klar und plastisch hervor (..) und ich begann langsam, die Nase zu heben.»[509]

Heinrich Heine beschrieb diesen Zustand anschaulich: «Sie stelzen noch immer so steif herum, so kerzengrade geschniegelt, als hätten sie verschluckt den Stock, womit man sie einst geprügelt. Ja ganz verschwand die Fuchtel nie, sie tragen sie jetzt im Innern.»[510] Die Erniedrigungen, das Schleifen hatten einen Stachel in sie eingepflanzt, der sie ihr Leben lang quälte und antrieb, sie zu starren Kampfmaschinen mit hoher Stromstärke formte. «Erst heute ist mir klar, dass die Menschen so, wie sie es hier getan haben, überall handeln und reagieren müssen, wo die gleichen Voraussetzungen der Gemeinschaft bestehen. Deshalb kann sich das, was sich damals ereignet hat, auch immer wieder ereignen, wenn man die Jugend so vereinigt und behandelt, wie es geschehen ist.»

So analysierte Wiese 1924[511] und beschrieb damit die Schule des Faschismus.

Der deutsche Nato-Generalleutnant a.D. Franz Uhle-Wettler bezeichnet in seiner «Ludendorff-Neubewertung» die Kadettenerziehung insgesamt als eine «gute Erziehung».[512]

---

506 Klaus Theweleit, Männerphantasien, Frankfurt/Main 1978, Bd. 2, S. 147. Auch Wiese berichtet über den Zirkel als Folterwaffe.

507 Wiese, Kadettenjahre, S. 71.

508 Theweleit, Männerphantasien, S. 148.

509 Salomon, Kadetten, S. 46.

510 Heinrich Heine, Caput III, Deutschland – Ein Wintermärchen, in: Sämtliche Werke, Bd. 13, Amsterdam 1856, S. 11.

511 Wiese, Kadettenjahre, S. 80.

512 Franz Uhle-Wettler: Erich Ludendorff in seiner Zeit. Soldat – Stratege – Re-

Solche Sozialisierung durch den imperialistischen wilhelminischen Militärapparat war typisch für dieses Zweite Reich, das mal Mitteleuropapolitik, mal Weltpolitik treiben wollte.

Selbstverständlich findet Clark auch hier Gelegenheit zur Europäisierung. In einem Spiegel-Interview 2007 führt er, aufwiegend, die Prügelstrafe in England an, die es «noch bis ins 20. Jahrhundert gegeben» habe. Nicht nur in Preußen sei der kleine Mann drangsaliert worden. Den Bauern in Brandenburg sei es besser oder zumindest nicht schlechter gegangen als denen in Süddeutschland.[513] Aber ging es dem preußischen bzw. deutschen Soldaten besser als denen in England oder Frankreich? Wohl kaum, eher umgekehrt. Und überhaupt, was sagt das, wenn es vielleicht allen schlecht ging?

Soldatenmisshandlungen

Eine ähnlich ‹gute› Erziehung wie die Kadetten erhielten die einfachen Rekruten.

Als Rosa Luxemburg am 7. März 1914 in einer Rede in Freiburg gesagt hatte «die Soldatenmisshandlungen stehen auf der Tagesordnung und die ‹Vaterlandsverteidiger› werden mit Füßen getreten», erhielt sie am 13. Mai 1914 vom Preußischen Kriegsminister (und späteren Oberbefehlshaber der Obersten Heeresleitung) von Falkenhayn höchstpersönlich eine Strafanzeige wegen «Beleidigung des Offiziers- und Unteroffizierskorps». Sie kommentierte dieses Ansinnen in einem Brief an ihren Anwalt und zeitweiligen Lebensgefährten Paul Levi: «Liebling, denk Dir, wie famos!»[514] Und gleich hatte sie auch die rich-

Rosa Luxemburg

volutionär. Eine Neubewertung, Berg 1995, S. 23.

513 Clark, in: Der Spiegel, Nr. 33, vom 13. August 2007, S. 43.

514 Rosa Luxemburg an Paul Levi, zitiert nach: Annelies Laschitza, Im Lebensrausch trotz alledem. Rosa Luxemburg. Eine Biographie, Berlin 1996, S. 449.

tige Verteidigungsstrategie parat. In den über einhundert Zeitungen der SPD sollten Aufrufe zur Zeugensuche, die Soldatenmisshandlungen dokumentierten, abgedruckt werden.[515] Erst nach einer aufrüttelnden Rede stimmte der Parteivorstand, der sich ja in seiner Mehrheit schon der Regierungspolitik angenähert hatte, unter großen Bauchschmerzen zu. Die Parteioberen glaubten an wenig Reaktion. Doch sie unterlagen einer Täuschung. Schon wenige Wochen später hatten sich über 30.000 Zeugen gemeldet. Fast 1000 waren bereit, vor der Justiz zu erscheinen. Und am 29. Juni 1914 – einen Tag nach dem Attentat in Sarajewo – machten die ersten 100 ihre Aussagen vor Gericht. «Der Militarismus auf der Anklagebank», schrieb die Leipziger Volkszeitung am nächsten Tag. Doch auch die liberale bürgerliche Presse verurteilte die «größte Ungeschicklichkeit des Kriegsministers». Die Staatsanwaltschaft vertagte am 4. Juli 1914 – zwei Tage vor dem «Blankoscheck» des Kaisers und des Kanzlers für Österreich-Ungarn – den Prozess auf unbestimmte Zeit. Am 4. August 1914 – die deutschen Truppen begannen an diesem Tag ihren Überfall auf Belgien, Bethmann Hollweg erläuterte vor dem Reichstag den höchsten preußisch-deutschen Rechtsgrundsatz: «Not kennt kein Gebot!» – zog von Falkenhayn seine Anzeige zurück. Doch der Sieg gegen den Militarismus war ein Pyrrhussieg. Denn der Erste Weltkrieg hatte begonnen und Rosa Luxemburg musste sehr bald ins Gefängnis – nunmehr wegen eines anderen Prozesses und weil sie die deutschen und französischen Proletarier 1913 in Reden in Frankfurt aufgefordert hatte, nicht aufeinander zu schießen.[516]

In keinem Land Europas hat es so viele Verurteilungen von Antikriegsaussagen gegeben. Es dürften sich auch weder in Frankreich noch in England eine solche Masse an Misshandlungen finden lassen.

Von Clark nichts zu all dem in seinem *Preußen*. Es könnte zu einer «Überschätzung» des deutschen Militarismus führen, vor der er eine Heidenangst hat.

Andererseits rechnet Clark den Preußen hoch an, dass sie keinen König geköpft haben wie die Franzosen und Engländer, sondern dass der preußische König nur einmal – 1848 – den Hut vor den getöteten Revolutionären ziehen musste.[517] Des damaligen Königs Frau meinte allerdings, dass jetzt nur noch die Guillotine fehle. Gerade wegen dieses «Vorteils» in der Gesittung sieht Clark Preußen ab 1848 auf einem guten Weg: den der Reform und nicht den der Revolution, die er gern vermisst. Wir vermissen seine Erwähnung der Konterrevolution mit Massakrierungen und Füsilierungen etc. Alle Kriege, die Preußen führte – nach Clark führen

515 Nach Laschitza, Luxemburg, S. 449–455.

516 Laschitza, Luxemburg, S. 435–446.

517 Auch für das Folgende, Clark, in: Der Spiegel, Nr. 33, 2007, S. 43.

musste – z. B. der gegen Schlesien 1740 und die deutschen Einigungskriege (1864–1871) waren berechtigt, denn mal kam man den Sachsen zuvor, dann musste man die Dänen von der «Last» Schleswig-Holsteins befreien, den Österreichern ihre Grenzen aufzeigen und schließlich die Franzosen dazu bringen, die deutsche Einheit (und die Annexion von Elsass-Lothringen) zu akzeptieren etc. Und dann wieder seine Lieblingsthese: Alle in Europa waren Militaristen. Man stelle sich vor, in England gab's die National Service League, eine Lobbygruppe zur Stärkung der Britischen Armee, welche eine deutsche Invasion fürchtete. Die hatte 100.000 Mitglieder (darunter 177 Unterhausabgeordnete).[518] Was sind da die drei Millionen Kriegervereinsmitglieder in Deutschland und das patriotische Dreiviertel des Parlamentes, das Flotten- und Heeresvergrößerungen immer wieder mal abnickte, wobei Clark uns jedoch diese Zahlen vorenthält. Es wäre ja auch hochnotpeinlich, wenn die Leserschaft selbst den einen oder anderen erhellenden Vergleich anstellte. So stellt Wolfram Wette fest, dass keine Massenorganisation in Deutschland, auch nicht die SPD, so viele Anhänger hatten wie die Wehr-, Flottenvereine und industriellen Gruppen. Vor allen Dingen nach der Jahrhundertwende – Bülow hatte das Handtuch schon auf den Platz an der Sonne gelegt – schlug das Ganze um in «eine Haltung mit eindeutig aggressiven Zügen».[519] Man entwickelte paramilitärische Aktivitäten. Während an der Spitze Militärs den Präventivkrieg forderten und Politiker mit dem Gedanken daran spielten, gebärdeten sich die bürgerlichen und kleinbürgerlichen Massen immer chauvinistischer. Und leitende Sozialdemokraten und Gewerkschaftsführer wie Gustav Bauer dachten schon darüber nach, wie ein Krieg auch für sie vorteilhaft werden könne.[520]

Wettes Fazit lautet, dass der Sozialmilitarismus «im damaligen Deutschland tiefer verankert war, als in jedem anderen europäischen Land».[521]

518 Die oben angeführten Argumente bringt Clark alle in seinem Spiegel-Interview, in: Der Spiegel, Nr. 33, vom 13. August 2007, S. 43.

519 Wette, Militarismus, S. 74.

520 Siehe Karlludwig Rintelen, Links blinken und rechts abbiegen, in: Sebastian Haffner, Stephan Hermlin, Kurt Tucholsky u. a.: Zwecklegenden, Berlin 1996, S. 57–74.

521 Wette, Militarismus, S. 75.

Im Zentrum des Staates

Man kann die Unterschiede der Militärsysteme nicht oft genug betonen. Das Militär stand nirgends so im Zentrum wie in Deutschland. Fand beim westlichen Nachbarn als Folge der Französischen Revolution ein «Prozess der Republikanisierung» statt, «charakterisierte die Entwicklung in Preußen-Deutschland eine ‹Feudalisierung› des Bürgertums.»

Nach der antisemitischen Affäre Dreyfus (Dauer 1894–1906) kam es in Frankreich zu tiefgreifenden militärischen Reformen.[522] Erst kurz vor dem Ersten Weltkrieg gewann das Militär durch die (heftig umstrittene) Wiedereinführung der dreijährigen Dienstpflicht – dies wiederum aus Furcht vor dem stark rüstenden Deutschland – an Boden.

Im preußisch dominierten Deutschen Reich dagegen stellte die Militärelite «geradezu die Verkörperung der Existenz und des Wertesystems dieses Staates dar».[523] Das angeblich «Demokratische» der allgemeinen Wehrpflicht im Gegensatz zur Berufsarmee wirkte sich in diesem zwanghaften System nicht aus, zumal man aus Angst vor einer möglichen Revolution nie alle Wehrfähigen einberief. Die Armee blieb «Königsarmee». Versuche zur Anhebung des schlechten Bildungsniveaus[524] der Offiziere scheiterten schon Mitte des 19. Jahrhunderts. Erbitterter Gegner war der spätere Kaiser Wilhelm I.[525], der in der Revolution 1848 den berüchtigten Spitznamen «Kartätschenprinz» erhalten hatte. Der Kartätschenprinz befürchtete das Eindringen liberalen Gedankenguts qua besserer Bildung. Und wo die Liberalen waren, war auch schnell die Revolution, wovor «der mit dem Bart» sich seit den Tagen der bürgerlichen Revolution (1848/49) kräftig fürchtete – auch wenn diese gescheitert war. Hatte er, der damals Berlin niederkartätschen wollte, doch unter dem schnöden Namen Lehmann nach London fliehen müssen.

Elite wurde also im preußischen Militarismus nicht über Bildung definiert. Man ließ sich vom Parlament – das rudimentär nach 1848 eingeführt wurde – auch nicht in die Kommandogewalt hineinreden, die lag beim preußischen König und später beim deutschen Kaiser.

In Militärangelegenheiten hatten die Volksvertreter (die Finanzierung ausgenommen) nicht mitzureden. Das blieb in Deutschland faktisch so bis zur Novemberrevolution 1918. Und während Frankreich bis zum I. Weltkrieg den Weg der Erneuerung zur Republikanisierung des Militärs ging,[526]

522 Wette, Militarismus, S. 76.
523 Messerschmidt, Eliten, S. 4.
524 Bestätigt durch: Stabsoffizier, Das Alte Heer, S. 2.
525 Messerschmidt, Eliten, S.5.
526 Ebd., S.7.

militarisierte Preußens seine ganze Gesellschaft und die des Deutschen Reiches nach 1871.

Der wachsende Anteil von Akademikersöhnen im preußischen Militarismus des zweiten Kaiserreiches sorgte nun aber nicht dafür, dass sich das Militär verbürgerlichte oder akademisierte, sondern war Zeichen der «Feudalisierung» des Bürgertums durch den friderizianisch tradierten Militärstaat. «Das nationalliberale Bürgertum stand nun voll auf dem Boden der Militärmonarchie (...) ohne eine Gefahr für die Homogenität der militärischen Elite darzustellen.»[527]

Geradezu selbstverständlich ausgeschlossen waren Linksliberale, Sozialdemokraten und Juden.[528] Doch auch die sollten sich schon noch ihren Platz in der Mitte des Militarismus erkämpfen.

Clark dagegen beklagt sich im Spiegel-Interview bitter über die Französische Revolution und stellt die Frage, wo die Frager denn lieber leben wollten, im Frankreich von 1793 oder im Preußen desselben Jahres?[529] Der Trick dabei: Der kurzfristige Terror der Französischen Revolution, der sich auf wenige Jahre beschränkte, wird gleichgesetzt mit dem strukturellen Militarismus Preußen-Deutschlands, der über die Jahrzehnte hinweg weitaus mehr Opfer forderte. Die langfristige Wirkung der Französischen Revolution mit Demokratie, Bürgerrechten, Entwicklung von Freiheit, Gleichheit und Solidarität plus Individualismus wird dagegen der Clark'schen «Guillotine» übergeben.

Zwei Militarismen statt einem

Der deutsche Militarismus teilt sich, insbesondere seit er Weltpolitik zu treiben suchte, dem Historiker Stig Förster zufolge in zwei Lager, die Konservativen und die Rechten (und Alldeutschen). Wobei Letztere noch wesentlich aggressiver auftraten als Erstere. Während Erstere sich eher auf vorindustrielle halbfeudale Agrarier, Adlige und Politiker stützten, waren Letztere rechte Bürgerliche, Schwerindustrielle, aber auch massenhaft organisierte Kleinbürger und Handwerker.[530]

Es gab im Großen und Ganzen zwei Strategien: Die Mitteleuropapolitik, also eine Politik der Weitung der Einflusssphäre in Kontinentaleuropa,

527 Ebd., S 12.

528 Ebd., S 12. Siehe auch: Holger Heinrich Herwig, Das Elitekorps des Kaisers. Die Marineoffiziere im Wilhelminischen Deutschland, Hamburg 1977, S. 167.

529 Clark, in: Der Spiegel, Nr. 33, 2007, S. 43.

530 Stig Förster, Der doppelte Militarismus. Die deutsche Heeresrüstungspolitik zwischen Status-Quo-Sicherung und Aggression 1890–1913, Stuttgart 1985, S. 7ff., S. 75–128, S. 144–189, 208ff., 274ff., sowie passim; siehe auch Wette, Militarismus, S. 70–72.

sowie die Weltpolitik mit ihrer Flottenrüstung (Tirpitz-Plan). Flottenrüstung und Heeresrüstung standen sich dabei im Weg. Beides war schwerlich zu finanzieren. Bülow und der Kaiser wie auch die Schwerindustrie und die neuen Industrien (Elektrotechnik und Chemie) bevorzugten jahrelang den Flottenbau, der England in die Knie zwingen sollte, aber ob seiner gigantischen Dimensionen immer wieder, wie der Hase beim Igel Großbritannien scheiterte, das seinen Vorsprung ausbauen konnte. Ab 1911 war das Scheitern der Flottenhochrüstung eindeutig erkennbar und man konzentrierte sich wieder auf das Heer, seinen Ausbau und damit auch die Mitteleuropapolitik. Die jedoch schwerlich ohne einen Krieg zu haben war.

Förster bezeichnet den konservativen Militarismus als den «von oben» und den aggressiveren der Rechten als den «von unten». Dier Begriff «von unten» ist jedoch etwas schwammig, weil er sich aufs Bürgertum und die kleinbürgerlichen Massen beschränkt, die die Arbeiterklasse bekämpften und sie als Feind des Militarismus sah. Gleichwohl gelang es, mit Flotten- und Wehrvereinen, eine gewaltige Massenbegeisterung für den Militarismus und die Flottenrüstung hervorzurufen. Und zwar in einer Dimension und autoritären Fixierung, die es in den Demokratien England und Frankreich in keiner Weise gab. Und Russland war durch Revolution, Streiks und Demonstrationen seit 1905 (ja noch während der Julikrise 1914) nicht mehr zur Ruhe gekommen und der Zar fürchtete zu Recht, dass ein weiterer Krieg und misslungene Feldzüge zu Revolution und seinem Ende führen könnten.

Preußen-Deutschland war ein vom Militär geprägter halbabsolutistischer Staat wie kein anderer in Europa. Zu Recht wurde Preußen auch deshalb von den Alliierten nach dem Zweiten Weltkrieg liquidiert. Dies ist eine der Großtaten europäischer Geschichte und das Trauma für Historiker wie Clark, der viele Gemeinsamkeiten zwischen Australien und Preußen sieht. Dass Australien eine Gefangeneninsel war, meint er damit allerdings nicht. Auch nicht die Kängurus, Krokodile und Bumerangs. Aber «unsere Weinindustrie», die «von Einwanderern aus Preußen gegründet» wurde.[531] Na, dann Cheers!

531 Clark, in: Der Spiegel, Nr. 33, 2007, S. 43.

Militarismus Plus: Todsünde Schlieffenplan (I)

Im Zentrum der Militärplanung der deutschen Eliten stand um 1905 (wie oft danach) neben dem weiter betriebenen forcierten Flottenbau gegen England der Zweifrontenkrieg gegen Frankreich und Russland. Eine Todsünde, wie Haffner es bezeichnete,[532] wurde dabei begangen. Es kam zum sogenannten Schlieffenplan, benannt nach seinem Autor Alfred von Schlieffen. Mit einem Überraschungsangriff aller Armeekräfte gegen Frankreich und durch das neutrale Belgien hindurch sollte Frankreich schnell besiegt und anschließend Russland im Osten der Garaus gemacht werden. Die deutschen Militärs unterschätzten dabei die drei anderen europäischen Großmächte. Frankreich, weil es als militärisch schwach galt, Russland, weil man es aufgrund seiner schlechten Bahn-Infrastruktur als relativ immobil und somit erst nach sechs Wochen für kriegsbereit hielt, und England, weil es nur eine relativ kleine Berufsarmee von 250.000 Mann hatte, von der fast die Hälfte auf das Empire verteilt bzw. hauptsächlich in Indien stationiert war, und ihm somit von den deutschen Militärs kein sonderliches Gewicht auf einem kontinentalen Kriegsschauplatz beigemessen wurde. Hier standen die deutschen Heeresplanungen (im Gegensatz zum Flottenbau) keineswegs der Absicht der deutschen Politik ab 1909 entgegen, als der Nachfolger Bülows, Bethmann Hollweg, auf die Neutralität Englands hoffte. Was er bis zum Beginn des Weltkriegs nie aufgab; denn noch Ende Juli 1914 glaubte er, Großbritannien würde den Überfall auf Belgien hinnehmen. Die Heeresplanungen waren gegen Frankreich und Russland gerichtet.

Und wenn der Generalstabschef Helmuth von Moltke glaubte, seine Planungen kämen dem Kanzler vielleicht doch nicht gelegen, so verheimlichte er sie, wie eine Zeitlang (bis 1912) den Schlieffenplan.

Doch der Schlieffenplan offenbart mehrere Schwächen des Deutschen Reiches. Erstens zeigt er, wie eigenständig und unbeeinflusst die deutschen Militärs Kriege planen und schließlich umsetzen konnten. Zweitens ist er mit seiner souveränen Missachtung des Völkerrechts ein Symbol deutscher Überheblichkeit. Drittens führte er zwingend dazu, eine Auseinandersetzung mit Russland durch einen «Umweg», den Überfall Belgiens und Frankreich, mindestens zum gigantischen Kontinentalkrieg (wenigstens drei Feinde statt einem) werden zu lassen. Und viertens musste er England fast unweigerlich in den Krieg mit hineinziehen, also sich zum Weltkrieg (wenigstens vier Feinde statt einem) ausweiten. Dies führte im August 1914 dazu, dass ein Attentat im von Österreich-Ungarn annektierten Bosnien und ein Krieg der Österreicher gegen Serbien von den

532 Haffner, Todsünden, S. 27–45.

Deutschen mit dem Überfall auf Belgien und dem Angriff auf Frankreich «begleitet» wurde.

Dass Bethmann Hollweg lange nichts von diesem Plan wusste, ihn aber 1912, als er davon erfuhr, stillschweigend billigte[533], ja nicht einmal diskutierte, zeigt, dass das Deutsche Reich in wichtigen Fragen von seinen Militärs wie ein Bär am Nasenring durch die Manege geführt wurde. Absurd erscheint es auch, dass man 1912 den Plan von 1905, als Russland noch durch den Japankrieg und die Revolution geschwächt war und die Triple-Entente noch nicht bestand, einfach weitgehend 1:1 übernahm. Noch dazu, wo die Russen mit französischen Geldern ihre strategischen Bahnen Richtung deutsche Grenze ausgebaut hatten.

Übrigens sieht Clark im «Schlieffenplan mit seinen sorgfältig ausgewogenen Speerspitzen im Westen und Osten [sic!] eine typisch preußische Strategie».[534] Und nicht umsonst kommt er auf der gleichen Seite auf das Nibelungenlied, ohne zu begreifen, dass diese Geschichte so endet, wie das deutsche Kaiserreich 1918 endete: mit dem Untergang. Denn dies war die eigentlich preußische Strategie, ein Spiel mit extrem hohem Risiko bei Inkaufnahme des Untergangs.

Militarismus als Euro-Brei

War es in den anderen imperialistischen Staaten aber nicht genauso? Oder bremste wenigstens in den Demokratien Frankreich und England die Politik das Militär?

An dieser Stelle lohnt es sich, wieder genauer auf Clarks Methodik und Darstellung bzw. – man kann es nicht anders formulieren – auf seine äußerst geschickte Sophistik einzugehen. Im Kapitel «Soldaten und Zivilisten» verneint er zunächst, dass der deutsche Militarismus «toll» geworden sei. Dann stellt er ein Siechtum des Militärs in Österreich-Ungarn fest (das einzige, was nach seiner Einschätzung in der Doppelmonarchie siecht). Schon sind die beiden Mittelmächte als unbedrohlich eingestuft. Dann muss er allerdings feststellen, dass Frankreich das Land mit der «strengsten zivilen Kontrolle» des Militärs gewesen sei und, ein weiterer Schlag für die Entente: Russland verlegte seine Truppen im Jahr 1910 weiter ins Landesinnere, reduzierte also sein Aggressionspotenzial. Doch schon 1912 wollte Russlands Kriegsminister Suchomlinow angeblich Krieg.

Und in «Deutschland verschaffte der prätorianerische Charakter des Systems dem Militär einen gewissen Handlungsspielraum. Zentrale Per-

533 Fischer, Illusionen, S. 566f.
534 Clark, Preußen, S. 692.

sönlichkeiten wie der Stabschef» Moltke hätten «eindeutig, phasenweise», besonders «in verschärften Krisenzeiten», Einfluss «auf die Entscheidungsfindung» gehabt.[535] In England dagegen, so zitiert er den damaligen deutschen Botschafter in London, Graf Metternich, würden «Entscheidungen» über Krieg «weder von Heeres- oder Marineoffizieren noch von Kriegsministern oder dem Ersten Seelord entschieden, sondern von einem Kabinett, das aus verantwortungsbewussten Ministern zusammengesetzt sei».[536]

Auf den ersten Blick sähe es also so aus, als hätten die Demokratien England und Frankreich ihre Militärs besser im Griff gehabt als die «autoritären» Länder Deutschland, Österreich und Russland. Die Realität ist bei Clark aber natürlich «komplexer».

Und diese Komplexität präsentiert Clark nun in aller Einfachheit. Denn der französische Stabschef Joffre habe seit der Umstrukturierung des dortigen Militärs mehr Macht gehabt als sein deutscher, «aristokratischer militaristischer» Kollege Moltke, und zwar, obwohl Joffre anders als Moltke auf die Kooperation «der zuständigen zivilen Minister angewiesen war». Dies wiederum sei für ihn 1914 kein Problem gewesen, weil Präsident Poincaré mit ihm zusammenarbeitete und die offensive strategische Planung des französischen Militärs (gegen Deutschland) vor dem Kabinett, der linken Opposition und der Öffentlichkeit geheim hielt.

In England wiederum gab es Militärs, wie den Generalmajor Henry Wilson, die die englischen Politiker, wie den Liberalen Grey, als eitel, ignorant und schwach bezeichneten und über Vertraute wie den (liberalen) Staatssekretär Nicolson massiv intrigierten. Wilson sei eine «eigene Version» des österreichischen Stabschefs (und Kriegstreibers) Conrad von Hötzendorf, ja sogar des Hintermannes des Attentates auf Franz Ferdinand, des serbischen Geheimdienstchefs Apis, gewesen.[537] Mit dem Unterschied, dass solche Militärs – Hunde, die bellen, beißen nicht – so gut wie keinen Einfluss auf die englische Außenpolitik hatten, wie Clark den deutschen Botschafter Graf Paul Metternich ja wiedergegeben hatte. Doch hier wird – gleichmacherisch – suggeriert, Schreihälse wie Wilson hätten irgendeinen unmittelbaren Einfluss gehabt.

Mit diesen Ausführungen begründet Clark tatsächlich «die Militarisierung der Entente». Doch nun kommt der Clou. Daher sei bei den demokratischen Staaten der Entente «die Initiative zu einem beträchtlichen Teil an eine laut Verfassung untergeordnete Militärführung» übergegangen, während bei Deutschland und Österreich «ein prätorianisches Militär, das nach der Verfassung eine gewisse Unabhängigkeit genoss, von

535 Clark, Schlafwandler, S. 291.
536 Clark, Schlafwandler, S. 293.
537 Clark, Schlafwandler, S. 294, auch für das Folgende.

den Politikern eingedämmt» worden wäre. Moltke sei von Kaiser Wilhelm [sic!] und der Reichsleitung abgeblockt worden, wie Conrad vom österreichischen Außenminister Berchtold.

Wir erinnern uns: Clark hatte in seinen früheren Büchern *Preußen* und *Wilhelm II.* bedauert, dass es keinen zivilen Oberbefehl über das Militär im Preußen-Deutschland gab. Das sei das (alleinige) Manko gewesen. In den *Schlafwandlern* kommt er nun zum genau gegenteiligen Schluss. Auch wenn das prätorianische Militär praktisch unabhängig gewesen sei, hätten es die Politiker (im Gegensatz zu denen der Demokratien in Frankreich und England) doch ganz gut im Griff gehabt. Also kein Manko mehr, sondern im Gegenteil, die Politik dämmt das Militär erfolgreich ein, auch ohne Oberbefehl. Das nennt man eine Erkenntnisentwicklung.

Wenige Sätze später macht Clark dann noch eine grandiose Schlusswendung: «In Russland, Deutschland und Österreich, Großbritannien und Frankreich blieb die militärische Planung letztlich den politischen und strategischen Zielen der zivilen Führungen untergeordnet.»[538] Der geneigte Leser ist verwirrt.

Doch folgen wir nochmals ganz kurz – und nun kommentiert – der Clark'schen Narration.

1. Die Deutschen waren nicht die Militaristen, für die man sie immer gehalten hat, und die österreichische Armee war «siech» (im Gegensatz zum sonst blühenden weißen Land).
2. Eigentlich hatten Frankreich und England ihre Militärs qua Verfassung fest im Griff.
3. Die Russen zogen sich zwar ins Innere des Landes zurück, wollten aber eigentlich Krieg.
4. Die französischen Politiker gaben dann doch ans Militär die Macht ab, zumal der Präsident mit ihnen kooperierte und den demokratischen Instanzen des Landes die Aggressionsplanungen verschwieg.
5. In England gab es unter den Militärs scharfe Hunde, die noch schärfer waren als der liberale Imperialist Grey, der ja sowieso schon immer scharf gegen Deutschland war. Und diese scharfen Hunde waren mindestens so schlimm wie der Protofaschist, Rassist und Kriegshetzer Conrad von Hötzendorf, der mindestens 25-mal schon den Präventionskrieg gefordert hatte. Die englischen scharfen Hunde waren auch mit dem verachtenswerten, serbischen Geheimdienstchef, «Attentats-Drahtzieher» und Mörder Apis zu vergleichen, der das Pulverfass zum Weltkrieg hat hochgehen lassen.
6. Daraus ergibt sich – wie verquer auch immer diese Logik sein mag –, dass

538 Clark, Schlafwandler, S. 296.

a) die halbabsolutistischen autoritären Staaten Deutschland und Österreich-Ungarn (nicht die Russen) ihre Militärs besser im Griff hatten als die Demokratien und
b) alle Militärs in allen imperialistischen Staaten von ihren Politikern im Zaum gehalten wurden.

Nochmal also in Kurzform: Die Deutschen wollten keinen Krieg, die Österreicher konnten nicht, die Russen zogen sich zurück, wollten aber eigentlich Krieg, während die Franzosen und Engländer ihre Militärs zwar besser im Griff hatten, aber eigentlich war's doch umgekehrt, weil es Militärs in der Entente gab, die waren schlimmer als der schlimmste serbische Terrorist und deswegen bremsten die Deutschen und Österreicher ihre Militärs mehr als die anderen, aber eigentlich hatten alle Politiker alle Militärs im Griff und so sind alle gleich schuld (was man sich natürlich nur denkt).

Es sind solche Vernebelungen, Verdrehungen und nicht zutreffenden Feststellungen, mit denen Clark die Geschichtswissenschaft auf den Stand der deutschen «Unschuldshagiografie» in den 20er- und 50er-Jahren zurückgeworfen hat.

Todsünde Schlieffenplan (II)

Nochmal zurück zum Schlieffenplan. Der belegt einerseits die von der Reichsleitung – nicht von den Strategien des deutschen Kapitals – unabhängigen Planungen des deutschen Militärs und andererseits, dass die zivile politische Führung (wir lassen hier mal das politische Regiment des Kaisers als zusätzlichen Chaosfaktor außen vor) gar nichts gegen diese Vabanque-Kriegsspiele, die dann bitterer Ernst wurden, hatte. Schon 1911 hatte Bethmann Hollweg mit seinem Adlatus Kurt Riezler «die echt deutsche idealistische» Überzeugung geteilt, «dass das Volk einen Krieg nötig hat».[539] Und so stellt Mombauer fest, dass Generalstabschef Moltke und Bethmann Hollweg darin übereinstimmten, die öffentliche Meinung auf einen Krieg einzuschwören. Beide gingen davon aus, dass eine bewaffnete Auseinandersetzung in der nahen Zukunft unausweichlich wäre, ja Bethmann Hollweg sogar mehr noch als Moltke, weil der Kanzler die Flottenrüstung bremsen wollte, während beide ab 1911 die Heeresvergrößerung betrieben. Beide stimmten in ihren rassistischen Ansichten über die Slawen überein und beide wollten in der Julikrise Russland und Frankreich als Aggressor erscheinen lassen. Und so war die Frage des österreichischen

539 Riezler, Tagebuch, S. 180.

Außenministers Berchthold, wer in Berlin regierte, eigentlich unerheblich.[540]

Dies widerlegt die – feinsinnig verpackte – Clark'sche These von dem weniger militärisch bestimmten deutschen Reich. Im Gegenteil: Deutschland war wie keine andere Großmacht von den Planungen des Militärs abhängig. Der von den Militärs oktroyierte Schlieffenplan ist eine der Ursachen für den Weltkrieg. Dies sieht auch Münkler (ja selbst der konservative Historiker Ritter) so und dies ist einer der wenigen Punkte, in dem man ihm zustimmen kann.[541] Clark aber vergisst dies vollkommen bzw. er vernebelt es.[542]

Übrigens zeigte das demokratische Frankreich in einem ganz entscheidenden Fall, wer dort das Sagen hatte. Als Generalstabschef Joffre plante, der deutschen Armee 1914 zuvorzukommen und Deutschland über Belgien anzugreifen und damit die (international garantierte) belgische Neutralität zu verletzen, verbot ihm dies der von Clark als kriegstreiberisch[543] geschilderte Poincaré.[544] Bethmann Hollweg war im ungekehrten Fall nicht mal auf die Idee gekommen, Belgien zu verschonen. Das war trotz der ganzen Clark'schen Sophistik der entscheidende Unterschied, der den einen Staat zum Aggressor und den anderen zum Opfer macht.

Und selbst wenn man nur immanent militärisch denken würde, müsste man Haffner recht geben, dass dieser Plan, nicht im Osten anzugreifen, sondern im Westen, durch Belgien hindurch, auch strategisch falsch war. Denn bei einem Angriff Deutschlands auf Russland hätte Frankreich, wenn es Deutschland hätte angreifen wollen, entweder die belgische Neutralität verletzen müssen (was Poincaré Joffre ja verboten hatte), was England zumindest nicht gegen Deutschland aufgebracht hätte, oder es über das stark befestigte Elsass und Lothringen versuchen müssen, womit man wiederum mindestens England nicht zum Eingreifen provoziert hätte, da weder Belgiens Neutralität durch Deutschland verletzt noch die Kanalküste von den «Hunnen» (abwertende Bezeichnung für die Deutschen wegen des Angriffskriegs) bedroht worden wäre (was der eigentlich Kriegseintrittsgrund Englands dann war). Doch dies hätte wiederum den primären Kriegszielen des deutschen Kapitals und denen der Alldeutschen widersprochen, denen sich Bethmann Hollweg schon in «gemäßigter Form» Ende Juli 1914 angeschlossen hatte (dazu werden wir noch kommen).

540 Mombauer, Moltke, S. 285f.
541 Münkler, Krieg, S. 104.
542 Clark, Schlafwandler, S. 286, S. 430, S. 678, S. 717.
543 Clark, Schlafwandler, S. 387ff.
544 Krumeich, Frankreich, S. 21; Clark, Schlafwandler, S. 398f.

Zusammenfassung V

Clark ignoriert den pangermanischen Imperialismus maßgeblicher Vertreter von Bürgertum, Publizistik, altem und neuem Kapital, Konservativen, Liberalen aller Schattierungen und schließlich der präfaschistischen Alldeutschen, denen allen gemein ist, dass sie ihre Weltherrschaftsfantasien auf kontinentaler «mitteleuropäischer» Machtbasis nach allen Seiten ausleben wollten. Dies beeinflusste die Machtzentren des Reiches entscheidend und drang nicht zuletzt über den «idealistischen» Adlatus und Kulturimperialisten Riezler bis in die unmittelbare Umgebung des Kanzlers. Dem Kaiser waren sowieso fast alle Eroberungsfantasien recht.

Clark kann so auch nicht sehen, dass dieser zu spät gekommene Imperialismus sich deutlich vom Imperialismus anderer europäischer Großmächte unterscheidet.

Ähnlich ist es mit dem aggressiven Militarismus Preußen-Deutschlands, der von Clark in drei Büchern verharmlost wurde. Im letzten Buch schließlich schafft es der Australier – sich selbst widersprechend – Militarismus als von der deutschen Politik besser beherrscht als in den westlichen Demokratien darzustellen. Dass der nach Clark mit «ausgewogenen Speerspitzen» versehene Schlieffenplan von der Reichsleitung ohne Widerspruch akzeptiert wurde (im Gegensatz zu ähnlichen Plänen Joffres, die durch die französischen Politik keine Genehmigung fanden), ist nicht nur ein Beleg für das Primat des Militärs in Deutschland, sondern beweist auch, dass der Reichsregierung nicht klar war, dass dieser Plan unweigerlich zum Weltkrieg führen würde.

5. 1907 – Die SPD und der Krieg

«Ohne die SPD hätten wir den Krieg nicht führen können.»

Generalleutnant Wilhelm Groener, 1917, Oberste Heeresleitung

Gustav Noske, Militärexperte der SPD und 1919–1920 Reichswehrminister

Die Oberste Heeresleitung wusste, wie wichtig es für sie im Vorfeld des Ersten Weltkriegs war, dass die «Front im Inneren» stand, dass die Sozialdemokraten in der entscheidenden Phase nicht mehr gegen die Kriegskredite und damit nicht gegen den Angriffskrieg stimmten. Die Reichsleitung wusste um die Bedeutung der Sozialdemokraten, wenn sie ihre Weltpolitik durch Weltkrieg umsetzen wollte. Und Kaiser Wilhelm II. tat just diese Erkenntnis kund mit dem berühmt-berüchtigten Satz, er kenne nun – mit Beginn des Angriffskriegs – «keine Parteien» mehr.

Weiß dies auch Christopher Clark? Aus seinem *Schlafwandler*-Buch geht dies nicht hervor. Mehr noch: Clark nennt auf den mehr als siebenhundert Seiten dieses Buchs nur einen Sozialdemokraten ein einziges Mal mit Namen: den rechten SPD-Führer Albert Südekum, mit dem sich Bethmann Hollweg auf dem Höhepunkt der Juli-Krise traf. Ansonsten glänzen die sozialdemokratischen Führer – seien es die vom rechten Flügel wie Friedrich Ebert, Carl Severing oder Gustav Noske oder Linke wie Karl Liebknecht oder Halblinke wie Hugo Haase – in diesem breit angelegten Werk durch Abwesenheit; und wenn im Register drei Mal «Luxemburg» auftaucht, dann wird man beim Nachschlagen auf den Seiten 678, 687 und 700 enttäuscht; gemeint ist nicht Rosa Luxemburg, sondern das Großherzogtum. Selbst die Sozialdemokratische Partei Deutschlands, die in den letzten Wahlen vor dem Weltkrieg die stärkste Fraktion im Reichstag wurde, findet im gesamten Buch nur das eine Mal wie oben zitiert Erwähnung, anlässlich des Bethmann-Hollweg-Südekum-Treffens. Dabei ist Clark nun wirklich kein Historiker, der Personen in der Geschichte unwichtig fände; ganz im Gegenteil. Dem serbischen Regierungschef Nikola Pašić wird im Schlafwandler-Buch die Ehre zuteil, gleich mehr als hundertmal Erwähnung zu finden – zur Dokumentation des durch und durch infamen Serbentums. Das Fehlen der SPD im Clark-Werk ist vielmehr ein weiteres Beispiel für die Verzerrungen und Verkürzungen, mit denen dieser Historiker den Ersten Weltkrieg zu erklären versucht. Denn ohne eine Darstellung der SPD-Positionen und vor allem ohne ein Aufzeigen der Wandlung der sozialdemokratischen Haltung gegenüber dem imperialistischen Krieg ist nicht zu verstehen, wie dieses Völkerschlachten möglich werden konnte.

«Der Krieg ist unausrottbar in der Gesellschaft der Warenproduktion, welche nicht bloß Klassengegensätze, sondern auch nationale Gegensätze erzeugt. (..) Den Krieg zu beseitigen gibt es nur ein Mittel, die Gegensätze zu beseitigen, die ihn erzeugen. Das können nur die Arbeiter, das kann nur die Sozialdemokratie.»[545]

Das hieß, Frieden könnte nur im Sozialismus dauerhaft Wirklichkeit werden. Sozialismus sei die Grundvoraussetzung des Friedens.

Seit ihrer Gründung forderte die SPD gleichzeitig die Volkswehr und das Milizsystem, also eine Demokratisierung des Militärwesens und damit – so hoffte man – die Verhinderung imperialistischer Kriege. Ihre Politik entsprach somit der vom preußisch-deutschen Militarismus verhassten levée en masse, ja verkörperte geradezu den Volkskrieg, den die deutschen Militärs mit Revolution gleichsetzten. Preußischer Militarismus und Sozialdemokratie schienen so unüberwindliche Gegensätze. Von Parteitag zu Parteitag wurde die Formel von der Volkswehr als Gegensatz zum stehenden Heer zwar mitgeschleppt, aber nie wirklich mit Inhalt gefüllt. Keiner

545 Grundsätze und Forderungen der Sozialdemokratie: Erläuterungen zum Erfurter Programm von Karl Kautsky und Bruno Schoenlank, Berlin 1892, S. 18–27, abgedruckt in Peter Friedemann (Hrsg.): Materialien zum politischen Richtungsstreit in der deutschen Sozialdemokratie 1890–1917, Bd. 1, Frankfurt/M, 1978, S. 119.

wusste so genau, was gemeint war, und es war fraglich, wie eine solche Milizarmee in der Realität aussehen sollte.

Rosa Luxemburg sah nur zwei Bedingungen. Die Milizionäre haben ihre Waffen zuhause im Schrank – so wie im Fall der Schweizer Armee – und über Krieg und Frieden entscheidet das Parlament.[546]

Dass die Soldaten ihre Offiziere selbst wählen sollten – eine alte, vergessene Forderung von 1848, die erst wieder in der Novemberrevolution aufkam, dann dort sogar eine Mehrheit fand, aber von Ebert, seiner Revolutionsregierung und der Obersten Heeresleitung unter Generalleutnant Groener torpediert wurde –, war hier noch nicht vorgesehen. Überhaupt war sonst unklar, welche Unterschiede im Vergleich zur allgemeinen Wehrpflicht es geben sollte und wie man Kadavergehorsam und imperialistische Kriegsgefahr wirklich beseitigen konnte.

Von Anfang an war die Miliz-Forderung jedoch nicht pazifistisch und schloss – obwohl der Proletarier laut Bebel kein Vaterland hatte – Verteidigungskriege nicht aus.

Mit den Jahren machte die Partei eine Wandlung durch. Zentral war dabei auch die Frage des Massenstreiks bei Kriegsgefahr. Rosa Luxemburg war eine entschiedene Verfechterin des Massenstreiks zur Durchsetzung politischer Forderungen und als Mittel gegen den Krieg. Und auch Bebel hatte noch im Dezember 1905, nach der ersten Marokkokrise und unter dem Eindruck der Russischen Revolution, im Reichstag in etwas nebulösen Worten mit Revolution und Generalstreik im Kriegsfall gedroht: «Was das russische Volk seinem Herrscher gezeigt hat, das können unter Umständen auch die westeuropäischen Völker ihren Herrschern zeigen. (Sehr richtig! links. – Große Unruhe rechts.) – Ich wiederhole: das können unter Umständen auch die westeuropäischen Völker ihren Herrschern zeigen. Die Völker lassen sich in keinen Krieg mehr hetzen; darauf können Sie sich verlassen.»[547]

Doch schnell ruderte er zurück. Hatte man auf dem Jenaer Parteitag der SPD 1905 dem Massenstreik – allerdings nur als Abwehrmaßnahme gegen eine Abschaffung des allgemeinen Wahlrechts – zugestimmt, war die Parteileitung in einer Geheimvereinbarung mit der Gewerkschaftsführung davon wieder abgerückt. Und ein fauler Kompromiss 1906 bedeutete den endgültigen Abschied der Parteileitung vom Massenstreik.[548] Mit dieser po-

546 Rosa Luxemburg, Die neue Armee, Leipziger Volkszeitung, Nr. 130, vom 9. Juni 1911, in: Luxemburg, Bd. 2, S. 526. Der Artikel ist überdies gegen Jean Jaurès' «Militarismus» und seine Milizvorstellungen gerichtet.

547 August Bebel am 7. Dezember 1905 im Reichstag, www.reichstagsprotokolle.de, 1905/06,1, S. 155.

548 Heinrich August Winkler, Geschichte des Westens: Von den Anfängen in der

litischen Streikphobie setzen sich die deutschen Sozialdemokraten – sehr gegen den Widerstand der Linken, darunter Rosa Luxemburg – stark von den französischen Sozialisten ab. Auf dem Stuttgarter Internationalen Sozialistenkongress 1907 sprachen sich Jean Jaurès und seine französischen Genossen für den Massenstreik aus.[549] Gustave Hervé ging sogar noch weiter, da er sogar für Militärstreiks (auch Massenfahnenflucht) plus Aufstand plädierte.[550] Dies führte dazu, dass August Bebel sowohl den Vorschlag von Jaurès als auch denjenigen von Hervé heftig ablehnte, hauptsächlich weil er im Fall einer solchen Positionierung die Existenz der SPD gefährdet sah. Bebel glaubte, dass die Sozialisten einen Angriffs- von einem Verteidigungskrieg unterscheiden könnten. «Kabinettspolitik hat aufgehört zu sein.»[551] Ein tragischer Irrtum. Hervé kritisierte dies heftig: «Wenn aber einmal zwischen Großmächten ein Krieg ausbrechen wird, dann entfacht die übermächtige kapitalistische Presse einen solchen Sturm des Nationalismus, dass wir nicht Kräfte genug haben, um dem entgegenzutreten. Dann ist es zu spät mit eurer ganzen feinen Unterscheidung.» Und er kam auf die Wandlung der SPD zu sprechen: «Aber jetzt seid ihr nur noch Wahl- und Zahlenmaschinen (Heiterkeit), eine Partei mit Mandaten und Kassen. Mit Stimmzetteln wollt ihr die Welt erobern.» Und dann ging er zum Generalangriff über. Bebel und viele andere Sozialdemokraten seien unter Bismarcks «Eisernen Gesetzen» ins Gefängnis gegangen. Aber heute könnten sie das «nicht mehr, heute, wo es sich darum handeln würde, einen Zusammenstoß zu verhindern, der hunderttausenden von französischen und deutschen Arbeitern das Leben kosten würde. (Rosa Luxemburg: Das ist nicht wahr!) Sie meine ich auch natürlich nicht; aber man hört nichts mehr davon. (Bebel: Das wissen Sie ja gar nicht. Zehnmal mehr Gefängnis nehmen wir auf uns, wie die ganzen französischen Antimilitaristen!) Nein, jetzt ist die ganze Sozialdemokratie verbürgerlicht und Bebel ist unter die Revisionisten gegangen, indem er uns heute gesagt hat: Proletarier aller Länder mordet euch! (Große Unruhe)»[552] Hervé hatte wie Jaurès

---

Antike bis zum 20. Jahrhundert, München 2010[2] (zuerst: 2009), S. 1003f.

549 Peter Grohmann, Rolf Gühring, Frieder Schmidt, Heinrich Schwing, Udo Winkel [Hrsg.] Der Internationaler Sozialistenkongress Stuttgart 1907, Berlin 1907 [Faksimile-Nachdruck des Protokolls], Beiträge zur Geschichte des Sozialismus und der sozialen Bewegungen in Süddeutschland, Bd. 1, Stuttgart 1977, S. 89f.

550 Hervé, Sozialistenkongress 1907, Protokoll, S. 83–85; z.T. nachgedruckt bei Christoph Butterwegge / Heinz-Gerd Hofschen, Sozialdemokratie, Krieg und Frieden. Die Stellung der Sozialdemokratie zur Friedensfrage von den Anfängen bis zur Gegenwart. Eine kommentierte Dokumentation, Heilbronn 1984, Dokument 31, S. 70.

551 Bebel, Sozialistenkongress, Protokoll, S. 82.

552 Hervé, Sozialistenkongress 1907, Protokoll, S. 84. Der belgische Teilnehmer

französisch gesprochen. Rosa Luxemburg übersetzte simultan, fügte aber hinzu, dass sie nur übersetzt habe. Später auf dem Kongress wandte sie sich auch gegen den «Hervéismus» und nannte Hervé ein «Enfant», allerdings ein «Enfant terrible», weil er mechanistisch für einen Aufstand plädiert hatte, ohne dass eine revolutionäre Situation vorhanden sei. Aber auf Massenstreik und «Ausnutzung des Krieges zur Beschleunigung des Sturzes der Klassenherrschaft» wollte sie nicht verzichten und musste sich damit «auch leider gegen Bebel wenden» und «noch weiter gehen als die Genossen Jaurès und Vaillant».[553] Ihr gelang es (unterstützt von Julius Martow und Wladimir I. Lenin, die damals trotz der 1903 erfolgten Spaltung der russischen Sozialdemokratie in Menschewiki und Bolschewiki noch zusammenarbeiteten), einen Resolutionsentwurf durchzubringen, der die Tür zum Massenstreik bei Kriegsgefahr offenließ.[554] Doch der Parteivorstand hatte diese Tür insgeheim längst (in Übereinstimmung mit der rechten Gewerkschaftsführung) zugeschlagen.

Auch im Reichstag drehte sich der sozialdemokratische Wind: Zwar wurden immer noch die Militärvorlagen im Parlament abgelehnt, aber man wollte nicht länger «vaterlandsloser Geselle» sein. Und als die SPD 1907 in den so genannten Hottentotten-Wahlen trotz Stimmengewinn, aber wegen rassistischer Hetze der Rechtsparteien und eines ungerechten Wahlsystems massiv Mandate verlor, überlegte man es sich zweimal, ob man sich noch einmal für die Schwarzen in Afrika und gegen den deutschen Imperialismus einsetzen sollte. Verstecktem Rassismus und weniger verstecktem Kolonialismus und Nationalismus wurde das Tor geöffnet.[555] Einer, der schon früh das Tor sehr weit aufmachte: Gustav Noske. 1909 warnte er vor der «Vermischung der Rassen», die die Weißen barbarisieren würde. Sieben Jahre später verglich er die «hochstehenden» Deutschen mit den «niedrig stehenden» afrikanischen Truppen Englands und Frankreichs, die Abkömmlinge derer seien, «die sich von Menschenfleisch

---

Trocle kommentierte Hervés Rede damit, dass er, wenn er so weitermache, wohl ganz rechts in seiner Partei lande. Leider eine Prophezeiung, die sich noch viel radikaler erfüllen sollte. Hervé wurde Sympathisant von Mussolini, dann Hitler, plädierte für die Kollaboration 1940 und landete schließlich bei Charles de Gaulle. Allerdings mindert die spätere Karriere Hervés keineswegs die Schlüssigkeit seiner Argumente auf dem Kongress.

553 Luxemburg, Sozialistenkongress 1907, Protokoll, S.97f.; siehe auch Rosa Luxemburg, Rede in der Kommission «Militarismus und internationale Konflikte» auf dem Internationalen Sozialisten-Kongress vom 18.–24. August 1907, in: Luxemburg, Bd. 2, S. 237f.

554 Sozialistenkongress 1907, Protokoll, S. 64ff, 102; siehe auch Rosa Luxemburg, Änderungsanträge zum Resolutionsentwurf August Bebels über die imperialistische Politik, in: Luxemburg, Bd. 2, S. 235f.

555 Butterwegge/Hofschen, Krieg und Frieden, S. 56.

ernähren».[556] Auch Rosa Luxemburg griff er antisemitisch als «ostjüdische Marxistin» an, die eigentlich gar keine Deutsche sei.[557] Auch der Kolonialismus wurde von rechten SPD-Politikern nicht mehr abgelehnt. War Gerhard Hildebrand wegen seiner Bejahung von Kolonien «vom sozialistischen Standpunkt aus» und seinem Wunsch nach einer westeuropäischen Zollunion 1912 noch aus der Partei geworfen worden, so konnte Max Schippel im gleichen Jahr schon behaupten, auch ein zukünftiger Arbeiterstaat müsse nach «überseeischen Produktionsgebieten hinübergreifen». Ähnliches gab Hans Quessel von sich. Sofort gab es «Applaus» von den Jungliberalen.[558]

Gleichzeitig tat sich spätestens 1907 die Schwachstelle der sozialdemokratischen Militärpolitik auf: die «Vaterlandsverteidigung».

Bebel, wie die meisten Sozialdemokraten vom Schreckgespenst des russischen Zarismus und seiner angeblichen Angriffslust getrieben, hatte 1904 den berühmten Ausspruch getan: «(...) [w]enn der Krieg ein Angriffskrieg werden sollte, ein Krieg, in dem es sich dann um die Existenz Deutschlands handelte, dann – ich gebe Ihnen mein Wort – sind wir bis zum letzten Mann und selbst die Ältesten unter uns bereit, die Flinte auf die Schulter zu nehmen und unseren deutschen Boden zu verteidigen, (...).» [559] Als Burgfriedenspolitik oder Interessensgemeinschaft mit den Herrschenden war das aber noch nicht gemeint, sondern als Verteidigung «nicht für, sondern *gegen* Euch».[560] Doch Verteidigungskrieg und Burgfrieden zu trennen, also das eine machen, das andere ablehnen, erwies sich später als faktisch unmöglich. Ein sozialdemokratisches Wolkenkuckucksheim. Den Burgfrieden zu brechen hätte Massenstreikaktionen, Parteiverbot, ja im Extremfall Bürgerkrieg bedeutet. Aber das war inzwischen undenkbar, zumindest für den Vorstand.

In jedem Fall war damit das Tor zur Unterstützung des deutschen Militarismus aufgemacht.

Außerdem wollte die SPD teilhaben am wirtschaftlichen und nationalen Aufstieg des Zweiten Reiches. Schon 1903 verkündete Severing das völkische Credo der SPD neuen Typs: «Vaterland ist der Ackerboden, der uns alle ernähren soll, ist der Wirtschaftsboden, auf dem wir schaffen, ist der Kulturboden, auf dem Sprachen und Sitten unserer Vorfahren uns miteinander verbinden. Und das Vaterland ist auch unser, der Arbeiter

---

556 Beide Zitate bei Wolfram Wette, Gustav Noske. Eine politische Biographie, Düsseldorf 1988², S. 103.

557 Wette, Noske, 101f. und Gustav Noske, Erlebtes aus Aufstieg und Niedergang einer Demokratie, Offenbach/M. 1947, S. 27.

558 Hildebrand, Schippel und Quessel zitiert nach Fischer, Illusionen, S. 356ff.

559 August Bebel im Reichstag am 7. März 1904, www.reichstagsprotokolle.de, 1903/05,2 , S. 1588.

560 Bebel 1907, in: Butterwegge/Hofschen, Krieg, S. 81.

Vaterland, das wir lieben und verteidigen werden, wenn es angegriffen werden sollte.»[561]

Es sollte allerdings einem vergönnt sein, das Vaterland des Militarismus mit dem Vaterland des angeblich vaterlandslosen Arbeiters zu verbinden: Noske. 1907 hielt er seine Jungfernrede im Reichstag: «Wir sind selbstverständlich der Meinung, dass es unsere verdammte Pflicht und Schuldigkeit ist, dafür zu sorgen, dass das deutsche Volk nicht etwa von irgend einem anderen Volk an die Wand gedrückt wird. (Sehr richtig! bei den Sozialdemokraten.) Wenn ein solcher Versuch gemacht werden sollte, dann würden wir uns selbstverständlich mit ebenso großer Entschiedenheit wehren, wie das nur irgendeiner der Herren auf der rechten Seite des Hauses tun kann.» [562]

Der Beifall auch der Bürgerlichen und der Rechten war ihm sicher. Vergessen das Erfurter Programm und seine Erklärung des Krieges als dem Kapitalismus immanent. Das «deutsche Volk», nicht der Proletarier, der kein Vaterland hat, war plötzlich wichtiger und musste verteidigt werden, auch wenn das Kaiserreich angeblich nicht die Nation der Arbeiter und der SPD war. Kein Klassenkampf mehr, sondern Burgfrieden.

Was Bebel ja noch abgelehnt hatte. Schon war zur Vaterlandsverteidigung der Burgfrieden dazugekommen, das Proletariat hatte sich in den Mythos Volk verflüchtigt und dieser Mythos durfte nicht an die Wand gedrückt werden. Deswegen unterstützte Noske, und nicht nur er, mit Beginn des Ersten Weltkriegs ohne Umschweife den imperialistischen Krieg, zum Beispiel, indem er ideologisch half, Belgien an die Wand zu drücken. Als von links heftige Kritik an der Noske-Rede laut wurde, stimmte auch Bebel der Noske-Rede – im Prinzip – zu. Noskes Meinung fand immer mehr Anklang in der Parteiführung und auf dem Parteitag. Und die «Lustigen Blätter» dichteten:

«Hervé will Soldatenstreik
Liebknecht spricht so ähnlich
Ledebour zeigt sich dem Heer
Auch nicht sehr versöhnlich
Doch der Hoffnung letzten Rest
Soll man nicht verlieren
Eins steht heute bombenfest:
Noske wird parieren
[...]

561 Rede Severings 1903, nach: Carl Severing: Mein Lebensweg, Bd. 1., Köln 1950, S. 147.

562 Gustav Noske im Reichstag, am 25. April 1907, www.reichstagsprotokolle.de, 1907/09,2 , S. 1098.

Aber dennoch, Mut! nur Mut!
Laßts euch nicht verdrießen
Denn wir wissen absolut:
Noske, der wird schießen!»[563]

Gleichzeitig wurde hier schon 1907 das Bündnis mit der Reaktion, den «Herren auf der rechten Seite», angekündigt, wie es ja dann während des Krieges und erneut bei Beginn der Novemberrevolution geschlossen wurde. Dass aber unter dem Begriff Verteidigung alles erlaubt war, insbesondere der imperialistische Angriffskrieg, hatte Rosa Luxemburg richtig gesehen. Nicht umsonst bezeichnete Noskes Freund Ebert die Rede später als «Programmrede der deutschen Sozialdemokratie für den Weltkrieg».[564]

Liebknecht plädierte dahingegen dafür, die Jugend antimilitaristisch zu agitieren: «Wer die Jugend hat, hat die Armee»[565], wovor sich aber die SPD fürchtete. Man könnte sie ja wieder verbieten. Noske machte deswegen schon beim Liebknecht des Jahres 1907 «anarchisch-bolschewistischen Antimilitarismus»[566] aus. Dabei war Liebknecht nie Bolschewist und der Bolschewismus nie antimilitaristisch.

Rosa Luxemburg verdeutlichte, dass die «famose Unterscheidung zwischen Verteidigungskriegen und Angriffskriegen» nichts bringe und ad acta gelegt werden sollte.[567] Sie setzte gegen die Argumentation Noskes, die dem Nationalismus und Militarismus vollständig auf den Leim ging, ja die Sozialdemokratie zu ihrem Bestandteil machte, den Internationalismus. Und so zitierte sie vor Gericht aus der Resolution des Stuttgarter Kongresses von 1907: «Verweigerung der Rüstung zu Lande und zu Wasser [...] die militärische Organisation [...] demokratisieren.» Und sie ergänzte selbst: «Jugenderziehung [...] Propaganda des Milizsystems, Massenversammlungen, Straßendemonstrationen» und Massenstreik. «Ja, der Massenstreik!»[568]

Nur so, mit einer sich immer mehr steigernden Massenaktion, die «in eine entscheidende revolutionäre Massenaktion» münden sollte, sei der

---

563 Text von Moszkowski, Lustige Blätter 1907, wieder abgedruckt in: Das System Noske. Eine politische und satirische Abrechnung. www.deutsche-revolution.de

564 Noske, Erlebtes, S. 30.

565 Karl Liebknecht, Gesammelte Reden und Schriften, Bd. 1: September 1900 bis Februar 1907, Berlin (Ost) 1958, S. 456.

566 Noske, Erlebtes, S.31.

567 Luxemburg, Armee, S. 527.

568 Rosa Luxemburg, Verteidigungsrede am 20. Februar 1914 vor der Frankfurter Strafkammer, in: Luxemburg, Bd. 3, S.404.

Krieg in imperialistischen Zeiten zu verhindern.[569] Doch Luxemburgs Stimme verhallte erneut.

Sowieso waren einige Arbeiterführer längst abgerückt von Massenstreik oder gar Revolution: So schrieb etwa der Parteirechte Wolfgang Heine schon 1902 an den Parteirechten Paul Löbe in Reaktion auf einen Artikel von Rosa Luxemburg: Man müsse gegen ihre «revolutionäre Phraseologie» ankämpfen, dabei dürfe man aber die Gefühle der Menge nicht verletzen. So habe das Wort Revolution für die Massen einen Gefühlswert, der respektiert werden müsse. Solche «Schlagworte» könne man nur «allmählich außer Kurs setzen».[570]

Und so verkündete Gustav Bauer im November 1913, was wirklich das Herz eines führenden sozialdemokratischen Gewerkschaftsführers bewegte: «Die Kriegsfrage ist kein prinzipielles, sondern ein taktisches Problem. Es gilt für das Proletariat der einzelnen Länder abzuwägen, ob der Krieg Vorteile bringen könne oder nicht und danach ist ihr Verhalten einzurichten.»

Es war hier keine Rede mehr vom Verteidigungskrieg, sondern es gab nur noch zwei Formen von Kriegen: nützliche und unnütze. Und Bauer steigerte sich noch: «Diejenigen sozialistischen Parteien, die versuchen wollten, gegen den Strom zu schwimmen, würden nicht nur nichts erreichen, sondern wahrscheinlich auch bedeutend an Kraft verlieren (...) Ganz abgesehen davon, dass niemand uns wird sagen können, wie das geschehen soll, wird es auch ganz nutzlos sein, jemals den Friedensstörer ausfindig zu machen.» Hier wurde Luxemburgs Kritik am sogenannten Verteidigungskrieg auf den Kopf gestellt.

Krieg musste nach Bauer vom Proletariat auf jeden Fall akzeptiert werden, eben weil man nicht unterscheiden konnte, wer Angreifer und wer Verteidiger war.

Der Gewerkschaftsführer – er wusste, dass Spitzel im Publikum saßen – kündigte hier der Reichsleitung an, radikaler noch als Noske, dass man sich auf ihn und andere führende SPDler würde zukünftig verlassen können.

Die Forderung des Erfurter Programms, mittels Sozialismus Kriege zu verhindern, wurde also von diesen Männern ebenso aufgegeben wie der Versuch, mit einer Volkswehr die Armee zu demokratisieren, ja zu revolutionieren. Die levée en masse war längst passé.[571]

---

569 Rosa Luxemburg, Diskussionsbeitrag in der Sitzung des Internationalen Sozialistischen Büros am 28. Oktober 1912, in: Luxemburg, Bd.3, S.177.

570 Dieses und die weiteren Zitate nach Karlludwig Rintelen, Ein undemokratischer Demokrat: Gustav Bauer. Gewerkschaftsführer – Freund Friedrich Eberts – Reichskanzler. Eine politische Biographie, Frankfurt 1993, S. 7.

571 Noch vor Bebels Tod billigte die SPD-Fraktion erstmals im September 1913

Die SPD war endgültig bei den herrschenden Militärs, beim preußischen Militarismus und schließlich beim Imperialismus angekommen. Die «schiefe Ebene», die Rosa Luxemburg wenige Monate vorher auf dem Parteitag in Jena aufgrund der indirekten Zustimmung der SPD – auf dem Umweg über die Steuerpolitik – zum Wehretat entdeckt hatte, eine Bahn, «auf der es keinen Halt mehr gibt»[572], war für die SPD längst zur Talfahrt ins Massengrab geworden. Man brauchte nur noch die Mehrheit in der Partei, und auch das ließ sich inszenieren.

Mit dem Tod Bebels wenige Wochen vor Bauers Rede und der Übernahme der Macht in der Partei durch den neuen Parteivorsitzenden Friedrich Ebert – der erst wie sein Vorgänger als Mann des Ausgleichs erschien, aber in Wirklichkeit sich längst positioniert hatte, – war der rechte Flügel um Philipp Scheidemann, Eduard David, Carl Legien, Wolfgang Heine, Carl Severing, Gustav Bauer, Wilhelm Keil und nicht zu vergessen Gustav Noske in der Überzahl. Denn Haase, der zweite Vorsitzende, war schwach. So schob man die Volkswehr auf die lange Bank. Nationale Töne, die Liebe zu Preußentum, zum Vaterland und immer größere Aggression gegen die Ausländer und ostjüdischen Marxisten[573] in der Partei mehrten sich dagegen.

Diese Entwicklungen in der größten «sozialistischen» Partei der Erde in Richtung Kriegsduldung, ja Beteiligung, interessieren Clark nicht im Geringsten. Sie scheinen für die angeblich einzige wichtige Frage, nämlich das *Wie* des Ersten Weltkriegs, keine Rolle zu spielen.

---

eine Finanzierung der Aufrüstung des Kaiserreichs aus direkten Steuern, um der SPD im Bürgertum Anerkennung als staatstragende Partei zu verschaffen.

572 Rosa Luxemburg, Rede zur Steuerfrage auf dem Parteitag in Jena vom 14.–20. September 1913, in: Luxemburg, Bd.3, S. 341.

573 Noske, Erlebtes, S. 27.

6. 1912 – «Schurkenstaat» Serbien und der Balkan als Zünder

Österreichische Karikatur 1914

In Serbien prallten 1914 der deutsch-österreichische Imperialismus und der serbische Nationalismus aufeinander.

Während Deutschland über Österreich und die Türkei in den Nahen Osten ausgreifen wollte, sah sich der russische Imperialismus (unter dem Banner des Panslawismus) als Schutzmacht Serbiens. Gleichzeitig standen sich aber auch mehrere dynastische alte Reiche (Deutschland, Österreich-Ungarn und die Türkei) und ein aufkommender – wie üblich – gewalttätiger, aber auch demokratischer Nationalismus der Serben gegenüber.

Was aber Clark nicht passt, ist einzig der serbische Nationalismus, den er wie keinen anderen geißelt. Jener «visionäre Nationalismus» – er meint das Streben nach einem Großserbien – habe im Widerspruch gestanden zu den »komplexen, ethnischen Realitäten auf dem Balkan».[574] Und er zählt auf: Das Kosovo sei ethnisch gesehen kein rein serbisches Gebiet gewesen.

574 Clark, Schlafwandler, S. 50.

Die angeblichen Serben in Dalmatien und Istrien seien in Wahrheit Kroaten gewesen. Bosnien, das viele Serben beheimatete (43%), sei aber nie «ein Teil Serbiens gewesen». In Makedonien (heutiges Mazedonien und Teile Nordgriechenlands und Bulgariens) sei es ganz durcheinander gegangen mit Serben, Griechen und Bulgaren. Und im eigentlichen Serbien hätten die Serben in ihrem langen Unabhängigkeitskampf die dortigen Muslime ausgesiedelt, deportiert und getötet (Massaker gibt's immer nur bei den Serben, die der Bulgaren, Griechen und Türken lässt er konsequent aus). Sein Fazit: In Anbetracht dieses Missverhältnisses von nationaler Vision und ethnischen Realitäten musste die «Verwirklichung serbischer Ziele gewaltsam verlaufen».[575]

Man fragt sich: Ist eine Unabhängigkeitsbewegung, eine Nationalstaatsbildung jemals unblutig verlaufen? Selbst bei Gandhis gewaltloser Indien-Unabhängigkeit gab es zahlreiche Tote. Und weiter ist zu fragen, warum hält Clark gerade den Serben vor, was er anderen «Nationen» zugesteht, zuallererst den Deutschen? Hat er vielleicht seinen Vordenker Ferguson nicht richtig gelesen? Denn der macht klar: «Was Griechenland in den 1820er Jahren auf dem Peloponnes, was Belgien in den 1830ern in Flandern [gegen die Holländer, K.G.], was Piemont in den 1850ern in Italien und Preußen in den 1860er Jahren in Deutschland getan hatte – das wollten nun die Serben im ersten Jahrzehnt des 20. Jahrhunderts auf dem Balkan vollziehen: nämlich ihr Territorium im Namen eines ‹südslawischen› Nationalismus ausdehnen.»

Waren dabei nur die Serben schlecht? Ja, sagt uns Clark, die wollten in Gebiete, wo die Serben gar nicht in der Mehrheit waren.

Da sagt uns Ferguson: «Keiner der neuen Staaten war ein ethnisch homogener Nationalstaat.»[576] Belgien war sprachlich ein Fleckerlteppich (Flamen und Wallonen), viele Rumänen lebten außerhalb ihres Staatsgebietes. Kaum ein Italiener bezeichnete sich zuerst als Italiener und bei den Deutschen lebten zehn Millionen außerhalb der Grenzen.[577] Innerhalb gab es Preußen, Bayern, Franken, Pfälzer, Oberpfälzer, Hessen, Schwaben, Alemannen, Badische und Württemberger und andere merkwürdige Ethnien, die sich teils überhaupt nicht leiden konnten. Zudem lebten im neuen Reich viele Polen und Dänen. Elsässer und Lothringer waren okkupiert und gespalten, neigten mehr zu Frankreich. Die Saarländer waren ständiger Streitpunkt zwischen Deutschland und Frankreich.

Dann gab es viele Ethnien, die noch keinen Nationalstaat hatten: die Polen, die Esten, Letten, Litauer, die Ukrainer sowie Kroaten, Rumänen

575 Clark, Schlafwandler, S. 51.
576 Ferguson, Krieg, S. 189, auch für das vorige Zitat.
577 Ferguson, Krieg, S. 189f.

und Deutsche, die in Ungarn lebten etc. etc. Und überall Vermischungen und Überschneidungen an den Grenzen, die oft willkürlich gezogen wurden. Nationalstaaten sind nie ethnisch homogen und ihre Entstehung ist immer gewalttätig.

Zudem nutzten die Deutschen geschickt im Weltkrieg all diese ethnischen Konflikte in Belgien, Polen und der Ukraine, um sie für ihre Sache einzuspannen (Fritz Fischer hat ein ganzes Buch darüber geschrieben).

Aber nur den Serben soll hier von Clark kein Nationalismus zugestanden werden und auch keine Ausdehnung, so wie dem «gesunden nationalen» Deutschen. Dabei kann man, wie die von Clark souverän übersehene Rosa Luxemburg es tat, Nationalismus durchaus grundsätzlich kritisieren, ja ablehnen: «So spiegelt der Nationalismus alle denkbaren Interessen, Nuancen, geschichtlichen Situationen wider. Er schillert in allen Farben. Er ist nichts und alles, er ist bloß eine ideologische Hülle.» Denn «aus allen jenen ‹jungen Nationen›, die wie Lämmer weiß und unschuldig auf der Grasweide der Weltgeschichte hüpfen, blickt schon der Karfunkelblick des grimmigen Tigers».[578]

Unlauter wird es aber, den einen die Verwandlung vom Lamm zum Tiger zuzugestehen und den anderen nicht, nur weil man einen Schuldigen sucht. Doch Clark hat noch weitere Argumente gegen die Serben. Sie seien Bauern, Verschwörer, machten alles heimlich und hintenherum und sie kämpften auch als Guerillas. Dies, so will uns Clark lehren, macht sie ganz verwerflich.[579]

Freiheit wird bei ihm, die Serben betreffend, nur in Anführungszeichen gesetzt und die neue Demokratie – die nach der Ermordung König Alexanders entstand – bezeichnet Clark als «Regime». Das Wort Banden ist seine Lieblingsbezeichnung für die Serben und das größte Risiko sieht er in selbständig operierenden «Cetniks» (Freischärler). Und selbstverständlich ist die Regierung genauso schuldig, weil sie die Verbrecher unterstützt und so tut, als habe sie nichts damit zu tun, was dann dem Leser suggeriert, 1914, bei dem Attentat auf Franz Ferdinand und seine Frau, sei es ebenso gewesen. Dafür bleibt Clark allerdings den Beweis schuldig. Aber in der Leserschaft verwischen die Grenzen. Zudem lässt er so nebenbei durchblicken, die serbische Regierung sei «ein unverbesserlicher» Schuldner (wie sieht ein verbesserlicher aus?) und habe sich, «aggressiv umworben» von den Franzosen,[580] durch deren Kredite in der «Verschwendungssucht» noch bestätigen lassen.[581] Dazu sind die Serben fremdenfeindlich (gegen

578 Rosa Luxemburg, Über Krieg, Nationale Frage und Revolution, in: Luxemburg, Bd. 4, S. 370ff.
579 Clark, Schlafwandler, S. 52f.
580 Clark, Schlafwandler, S. 57.
581 Clark, Schlafwandler, S. 56f.

ausländische Firmen), haben einen korrupten Beamtenapparat und keine «entwickelte Geschäftsethik», die ja im Kapitalismus besonders hoch sei. Sie neigten dazu, mit ihrer Schweinezucht «herrlich bewaldete Wildnis» zu zerstören. Die Serben hätten kaum Schulen, wären zum großen Teil Analphabeten, selbst in der Stadt blieben sie einfältige Landbewohner ohne «die Entwicklung eines modernen Bewusstseins», das die Deutschen und Österreicher ja später in die ganze Welt trugen und dort weiterentwickelten. Aufstieg erlangte man nach Clark nur in der Armee, der sie als potentielle Freischärler natürlich skeptisch gegenüberstanden.[582] Die Serben erscheinen alles in allem als böse und hintertrieben. Und ein einziges Mal sieht Clark eine «enge Verknüpfung zwischen Strategie und Finanzwelt». Sonst nirgends und bei niemand? Sind nur die Serben und Franzosen macht- und geldgeil? Und sind nur Erstere heimtückische, kulturlose, schweinezüchtende Waldzerstörer und Freischärler?

Nur ein Gegenbeispiel: Die Deutschen kämpften 1813 gegen Napoleon in den «Freiheitskriegen» auch als Banden und Freischärler (sogar mit als Männer verkleideten weiblichen Guerillakämpferinnen). Es waren Freicorps, die mit selbst gebastelten (schwarz-rot-goldenen) Uniformen, aber mit Guerilla-Taktik (Guerilla = kleiner Krieg) im Rücken des Feindes für die nationale Selbständigkeit kämpfen wollten. Sie «legen Hinterhalte, überfallen Transporte, rauben Kriegskassen und entziehen sich in den dichten, dunklen Wäldern jeder Verfolgung».[583]

Allerdings war diese Form des Partisanenkrieges – Reemtsma nennt die Freicorps «irreguläre deutsche Banden»[584] – den Preußen dann bald zu gefährlich für den Bestand ihres eigenen autoritären Militärstaates, so dass diese Freischärler integriert wurden. Was aber den «Freiheitskampf» der Deutschen 1813 bzw. den Kampf zur Ausdehnung ihres Territoriums 1864, 1866 und 1870 nicht weniger gewalttätig und kriegerisch machte.[585]

So benötigte Deutschland drei Kriege für seinen Einheits- und Ausdehnungskampf, weil die Gewalt von unten, die Revolution 1848, die auch Demokratie wollte, nicht gewalttätig genug nach innen war und scheiterte.

Bei Bismarck war es Gewalt von oben, mit Kriegen, in deren letztem gegen Frankreich die deutschen Militärs schon Geiseln auf Lokomotiven

---

582 Clark, Schlafwandler, S. 58ff.

583 Gerhard Wiechmann, Freikorps Lützow 1813 – Mythos und Realität, in: Militärgeschichte 1(2002), S. 4–9.

584 Jan Philipp Reemtsma, Die Idee des Vernichtungskrieges. Clausewitz – Ludendorff – Hitler, in: Hannes Heer/Klaus Naumann [Hrsg.], Vernichtungskrieg. Verbrechen der Wehrmacht 1941–1944, Hamburg 1995, S. 384.

585 Siehe auch Klaus Gietinger, Der Konterrevolutionär. Waldemar Pabst – eine deutsche Karriere, Hamburg 2009, S. 29ff.

setzen ließen und in dem der Kanzler drohte, die männliche Bevölkerung ganzer Dörfer (noch wurden Frauen und Kinder ausgenommen) zu vernichten. Einem Krieg also, der schon die Zivilbevölkerung als Ziel – immer bei den Preußen als Reaktion auf Maßnahmen des Feindes getarnt, hier der levée en masse – ausmachte und in dessen Schatten mit Bismarcks Segen die Franzosen die Pariser Kommune blutig liquidierten.

Vielleicht ist für Clark Guerillatätigkeit oder ein Königsmord etwas Schlimmeres als Geiseln, Dörfer oder Aufständische zu liquidieren. Weil bei den erstgenannten Gewalttaten auch mal einer «von oben» dran glauben musste, was in den deutschen Bauernkriegen vereinzelt, in der Französischen Revolution massenhaft vorkam. Vielleicht unterscheidet Clark hier: Gewalt von oben ist legitim, die von unten nicht. Bzw. ist für ihn der Nationalismus eines «Bauernvolkes» (der Serben) schlechter als der der Preußen oder Italiener oder Belgier oder Iren.

Kriege autoritärer Militärstaaten wie Deutschland und Österreich scheinen für Clark in Ordnung, Guerillakampf von unten gar nicht und weltkriegsverursachend.

Und wenn er den Serben Protofaschismus und Rassismus vorwirft,[586] fragt man sich: Waren sie wirklich die Vorläufer Mussolinis und Hitlers? Oder hat Clark gar noch nie von den kroatischen Ustascha-Faschisten gehört, die sich 1929 gegen den jugoslawischen König namens Alexander (Namensvetter des 1903 ermordeten Alexander, dessen Tötung Clark zu Beginn seines Buches ausführlich schildert) gründeten und ihn zugunsten eines allerdings großkroatischen Reiches beseitigen wollten? Und warum vergisst der im vom Separatismus bedrohten Großbritannien (um mal ähnlich unhistorisch ins Heute zu greifen wie er) lebende Australier die Protofaschisten und Rassisten Conrad, Moltke und Wilhelm II. gerne? Faschisten sind offensichtlich immer die andern, die man nicht mag.

«Es wird schwer halten, die gesamte serbische Nation als ein Volk von Bösewichten und Mördern zu brandmarken» und ihm dadurch «die Sympathien des gesitteten Europa zu entziehen; noch schwerer aber die Serben, wie es eine amtliche Persönlichkeit dem Wiener Vertreter des Daily Telegraph gegenüber tut, auf dieselbe Stufe zu stellen mit den Arabern in Ägypten und Marokko oder den Indianern in Mexiko», schreibt der deutsche Botschafter Lichnowsky am 14. Juli 1914 aus London an Außenminister Jagow über die Absicht der Deutschen und Österreicher, die Serben gleichsam als «Untermenschen» mit keinem Gewaltrecht «hinzustellen» (Geiss), wogegen sich die englische liberale Öffentlichkeit wehrte. Die Engländer lehnten – selbst rassistisch – ein «Herabdrücken» von Europäern auf das «Niveau» von Nichteuropäern ab, sprachen aber erst gar nicht

586 Clark, Schlafwandler, S. 68.

von Afrikanern. Die waren für alle Imperialisten unvergleichlich weit unten. Gleichwohl hatte man kein Verständnis, so Lichnowsky, die notwendige «unnachsichtige strafrechtliche Verfolgung der Mörder» zum «Ausgangspunkt militärischer Maßnahmen gegen ein Volk von Verbrechern» zu machen.[587] Genau Letzteres hat Clark aber einzig im Sinn und ist somit ein Jünger von Jagow & Co.

Clarks Rassismus ist einerseits ähnlich altmodisch dem der von Lichnowsky beschriebenen «amtlichen Persönlichkeit» (oder dem des deutschen Kaisers). Er charakterisiert die Serben als nichteuropäische Barbaren, als «Banden» – und andrerseits als modern, weil er die Geheimorganisation *Schwarze Hand* («Vereinigung oder Tod») als Protofaschisten, Serbiens Staat als Schurkenstaat bezeichnet.

Clark zeigt sich hier selbst sehr gerissen, indem er in geschickter doppelter Negation erörtert, was er von Serbien hält: «Serbien war kein Schurkenstaat in einem ansonsten ruhigen Umfeld.»[588] Dadurch, dass er danach belegt, dass das Umfeld (Albanien, Bulgarien, Rumänien, Griechenland) unruhig war, kommt der Leser zum Schluss, dass Serbien nicht allein war, sondern ein von Schurken umgebener Schurkenstaat (Rogue State im Original, Sleepwalkers, S. 452), ein Begriff, den George W. Bush prägte und mit dem er seinen und der USA nicht enden wollenden «Krieg gegen den Terrorismus» und gegen diese archaisch gefasste «Achse des Bösen» begründete. Clark verlängert hier ganz gezielt einen aktuellen Begriff in die Vergangenheit.

Zurück zum Nationalismus. Ferguson betont: Nationalstaatsbildung ging nur, wenn die Konstellation der schon bestehenden Großmächte günstig war.[589] Deutschland und vor allem Österreich wollten Serbien nicht, Russland schon. Frankreich knüpfte über Wirtschaftsinteressen – das einzige Mal, wo so etwas Clark interessiert – Beziehungen zu den Serben.[590] Als das Osmanische Reich in die Krise schlitterte, rechneten die Serben sich Chancen aus auf Vergrößerung ihres Staates. Was dann auch in den Balkankriegen erst gegen die Türken und dann gegen die Bulgaren (die von Österreich unterstützt wurden) Realität zu werden versprach – und sei es als serbo-kroatischer Staat mit serbischer Vorherrschaft, wie ihn Serbiens Premierminister Pašić wünschte. Doch sie machten die Rechnung ohne den österreichischen Wirt.

Die Österreicher schufen 1908 mit der Annexion Bosniens und Herzegowinas (und dem auch von den Serben gerüchteweise vermuteten

587 Geiss, Julikrise, I, 89, S. 163.
588 Clark, Schlafwandler, S. 579.
589 Ferguson, Krieg, S. 188f.
590 Clark, Schlafwandler, S. 56f.

Versuch des Thronfolgers Franz Ferdinand, einen Trialismus Österreich-Ungarn-«Südslawen» zu bilden) zudem eine neue Gefahrensituation, die den großserbischen Bestrebungen entgegenlief. Dabei soll nicht vergessen werden, dass der Thronfolger, wie die meisten Österreicher, serbophob und weder ein «Friedensfürst» war noch den Südslawen in Bosnien und Herzegowina einen gleichberechtigten Status zusichern wollte. Der Mythos vom proslawischen Reformer innerhalb der k. u. k. Monarchie ist, wie oben ausführlich dargelegt, falsch und wird unkritisch von Clark ins Feld geführt.

Tatsache ist jedoch: Serbischer Nationalismus, der sich territorial ausweiten wollte und von Russland mehr oder minder gestützt wurde, stieß auf einen sich zunehmend aggressiv gebärdenden Vielvölkerstaat, der von einem Weltpolitik treiben wollenden Deutschland mal mehr, mal weniger angestachelt wurde.

Dieses Deutschland hatte unter Bismarck noch kein Interesse an Serbien wie überhaupt am Balkan gehabt. So zeigte der Reichskanzler 1875/76, als im Zuge des serbischen Aufstandes gegen die Besetzung von Bosnien und Herzegowina durch Österreich-Ungarn, die Gefahr eines großen Krieges aufkam, auch kein Interesse daran. Er wollte die berühmten «Knochen eines pommerschen Musketiers» nicht opfern und versagte sich einem Krieg Österreich-Ungarns gegen Russland.

Anders verhielt es sich, seit Deutschland (spätestens seit der Jahrhundertwende) Weltpolitik trieb, Bosnien und Herzegowina habsburgisch annektiert wurden und die Serben mit der Beseitigung des österreichfreundlichen Diktators und Königs Alexander nicht nur Demokratie in ihrem Land einführten, sondern ihren Nationalismus außer gegen die Türkei (erster Balkankrieg), gegen Bulgarien (zweiter Balkankrieg, von Bulgarien vom Zaun gebrochen) und schließlich mehr oder minder offensiv gegen Österreich vertraten. Was Clark den ermordeten Diktator Alexander und seinen Vater Milan so sympathisch macht, ist, dass diese sich von Österreich hatten kaufen lassen und die wirtschaftliche Abhängigkeit Serbiens von Österreich-Ungarn zu garantieren schienen. Was die Könige wiederum im «Volk» unbeliebt machte.

Nach dem Königsmord 1903 wollten die Serben unabhängiger sein, politisch wie wirtschaftlich. Das brachte sie ab von Österreich-Ungarn und dieses gegen sie auf, bis zum Abbruch der Handelsbeziehungen durch die k.u.k-Monarchie.

Der deutsche Schwenk gegen Serbien erfolgte allerdings erst spät, vorher hatte man Handelsbeziehungen aufgenommen und im Herbst 1912 zeigte gar der deutsche Kaiser Verständnis für die serbische Nationalbewegung: «Die Balkanstaaten haben die Auffassung und den Drang, sich erweitern zu müssen; das geht nur auf Kosten der – vielleicht alternden

– Türkei, da es im guten nicht geht, wird darob gekämpft werden [...] das wollen die Großmächte schlankweg einfach verhindern??! Mit welchem Recht? Zu wessen Gunsten. Das mache ich nicht mit. Ebensowenig wie wir uns haben 64, 66, 70 hineinreden lassen in unsere ‹berechtigte Entwicklung›, so wenig kann und will ich andere hindern oder hineinreden.»[591] Dies war geprägt von des Kaisers Gedanken, dass die Türkei sowieso zerfalle und er Bulgarien, Rumänien, Griechenland und Serbien als Verbündete auf seinem Weg in den Nahen Osten brauchen könne.

Dies änderte sich. Da die Türkei nicht zerfiel, sollte der Durchbruch Deutschlands zur Weltmacht durch ein Bündnis mit der Türkei und mit Bulgarien erfolgen, damit Englands «Weg nach Alexandrien bedroht werden könne. Russland ist dann im Balkan erledigt und Odessa bedroht. Dann sind die Dreibundmächte die Präponderanten im Mittelmeer, haben die Hand auf dem Kalifen, damit auf die ganze mohammedanische Welt! (Indien). Serbien dürfte gründlich lackiert sein! Und wir können unsere Türkenpolitik wieder aufnehmen.»[592] Hier wurden also nicht mehr nur die Serben Ziel seiner Aggression, sondern hier hatte der Kaiser die Kriegszielprogramme der Alldeutschen und anderen Rechten, nationalliberalen, liberalen Imperialisten, Kapitalisten und kulturschaffenden Philosophen schon weit vor dem Weltkrieg in sich aufgenommen.

Und Conrad? Auch der erkannte bemerkenswerterweise Ende 1912 – allerdings in seinem rassistischen Jargon –: «Der Zusammenschluss der südslawischen Rasse ist einer jener völkerbewegenden Erscheinungen, die sich nicht wegleugnen und nicht künstlich verwehren lassen.» Um dann aber klarzumachen, dass sich ein Zusammenschluss entweder «innerhalb des Machtgefüges der Monarchie» (allerdings nicht gleichberechtigt!) oder «unter der Ägide Serbiens, auf Kosten der Monarchie» vollziehe. Wobei er mit Ersterem auf der Linie mit Franz Ferdinand war und mit Letzterem sozusagen den Untergang Österreich-Ungarns kommen sah. Was für ihn selbstverständlich nicht in Frage kam.[593]

Gemein ist allen Serbengegnern ein latenter bis manifester Rassismus. Der Balkan ist unzivilisiert, er beherbergt streitlustige Bauern und hinterlistige Mörder, intrigierend in verrauchten Kaschemmen, die schließlich frauenhassende, halbanarchistische Blumendiebe gebären, die zu Selbstmordattentaten bereit sind. Auch hier erneut ein demagogisch gebrauchter Kampfbegriff.

591 GP 12225, Wilhelm II., vom 4. Oktober 1912; siehe auch Röhl, Wilhelm II., S. 936f. und Geiss, Serbien, S. 168f.

592 Randbemerkungen Wilhelms II. vom Dezember 1912, zitiert nach Röhl, Wilhelm II., S. 941.

593 Conrad von Hötzendorf, Aus meiner Dienstzeit 1906–1918, Wien 1921–1925, Bd. 2, S. 380; siehe auch Geiss, Serbien, S. 167.

Selbstmordattentäter nennt Clark die Mörder, weil sie sich nach der Tat mit (schlechtem) Zyankali umbringen wollten. Der Begriff impliziert jedoch etwas, was Clark – wieder unhistorisch – aus dem Hier und Heute ausleiht: Einen Attentäter, der sich wie heutige Dschihadisten mit einem Sprengstoffgürtel in die Luft jagt, und der keinerlei Rücksicht auf Zivilisten nimmt, im Gegenteil, der gerade Unschuldige umbringen will. So wie die Dschihadisten in den Flugzeugen, die über 3.000 Zivilisten 2001 in New York mit in den Tod nahmen.

Die Attentäter des österreichisch-ungarischen Thronfolgers um Princip hatten zwar auch Sprengstoff dabei und warfen auch eine Bombe, nahmen also auch den Tod von Unschuldigen in Kauf. Aber das Primärziel war ein in ihren Augen Schuldiger und sie wollten sich nicht töten, um Unschuldige mitzunehmen, sondern sie wollten sich nach begangener Tat der Strafe durch Suizid entziehen. Das macht den Unterschied.

Interessant in diesem Zusammenhang ist, dass die Deutschen in ihrem «Befreiungskampf» 1864 tatsächlich das Loblied auf einen Selbstmordattentäter sangen (Denkmal in Berlin-Spandau). Auf den Düppeler Schanzen hatte sich im Krieg gegen Dänemark angeblich ein Pionier [sic!] namens Carl Klinke [sic!] mit einer Sprengstoffladung in die Luft gejagt, um so eine Bresche in die Verteidigungsanlage der Dänen zu sprengen. Theodor Fontane, der feinsinnige Preußenkritiker, widmete ihm sogar ein Selbstmordattentäterlobgedicht:

«...durch die Reihen ging es: ‹Wie Gott will›
Und vorgebeugt zu Sturm und Stoß
Brach das preußische Wetter los.
[...]
Da springt von achten einer vor:
‹Ich heiße Klinke, ich öffne das Tor!› –
Und er reißt von der Schulter den
Pulversack,
Schwamm drauf, als wär's eine Pfeif' Tabak.
Ein Blitz, ein Krach – der Weg ist frei –
Gott seiner Seele gnädig sei!
Solchen Klinken für und für
Öffnet Gott seine Himmelstür.»[594]

Wie allen Dschihadisten, die Apis- und Princip-analog, auf Frauen verzichteten, um erst im Paradies in Breschen einzudringen, die man vorher auf der Erde sprengen musste.

594 Theodor Fontane, Der Tag von Düppel, 1864. Im Internet mehrfach nachzulesen.

Doch wie sich später herausstellte, war Sprengstoffdilettant Klinke nur aus Versehen in die Luft geflogen.

Wirklichen Dschihadismus forderte jedoch erst Wilhelm II. Wir haben schon mehrfach darauf hingewiesen. Clark interessiert sich als Preußenfreund für diese Art von Gewalt nicht, da sie ja, wie Wilhelm II. immer betonte, gottgewollt ist. Die Preußen-, Hohenzollern- und Habsburgerliebe des Australiers nimmt in seinem Buch fast ebenso gottgewollte Züge an.

Was ihm natürlich mit solchen bewusst verfälschenden Begriffen wie Selbstmordattentäter gelingt, ist die Denunziation eines bestimmten Individualterrors, dem er den offensichtlich für ihn legitimen Terror des Krieges gegen Serbien entgegensetzt. Der wird aber erst legitim, indem er die Attentäter von 1914 – unhistorisch – mit den Selbstmordattentätern von 2001 (9/11) gleichsetzt. Clark ist kein Pazifist oder Gewaltverächter. Aber Ordnung muss sie haben, die Staatsgewalt, wie die der Preußen und Österreicher.

Tatsache ist jedoch – und das kann auch Clark nicht bestreiten –, dass die ganzen Geheimorganisationen, die *Serbische nationale Verteidigung* und die *Schwarze Hand* erst nach der Annexion von Bosnien und Herzegowina durch Habsburg entstanden. Die Empörung machte sich Luft und führte zu «Befreiungsorganisationen». Auch das kein ungewöhnlicher Vorgang bei Nationenbildungen. Weiter kann Clark nicht verschweigen, dass hier Regierung und Untergrundorganisationen auseinanderdrifteten. Der serbischen Regierung war klar, die Annexion war so schnell nicht zu ändern, außerdem wollten die Russen den Untergrund nicht unterstützen. Aber, schlimm, schlimm, auch die Regierung war nationalistisch. Hätte sie internationalistisch sein sollen?

Clark verlangt hier von den Serben immer und immer wieder, sie sollten nicht das tun, was zig Staaten vor ihnen getan hatten.

Selbstverständlich ist ein solcher Nationalismus rasch ein Tiger, der seine Pranken schwingt oder mehr noch – wenn der Staat wirtschaftlich und flächenmäßig groß genug wird – wie Deutschland ein imperialistischer Tiger, der andere fressen will.

Doch Serbien war durch zwei Balkankriege entscheidend geschwächt. Pašić konnte keinen Krieg wollen, schon gar keinen europäischen, wie ihm Clark unterstellt.[595]

Und die Geheimorganisationen waren zu stark, auch zu stark aus der Armee unterstützt, als dass sich Pašić offen mit ihnen anlegen konnte. Hätten die Österreicher einen Kompromiss gesucht, als die Serben das Ultimatum vom 23. Juli 1914 bis auf zwei Punkte angenommen hatten (siehe

---

595 Clark, Schlafwandler, S. 97.

weiter unten), die serbische Regierung hätte die Geheimorganisationen entscheidend geschwächt, wie sie das während des Weltkriegs als Gewinner auch getan hat. Apis wurde wegen des Mordes an König Alexander von einem serbischen Gericht zum Tode verurteilt und hingerichtet. Wie übrigens drei der Franz-Ferdinand-Attentäter von den Österreichern. Drei, die noch minderjährig waren, starben an Tuberkulose in der Haft, darunter auch Princip. Also wurde hier durchaus hart «gesühnt».

Das erste antiösterreichische Attentat geschah schon 1910. Ein Jungbosnier schoss auf den österreichischen Bosniengouverneur fünfmal und dann einmal in seinen eigenen Kopf. Auch das ist für Clark ein mit dem Kampfbegriff «Selbstmordanschlag» belegtes Attentat. Der tote Attentäter wurde zum Helden und Märtyrer, aber nicht weil er viele mit in den Tod gerissen hatte, sondern weil sein Attentat gegen einen «Besatzer» gerichtet war.

Und hier beginnt für Clark der Terror – und immer wieder muss gefragt werden, warum stört ihn nur dieser Terror. Weil er quasi als «9/11» herhalten muss, um damit den Auslöser des Weltkrieges, das Attentat auf Franz Ferdinand, zu einer Art Hauptursache zu stempeln.

Einzig darum beschäftigt sich Clark auch nur mit diesen «Banden». Sie sollen die Schuld der Deutschen und Österreicher minimieren und die eigentlichen Hauptschuldigen aufzeigen, den serbischen Irredentismus (Anschluss abgetrennter Gebiete ans Mutterland) und seinen Unterstützer, die Russen. Und um es möglichst groß zu machen, muss er die Unterschiede zwischen den militanten Geheimorganisationen und der Regierung möglichst klein machen: «Das stillschweigende Einverständnis zwischen dem serbischen Staat und den an der Verschwörung beteiligten Netzwerken war bewusst geheim und informeller Natur – es existierten keinerlei Unterlagen.»[596] Für Clark immer ein Beweis, dass etwas ganz Böses im Gang ist. Jedoch wo keine Unterlagen (und keine Zeugen) sind, gibt es auch keinen Beweis dafür, dass Netzwerker und Regierung zusammenarbeiteten. Selbst Clark-Freund Krumeich muss hier widersprechen.[597]

So wird auch die Warnung Pašićs – der wohl durch einen V-Mann bei den Attentätern über einen bevorstehenden Anschlag «zu einem gewissen Grad» informiert war[598] – an die Österreicher, es sei da was gegen den Erzherzog im Gange, ins Gegenteil verkehrt: auch hier wieder ein Beispiel für die geschickte Clarksche Methode. Erst täuscht er an und erzählt, dass sich Regierung und *Schwarze Hand* deutlich unterscheiden würden und

596 Clark, Schlafwandler, S. 79.

597 Krumeich, 1914, S. 61, Anm. 2.

598 Was auch nicht Clark entdeckt hat, sondern schon Luigi Albertini konnte dies belegen.

dass die Regierung im Mai 1914 geradezu von einem Putsch des Geheimdienstes unter seinem Chef Apis bedroht war und Pašić sehr vorsichtig sein musste, um nicht sein Amt oder gar sein Leben zu verlieren. Dann zeigt er, dass das Kabinett die Grenze kontrollieren ließ, aber tatsächlich nicht die Macht hatte, diese Kontrolle durchzuführen, die Warnung an die Österreicher aber nicht ernstgenommen bzw. nicht ernsthaft genug vorgetragen wurde, um dann all diese Informationen mit einer einzigen Vermutung zu vernichten: «Im Rückblick wirkt sie [die Warnung, K.G.] wie ein Vertuschungsmanöver.»[599]

Und weiter wird gemutmaßt, die Warnung sei ja spät erfolgt und «der fanatische Nationalist» Pašić[600] habe sich vorher viel Zeit gelassen. Pašić habe zwar Frieden gewollt nach den Balkankriegen, aber eigentlich doch eher Krieg, weil sonst die Erweiterung Serbiens nicht möglich gewesen wäre. Zuerst gibt man sich seitenlang differenziert, um schließlich alles wegzuwischen und sein Opfer dann kurzerhand abzuschießen, ja sogar als den eigentlich Schuldigen hinzustellen – was man dann am Schluss noch leicht relativiert. Übrig bleibt das Bild einer mörderischen Räuberbande, die einen Krieg und die Besetzung, ja Zerstörung durch Österreich verdient hatte.[601]

War die andere Seite das brave weiße Lämmchen? Rosa Luxemburg berichtet, man habe von Österreich aus schon 1909 «eigens zur Entfachung des nötigen Kriegsfurors» die «berühmten Dokumente fabrizieren» lassen, «die eine weitverzweigte teuflische Verschwörung der Serben gegen die Habsburger Monarchie enthüllten und nur den kleinen Fehler hatten, dass sie von A bis Z gefälscht waren». Und dann erwähnt sie noch den Fall der «Zeitungsente» vom Martyrium des österreichischen Konsuls Prochaska im November 1912, er sei beim Einmarsch der Serben ins osmanische Prizren zu Schaden gekommen, «unterdes Prochaska gesund und munter pfeifend in den Straßen von Üchsküb spazierte».[602]

Dies zeigt auch, es gab nicht nur Agent Provocateurs auf der serbischen Seite und Clark kommt sogar nicht umhin, das Prochaska-Abenteuer wie auch die gefälschten Papiere von 1909 zu erwähnen. Selbstverständlich nicht ohne das Ganze zu verharmlosen. Die behauptete Kastration Oskar Prochaskas sei nicht erfolgt und er sei «vollständig unversehrt» geblieben, aber (kurzzeitig) unrechtmäßig festgenommen worden. Die Affäre sei ein «bescheidener, aber ungeschickter Versuch der Medienmanipulation» gewesen und lieferte «all jenen Munition», die überzeugt waren, dass

599 Clark, Schlafwandler, S. 95.
600 Clark, Schlafwandler, S. 336
601 Clark, Schlafwandler, S. 97.
602 Luxemburg, Junius, S. 105.

«Österreich immer mit gefälschten Dokumenten» argumentiere.[603] Wer einmal lügt, dem glaubt man nicht und wenn er auch «bescheiden» ist.

Was die falschen Dokumente anging, mit denen die österreichische Regierung 1909 argumentierte, so hatte sie der «brave Historiker» Dr. Heinrich Friedjung verbreitet. Darin wurde behauptet, drei österreichische Koalitionspolitiker hätten sich für konspirative Tätigkeiten von Serbien bestechen lassen. Clark sieht die Fälschung in mildem Licht. Der «unglückliche Friedjung, dessen tadelloser Ruf als Historiker schmählich missbraucht wurde» (von den Serben?) habe sich entschuldigt. Zudem führt Clark die Fälschungen auf einen serbischen Doppelagenten zurück (Motto: «Bei jeder Schweinerei / Ist ein Serbe mit dabei») und bezweifelt, dass «die Behörden in Wien von Anfang an wussten, dass die Dokumente nicht authentisch waren».[604] Im sauberen österreichisch-ungarischen Staat kann das nicht vorkommen. Dabei hatte der Anwalt von einem der drei Politiker, die angeklagt wurden, auf Spuren bis hin zum damaligen österreichischen Außenminister Aehrenthal hingewiesen. Auch der österreichische Gesandte in Serbien, Graf Johann Forgách von Ghymes und Gács, geriet ins Kreuzfeuer und des Anwalts Kampagne brachte «fortlaufend neue peinliche ‹Enthüllungen› der österreichischen Heimtücke ans Licht», die, das muss Clark gleich hinterherschieben, «nicht alle der Wahrheit entsprachen».[605] Die Serben sind eben auch an österreichischen Lügen mit Lügen beteiligt.

Und Clark demontiert weiter. Miroslav Spalajković, der serbische Außenminister, und seine Frau seien ständig in der Nähe von Spalajković' engem Freund Nikolai Hartwig, dem russischen Gesandten in Belgrad (für Clark einer der schlimmsten Bösewichte), gesehen worden. Spalajković' Frau machte sich für Clark gleich doppelt verdächtig, da a) Bosnierin und b) sie sich erdreistet hatte, in ihrer Doktorarbeit die Annexion Bosniens und Herzegowinas als unrechtmäßig zu bezeichnen – was sie nach dem Berliner Vertrag von 1878 allerdings auch war. Vermutlich hat sie dann als «bosnische Hexe» ihren Mann verzaubert, denn Clark zitiert genüsslich Johann Graf Forgách von Ghymes und Gács, den österreichischen Botschafter in Serbien, der vom serbischen Außenminister behauptete, sein Hass gegen Österreich-Ungarn habe sich seit der Annexion von Bosnien und Herzegowina «beinahe zu einer Geisteskrankheit entwickelt».

Spalajković hatte 1912 zudem eine wichtige Rolle beim «Schmieden der serbisch-bulgarischen Allianz im Zentrum des Balkanbundes» gespielt.[606]

603 Clark, Schlafwandler, S. 369f.
604 Clark, Schlafwandler, S. 129.
605 Clark, Schlafwandler, S. 130.
606 Clark, Schlafwandler, S. 131.

Und er spielte dann in der Julikrise 1914 erneut – aus Clarks Blickwinkel, versteht sich – seine verschwörerische Rolle als Botschafter Serbiens in St. Petersburg. Verschwörung allüberall, vor allem bei den Serben, Bosniern und Russen – gekoppelt mit Geisteskrankheit. Mit solchermaßen breitgewalzten Geschichten schüttet Clark dann seine kurze Mitteilung zu, dass der österreichische Gesandte Forgách – war er vielleicht doch an Fälschungen beteiligt? – nicht mehr zu halten war. Im Sommer 1911 wurde er abberufen.

Der Abschnitt endet mit dem üblichen Über-den-Kamm-Scheren und Individualpsychologisieren. Forgách und Spalajković seien sich spinnefeind gewesen, so wie Aehrenthal und der Außenminister Russlands, Iswolski. Persönliche Antipathien und nie verziehene Kränkungen hätten sich dann in der Julikrise negativ ausgewirkt. Sich «nicht riechen können» wird hier als Ursache weltgeschichtlicher Prozesse angeboten.

Schuld sind zudem die Russen und Franzosen, die auf so etwas ja gewartet haben. Rosa Luxemburg hatte noch vermutet, die Österreicher hätten auf so etwas gewartet.

«Endlich kam das Attentat von Sarajewo, ein lang ersehntes veritables empörendes Verbrechen.» – Die schlechten Sicherheitsmaßnahmen, die Provokation am Jahrestag der Schlacht auf dem Amselfeld, das Nichtreagieren auf Pašić' Warnung hätte man auch so interpretieren können. Das wäre aber nicht im Sinne Clarks.

Franz Ferdinand war weder liberal noch grundsätzlich friedlich gestimmt. Er sah den Krieg gegen Serbien als eine heraufziehende Notwendigkeit – hatte mehrfach dafür plädiert – wollte jedoch nur vorher die Verhältnisse im Innern der Vielvölker-Monarchie in seinem Sinne ordnen. Der Thronfolger war extrem konservativ, sah die Armee als seine stärkste Stütze und hatte von seinem persönlichen Regiment ähnliche Vorstellungen wie sein Freund, der deutsche Kaiser. Parlamentarismus war ihm ähnlich verhasst wie die Ungarn und die Serben. Sein Reich wäre zwar relativ föderalistisch geordnet gewesen, aber mit einer zentralen deutsch-österreichischen Macht monarchisch-autoritär ausgestattet. Weder war ihm der Dualismus mit Ungarn noch gar ein Trialismus genehm, dessen Unregierbarkeit er durchaus sah. Von einer Gleichberechtigung der Südslawen war nie die Rede und diese hätten in seinem Reich nichts zu sagen gehabt.[607] Seine militärischen Freunde und Berater, mit denen er sich in seiner Nebenregierung im Belvedere umgab, spuckten – und das nicht erst kurz nach seiner Ermordung – noch ganz andere Töne.

«Wenn man den Tod des Erzherzog-Thronfolgers Franz Ferdinand in würdiger und seinen Empfindungen tragender Weise rächen will, dann

607 Hannig, Ferdinand, S.274–282.

vollstrecke man so rasch als möglich das politische Vermächtnis des unschuldigen Opfers.» Denn seit sechs Jahren warte man auf «die endliche Auslösung all der drückenden Spannungen». Und damit das neue Groß-Österreich erstehe «wollen wir den Krieg», um den «Balkanvölkern die Freiheit und Kultur zu bringen». Denn «seitdem der Große [gemeint ist, der Thronfolger, K.G.] tot ist, dessen starke Hand, dessen unbeugsame Energie Groß-Österreich über Nacht geschaffen hätte, seitdem erhoffen wir alles nunmehr vom Krieg. Es ist die letzte Karte auf die wir alles setzen!» Die ungeheure Erregung führe vielleicht «zur Explosion gegen Serbien und im weiteren Verlauf auch gegen Russland». Franz Ferdinand habe diesen «Imperialismus nur vorbereiten, nicht durchsetzen können. Sein Tod wird hoffentlich das Blutopfer sein, das notwendig war, um die imperialistische Entflammung ganz Österreichs durchzuführen». Das schrieb die Zeitschrift *Groß-Österreich*, herausgegeben von der Militär-Clique, mit der sich der «Friedensfürst» Franz Ferdinand umgeben hatte, kurz nach dem Attentat.[608]

So sieht die andere Seite der Medaille aus. Eine Seite, die von Clark praktisch gar nicht belichtet wird.

Und deswegen macht er ja schon in der Einleitung deutlich, auf wen das Spotlight der Anklage zu richten ist. Denn: «Seit Srebrenica und der Belagerung Sarajevos fällt es schwerer, Serbien als reines Objekt oder Opfer der Großmachtpolitik zu sehen.»[609] 97 Seiten hatte Clark gebraucht, um den eigentlich Schuldigen, nämlich Pašić, dingfest zu machen. Schon nach 16 Seiten hatte er den schuldigen Staat gefunden.

Womit Clark, in seiner ahistorischen Zeitmaschine hin- und herrasend, die Opfer des Zerfall-Bürgerkrieges des Jugoslawiens unserer Zeit (und da auch nur die nicht-serbischen) als Rechtfertigung für die Denunziation der Serben von damals benutzt. Sie sind und bleiben schlecht, winkt da einer feinsinnig mit dem Zaunpfahl, die Serben, bzw. wer heute sich als schlecht erweist oder so angesehen wird, der muss es auch schon damals gewesen sein. Also taten die Österreicher Recht, sie überfallen zu wollen, und die Russen hatten Unrecht sie zu stützen. So einfach ist das *Wie*, dieser Clark'sche Fetisch.

608 Die Zeitschrift «Groß-Österreich» zitiert nach Luxemburg, Junius, S. 105f.
609 Clark, Schlafwandler, S. 16.

Zusammenfassung VI

Die Entwicklungen in der SPD vor 1914, als wichtigen Baustein für die Möglichkeit eines Weltkrieges, interessiert Clark nicht. Er gesteht Serbien auch keinen Nationalismus wie den Deutschen zu, denen er das Recht, «sich auszubreiten», nicht versagen möchte. Selbst sein Vordenker Ferguson ist da nicht mit ihm d'accord.

Clark führt ethnische Maßstäbe ins Feld, die praktisch in keinem Nationalstaat verwirklicht sind.

Besonders stört ihn, dass die Serben in seinen Augen Bauern und Verschwörer gewesen seien, alles heimlich und hintenherum machten. Er sieht in ihnen verschwendungssüchtige, umweltzerstörerische Analphabeten, die hauptsächlich als Guerillas kämpften. Er benutzt Begriffe wie *Regime* für eine demokratisch gewählte Regierung und redet gern von *Banden*. Dass die Deutschen 1813 ähnlich kämpften, findet keine Erwähnung. Auch die deutsche Gewalt in den Einigungskriegen scheint gerechtfertigt, Serbengewalt dagegen nicht. Die Attentäter in Sarajewo sind für ihn Selbstmordattentäter, nur weil sie sich nach der Tat umzubringen versuchten. Hier vergisst er, dass deutsche Publizisten wie Theodor Fontane schon 1864 Selbstmordattentäter, also solche, die sich fürs Vaterland möglichst effektiv in die Luft jagten, verherrlichten. Das Faible Wilhelms II. für einen flächendeckenden Dschihadismus lässt er zudem unter den Tisch fallen. Gleichzeitig unterstellt Clark ohne Beleg ein stillschweigendes Einverständnis zwischen dem serbischen Staat und den Verschwörern, deren Bestrafung – drei starben im Gefängnis, drei wurden von den Österreichern hingerichtet, Apis gar von den Serben selbst exekutiert – ist ihm ebenfalls keine Zeile wert.

Provokationen und Fälschungen der Österreicher verharmlost er.

Der autokratische Franz Ferdinand – dessen Lebensmittelpunkt die Armee war, der den präventionskriegsbegeisterten Conrad zurückholte (was Clark unerwähnt lässt) – wird bei ihm zum Friedensfürsten, der nur das Beste für die Slawen im Reich und gegen die Serben nur einmal kurz Krieg machen wollte. Ein Reformer, der angeblich gerade deswegen ermordet wurde. Clark vergisst, dass Ferdinand von einer aggressiven Militärclique umgeben war, die nach seinem Tod umso aggressiver die Vernichtung Serbiens forderte. Schließlich zieht Clark schon zu Beginn seines Buches einen unhistorischen Vergleich – an denen es bei ihm nicht mangelt – zwischen dem Massenmord von Srebrenica 1995 und dem Serbien von 1914. So hat er schon nach 16 Seiten einen Schuldigen, nämlich den serbischen Staat gefunden, wo er doch immer wieder beteuert, die Frage der Schuld interessiere ihn gar nicht.

7. Die Julikrise 1914 – Clarks Verzerrungen der deutsch-österreichischen Aggressionspolitik

Das Original-KfZ, das der Thronfolger und seine Frau benutzten – mit Einschuss – im Heeresgeschichtlichen Museum in Wien (Motto: «Kiege gehören ins Museum»).

«Bei Clark verkrümelt sich Deutschland aus der Julikrise.»

Der Historiker Gerd Krumeich in einem Interview zum Buch seines Freundes «Chris», 14.11.2013

Über die «Julikrise» ist viel geschrieben worden. Dies soll hier nicht alles referiert werden. Uns geht es in erster Linie um das Verhalten der deutschen Regierung, des deutschen Kaisers, der Verantwortlichen im österreich-ungarischen Kaiserreich und wie Christopher Clark dieses Verhalten trotz umfassender Quellenkenntnis durch Weglassungen verzerrt und absichtlich fehlinterpretiert.

Die Beurteilung der «Julikrise» ist zweifellos einer der Höhepunkte der permanenten Clarkschen Beschönigung der deutschen (und österreichisch-ungarischen) Aggression. Clark macht bereits im Aufbau der *Schlafwandler* deutlich, dass er diese Krise nicht als ganz so essentiell sieht. Er widmet ganze Kapitel etwa den «Serbischen Schreckgespenstern», den «Verwicklungen auf dem Balkan» und dem «Mord in Sarajewo»; die Juli-Krise 1914 gibt es dann nicht als Kapitel, nicht einmal als Überschrift in einem Abschnitt; sie fand auch keine Aufnahme in das Sach- und Personenregister.

«Während der mittleren Juliwochen klammerten sich die deutschen Entscheidungsträger krampfhaft an ihre Linie der Lokalisierung des Konflikts.»[610]

Mit diesen entschuldigenden Worten beginnt der mit «Der Sprung ins Dunkel»[611] überschriebene Abschnitt in Clarks Buch. Mit diesem Satz wirft er die Geschichtsschreibung zum Ersten Weltkrieg zurück ins Dunkel der zwanziger Jahre in Deutschland, als man mit der Behauptung von der «Kriegsschuldlüge» das Wilhelminische Reich freisprechen wollte. Oder anders ausgedrückt, die Lokalisierungsbehauptung ist seit einhundert Jahren ein Fetisch «um die deutsche Regierung zu entschuldigen».[612]

Doch der Reihe nach:

Am 28. Juni 1914 besuchten der österreichische Thronfolger Franz Ferdinand und seine Frau Sarajewo, Hauptstadt des annektierten Bosnien und Herzegowina, genau am 525. Jahresstag der Schlacht am Amselfeld, einem patriotisch-nationalistischen Gedenktag der Serben. Das Paar sollte unter anderem ein Manöver besuchen. Man begab sich im offenen Kfz auf eine Tour durch die Stadt.

Die serbische Geheimorganisation «Vereinigung oder Tod / Schwarze Hand» unter der Führung des serbischen Geheimdienstchefs Apis (Dragutin Dimitrijevic) plante seit März 1914 ein Attentat und setzte dazu mehrere junge, schlecht ausgebildete, proserbische bosnische Nationalisten ein, darunter der 19jährige Gavrilo Princip (der die Idee zum Attentat gehabt haben soll), der gleichaltrige Nedeljko Cabrinovic und Trifun Grabez, 18 Jahre alt. Sie wurden über die Grenze geschmuggelt, mit Pistolen, einer Bombe und Zyankali ausgestattet und durch mehrere erwachsene Bosnier verstärkt. Die insgesamt sieben Attentäter postierten sich an der öffentlich bekannten und kaum gesicherten Route des Thronfolgerpaares. Ein erster Attentatsversuch mit einer Bombe scheiterte. Bei einem zweiten, ausgeführt von Princip, wurden mit jeweils einem Schuss der Thronfolger und seine Frau getötet. Mehrere der Attentäter versuchten, sich mit Zyankali zu töten, was aber misslang. Die Attentäter unter 21 (damals die Volljährigkeitsgrenze) wurden in einem Prozess zu langjähriger Haft verurteilt, die älteren zum Tode verurteilt und am Würgegalgen (eine österreichische Spezialität) hingerichtet. Drei, darunter Princip, starben in der

610 Clark, Schlafwandler, S. 658.

611 Clark zitiert hier einen Ausspruch Bethmanns gegenüber Riezler am 14. Juli 1914, der exakt heißen müsste «Sprung ins Dunkle», Riezler, Tagebuch, Neu ediert bei Sösemann, Julikrise, S. 693.

612 Krumeich, 1914, S. 79.

österreichischen Haft an Tuberkulose. Apis selbst wurde 1917 – wegen Hochverrates – von den Serben verurteilt und exekutiert.

Eine Verstrickung der serbischen Regierung in das Attentat konnte nicht nachgewiesen werden. Regierungschef Pašić hatte sogar, wie erwähnt, eine mehr oder minder verklausulierte Attentatswarnung über seinen Gesandten in Wien, Jovan Jovanović, dem österreichischen Finanzminister Leon von Biliński zukommen lasse. Er riet, Franz Ferdinand solle nicht nach Sarajewo reisen, da sonst «irgend ein junger Serbe» eine «scharfe Kugel» abschießen könnte. Biliński nahm die Warnung nicht ernst und behielt sie für sich.

Das Attentat hatte zunächst wie manch anderes Attentat auf Funktionsträger herrschender Eliten vor und nach der Jahrhundertwende – siehe nur als Beispiele die erfolgreichen Attentate auf Zar Alexander II., auf zahlreiche russische Minister, den französischen Präsidenten Sadi Carnot, die österreichische Kaiserin Elisabeth (Sisi), die spanischen Premierminister Juan Prim i Prats, Cánovas del Castillio und José Canalejas Méndez, die US-Präsidenten Abraham Lincoln, James A. Garfield und William Mc Kinley, den italienischen König Umberto I., den portugiesischen König Karl I. (samt seinem Sohn, dem Thronfolger Ludwig Philipp), den russischen Ministerpräsidenten Pijotr A. Stolypin und last not least den griechischen König Georg I. – keine großen Auswirkungen auf die internationale Politik.

Wie die sogenannte Julikrise 1914 ausgelöst wurde, wird im Folgenden beschrieben.

Sofort nach der Tat gab sich Wilhelm II. – wie so oft – kriegerisch. Als Tschirschky, der deutsche Botschafter in Wien, am 30. Juni 1914 berichtete, dass er die Österreicher «vor übereilten Schritten» gewarnt hatte, gab's gleich einen Randbemerkungs-Rüffel vom Kaiser: «Wer hat ihn dazu ermächtigt, das ist sehr dumm! geht ihn gar nichts an», und weiter: «Mit den Serben muss aufgeräumt werden, <u>und</u> zwar <u>bald</u>.»[613] Dies reiht sich

613 Geiss, Julikrise I, 3, S. 59; Krumeich, 1914, S. 212, spart sich in seinem Zitat die kaiserlichen Unterstreichungen von «und» und «bald»; Clark, Schlafwandler, S. 529, nicht. Die Dokumentensammlung von Geiss ist die beste und vollständigste Sammlung der Dokumente zur Julikrise in deutscher Sprache. Da sie vergriffen und nur noch antiquarisch bzw. in der Bibliothek zur Hand ist, wird auch auf die vom Politischen Archiv des Auswärtigen Amtes seit kurzem vollständig online zugängliche Sammlung von Karl Kautsky Deutsche Dokumente (DD) von 1921 verwiesen, die allerdings nicht so vollständig ist, wie die von Geiss: http://www.archiv.diplo.de/Vertretung/archiv/de/03a-Digitalisate/03a-1-julikrise-1914/3a-1-0julikrise-1914.html Das hier von Geiss angegebene Dokument ist zum Beispiel in der Kautsky-Sammlung nicht vorhanden. Künftig wird die Kautsky-Sammlung dann zusätzlich angegeben, wenn das bei Geiss aufgelistete Dokument (leider ist die Geiss-Sammlung

ein in eine fast unzählbare Fülle von Kriegsdrohungen, die «le Timide» Jahre (siehe oben), Monate und Wochen davor – von Röhl ausführlich nachgewiesen, aber von zahlreichen Historikern, darunter nicht zuletzt Clark ignoriert – ausgesprochen hatte. Tschirschky ließ sich das nicht zweimal sagen und drang danach verschärfend auf die Österreicher ein. Das deutsche Außenministerium glaubte tatsächlich anfänglich, ein Krieg gegen Serbien könne sich vermeiden lassen. Und schloss gleichzeitig messerscharf, dass ein solcher Krieg zum «Weltkrieg» führen könne.[614]

Clark streift diese anfänglich friedliche Haltung des Außenministeriums (hier war es vermutlich der Unterstaatssekretär Zimmermann, denn «Außenminister» Jagow war in den Flitterwochen), verschweigt aber, dass sich Zimmermann weder von Russland noch Frankreich bedroht sah. Erst nach des Kaisers Rüffel für Tschirschky schwenkten auch Zimmermann und das Außenministerium auf des Kaisers und Bethmanns Kurs des Krieges gegen Serbien um. Clark lässt des Kaisers Druck auf Zimmermann weg und sieht die friedliche Absicht des Außenstaatssekretärs plötzlich «verflogen».[615] Gleichzeitig ignoriert Clark, dass Zimmermann, wie den anderen deutschen Führungskräften, die Weltkriegsgefahr von Anfang an bewusst war.[616]

Trotz Bedenken des Kaisers, dass es «ernste europäische Komplikationen» geben könne, sowie versehen mit der Einschränkung, dass er Bethmann Hollwegs Zustimmung einholen müsse, die dieser aber sicherlich nicht versagen werde, versicherte er dem österreichischen Botschafter Ladislaus Graf Szögyény, so berichtete der nach Wien, «eine Aktion unsererseits gegenüber Serbien», mit der «nicht zugewartet werden dürfe», zu unterstützen und fügte hinzu: «Russlands Haltung werde jedenfalls feindselig sein, doch sei er hierauf schon seit Jahren vorbereitet, und sollte es sogar zu einem Krieg zwischen Österreich-Ungarn und Russland kommen, so könnten wir [Österreich] davon überzeugt sein, dass Deutschland in gewohnter Bundestreue an unserer Seite stehen werde.»[617]

Mit diesem sogenannten Blankoscheck des Kaisers und einen Tag später des Kanzlers (siehe unten) für Österreich, den Wilhelm II. nach eingehender Beratung mit dem Reichskanzler, Zimmermann und den Militärs nicht

---

noch nicht online) auch in der Kautsky-Sammlung (DD) vorhanden ist.

614 Geiss, Julikrise, I, 12, S. 72; Kautsky, DD, 34a, online: siehe vorherige Anmerkung.

615 Clark, Schlafwandler, S. 531.

616 So zitiert er Zimmermanns Warnung nur verkürzt und ohne Hinweis auf die Weltkriegsgefahr, Clark, Schlafwandler, S. 514.

617 Geiss, Julikrise, I, 21, S. 84. Auch zitiert bei Clark, Schlafwandler, S. 530, dort «Bündnistreue» statt «Bundestreue».

zurücknahm[618] und der nicht nur den Krieg gegen Serbien billigte, sondern auch den Beistand Deutschlands bei einem Eingreifen der Russen garantierte, war die Explosion der Situation programmiert.

Obwohl Clark sogar dieses und das nächste, entscheidende Dokument zitiert, negiert er die Initialzündung des Kaisers und Bethmann Hollwegs, der sich in Potsdam im Park des Neuen Palais auf einem Spaziergang von dieser Haltung des Kaisers überzeugen ließ.

Szögyény berichtete daraufhin nach Wien, dass der Reichskanzler wie der Kaiser «ein sofortiges Einschreiten unsererseits gegen Serbien als radikalste und beste Lösung unserer Schwierigkeiten am Balkan»[619] ansehen würden. Hier geht Clark wiederum sprachlich äußerst geschickt vor, er gibt zwar erst den Blankoscheck – in Anführungszeichen[620] – zu, streut aber gleichzeitig ein, dies sei eine «ansonsten leicht irreführende Metapher». Also Gänsefüsschen-Blankoscheck ja, aber eigentlich irreführend. Dann führt er aus, es sei gar nicht Deutschlands Absicht gewesen, Wien zu drängen, gegen Serbien «in den Krieg zu ziehen».[621] Dies ist nicht nur gegen Geiss gerichtet, der in der Kommentierung seiner herausragenden Dokumenten-Edition diese Absicht belegt,[622] sondern schlicht falsch. «Nach Kaiser Wilhelms Ansicht sollen wir mit einer ‹Aktion› gegen Serbien nicht mehr zuwarten»[623], telegrafiert der anfangs zögerliche k.u.k.-Außenminister Berchtold am 6. Juli 1914 an den anfänglichen Gegner der Aktion, den königlich-ungarischen Ministerpräsidenten Stephan Graf Tisza.

Doch mit Clarks falscher Behauptung wird aus dem Blankoscheck des deutschen Kaisers ein Scheck, den sich Österreich selbst ausstellte. Zwar wird damit die Verantwortung nur stärker auf Österreich verlagert – was an der Kriegsbereitschaft beider Mächte, Deutschlands und Österreich-Ungarns, nichts ändert – aber plötzlich bekommt der Leser – in Unkenntnis aller Dokumente bzw. der Geiss'schen Sammlung – den Eindruck, der Blankoscheck war gar kein Blankoscheck. Wir werden sehen, dass solche «Wendungen» zu Clarks Taktik gehören, die unbedarfte Leserschaft in einen textualen Kokon einzuspinnen, in dem dieser dann mangels Quellenkenntnis hilflos gefangen ist.

Der Blankoscheck wird also im Nachklapp geschickt durch eine bloße unbelegte, ja offensichtlich falsche Behauptung, die Deutschen drängten gar nicht, entwertet. Zusätzlich gibt Clark noch die «Merkwürdigkeit» an, es würde hier nur auf 9 von 54 Zeilen um die «Maßnahmen», also den

618 Geiss, Julikrise, I, 23 und 24, S. 86–88.
619 Geiss, Julikrise, I, 27, S. 93.; Kautsky, DD, 17; Clark, Schlafwandler, S. 532.
620 Clark, Schlafwandler, S. 532.
621 Clark, Schlafwandler, S. 533.
622 Geiss, Julikrise I, S. 80, wobei er die Dokumente 23, 24 und 27 anführte.
623 Geiss, Julikrise I, 28, S. 93.

Blankoscheck gehen. Als ob dies irgendeine Bewandtnis hätte. Doch einmal erwähnt, trägt es zur Verwirrung bei denen bei, die sich bei Clark unbedarft Aufklärung erhoffen.[624]

Und sogar Krumeich geht ihm gleich auf den Leim: Österreich habe weitgehend freie Hand gehabt, unterstützt er Clark.[625]

Österreich war tatsächlich auf Krieg aus, allerdings erst nach dem Blankoscheck. Es wurde sozusagen von der «freien Hand» der Deutschen geführt. Dafür spricht auch ein bislang nicht beachtetes Dokument, eine Eintragung aus dem erst 2006 vollständig edierten Tagebuch Harry Graf Kesslers. Kessler gibt ein Gespräch mit dem Vetter des Reichskanzlers, Dietrich von Bethmann Hollweg, 1914 Diplomat an der deutschen Botschaft in Wien, wieder. Der sah sich 1918 mit der Schuld des Krieges belastet, da er den «Falken» Alexander Hoyos (Kabinettschef im k.u.k. Außenministerium) nach dem Attentat auf Franz Ferdinand (und seine Frau) bei einem Frühstück in Wien sozusagen scharf gemacht habe: «Deutschland müsse [unterstrichen im Original, K. G.] mitgehen, wenn Österreich Serbien den Krieg erkläre; dieses Frühstück belastet geradezu sein Gewissen. Als Vetter des Reichskanzlers und Mitglied der Botschaft gab er eine Information, die die österreichischen Entschlüsse entscheidend beeinflussen musste. Später habe er dann immer wieder in der Richtung des Krieges getrieben, weil er überzeugt gewesen sei, dass er doch kommen müsse.»[626]

Der beabsichtigte Krieg gegen Serbien

Für einen Krieg gegen Serbien hat Clark durchaus Verständnis und zitiert einen Brief des aus den Flitterwochen zurückgekehrten deutschen Außenministers Jagow an den einzigen Kriegsgegner unter den deutschen Politikern, den deutschen Botschafter in London, Lichnowsky. Jagow spricht von Lokalisierung, da «Russland jetzt nicht schlagfertig» sei (was allgemeine Ansicht der deutschen Entscheidungsträger war[627]), betont aber gleichzeitig, bei einem «Präventivkrieg» (der sich daraus entwickeln könnte), «dürfen wir nicht kneifen».[628] Zwar wird mit dem Ausdruck «Präventivkrieg» immer unterstellt, Russland oder Frankreich hätten die Absicht gehabt,

624 Clark, Schlafwandler, S. 532.

625 Krumeich, 1914, S. 79.

626 Harry Graf Kessler, Das Tagebuch, Bd. 6, 1916–1918, Stuttgart 2006, 6. März 1918, S. 319; ähnlich 25. März 1918, S. 335.

627 z. B. Geiss, Julikrise, I, 12, S. 72, II, 704, S. 298, 705, S. 299, 706, S. 300.

628 Geiss, Julikrise, I, 135, S. 208; Kautsky, DD, 72; das stark gekürzte Zitat bei Clark, Schlafwandler, S. 664.

Deutschland anzugreifen,[629] was nicht stimmt, und man müsse dem zuvorkommen. Doch belegt sogar dieses Zitat eine klare Doppelstrategie.

Clark lässt im Übrigen die Antwort des deutschen Botschafters Lichnowsky weg, der klarmacht, dass eine Lokalisierung nicht möglich sei: «Was schließlich die Lokalisierung des Streites anlangt, so werden Sie mir zugeben, dass sie, falls es zu einem Waffengange mit Serbien kommt, dem Gebiete der frommen Wünsche angehört.» Und er fuhr fort, es käme darauf an, dass die Forderungen an Serbien annehmbar seien.[630] Außerdem ärgert Lichnowsky die seit dreißig Jahren wiederholte Behauptung, «Russland sei nicht fertig», und er wendet sich entschieden gegen einen Präventivkrieg (von ihm «prophylaktischer Krieg» genannt), der «bestenfalls einen zweiten Nachbarn zum unversöhnlichen Feind» machen würde.[631] Schließlich wurden daraus noch mehrere unversöhnliche Feinde. Übrigens bat Lichnowsky parallel auch den englischen Außenminister Edward Grey, mäßigend auf Russland einzuwirken.[632]

Clark will die deutsche Doppelstrategie einfach nicht sehen, sie passt nicht zu seiner Schuldzuweisung an Russland und Frankreich. Nach ihm glaubten die deutschen Führungskader «mit unbekümmertem Vertrauen» an eine mögliche «Lokalisierung». Dies sieht er als ihren einzigen Fehler, denn nach ihm hatten sie keinen «ausgearbeiteten Plan für die Auslösung eines Präventivkrieges». Zimmermann, Jagow und Bethmann Hollweg hätten erstaunlich lange gebraucht, bis sie das Ausmaß der Katastrophe, «die sich um sie herum zusammenbraute», begriffen hätten.[633] Es mutet schon sehr seltsam an, wenn hier konstruiert wird, um die eigentlichen Verantwortlichen herum habe sich, praktisch wie ein Tornado, mit dem sie nichts zu tun hatten, eine Katastrophe entwickelt. Damit wird unterstellt, die anderen, Serbien, Russland und Frankreich, ja England, wären die eigentlichen Tornadoauslöser – und übrigens keine Schlafwandler, sondern bewusste Täter – gewesen. Clark versucht, dies noch zu untermauern, indem er behauptet, die Deutschen hätten Anfang Juli 1914 gezögert, militärische Vorkehrungen zu treffen. Und er geht noch weiter, die deutsche Führung habe so sehr die Begrenzung des Konfliktes gewünscht,»selbst auf die Gefahr [sic!] hin, die Kriegsbereitschaft zu gefährden, sollte die Eindämmung misslingen».[634]

---

629 So auch Münkler, Krieg, S. 97.

630 Geiss, Julikrise, I, 238. S. 308; Richtig dargestellt von Lichnowsky in: Fürst Lichnowsky, Meine Londoner Mission 1912–1914 und Eingabe an das preußische Herrenhaus, Berlin [1919], S.20.

631 Geiss, Julikrise I, 238, S. 307.

632 Lichnowsky, Mission, S. 20.

633 Clark, Schlafwandler, S. 664.

634 Clark, Schlafwandler, S. 534.

Beides entspricht jedoch nicht der historischen Wahrheit. Denn schon kurz nach dem berühmten Blankoscheck, den Kaiser und Kanzler den Österreichern zum Vorgehen gegen Serbien am 5./6. Juli ausgestellt hatten, wurde von deutscher Seite die «unauffällige Vorbereitung der Armee und der Flotte»[635] eingeleitet. «Es wurde beschlossen, auf alle Fälle vorbereitende Maßnahmen für einen Krieg zu treffen. Entsprechende Befehle sind darauf ergangen.»[636] Außerdem hatten Kriegsminister Falkenhayn und der Oberquartiermeister des Großen Generalstabes, Generalmajor Waldersee, dem Kaiser versichert, «das Heer [sei] für alle Fälle bereit». Am 14. Juli 1914, zwei Tage nach Poincarés Abreise nach St. Petersburg, traf ein aus Warschau abgeschicktes Schreiben eines Informanten, eines gewissen J. Dombinski, im französischen Präsidentenpalast ein: «Soeben ist einer meiner Vettern aus Preußen hier angekommen. Er konnte feststellen, dass man sowohl in Berlin wie in Posen und Danzig mit fieberhaftester Aktivität zum Krieg gegen Russland und Frankreich rüstet.» Und weiter schildert der Briefeschreiber die eingeleiteten Maßnahmen: «Tag- und Nachtarbeit in den Arsenalen, Aufhäufung von Munition, Einstellung weiblichen Personals in den öffentlichen Betrieben, Aufspeicherung von Lebensmittel-Magazinen, Lieferung von Feldküchen an die Truppen, Einstellung von Zivilpersonen in den Hilfszweigen der Armee, Bestellung von gefütterten Kleidern für den Winterfeldzug usw.»[637] «Die Mobilmachung der Flotte wurde ebenso vorbereitet[638], dies obwohl alle Heerführer und der Kaiser zur Tarnung in den Urlaub geschickt worden waren.[639] Bethmann Hollweg zog sich mit seinem Adlatus Riezler auf sein Gut Hohenfinow zurück, kam aber immer mal wieder (heimlich) in die Hauptstadt. Und auch in Wien gab man sich «durch die gleichzeitige Beurlaubung der [sic!] Kriegsminister und

---

635 Röhl, Wilhelm II., S. 1087.

636 Hilmar Freiherr von dem Busche-Haddenhausen, Aufzeichnungen vom 30. August 1917; Kautsky DD, Anhang VIII, S. 171, online im Archiv des Auswärtigen Amtes: https://archive.org/stream/diedeutschendoku04germ#page/n190/mode/1up ; zitiert auch bei Röhl, Wilhelm II., S. 1087.

637 Dombinski fügte noch hinzu, die deutschen Armeen würden ihren Hauptstoß im Westen führen und dabei die Neutralität Belgiens verletzen. Man glaubte in Paris dem Schreiber nicht, versuchte ihn aber nach «Kriegsausbruch» vergeblich ausfindig zu machen. Der Brief ist zitiert nach Helmut Donat, Leben und Werk des französischen Archivars und Historikers Camille Bloch (1865–1949) und die Bedeutung seines Buches über «Die Ursachen des Ersten Weltkrieges» gestern und heute – Eine biografische Würdigung, in: Camille Bloch, Die Ursachen des Ersten Weltkrieges. Historisch dargestellt, herausgegeben und eingeleitet von Helmut Donat, Bremen 2014. Donat hält den Brief für echt.

638 Geiss, Julikrise, I, 147, S. 229, Anm.1; sowie Röhl, Wilhelm II., S. 1087 mit zahlreichen Belegen.

639 Annika Mombauer, Die Julikrise, Europas Weg in der Ersten Weltkrieg, S. 48; Röhl, Wilhelm II., S. 1087.

des Chefs des Generalstabs den Anschein friedlicher Gesinnung». So der bayerische Geschäftsträger in Berlin Hans von Schoen am 18. Juli 1914 an den bayerischen Ministerpräsidenten Georg Graf Hertling.[640] «Hinter dem trügerischen Schleier der amtlichen Urlaubsreisen trafen jedoch Wien und Berlin ihre Anstalten für den kommenden Konflikt. Die Wiener Regierung bereitete das Ultimatum an Serbien vor, die Berliner Regierung versuchte, schon vor seiner Übergabe, die Lokalisierungsposition vorzubereiten, die es nach dem Bekanntwerden des Ultimatums sofort zu besetzen galt.»[641] Heute hält Clark diese Position besetzt und serviert sie charmant einem hunderttausendfachen Publikum.

Dabei schrieb der (Clark: «unbedarfte») und inzwischen «umgedrehte» Zimmermann schon am 5. Juli 1914 an den österreichischen Chef der Präsidialkanzlei Alexander von Hoyos: «90% Wahrscheinlichkeit für einen europäischen Krieg, wenn sie [Österreich] etwas gegen Serbien unternehmen.»[642]

Und in dessen Auftrag schrieb Schoen an Hertling am 18. Juli 1914 betreffs des österreichischen Ultimatums: «Hier ist man durchaus damit einverstanden, dass Österreich die günstige Stunde nutzt, selbst auf die Gefahr weiterer Verwicklungen hin.»[643]

Sie wussten, welches gewagte Spiel sie hier spielten.[644]

Dass den «deutschen Entscheidungsträgern» schon in den frühen Juliwochen klar war, dass ihr Vorgehen zu einem Krieg mit Russland und Frankreich, ja mit England, also zum Weltkrieg führen konnte, ist schon aus der Äußerung Bethmann Hollwegs gegenüber seinem Adlatus Riezler vom 7. Juli erkennbar: «Die Aktion gegen Serbien kann zum Weltkrieg führen.»[645] Das Tagebuch Riezlers betreffend die Julikrise (Zeitraum vom 7. Juli 1914 bis zum 15. August 1914) wurde jedoch von diesem – abweichend vom übrigen Tagebuch – mit hoher Wahrscheinlichkeit nachträglich geschönt,

---

640 Geiss, Julikrise, I, 138, S. 212; so auch Berchtold an Conrad am 8. Juli 1914, I, 48, S. 126 und Tschirschky an Jagow am 10. Juli 1914, I, 66, S. 145; letztes Dokument auch bei Kautsky, DD, 29.

641 Imanuel Geiss [Hrsg.], Juli 1914. Die Europäische Krise und der Ausbruch des Ersten Weltkriegs, [gekürzte Taschenbuchausgabe von Geiss, Julikrise, I u. II.], München 1965, S. 69.

642 Alexander von Hoyos: Meine Mission nach Berlin. In: Fritz Fellner, Heidrun Maschl, Brigitte Mazohl-Wallnig (Hrsg.): Vom Dreibund zum Völkerbund. Studien zur Geschichte der internationalen Beziehungen 1882–1919, Wien 1994, S. 135–141.; Röhl, Wilhelm II., S. 1089; Clark zitiert dies sogar: Clark, Schlafwandler, S. 531.

643 Geiss, Julikrise, I, 138, S. 213.

644 Krumeich liegt also falsch, wenn er behauptet, sie seien sich dessen vielleicht nicht bewusst gewesen. Krumeich, 1914, S. 82.

645 Riezler, Tagebuch, 7. Juli 1914, S. 183.

d. h. verfälscht.[646] Die entsprechenden Seiten sind herausgeschnitten und durch später geschriebene separate ersetzt. «Der Verdacht war nicht von der Hand zu weisen, dass es sich bei dieser Überarbeitung um einen Versuch Riezlers handeln könnte, die wahren Motive Bethmann Hollwegs in der Julikrise zu verschleiern.»[647]

Obwohl dies alles längst bekannt ist, wird Riezlers Tagebuch, die Julikrise betreffend, immer wieder kritiklos zitiert oder gar zur Entlastung Bethmann Hollwegs angeführt. So auch bei Clark, der von genau diesem Abschnitt aus Riezlers «Tagebuch» behauptet, er vermittle «den Tenor der Denkweise des Kanzlers». Clark hat selbstverständlich umfassende Kenntnis über die Fragwürdigkeit dieses Abschnitts. Dennoch zitiert er daraus unkritisch. Ähnlich übrigens wie der Historiker Holger Afflerbach in einer Neuherausgabe der Riezler-Tagebücher, auf den sich Clark ebenfalls unkritisch stützt.[648] Sösemann, der schon vor über vierzig Jahren den Skandal um die falsch edierten Tagebücher Riezlers aufdeckte, bleibt weiter – und zurecht – kritisch: «Zukünftig sollte in allen Fällen, in denen auf Riezlers Darstellung der Julikrise [7. Juli – 15. August, K.G.] zurückgegriffen wird, sorgfältig zu prüfen sein, in welchen Grenzen ein derartiger Beleg förderlich sein kann.»[649]

Wenn man das tut, verdeutlicht dennoch auch die abgemilderte Fassung, dass Bethmann wusste, dass der «Sprung ins Dunkle»[650] auch zum Weltkrieg führen konnte.

Wenn aber schon ein solch geschönter Text Aussprüche des «soliden und gemäßigten» (Clark) deutschen Kanzlers wie diesen oder den vielzitierten vom 8. Juli 1914 enthält, wird klar, dass hier eine Doppelstrategie gefahren wurde: «Kommt der Krieg aus dem Osten, so dass wir also für Österreich-Ungarn und nicht Oest [erreich] – Ungarn für uns zu Felde zieht, so haben wir Aussicht ihn zu gewinnen. Kommt der Krieg nicht, [*folgt gestrichen*: so habe] will der Zar nicht oder rät das bestürzte Frankreich zum Frieden, so haben wir doch noch die Aussicht, die Entente über dieser Aktion auseinanderzumanoevrieren.»[651] So das Originalzitat. Doch

646 Neueste Darstellung dieser «Reinigung» durch Riezler (bzw. auch durch seinen Bruder Walter) und die erste wissenschaftlich haltbare Edition dieses Zeitraums: Bernd Sösemann, Die «Juli-Krise» im Riezler Tagebuch – Eine kritische Edition (7. Juli – 15. August 1914), in: Historische Zeitschrift, Bd. 298 (2014), S. 686–707. Im Folgenden wird das Tagebuch für diesen Zeitraum nur nach Sösemanns Edition zitiert.

647 John C. G. Röhl, Brisante Briefe an Käthe, in: Die Zeit, 9. April 2015, S.17.

648 Clark, Schlafwandler, S. 810, Anm. 52.

649 Sösemann, Juli-Krise, S. 705.

650 Riezler ,Tagebuch, 14.7.1914, neu ediert bei Sösemann, Julikrise, S. 693.

651 Riezler, Tagebuch, 8.7.1914, neu ediert bei Sösemann, Julikrise, S. 692.

Clark lässt geschickt in seinem Zitat den äußerst wichtigen zweiten Satz weg (ebenso Münkler[652]) und kommt so zu der irrigen Ansicht, man könne hier von keinem kalkulierten Risiko eines europäischen bzw. sogar Weltkrieges der deutschen Reichsleitung sprechen. Den Weltkrieg wollten die Deutschen tatsächlich nicht, daher die trügerische Hoffnung auf die Neutralität Englands, aber den gegen Russland und zuvor Frankreich zogen sie eiskalt ins Kalkül.

Doch die eigentlich Schuldigen sind bei Clark die Russen, die die «Gelegenheit, die sich durch die österreichische Demarche bot», nutzen wollten «um einen Feldzug zu beginnen [sic!], der die Stärke des Dreibundes brechen sollte».[653] Hier wird die Geschichte – ohne jeden Beleg! – auf den Kopf gestellt (aber auch hier widerspricht Clark seinem Buchtitel und seiner Behauptung, es gehe ihm gar nicht um Schuld). Und es wird klar, warum er Bethmanns Ausspruch (nochmals sei hinzugefügt: nach der von Riezler abgemilderten Version seines Tagebuchs) nicht zitiert. «Kommt der Krieg nicht, [*folgt gestrichen*: so habe] will der Zar nicht oder rät das bestürzte Frankreich zum Frieden, so haben wir doch noch die Aussicht, die Entente über diese Aktion auseinanderzumanoeverieren.»[654] Das heißt, Bethmann Hollweg wollte die Entente zerschlagen, doch die Russen hatten kein primäres Interesse, den Dreibund zu treffen. Sie wollten ihre Position, den Panslawismus, auf dem Balkan nicht aufgeben und erfüllten ihre Bündnisverpflichtungen gegen Serbien, ja sie sahen sich sogar relativ schwach.[655] Doch Clark legt noch eine Schippe drauf und behauptet, eine Intervention der Russen sei «weder aus moralisch-rechtlicher noch aus sicherheitspolitischer Sicht zu rechtfertigen». Ein Angriff des Dreibundes auf Serbien wäre also kein Bündnisfall zum Beistand durch Russland, erstens, weil die Serben in Clarks Augen eh eine verbrecherische Räuberbande waren (kein moralisch-rechtlicher Grund) und außerdem Russland einsehen musste, dass es auf dem Balkan nichts verloren hatte (sicherheitspolitische Sicht). Und Clark krönt seine unbelegten Ansichten mit dem Argument, hätte Deutschland nachgegeben und Österreich gebremst, wäre es «mit der Aussicht konfrontiert, den einzigen verbliebenen Bündnispartner zu verlieren».[656] Solcherart Totschlagargument hat der Publizist Theodor Wolff schon 1934 in seinem im Exil in Zürich geschriebenen Buch folgendermaßen charakterisiert: «An der Spitze stand [im Juli 1914, K.G.] wieder das alte Lieblingsargument des Auswärtigen Amtes: man musste

652 Münkler, Krieg, S. 100.

653 Clark, Schlafwandler, S. 537

654 Riezler, Tagebuch, 8.7.1914, neu ediert bei Sösemann, Julikrise, S. 692

655 Stefan Schmidt, Frankreichs Außenpolitik in der Julikrise 1914. Ein Beitrag zur Geschichte des Ausbruchs des Ersten Weltkriegs, München 2009, S. 357.

656 Clark, Schlafwandler, S. 537.

Österreich folgen, weil es sonst bestimmt die Neigung verspüren würde, vom Dreibund abzufallen und ins feindselige Lager überzugehen. [...] Die Befürchtung, dass Österreich sich von Deutschland lossagen und sich den Gegnern nähern könnte, war angesichts des außerordentlich breiten Grabens, der es von Russland trennte, eine Kinderfantasie.»[657] Clark mutet seiner Leserschaft eben solche Kinderfantasien zu, und wie wir feststellen: Er nimmt hier nicht zum ersten Mal den Standpunkt des deutschen Außenministeriums ein. Wir verzichten jedoch nicht darauf, die diesen Standpunkt krönenden Sätze Clarks zu zitieren: «Somit war das, streng genommen, eigentlich keine risikofreudige Strategie, sondern eine Strategie mit dem Ziel, das wahre Ausmaß der von Russland ausgehenden Bedrohung zu sondieren. Oder anders gesagt: Wenn die Russen *tatsächlich* beschließen sollten, gegen Deutschland zu mobilisieren und dadurch einen Kontinentalkrieg auszulösen, so würde dies keineswegs das Risiko ausdrücken, das durch die deutschen Aktionen geschaffen worden war, sondern den Grad der Entschlossenheit Russlands, das europäische System mit Hilfe eines Krieges neu zu justieren. Von dieser zugegebenermaßen recht begrenzten Sichtweise aus gingen die Deutschen keine Risiken ein, sondern prüften bestehende Bedrohungen.»[658] Man sollte drauf verzichten zu «prüfen», warum Clark sich diese «zugegebenermaßen recht begrenzte Sichtweise» zu eigen macht, ebenso darauf verzichten «zu beschließen», bei ihm etwas «neu justieren» zu wollen, gleichzeitig aber vermeiden, die von einer solchen Geschichtswissenschaft ausgehende «Bedrohung» kleinzureden. Es fragt sich nur, warum die Deutschen dann Russland zu Beginn der Julikrise noch nicht als einsatzfähig annahmen und alle den Präventivkrieg fordernden führenden deutschen Militärs den Zeitpunkt als äußerst günstig ansahen.[659] Nicht Russland wollte neu justieren, Russland wollte «seinen» Balkan erhalten – Deutschland wollte ihn über Österreich-Ungarn kassieren.

Denn es sprechen zahlreiche Belege für ein kalkuliertes Risiko der deutschen Regierung und des Kaisers: So traf sich der österreichische Kabinettchef Graf Alexander von Hoyos am 1. Juli 1914 mit dem gut unterrichteten deutschen Publizisten Viktor Naumann. Naumann machte dem jungen Österreicher, der als Falke galt, den Standpunkt der deutschen Regierung, insbesondere Wilhelm Stumms, des Dirigenten der politischen Abteilung des Auswärtigen Amtes und einer der Drahtzieher des «kalkulierten Risikos», klar:

---

657 Theodor Wolff, Der Krieg des Pontius Pilatus, Zürich 1934, Kapitel 15, online: http://gutenberg.spiegel.de/buch/der-krieg-des-pontius-pilatus-7779/15.
658 Clark, Schlafwandler, S. 538.
659 Geiss, Julikrise, I, 12, S. 72 und I, 15, S. 75.

- Russland verfüge über eine große Truppenmacht,
- England greife «in einem europäischen Krieg nicht ein»,
- Serbien müsse «vernichte[t]» werden,
- dies sei der Prüfstein, «ob Russland den Krieg wolle oder nicht»,
- der Augenblick sei günstig, «um die große Entscheidung herbeizuführen»,
- der Kaiser würde «diesmal [sic!] auch bis zum Kriege durchhalten»,
- nicht nur in Armee- und Marinekreisen, sondern auch im Auswärtigen Amt» stehe man «der Idee eines Präventivkrieges gegen Russland nicht mehr ganz so ablehnend gegenüber».[660]

Clark erwähnt Naumann, aber was macht er aus den Aufzeichnungen Hoyos'?

Er schreibt, dass die deutsche Führung «einem österreich-ungarischen Schlag gegen Serbien freundlich entgegensehe» und bereit sei, «das Risiko eines Krieges gegen Russland einzugehen, falls St. Petersburg beschließen sollte, die Angelegenheit zu forcieren».[661]

Es ist klar, dass er das Naumann-Wort «vernichten» vermeidet und dass er die Präventivkriegsbereitschaft nicht erwähnen will und darf, ebenso wie die angebliche Neutralität Englands in einem «europäischen Krieg» und die Bereitschaft der Deutschen, «die große Entscheidung» herbeizuführen, als auch, dass der Kaiser «diesmal» (wann waren wohl die letzten Male?) bis zum Krieg durchhalten werde, weil das den Clark'schen Lokalisierungsfetisch bzw. seine Schuldzuweisung an Russland entzaubern würde. Aber wie er dazu kommt zu behaupten, man trage das Risiko, «falls St. Petersburg» die «Angelegenheit» «forcieren» wolle, ist ein Rätsel. Denn davon steht nichts in Hoyos' Bericht. Hier lässt Clark nicht nur weg, sondern hat seine eigene Argumentation schon so verinnerlicht, dass er sie über historische Dokumente legt, in denen das gar nicht drinsteht.

Einen weiteren Beleg dafür, dass die Mittelmächte, hier mit der Betonung auf die Donaumonarchie, an der Kriegsschraube drehten, liefert Leopold Baron von Adrian Werburg, 1914 der Leiter des Generalkonsulates in Warschau, der nach dem Krieg konstatierte: «Wir haben den Krieg angefangen, nicht die Deutschen und noch weniger die Entente.»[662] Ähnlich der österreichische Finanzminister Leon Biliński in einem Interview aus dem Jahr 1917: «‹Wir haben ihn [den Krieg] schon früher beschlossen, das war schon ganz am Anfang.› [...] Er schwankte zwischen dem 1. und 3. Juli, schien sich dann aber dem 3. Juli zuzuneigen. Auch die Konsequenzen eines solchen Krieges waren allen Beteiligten klar, [...] nein,

660 Geiss, Julikrise, I, 6, S. 60f. Kautsky, DD, 3.
661 Clark, Schlafwandler, S. 514.
662 Zitiert nach Mombauer, Julikrise, S. 39.

das habe man schon gewußt, dass das ein großer Krieg werden kann, der Kaiser speziell hat damit gerechnet. [Franz Joseph:] ‹Rußland kann das unmöglich hinnehmen.›»[663]

Heißsporn Hoyos, der ja Serbien unter Österreich, Bulgarien und Rumänien aufteilen wollte – für Clark nur ein Beweis der «Zerfahrenheit» österreichischer Politik[664] –, ließ sich am 15. Juli 1914 gar zu der Aussage hinreißen: «Wenn der Weltkrieg daraus entsteht, so kann uns das gleich bleiben.»[665] Womit er noch weiter ging als die Deutschen.

Auf der entscheidenden Sitzung des österreichisch-ungarischen Ministerrates am 7. Juli 1914, unter Vorsitz des «über Nacht zu einem unerschütterlich standhaften Führer»[666] gewordenen Außenministers Berchtold, verdeutlichte dieser unmissverständlich: «Er sei sich klar darüber, dass ein Waffengang mit Serbien den Krieg mit Russland zur Folge haben könnte.» Da aber Russland die Balkanstaaten zusammenfasse und sie zukünftig gegen die k u. k. Monarchie ausspielen wolle, gelte es, «unseren Gegnern [Mehrzahl!; K.G.] zuvorzukommen und durch eine rechtzeitige Abrechnung mit Serbien den bereits im vollen Gange befindlichen Entwicklungsprozess aufzuhalten».[667] Was nichts anderes bedeutete, als über eine Vernichtung Serbiens den Präventivkrieg mit Russland zu wagen.[668] Es nimmt kein Wunder, dass Clark in seinem Werk diesen Berchtold-Vorschlag weglässt. Weder das offen ausgesprochene Kalkül, dass Russland eingreifen könnte, noch der faktische Präventivkrieg gegen Russland werden von Clark erwähnt. Genauso fehlt, dass am Nachmittag, als Conrad zu der Sitzung hinzustieß, über den «wahrscheinlichen Verlauf eines europäischen Krieges»[669] diskutiert wurde. Clark erwähnt nur, dass Conrad (übrigens in einem geheimen Zusatzprotokoll[670]) mitteilte, wie er die Truppen gegen Serbien und Russland [sic!] aufzuteilen gedenke. Auch hier die militärische Vorbereitung auf einen europäischen Krieg. Clark spricht aber nur davon, dass die «Aussichten auf eine friedliche Lösung» mit Serbien nunmehr «recht gering» gewesen seien, bremst aber gleich wieder, «es deutete nichts auf eine übereilte Aktion» gegen diesen Staat hin. Wieder betätigt er sich als Nebelwerfer. Die Österreicher diskutieren

---

663 Biliński zitiert nach dem Journalisten Heinrich Kanner, nach Robert A. Kann, Kaiser Franz Joseph und der Ausbruch des Weltkrieges, Wien 1971, S. 16.

664 Clark, Schlafwandler, S. 543.

665 Josef Redlich, Tagebuch, S. 237, zitiert nach Geiss, Julikrise, II, 1137, Anm. 10, S. 675; siehe auch Mombauer, Julikrise, S. 40.

666 Clark, Schlafwandler, S. 510.

667 Geiss, I, Nr. 39, S. 105.

668 Gleicher Ansicht: Mombauer, Julikrise, S. 44.

669 Geiss, Julikrise, I, 39, S. 111.

670 Geiss, Julikrise, I, 40, S. 112ff.

einen europäischen Krieg, doch Clark spricht nur davon, dass die Aussichten auf «Frieden» schwinden, aber der Krieg gegen Serbien nicht übereilt vom Zaun gebrochen werde. Außerdem erweckt Clark den Eindruck, Österreich habe im Gegensatz zu Hoyos' Aufteilungsvorschlag «keine Annexion serbischen Territoriums beabsichtigt».[671]

Das ist falsch. Nachdem der ungarische Premierminister Istvan Tisza, der noch zögerte und mindestens ein erfüllbares Ultimatum verlangte, gegen eine völlige Vernichtung Serbiens plädiert hatte, einigte man sich am 7. Juli 1914 in Wien, dass Serbien verkleinert, ein europäischer Marionettenkönig eingesetzt und das dann amputierte Land in «ein gewisses Abhängigkeitsverhältnis» gebracht werden sollte.[672] Es handelt sich bei diesen k.u.k-Überlegungen, wie Serbien nach gewonnenem Krieg zu «behandeln» sei, im übrigen um ein Pendant zu den Überlegungen in den führenden deutschen Kreisen, wie mit Belgien, Luxemburg und den Niederlanden nach dem gewonnenen Krieg zu verfahren sei.

In diesem Zusammenhang tut Krumeich Tisza Unrecht, indem er behauptet, ein unannehmbares Ultimatum sei «auf Forderung Tiszas beschlossen worden».[673] Tisza war der einzige der österreich-ungarischen Führungskräfte, der anfangs für ein annehmbares Ultimatum plädierte: «Diese Forderungen müssten zwar harte, aber nicht unerfüllbare sein.»[674] Erst kurz danach schwenkte Tisza auf die Linie der Kriegstreiber gegen Serbien um.

In der gleichen Sitzung machten übrigens der k. u. k. Ministerpräsident Graf Karl von Stürgkh und der Kriegsminister Alexander von Krobatin deutlich, dass sie auch die von Tisza vorgeschlagenen diplomatischen Schritte ablehnten. Und es wurde festgestellt, dass alle «mit Ausnahme des königlichen ungarischen Ministerpräsidenten» der Ansicht seien, «dass daher solche weitgehende Forderungen an Serbien gestellt werden müssten, die eine Ablehnung voraussehen ließen, damit eine radikale Lösung im Wege militärischen Eingreifens angebahnt würde».[675] Tisza fügte sich. Ein annehmbares Ultimatum an Serbien war damit vom Tisch und der Krieg programmiert.

«Auch dies ist ein entscheidender Moment in der Julikrise: Einzig ein militärischer Erfolg wurde von den Verantwortlichen erwogen – und das Gegenteil, sei es nun ein diplomatischer Erfolg oder gar eine militärische Niederlage, erst gar nicht in Betracht gezogen.»[676] Damit rückte ein

671 Clark, Schlafwandler, S. 543.
672 Geiss, Julikrise, I, 39, S. 109.
673 Krumeich, 1914, S. 108.
674 Geiss, Julikrise, I, 39, S. 105.
675 Geiss, Julikrise, I, 39, S. 110
676 Mombauer, Julikrise, S. 44.

europäischer Krieg in unmittelbare Nähe und es war äußerst unwahrscheinlich, dass die Russen nicht intervenierten und die Österreicher, wie es Clark euphemistisch formulierte, «ihren Streit mit Serbien regeln ließen».[677] Besser kann man die angestrebte «Vernichtung» Serbiens nicht verharmlosen. Und Clark schlägt den Salto: Die Deutschen hätten nicht daran gedacht, dass die Russen angreifen würden, weil sie nicht begriffen, wie «der österreichisch-serbische Streit bereits in das französisch-russische strategische Denken eingebunden war. Und sie erkannten nicht, wie gleichgültig den beiden Westmächten die Frage war, wer den Streit nun angefangen hatte.»[678]

Clark konstruiert hier eine Verschwörungstheorie, bei der die Serben «den Streit», wie er es nennt – es geht hier um ein Attentat, begangen von einer Gruppe individueller Verschwörer – angefangen haben, den er mit Krieg («österreich-serbischer Streit», auf deutsch «Vernichtung Serbiens») gleichsetzt, der, so könnte man jetzt meinen, von den Russen qua (angezettelter?) Thronfolgerermordung beabsichtigt war, zumindest von Pašić (um Großserbien zu errichten), um dann endlich – von den Deutschen seit dreißig Jahren erwartet (Lichnowsky) – über Deutschland gemeinsam herfallen zu können. Und diese Verschwörungstheorie wird von den Deutschen und Österreichern, die ja nur «accomplieren» (sich mit Serbien einigen) wollen, nicht durchschaut, da sich die Franzosen mit den Russen längst verbündet und auf eine solche Initialzündung gewartet haben.

Zudem würde es Frankreich und England (das real einzig bremsende Land, das wohl mit der zweiten Westmacht gemeint ist) nicht interessieren, dass die Serben (mit Krieg?) angefangen haben. Es klingt fast wie im Kindergarten: «Der hat angefangen und jetzt nutzen wir das und ziehen unsere lang geplante Verschwörung durch.»

Das ist Fantasy pur. Clark'sche Fantasy.

Dabei haben wir grade gesehen: Deutschland und Österreich kalkulierten den europäischen Krieg ein, wussten, dass die Okkupation Serbiens sogar zum Weltkrieg führen konnte. Berchtold schlägt, Conrad folgend, über den Angriff auf Serbien einen Präventivkrieg gegen Russland vor und die Deutschen haben – immer mehr selbst zum Präventivkrieg neigend (siehe Naumann) – keine Angst, einen Kontinentalkrieg zu riskieren (nur keinen Weltkrieg). Ins Blickfeld der Deutschen rückte damit immer mehr England.

Doch auch der auf Nordlandfahrt befindliche Kaiser – Bethmann schien froh, das «schwankende Rohr» für eine Zeitlang los zu sein – wird von Clark in Schutz genommen. In einem Brief vom 14. Juli 1914 an seinen

677 Clark, Schlafwandler, S. 535.
678 Clark, Schlafwandler, S. 536.

Kollegen Franz Joseph schimpfe der deutsche Kaiser zwar auf die Serben, spreche aber mit keinem Wort vom Krieg.[679]

Nun, davon sprach er dafür aber am Abend des 6. Juli 1914 in Kiel kurz vor seiner Abfahrt nach Norwegen mit dem Schwerindustriellen Gustav Krupp von Bohlen und Halbach, einem der großen Profiteure des Ersten Weltkriegs. «Diesmal falle ich nicht um»,[680] versicherte er ihm gleich dreimal. Clark enthält uns dieses Zitat nicht vor, lässt allerdings die dreimalige Wiederholung weg und fügt in seiner typischen Art gleich hinzu, Krupp habe sich gewundert «über das Pathos dieser schwachen Versuche, seinen Mut zu beweisen» (als Quelle gibt er Röhl an, wo dieses Krupp-Zitat aber nicht zu finden ist). Und Luigi Albertini, den ersten Dokumentensammler zum Ersten Weltkrieg, den Clark sonst nicht so gerne heranzieht, darf hier zum Beweis der Feigheit von «le Timide» dienen: «Wilhelm spuckte große Töne, solange die Gefahr noch weit weg war.»[681] Nun, in Wirklichkeit machte der nach seiner Rückkehr – aus gutem Grund – nur noch einen Versuch «umzufallen», um dann den Weltkrieg sauber durchzuziehen.

Aber auch auf der Nordlandreise sprach seine Majestät noch öfter vom Krieg, zum Beispiel als er am 10. Juli 1914 ein Telegramm Tschirschkys an Jagow mit Randbemerkungen versah. An der Stelle, an der der deutsche Botschafter in Wien betonte, dass Graf Berchtold (der österreichische Außenminister, inzwischen längst Kriegstreiber) fürchte, dass Serbien alle Bedingungen des bevorstehenden Ultimatums annehmen könne, was ihm «sehr unsympathisch» wäre, notierte der Kaiser forsch an den Rand «den Sandschack [ein Teil Serbiens] räumen! [annektieren, K. G.], dann ist der Krakehl sofort da!»[682] Vielleicht kennt der Australier Clark das deutsche Wort Krakehl (eigentlich: Krakeel, ist gleich Streit, auch Krach) nicht, aber Wilhelm II. ist hier tatsächlich auf Krieg aus, vielleicht will uns Clark aber auch vor unflätigen Worten aus allerhöchstem Munde bewahren. Aus welchem Grund auch immer, Clark erspart uns in seinem dicken Buch dieses Kaiserzitat. Überhaupt vermittelt Clark hier das Gefühl, der oberste deutsche Regent und König von Preußen wäre auf seiner Norwegenfahrt «über den aktuellen Stand der Entwicklung in Berlin» nicht informiert worden.[683] Was nicht der historischen Wahrheit entspricht, denn der Kaiser war durch Telegramme u. a. mit Bethmann Hollweg über alles, insbesondere auch über das bevorstehende Ultimatum, voll informiert.[684] Und

679 Clark, Schlafwandler, S. 665.

680 Fischer, Illusionen, S. 692; Röhl, Wilhelm II., S. 1090.

681 Clark, Schlafwandler, S. 667f.

682 Geiss, Julikrise, I, 66, S. 144f.; Kautsky, DD, 29.

683 Clark, Schlafwandler, S. 669.

684 Geiss, Julikrise, I, 159, 242; Müller, Tagebuch vom 19. Juli 1914, zitiert nach Röhl, Wilhelm II., 1097.

schon auf der Bahnfahrt von Potsdam nach Kiel am 5./6. Juli 1914 hatte der Marinekabinettchef Müller vom «beabsichtigten Einmarsch in Serbien», der sich zu einem großen Krieg ausweiten könnte, gesprochen.[685]

Und als der Herrscher zwei Telegramme von Tschirschky an Bethmann Hollweg vom 14. Juli 1914 überstellt bekam, in denen erläutert wurde, dass die Österreicher beschlossen hatten, mit der Übergabe des Ultimatums zu warten, bis der französische Präsident Raymond Poincaré seinen Besuch in St. Petersburg beendet habe, damit dieser auf dem Schiff sei und nicht mehr gemeinsam mit dem Zar und der russischen Regierung reagieren könne, schrieb er daneben: «Wie schade» (1. Telegramm) bzw. «schade!» (2. Telegramm).[686]

Doch zurück zu Bethmanns Formel:

1.

Klappt die Lokalisierung, also schafft es Österreich-Ungarn nach einem unannehmbaren Ultimatum so schnell wie möglich – bevor Russland reagieren kann – Serbien zu besetzen, und reagiert Russland nicht mit Krieg, dann ist nicht nur die Vorherrschaft des Dreibundes im Balkan gesichert, sondern die Entente gesprengt.

Münkler interpretiert dies einerseits tatsächlich als «Konstellation, den Frieden [sic!] in Europa zu erhalten».[687] Andererseits wäre das für ihn «nur» ein dritter Balkankrieg (mit ähnlichen Massakern?) gewesen, Serbien nur ein bisschen »beschnitten» worden. Russland hätte man garantiert, dass Serbien nicht von der Landkarte verschwindet, und Österreich-Ungarn, das laut Münkler vermutlich gewonnen hätte (dabei wurde es 1914 von Serbiens Armee tatsächlich aus dem Land gejagt, eine Eroberung gelang erst 1915 mit deutscher Hilfe), hätte die Expansionsambitionen Serbiens «gezügelt» (und den eigenen die Zügel schießen lassen). Die Entente wäre ein bisschen «gelockert» worden und Russland hätte endlich eingesehen, dass es «im östlichen Mittelmeer» nichts zu suchen hatte.[688] So kann man die absolute Vorherrschaft Deutschlands und Österreich-Ungarns auf dem Kontinent und dem Balkan («Serbien vernichten»), die Zerstörung der Balance of Power, auch verharmlosen.

In diesem Zusammenhang wird immer wieder, auch von Clark, ein anderer angeblicher Ausspruch Bethmanns über die geschönten Riezler-Tagebücher zitiert: «kurzes Accompli» (vollendete Tatsache). Geiss betont schon 1964, dass sich dieser Ausspruch sonst nirgends in den Dokumenten

685 Müller, Tagebuch vom 6. Juli 1914, zitiert nach Röhl, Wilhelm II, S. 1097.

686 Geiss, Julikrise, I, 91, S. 165 und 92, Seite 166; ; Kautsky, DD, 49 und 50; Röhl, Wilhelm II., S. 1092.

687 Münkler, Krieg, S. 100.

688 Münkler, Krieg, S. 101.

findet, erst in der Rechtfertigungsliteratur nach dem Weltkrieg. Es fragt sich, ob er korrekt ist. Nehmen wir an, er sei dies, dann erscheint es als reichlich naiver Glaube, «die Entente-Mächte ließen sich von Sentiments (wie der Empörung) leiten und nicht von politischen Interessen. Und die hätten bei einem sofortigen überfallartigen Krieg gegen Serbien [...] genauso ausgesehen wie vier Wochen nach dem Attentat».[689]

Tatsächlich tauchen in den Dokumenten ansonsten andere Gründe für das Drängen auf Eile auf: Conrad fürchtete, ein Zögern könnte den «Gegner», explizit «Serbien und Montenegro», dadurch «vorzeitig alarmieren und zu Gegenmaßnahmen veranlassen».[690] Hugo Graf von Lerchenfeld, bayerischer Gesandter in Berlin, befürchtete, wenn die Österreicher noch weiter verzögerten, «ein gewisses Abflauen des Enthusiasmus»[691], den die Kriegsdrohungen in Deutschland und Österreich-Ungarn angeblich hervorgerufen hätten. Und die deutsche Reichsleitung hatten Angst, durch das Zögern Österreichs könnte sie «Vermittlungs- und Konferenzvorschlägen der anderen Kabinette ausgesetzt» (Bethmann)[692] sein bzw. den Serben Zeit gegeben werden, «etwa unter russisch-französischem Druck von sich aus eine Genugtuung anzubieten».[693] Was nichts anderes heißt, als dass die Gefahr bestand, die Österreicher könnten sich den Krieg mit Serbien entgehen lassen, wie aus dem schon zitierten Schreiben von Schoen, der übrigens ohne Anführungszeichen von der deutschen Blankovollmacht[694] spricht, hervorgeht. Das hat mit Hoffnung auf Frieden (Münkler) oder schnelles «Accompli», damit Russland nicht militärisch eingreift (Clark), nichts zu tun. Und Schoen ergänzt: «In Wien scheint man ein so unbedingtes Eintreten Deutschlands für die Donaumonarchie nicht erwartet zu haben, und Herr Zimmermann hat den Eindruck, als ob es den immer ängstlichen und entschlusslosen Stellen in Wien fast unangenehm wäre, dass von deutscher Seite nicht zur Vorsicht und Zurückhaltung gemahnt worden sei.»[695] Als «schwankend» wird hier der dann kurz darauf doch zum Krieg treibende österreichisch-ungarische Außenminister Berchtold bezeichnet. Ergebnis: Serbien sollte schnell besetzt werden, damit nicht andere Großmächte wie England vermittelnd eingreifen. Dies war der einzige Grund und ging durch das militärische Versagen des «Großsprechers» Conrad völlig daneben: Er musste zugeben, erst am 12. August einmarschbereit zu sein. So kam es zu den Vermittlungsvorschlägen, die Deutsch-

689 Geiss, Juli 1914, S. 75.
690 Geiss, Julikrise, I, 77, S. 153.
691 Geiss, Julikrise, II, 597, S. 203; Kautsky, DD, 22.
692 Geiss, Julikrise, II, 592, S. 197; Kautsky, DD, 323.
693 Geiss, Julikrise, I, 138, S. 214.
694 Geiss, Julikrise, I, 138, S. 213.
695 Geiss, Julikrise, I, 138, S. 214.

land und Österreich höchst unangenehm waren. Was Clark natürlich nicht erwähnt.

Doch wie sah die andere, realistischere Möglichkeit für Bethmann Hollweg aus?

2.

Klappt die euphemistisch «Lokalisierung» genannte Politik aber nicht und greift Russland ein, dann kann das dem deutschen Reich nur recht sein. Man würde Russland als Aggressor hinstellen, das Reich sei der Angegriffene und würde dem militärischen Dogma, dem Schlieffenplan, entsprechend Frankreich angreifen und niederwerfen und dann sich Russland «vornehmen». Wichtig war es nur, England herauszuhalten. Wäre dies gelungen, hätte Deutschland nicht nur den Kontinent beherrscht (siehe das Mitteleuropakonzept, zu dem kommen wir noch), Frankreich zum Vasallenstaat degradiert, seine Kolonien kassiert, sich Belgien einverleibt oder versklavt, Russland nach Osten zurückgedrängt und Polen als Vasallenstaat wiedergeboren, sondern zusammen mit Österreich-Ungarn (das Serbien ausgeschaltet hätte) und der Türkei den Balkan beherrscht. Zumal der Kaiser noch Bulgarien (was ja dann auch gelang), Rumänien (was wegen Englands Eintritt in den Krieg nicht gelang) und Griechenland inkl. der Moslems (des Kaisers «Dschihad», der nicht zündete) und der Inder (was auch nicht gelang) auf seiner Seite haben wollte. Englands Weltmachtstellung, die Balance of Power, wäre vollkommen zerstört (so auch Schoen[696]), der Kontinent, der Balkan und der Nahe Osten unter deutsch-(österreichischer) Kuratel. Es ist daher unverständlich, wie Münkler ähnlich Clark trotz dieser Absichten den «Schlüssel zum Krieg» beim provozierten Russland sieht.[697]

Und diese deutschen Aggressionsabsichten werden auch durch neueste Dokumente untermauert, die Clark wohl noch nicht kannte oder nicht kennen wollte: Es fanden sich nämlich – im Gegensatz zum Julitagebuch – unverfälschte Briefe von Bethmanns Adlatus Riezler (von Clark zum «Philosophen» erhoben) an seine Verlobte Käthe Liebermann, die Tochter des Malers Max Liebermann, aus der Zeit kurz nach der Julikrise, also vom ersten Monat des Ersten Weltkrieges, als die Deutschen glaubten, rasch in Frankreich zu siegen («Im Westen ist alles über Erwarten gut und Truppen werden bald frei für den Osten.»[698]). So schreibt Riezler am 22. August 1914 über seinen Chef: «Der Reichskanzler ist ein sehr guter Kopf – und

696 Geiss, Julikrise, I, 138, S. 215.

697 Münkler, Krieg, S. 101.

698 Brief Riezler an Käthe, 24. August 1914, online Faksimile auf der Homepage des Leo Baeck Instituts: http://findingaids.cjh.org/?pID=2737638 (Juli 2015).

die Leute müssen doch wenigstens zugeben, dass die Inszenierung sehr gut war. Im Übrigen war der Krieg zwar nicht gewollt, aber doch berechnet und ist im günstigsten Moment ausgebrochen.»[699] Gemeint war hier nicht der Krieg gegen Serbien, sondern ein Kontinentalkrieg: Die Chancen «eines Sieges nach allen drei Seiten», also Russland, Frankreich und England, um «Deutschland an die erste Stelle zu bringen»[700], wären nie günstiger gewesen als nach dem Attentat von Sarajewo. [701] Gestützt wird dies noch durch eine weitere, ebenfalls bislang von niemand beachtete Tagebucheintragung Harry Graf Kesslers. Kessler berichtet im Jahr 1916 von einer Begegnung mit dem Botschafter Ferdinand Freiherr von Stumm, dem Cousin des Dirigenten der politischen Abteilung des deutschen Auswärtigen Amtes, Wilhelm Stumm, der maßgeblich an der «Inszenierung» mitgewirkt hatte: «Wir sprachen dann über Bethmann. Er meint, Bethmann wisse, dass er einmal die ganze Schuld tragen werde. Er fühle sich als Märtyrer.» Und nachdem Stumm im Gegensatz zu Kessler äußert, «die Sache wird nicht gut ausgehen», referiert Kessler Stumms Ansicht weiter: «Vor der Geschichte aber würden wir mit der Schuld dieses Krieges belastet dastehen. Denn es sei ein Präventivkrieg gewesen. Wir hätten ihn herbeigeführt, indem wir Österreich vorschoben oder losließen. Allerdings hätte jeder in Bethmanns Stellung so handeln müssen; denn der Krieg wäre in drei Jahren sicher gekommen, und dann hätten uns die Franzosen und Russen erdrückt. Also hätte Bethmann richtig gehandelt, indem er den Krieg herbeiführte; aber die Schuld werde doch an ihm haften bleiben.»[702]

Kessler erinnert dies an die «Narrheit» des deutschen Botschafters Lichnowsky (des einzigen Kriegsgegners in der damaligen deutschen Politik), der ihm gegenüber ähnlich argumentiert hatte und der ihm jetzt «in anderem Lichte» erschien. Mit Narrheit meint Kessler konkret eine Denkschrift Lichnowskys von 1915, die er an hohe Beamte verteilt hatte (und die sogar in die Hände der Alliierten gelangte).[703] 1918 gab Lichnowsky dann eine Schrift heraus, die die Verantwortung der deutschen Regierung zu belegen suchte und die zu seiner gesellschaftlichen Ächtung führte.

---

699 Brief Riezler an Käthe, 22. August 1914, http://findingaids.cjh.org/?pID=2737638 (Juli 2015), Riezler, Briefe, 6, S. 124.

700 Siehe auch: John C. G. Röhl, Brisante Briefe an Käthe, in: Die Zeit, 9. April 2015, S.17. Der Entdecker der Briefe: Guenther Roth. http://findingaids.cjh.org/? pID=2737638 (Juli 2015), Riezler, Briefe, 61, S. 199.

701 Brief Riezler an Käthe, 22. August 1914, http://findingaids.cjh.org/?pID=2737638 (Juli 2015), Riezler, Briefe, 6, S. 124.

702 Kessler, Tagebuch, Bd. 6, 22. September 1916, S. 82f., Stuttgart 2006.

703 John C. G. Röhl, Zwei deutsche Fürsten zur Kriegsschuldfrage. Lichnowsky und Eulenburg und der Ausbruch des Ersten Weltkrieges. Eine Dokumentation, Düsseldorf 1971; Donat, Weltbürger, S. 276, Anm. 14; Krumeich Juli 1914, S. 192.

Bethmann gab 1917 selbst zu, dass er «in gewissem Sinne» einen «Präventivkrieg» geführt hatte, gab aber die Schuld den Militärs, die ihn gedrängt hätten: «Ja, die Militärs.» Krumeich zitiert das[704], Münkler auch[705] und outet damit Bethmann als Präventivkriegsführer.[706] Eigentlicher Entdecker dieses Zitates aber ist der heutzutage vielgeschmähte Fritz Fischer,[707] Clark lässt alle diese Zitate weg. Bethmann darf für ihn kein Kriegsführer sein, auch nicht mit dem euphemistischen Begriff «Präventiv» davor.

Immer wieder wird betont, selbst dieses Kontinentalkriegskalkül, dieses Kalkül, den gesamten Kontinent bis weit in den Osten und über den Balkan und die Türkei in den Nahen Osten hinein zu beherrschen, habe nichts mit den Weltmachtgelüsten zu tun. Das ist falsch. Denn nicht nur Kaiser Wilhelm II. hatte diesbezügliche Ambitionen. Das heißt im Moment des Krieges wurde aus dem angeblichen «Test», ob die Russen in den Krieg ziehen, der deutsche Wille zur Macht, nämlich der, an die «erste Stelle» (Riezler) zu rücken. Man muss sogar noch weiter gehen. Riezler spricht in seinen Briefen an seine Verlobte, wie mehrfach in seinem Tagebuch, von der deutschen «Weltherrschaft»[708], die es anzustreben gelte.[709]

Wie man diese Weltherrschaftsgelüste als das Ergebnis einer «doppelten Einkreisung»[710] von Deutschland und Österreich-Ungarn bezeichnen kann, erscheint mir völlig unverständlich.

---

704 Krumeich, 1914, S. 52.

705 Münkler, Krieg, S. 80.

706 Münkler, Krieg, S. 93f.

707 Fischer, Illusionen, S. 671. Er zitiert nach Wolfgang Steglich, Die Friedenspolitik der Mittelmächte 1917/18, Bd. 1, Wiesbaden 1964, S. 418, Anm. 3. Nach Krumeich hat dies Steglich im Nachlass von Conrad Haussmann gefunden, im Staatsarchiv Stuttgart. Krumeich, 1914, S. 52, Anm. 82.

708 Brief Riezler an Käthe, 22. August 1914, http://findingaids.cjh.org/?pID=2737638 (Juli 2015), Riezler, Briefe, 6, S. 124.

709 Riezler, Tagebuch [Es handelt sich um die weniger umstrittenen Stellen, nach der Julikrise], Eintragungen vom 11.10.1914, S. 217; am 22.11.1914 wurde das ursprünglich «unantastbare Weltherrschaft» gestrichen (von wem?) und durch «unantastbare Weltmachtstellung» ersetzt, S. 229; doch am 13.12.1914 taucht die «Weltherrschaft» (S. 234) wieder auf; am 1. August 1916, da war der Krieg schon zwei Jahre alt, betont er nochmals die Notwendigkeit des ab 1914 geführten «Präventivkrieg[es] gegen das zukünftige Russland, (als solcher zu spät)» und des «Kampf[es] mit England um die Weltherrschaft». S. 368; und am 30. September 1918, kurz vor der Niederlage, da waren schon Millionen tot, kommt er ins Schimpfen: «Dies Volk, so unerzogen und kindisch, wollte England die Weltherrschaft streitig machen.» Das Volk waren eher er und Bethmann und der Kaiser und Moltke, Falkenhayn, etc., etc. Jedenfalls: keine Spur von Selbstkritik.

710 Münkler, Krieg, S. 106.

Das Ultimatum

«Der Baron: Wenn mans recht bedenkt — wegen zwei Punkterln — und also wegen so einer Bagatell is der Weltkrieg ausgebrochen! Rasend komisch eigentlich»

Karl Kraus, Die letzten Tage der Menschheit, Berlin (Ost) 1978 (zuerst: Wien 1926), 1. Akt, 5. Szene, S. 66.

Am 23. Juli 1914 fand die entscheidende Wende zum europäischen Krieg hin statt.[711] Die Krise wurde international.[712] Pünktlich um 18 Uhr übergab der österreichisch-ungarische Gesandte in Belgrad, Wladimir Freiherr Giesl von Gieslingen, das österreichische Ultimatum mit dem Zusatz, dass es binnen 48 Stunden zu beantworten sei, an die serbische Regierung. Nachfolgend der Inhalt des Ultimatums[713] in Kurzform und die entscheidenden Punkte (5 und 6), welche die Souveränität Serbiens bewusst verletzten, im Original:

Bekräftigung der demütigenden Erklärung vom 31.3.1909 (Anerkennung der Annexion Bosniens und Herzegowinas durch Österreich-Ungarn (siehe Kapitel Annexionskrise)) sowie:

1. Öffentliche, an erster Stelle gesetzte Verurteilung der gegen Österreich-Ungarn gerichteten Propaganda und Unterdrückung all dieser Propaganda und österreichfeindlichen Personen sowie die Entschuldigung für das Attentat und keinerlei Einmischungen mehr in die österreich-ungarischen Belange.
2. Auflösung der Schwarzen Hand.
3. Im öffentlichen Unterricht Tilgung aller gegen Österreich-Ungarn gemachten Propaganda.
4. Entlassung aller im öffentlichen Dienst Beschäftigten, die sich der Propaganda gegen Österreich-Ungarn schuldig machten.
5. «Einzuwilligen, dass in Serbien Organe der k. u. k. Regierung bei der Unterdrückung der gegen die territoriale Integrität der Monarchie gerichteten subversiven Bewegung mitwirken;
6. eine gerichtliche Untersuchung gegen jene Teilnehmer des Komplottes vom 28. Juni einzuleiten, die sich auf serbischem Territorium befinden;

711 Krumeich, 1914, S. 107.

712 Mombauer, Julikrise, S. 59; Ähnlich Leonhard, Pandora, S. 99.

713 Das Ultimatum ist online abrufbar unter: https://www.uibk.ac.at/zeitgeschichte/zis/library/rauchensteiner.html (Dokument 1, abgerufen Juli 2016).

von der k. u. k. Regierung hiezu delegierte Organe werden an den diesbezüglichen Erhebungen teilnehmen».

7. Die unverzügliche Verhaftung zweier Staatsbeamter: Major Voislav Tankovic und Milan Ciganovic.
8. Bestrafung und Entlassung der Grenzbeamten, die die Attentäter nach Bosnien und Herzegowina durchgelassen hatten.
9. Aufklärung über feindliche Äußerungen hoher Beamter gegen Österreich-Ungarn.
10. Unverzügliche Mitteilung der Erfüllung aller Punkte an Österreich-Ungarn.

Wie wir gesehen haben, war das Ultimatum darauf angelegt, dass es so nicht erfüllt werden konnte (Sitzung des österreichisch-ungarischen Ministerrates vom 7. Juli 1914). Grey schien es das «furchtbarste Dokument zu sein [‹zu sein› fehlt bei Clark, K.G.], das ich je einen Staat an einen anderen unabhängigen [Wort fehlt bei Clark, K.G.] Staat habe richten sehen».[714] Winston Churchill, damals Erster Lord der Admiralität (Marineminister und später Premierminister): «Es war ein Ultimatum, wie es in der modernen Geschichte noch nicht erklärt worden war.» Und «dass kein Staat der Welt ein solches Ultimatum akzeptieren konnte».[715] An seine Frau schrieb er unmittelbar nach der Kabinettssitzung: «Europa steht an der Schwelle eines großen Krieges», das Ultimatum sei «das unverfrorenste Dokument dieser Art, das jemals geschrieben wurde».[716] Grey bestellte den deutschen Botschafter Lichnowsky ein und erklärte ihm, «ein Staat, der so etwas annehme, höre doch eigentlich auf, als selbstständiger Staat zu zählen». «Das wäre sehr erwünscht», lautet die Randbemerkung von Wilhelm II. zum Telegramm Lichnowskys und: «Es ist kein Staat im Europ[äischen] Sinne, sondern eine Räuberbande!»[717] Schon am 14. Juli hatte der deutsche Botschafter in Wien, Tschirschky, an Bethmann Hollweg «ganz geheim» gedrahtet, «die Note werde so abgefasst sein, dass deren Annahme so gut wie ausgeschlossen sei [von Wilhelm II. doppelt unterstrichen, K.G.]».[718]

Auch der österreichische Heißsporn Hoyos versicherte den Deutschen: «Dass die Forderungen doch derart seien, dass ein Staat, der noch etwas

---

714 Clark, Schlafwandler, S. 585, Clark richtet sich nach dem Bericht des österreichischen Botschafters Albert Graf von Mensdorff-Pouly-Dietrichstein an Berchtold, Geiss, Julikrise, I, 261, S. 333, gibt aber als Quelle Geiss, Julikrise, I, 310, S. 373, also ein Telegramm Greys an Bunsen, den britischen Botschafter in Berlin, an, wo er wie oben angegeben zitiert wird.

715 Churchill in: The World Crisis 1911–1914, London 1923, S. 193, zitiert nach David Fromkin, Europas letzter Sommer, München 2005, S. 234.

716 Churchill, zitiert nach Fromkin.

717 Geiss, Julikrise, I, 281, S. 348f.; Kautsky, DD, 157.

718 Geiss, Julikrise, I, 91, S. 165; Kautsky, DD, 49.

Selbstbewusstsein und Würde habe, sie eigentlich unmöglich annehmen könne.»[719]

Und auch die maßgeblichen deutschen Politiker wussten, dass das Ultimatum unannehmbar war: «Dass Serbien derartige, mit seiner Würde als unabhängiger Staat unvereinbare Forderungen nicht annehmen kann, liegt auf der Hand. Die Folge wäre also der Krieg.» (Schoen)[720]

Daran gibt es nichts zu deuteln, denkt man. Doch wer so denkt, der kennt Christopher Clark nicht. Denn Clark meint, «es wäre mit Sicherheit falsch, die österreichische Note als einen anormalen Rückschritt in eine barbarische und längst vergangene Ära vor dem Aufstieg souveräner Staaten zu werten». Nun, von Barbarei hat niemand gesprochen, auch nicht von Rückfall. Sondern von «furchtbar» (Grey) – in der Ahnung eines Weltkrieges. Und von einem Staat, der noch «Selbstbewusstsein und Würde» besäße, nicht annehmbar (Hoyos).

Und wie begründet Clark diese Verharmlosung des Ultimatums? Mit einem kaum für möglich gehaltenen Manöver. Er macht einen unhistorischen Vergleich mit dem sogenannten Rambouillet-Abkommen, das die Nato Serbien (Rest-Jugoslawien) 1999 aufzwingen wollte und dessen Ablehnung zum Krieg gegen Serbien führte, an dem sich auch die Bundesrepublik Deutschland mit ihrer rot-grünen Regierung beteiligte. Verglichen damit sei die österreichische Note «deutlich zurückhaltender», ja «harmlos».[721] Hier stellt sich die Frage: Wie kann man ein Ereignis der jüngsten Vergangenheit (so schlimm es auch gewesen sein mag) in das Jahr 1914 projizieren und damit Vergleiche anstellen? Spätestens damit disqualifiziert sich Clark als Historiker.[722]

Grandios hier auch Münkler. Da die Serben zeitweilig erwogen hätten, allen Forderungen nachzukommen – was so nicht stimmt[723] –, zeige dies, «dass sie keineswegs unerfüllbar waren». Indem nämlich Serbien «auf seiner Souveränität beharrte», habe es «Ansprüche geltend» gemacht [sic!], «die man in Wien nicht akzeptieren konnte, ohne die Rolle als Ordnungsmacht des westlichen Balkans aufzugeben».[724]

Deutliche Worte, die belegen, worum es eigentlich ging: Um die Herrschaft über den Balkan, das, was Geiss als «Missing link» der Mittelmächte

719 Geiss, Julikrise, I, 136, S. 210.

720 Geiss, Julikrise, I, 138, S. 213.

721 Clark, Schlafwandler, S. 585.

722 Selbst seinem Freund Krumeich schießt er da übers Ziel hinaus. Krumeich spricht davon, der Vergleich sei «politisch-polemisch, nicht aber historisch sinnvoll». Krumeich 1914. S. 107, Anm. 1, bzw. sei es «historischer Anachronismus». Ebenda, S. 128, Anm. 77.

723 Krumeich, 1914, S. 125.

724 Münkler, Krieg, S. 42.

zur Türkei und zum Nahen Osten bezeichnet hatte.[725] Nach Münkler, der übrigens Clarks anachronistischem Vergleich mit Rambouillet zustimmt[726], hätten die Serben also auch ihre Souveränität aufgeben und zu Kreuze kriechen müssen. Damit stehen beide «Historiker» ziemlich allein.[727]

Denn es zählt einzig die Tatsache, dass das Ultimatum damals von allen Staaten als unannehmbar angesehen wurde. Nichts weiter. Clark erwähnt übrigens nicht, dass auch die Österreicher, die Ungarn und die Deutschen genau wussten, dass das Ultimatum unannehmbar war, er streut nur – in seiner typisch verwirrenden Art – einmal kurz in seine Lobeshymne auf «die Note» den Satz ein, dass Wiens Ultimatum «unter der Annahme verfasst» wurde, «dass die Serben es höchstwahrscheinlich nicht akzeptieren würden». Um dann gleich fortzufahren, es sei «keineswegs die Forderung eines völligen Kniefalls» gewesen und gerade die umstrittenen Punkte 5 und 6 spiegelten – so wörtlich – «Bedenken zur Verlässlichkeit des serbischen Gehorsams wider».[728] Ein souveräner Staat muss einem anderen aufgrund einer «behutsamen Formulierung»[729] «Gehorsam leisten», weil auf einem wenige Jahre zuvor annektierten Gebiet ein hoher Vertreter des Besatzungsregimes, Franz Ferdinand, von bosnischen Serben, also k. u. k. Untertanen, umgebracht wurde.

Hier wird das Attentat zum wichtigsten Ereignis überhaupt stilisiert, nur vergleichbar mit dem Anschlag auf das World-Trade-Center[730], ein 9/11 [sic!], wie Clark tatsächlich in einer Schweizer Fernsehsendung[731] sagte, als wäre das unannehmbare Ultimatum und der Krieg, «der Streit» (Clark) mit Serbien die logische Folge eines politischen Mordes (mit dem die serbische Regierung nichts zu tun hatte) gewesen. Clark zieht hier bewusst Parallelen zum Afghanistan- und zum Irakkrieg (2001ff.) wie auch zum Bosnien- und Kosovokrieg (1992ff. bzw. 1999). Unzulässige Vergleiche. Eines Historikers nicht würdig.

Zurück zum erpresserischen Ultimatum.

---

725 Geiss, Sozialstruktur, in: Geiss, Reich 1985, S. 51.

726 Münkler, Krieg, S. 799, Anm. 29.

727 Damals unannehmbar auch für Geiss, Juli 1914, S. 145; Klein, Deutschland, S. 248; Fromkin, Sommer, S. 231ff.; Dieter Hoffmann, Der Sprung ins Dunkle oder wie der 1. Weltkrieg entfesselt wurde, Leipzig 2010, S. 202f.; Röhl, Wilhelm II., S. 1098f.; Konrad Canis, Der Weg in den Abgrund. Deutsche Außenpolitik 1902–1914, Paderborn 2011, S. 683; Mombauer, Julikrise, S. 61; Krumeich, 1914, S. 107.

728 Clark, Schlafwandler, S. 585f.

729 Clark, Schlafwandler, S. 581.

730 Clark, Schlafwandler, S. 16.

731 NZZ – Standpunkte – Zwei Journalisten, ein Gast, TV-Sendung der Neuen Züricher Zeitung vom 12.7.2014, auch auf Youtube einsehbar.

Umso verwunderlicher – oder gerade bestätigend – erscheint die Tatsache, dass es der serbischen Regierung in fieberhafter Tätigkeit gelang, Giesl rechtzeitig, am 25. Juli 1914, als Antwort – Pašić erledigte es selbst – «ein Meisterstück diplomatischer Formulierungskunst» (Krumeich)[732] zu übergeben. Nachfolgend eine Zusammenfassung,[733] die zwei strittigen Punkte (5. und 6.) wieder im Wortlaut:

Die Serben bekräftigten die demütigende (erzwungene) Erklärung vom 31.3.1914 (Anerkennung der Annexion Bosniens und Herzegowinas). Die geforderte Erklärung zur Propaganda sollte am 26.7.1914 im Amtsblatt veröffentlicht werden.

1. Der Punkt sollte erfüllt werden inkl. einer dafür nötigen Verfassungsänderung.
2. Obwohl die Regierung keinerlei Beweise besitze, würden die Schwarze Hand und jede Gesellschaft, die sich gegen Österreich-Ungarn richte, verboten werden.
3. Alles, was gegen Österreich-Ungarn gerichtet sei, würde aus dem Unterricht «entfernt».
4. Die Entlassung von Offizieren und Beamten würde erfolgen, so ihnen nachgewiesen werden könne, dass sie sich gegen die territoriale Integrität Österreich-Ungarns (gemeint ist immer das annektierte Bosnien und Herzegowina, K.G.) gerichtete Handlungen «zu Schulden habe(n) kommen lassen.» Man erwarte von Österreich-Ungarn entsprechende Namen.
5. «Die königliche Regierung muss bekennen, dass sie sich über den Sinn und die Tragweite jenes Begehrens der k. u. k. Regierung nicht volle Rechenschaft geben kann, welches dahin geht, dass die königlich serbische Regierung sich verpflichten soll, auf ihrem Gebiete die Mitwirkung von Organen der k. u. k. Regierung zuzulassen, doch erklärt sie, dass sie jene Mitwirkung anzunehmen bereit wäre, welche den Grundsätzen des Völkerrechtes und des Strafprozesses sowie den freundnachbarlichen Beziehungen entsprechen würde.
6. Die königliche Regierung hält es selbstverständlich für ihre Pflicht, gegen alle jene Personen eine Untersuchung einzuleiten, die an dem Komplotte vom 15./28. Juni beteiligt waren oder beteiligt gewesen sein sollen, und die sich auf ihrem Gebiete befinden. Was die Mitwirkung von hiezu speziell delegierten Organen der k. u. k. Regierung an dieser Untersuchung anbelangt, so kann sie eine solche nicht annehmen, da dies eine Verletzung der Verfassung und des Strafprozessge-

732 Krumeich, 1914, S. 128.

733 Geiss, Julikrise, 336, S. 400–403. Auch: https://wwi.lib.byu.edu/index.php/II,_47._Note_der_k%c3%b6niglich_serbischen_Regierung_vom_12./25._Juli_1914,_25._Juli_1914.

setzes wäre. Doch könnte den österreichisch-ungarischen Organen in einzelnen Fällen Mitteilung von dem Ergebnisse der Untersuchung gemacht werden.»

7. Major Voislav Tankovic sei verhaftet. Milan Ciganovic, der im Übrigen Angehöriger der österreichisch-ungarischen Monarchie sei, sei noch nicht verhaftet, aber es sei ein Steckbrief ausgegeben worden. Belege für seine Schuld wurden von der k. u. k. Regierung erbeten.
8. Maßnahmen gegen Waffenschmuggel würden verschärft und die schuldigen Beamten an der Grenze streng bestraft.
9. Beamte, die feindliche Äußerungen gegen Österreich-Ungarn gemacht haben, werden, so die k. u. k. Regierung dies belegt, bezeichnet. Die serbische Regierung will aber auch selbst Beweise sammeln.
10. Über die Durchführung der Maßnahmen wird die k. u. k. Regierung in Kenntnis gesetzt.

«Die königlich serbische Regierung glaubt, dass es im gemeinsamen Interesse liegt, die Lösung dieser Angelegenheit nicht zu überstürzen und ist daher, falls sich die k. u. k. Regierung durch diese Antwort nicht für befriedigt erachten sollte, wie immer bereit, eine friedliche Lösung anzunehmen, sei es durch Übertragung der Entscheidung dieser Frage an das internationale Gericht im Haag, sei es durch Überlassung der Entscheidung an Großmächte, welche an der Ausarbeitung der von der serbischen Regierung am 18./31. März 1909 abgegebenen Erklärung mitgewirkt haben.»

Clark ist da ganz anderer Meinung. Während er die Formulierung des Ultimatums grandios findet – der Verfasser «schliff an seinem Text wie ein Juwelier an einem Edelstein»[734] –, sei die serbische Antwortnote dagegen «unordentlich» und ein «Meisterstück diplomatischer Doppeldeutigkeit», eine «subtile Mischung aus Zustimmung, bedingter Zustimmung, Ausflüchten und Zurückweisungen»[735] gewesen. Also schlicht «Verneblung». Die Reaktion einer bauernschlauen Räuberbande. Echt serbisch eben.

Doch mit der geschickten Antwort der Serben und der Zurückweisung von nur zwei Punkten verschlechterte sich die moralische Position Deutschlands und Österreich-Ungarns. Schon einen Tag vorher hatten sowohl Russland als auch Grey eine Verlängerung der Beantwortungsfrist des Ultimatums verlangt.

Am 27. Juli 1914, 15 Uhr, kam der Kaiser – bis dahin in der Hoffnung auf Englands Neutralität kriegsbereit, allerdings in den letzten Stunden vor seiner Ankunft teils falsch informiert[736] – von seiner Nordlandreise

734 Clark, Schlafwandler, S. 580.
735 Clark, Schlafwandler, S. 595.
736 Röhl, Wilhelm II., S. 1115.

zurück. Die serbische Antwortnote war zu diesem Zeitpunkt schon in Berlin eingetroffen. Doch Bethmann Hollweg informierte den Kaiser am Bahnhof Wildpark nicht darüber.[737] Gleichzeitig legte er ihm gekürzte und damit entstellte Telegramme Lichnowskys aus London vor, in denen ein Eingreifen Russlands bei einem österreichischen Angriff auf Serbien als sicher angegeben wurde. Auch fehlte Lichnowskys zutreffende Einschätzung: «Ich möchte dringend davor warnen, an die Möglichkeit der Lokalisierung auch fernerhin zu glauben, und die gehorsamste Bitte aussprechen, unsere Haltung einzig und allein von der Notwendigkeit leiten zu lassen, dem deutschen Volke einen Kampf zu ersparen, bei dem es nichts zu gewinnen und alles zu verlieren hat.»[738] Prophetische Worte, die Bethmann seinem Kaiser ersparte. Nichts davon bei Clark.

Ein weiteres Telegramm Lichnowskys – Jagow hatte sogar erwogen, es dem Herrscher gar nicht zu präsentieren[739] – legte ihm Bethmann erst am 28. Juli morgens vor, parallel mit der ebenfalls verspätet vorgelegten Antwortnote Serbiens.[740] Es war der Tag, an dem Österreich-Ungarn Serbien den Krieg erklären wollte – was Wilhelm II. auch noch nicht wusste. Und jetzt machte der Kaiser – aufgeschreckt durch das Telegramm Lichnowskys, in dem dieser davor warnte, sich die «englischen Sympathien» zu verscherzen[741] – wieder Anstalten umzufallen. Seine Majestät war der Überzeugung, «damit fällt jeder Kriegsgrund fort»: Da die Forderungen nahezu erfüllt waren – «eine brillante Leistung für eine Frist von bloß 48 Stunden» – sollten die Österreicher nur die serbische Hauptstadt besetzen, um ein Faustpfand zu haben. Der berühmte «Halt in Belgrad»-Vorschlag.[742]

Das hatte Bethmann befürchtet. Und Wilhelm schrieb auch am Morgen gleich an Jagow. Er erläuterte darin seinen Standpunkt: «Dass im

737 Er hatte am gleichen Tag, vier Stunden vorher, der Kaiser war noch auf der Rückfahrt, in einem kurzen Telegramm (Aus: 11 Uhr 20, Erhalten: 13 Uhr 20) erklärt: «Serbiens Antwort auf Ultimatum, deren Wortlaut noch nicht zu erhalten war, soll beinahe alle Punkte, auch Bestrafung aller Offiziere, annehmen, außer Armeebefehl; Kollaboration nur unter gewissen Reserven.» Geiss, Julikrise, II, 489, S. 102. Übrigens stand im gleichen Telegramm auch: «England und Frankreich wünschen Frieden.»

738 Geiss, Julikrise, II, 432, S. 42 gibt die Kürzungen merkwürdigerweise nicht an; dagegen Kautsky, DD, 236, Anm. 2.

739 «Soll das Telegramm S[einer] M[ajestät] vorgelegt werden? Es dürfte S.M. wohl kaum vorzuenthalten sein.» Geiss, Julikrise, II, 507, S. 113, Anm. 2; Kautsky, DD, 304.

740 Kautsky, DD, 270 (der original französische Text der Antwortnote: 271). Bei Geiss die deutsche Übersetzung: Geiss, Julikrise, I, 336, S. 400–403.

741 Geiss, Julikrise, II, 495, S.105f.; Kautsky, DD, 258.

742 Kautsky, DD, 270.

Großen und Ganzen die Wünsche der Donaumonarchie erfüllt sind (...) und durch sie entfällt jeder Grund zum Kriege.»[743] Doch Jagow leitete den Brief nicht, wie befohlen, an die Österreicher weiter. Und auch Bethmann ließ nun den – für Wilhelm II. erstaunlichen – Friedenswunsch ins Leere laufe. Erstens gab er dessen Ansichten erst mehr als zwölf Stunden später weiter, nämlich erst, nachdem Österreich Serbien den Krieg erklärt hatte, zweitens ließ er wichtige Sätze weg, wie den, dass jeder Grund zum Kriege entfalle.[744]

Bethmann wollte den Krieg. Dies geht eindeutig daraus hervor.
Doch Clark und Krumeich verbiegen sich geradezu, um den Friedenswillen Bethmanns herbeizuschreiben. Auch Leonhard wird hier unscharf.

Wie begründet Clark Bethmanns Friedenswillen?

Er schreibt hierzu – um einen seiner beliebten Ausdrücke zu benutzen – merkwürdig «bizarr», Bethmann habe sich in seinem «dringende(n) Telegramm» (zwölf Stunden nach des Kaisers Anweisung) «vermutlich» (ein sehr schöner Begriff eines Historikers) «auf eine alternative Strategie festgelegt, die sich darauf konzentrierte, gemeinsam mit Wien Russland von einer Überreaktion auf das österreichische Vorgehen abzuhalten».[745]

Nun, wir versuchen diese freundliche Umschreibung Clarks zu übersetzen: «Österreichisches Vorgehen»: Krieg mit Serbien. «Überreaktion» Russlands: in Erfüllung seiner Bündnisverpflichtungen Angriff auf Österreich. «Alternative Strategien»: das alte Lied von der Lokalisierung des Krieges durchhalten. Das hieß ganz einfach: Bethmann wollte hier, im Gegensatz zum Kaiser («Halt in Belgrad»), die vollständige Besetzung Serbiens und dessen Vernichtung als Faktor auf dem Balkan. Alternativ war daran gar nichts. Es war die von Anfang an verfolgte Strategie. Der Kaiser sah es wenigstens für diesen Moment anders. Die zwei abgelehnten Punkte des Ultimatums waren ihm nicht so wichtig, er wollte jetzt «nur» das Faustpfand Belgrad, während Bethmann in seinem Telegramm an Tschirschky nicht nur wegließ, dass es keinen Grund mehr für einen Krieg gab, sondern – im Gegensatz zu Wilhelm II. – auf die Erfüllung aller Punkte des Ultimatums pochte[746], um die erwünschte Ablehnung Serbiens zu provozieren und einen Grund für den Krieg gegen den verhassten Staat zu haben. Bethmann (und Jagow) steuerten hier – und dies leugnet Clark – nicht nur auf einen lokalen, sondern auf einen europäischen Krieg zu.

Auch hier lohnt es sich wieder die Originaldokumente einzusehen und zu beachten, was Clark weglässt bzw. wie Bethmann hier den Wunsch

743 Geiss, Julikrise, II, 575, S. 184; Kautsky, DD, 293.

744 Geiss, Julikrise, II, 592, S. 196–198; Kautsky, DD, 323; siehe unten daraus zitiert.

745 Clark, Schlafwandler, S. 669.

746 Geiss, Julikrise, 592, S. 197; Kautsky, DD, 323.

des Kaisers, den Krieg zu vermeiden, tatsächlich weitergab. So wartete Bethmann die Kriegserklärung Österreichs an Serbien erfolgreich ab und telegrafierte erst am 28. Juli 1914 abends (22 Uhr 15), über zwölf Stunden nachdem der Kaiser anwies, dass jetzt jeder Kriegsgrund entfalle, an Tschirschky: «Nach Angaben des österreichischen Generalstabs wird ein aktives militärisches Vorgehen gegen Serbien erst am 12. August möglich sein. Die k. Regierung [damit ist die deutsche Regierung gemeint; K.G.] kommt infolgedessen in die außerordentlich schwierige Lage, dass sie in der Zwischenzeit den Vermittlungs- und Konferenzvorschlägen der anderen Kabinette ausgesetzt bleibt, und wenn sie weiter an ihrer bisherigen Zurückhaltung solchen Vorschlägen gegenüber festhält, das Odium, einen Weltkrieg verschuldet zu haben, schließlich auch in den Augen des deutschen Volkes auf sie zurückfällt. Auf einer solchen Basis aber lässt sich ein erfolgreicher Krieg nach drei Fronten nicht einleiten und führen.»[747]

Es wird klar, warum Clark diese «alternative Strategie» Bethmanns nicht zitiert. Bethmann ist sauer, dass Conrad es nicht schafft, die Serben sofort anzugreifen, er ist sauer, weil jetzt ständig, hauptsächlich von England, Kriegsverhinderungsvorschläge kommen, er liest die deutsche sozialdemokratische Presse, die Österreich der Aggression beschuldigt (von der deutschen hat sie noch nichts mitbekommen, aber auch das scheint er für möglich zu halten), und er stellt fest, dass jetzt Deutschland Gefahr läuft, demaskiert zu werden, salopp ausgedrückt: den Schwarzen Peter zugeschoben bekommt, einen Weltkrieg ausgelöst zu haben, der sich «so» nicht führen lasse.

Es bleibt also festzuhalten: Bethmann betrog hier den Kaiser, um den Krieg mit Serbien auszulösen und mindestens einen Kontinentalkrieg («an drei Fronten») zu wagen. Wie hatte es Stumm 1916 gegenüber Graf Kessler ausgedrückt? «Es sei ein Präventivkrieg gewesen. Wir hätten ihn herbeigeführt, indem wir Österreich vorschoben oder losließen.»

Übrigens ist Clark in seinem Buch über Wilhelm II. noch anderer Meinung. Denn da kritisiert er Bethmann dafür, dass er «das entscheidende Beharren des deutschen Kaisers, dass es nun keinen Kriegsgrund mehr gebe», eben «überging».[748]

«Bizarr» verhält sich hier auch Krumeich, der a priori voraussetzt, Bethmann, «der eher melancholisch-pessimistische Kanzler» (schützt das vor Kriegstreiberei?), könne sich gar nicht «plötzlich zum aktivistischen Kriegsbefürworter gewandelt» haben. Dazu bedarf es ziemlicher Uminterpretationen. Zunächst behauptet er, Clarks Position sei «abwägend». Was immer er damit meint, Clark steht hier klar auf Bethmanns Seite:

---

747 Geiss, Julikrise, II, 592, S. 196f.

748 Clark, Wilhelm II., S. 276.

Krieg mit Serbien und nicht kein Krieg nach Wilhelms letzten Äußerungen. Eine «alternative Strategie» (Clark) war das nicht und Clark war hier auch nicht «abwägend». Und dann fährt sich Krumeich wieder fest, indem er die Dokumente nicht genau liest.[749] Seine Behauptung, Bethmann habe – abgesehen vom Weglassen des wichtigsten Satzes «damit fällt jeder Kriegsgrund fort» (Wilhelm II.) – «nahezu vollständig, das nach Wien übermittelt(e), was Wilhelm II. gemeint und angeregt hatte», ist mehr als «nahezu» falsch, denn Wilhelm gab sich mit der serbischen Antwort zufrieden, Bethmann wollte die «Besetzung von Belgrad und anderen bestimmten Punkten des serbischen Gebietes», um «die serbische Regierung zu völliger Erfüllung» der österreichischen «Forderungen und zur Schaffung von Garantien für künftiges Wohlverhalten zu zwingen».[750]

Also wollte Bethmann alle Forderungen des Ultimatums erfüllt sehen, der Kaiser nicht, der die Einwände («Reserven») der Serben «zu einzelnen Punkten» durch «Verhandlungen» geklärt haben mochte. Das ist genau der Unterschied, der den Weltkrieg schließlich auslöste. Krumeich negiert also den Kriegswunsch von Bethmann mindestens mit Serbien. Das tut nicht mal Clark. Der Krieg mit Serbien war für Bethmann ab dem 7. Juli immer eine ausgemachte Sache. Man braucht dazu nicht bis 1911 zurückgehen, als er Riezler erklärte, dass das Volk mal einen Krieg notwendig habe. Bethmann wollte immer das fait accompli, zur Not auch gegen den Kaiser.

Es ist allerdings fraglich, ob der Vorschlag Wilhelms den Weltkrieg verhindert hätte, eine Chance war es allemal. Doch Bethmann wollte gern auf diese Chance verzichten. Deswegen hatte er dem Kaiser bei seiner Rückkehr Lichnowskys Telegramme nur verstümmelt weitergegeben, die komplette Antwort Serbiens nicht vorgelegt (um die Kriegserklärung an Serbien nicht zu torpedieren). Deswegen hatte Jagow den Brief des Kaisers einfach ignoriert und deswegen gab Bethmann erst einen halben Tag später seine die Aussagen des Kaisers bewusst verzerrende (sozusagen neuerliche «Emser») Depesche an Tschirschky weiter.

Krumeich geht hier übrigens völlig der Gaul durch. Er begründet Bethmanns Handeln auch damit, dass doch die österreichische Kriegserklärung am Abend des 28. Juli 1914 schon «erfolgt war».

Umgekehrt wird aber ein Schuh daraus: Bethmann verzögerte die Antwort, um die Kriegserklärung durch den Kaiser, das «schwankende Rohr», nicht noch torpedieren zu lassen.

---

749 Bezeichnend hierfür, dass Krumeich das Dokument (Geiss, Julikrise, II, 592; Kautsky, DD, 323.) zwar nachdruckt (Krumeich, 1914, Anhang 33, S. 288–290), aber in der Anmerkung auch noch das falsche Dokument (Geiss, Julikrise, 593; Kautsky, DD, 307.) angibt (Krumeich, 1914, S. 133, Anm. 90).

750 Geiss, Julikrise, II, 592, S. 197.

Auf all dies haben schon die jetzt «verfemten» Geiss, Fischer und neuerdings Röhl[751] und Mombauer hingewiesen. Clark und Krumeich revidieren es, ohne einen triftigen Grund oder eine Quelle vorweisen zu können. Sie lassen weg, lesen nicht richtig und verdrehen hier – bewusst oder unbewusst – die Quellen.

Nochmal: Clark zitiert hier Bethmann nicht und Krumeich versucht, ihn mit falschen Belegen in Schutz zu nehmen, z.B. sei in der Forschung dieses Dokument auch zum «Beweis für die Mäßigung Bethmanns» herangezogen worden. Mäßigung? Zum Abschluss hierzu noch die letzten zwei Sätze des Bethmann-Dokuments: «Sie werden es dabei sorgfältig zu vermeiden haben, dass der Eindruck entsteht, als wünschten wir Österreich zurückzuhalten. Es handelt sich lediglich darum, einen Modus zu finden, der die Verwirklichung des von Österreich-Ungarn erstrebten Ziels, der großserbischen Propaganda den Lebensnerv zu unterbinden, ermöglicht, ohne gleichzeitig einen Weltkrieg zu entfesseln, und wenn dieser schließlich nicht zu vermeiden ist, die Bedingungen, unter denen er zu führen ist, für uns nach Tunlichkeit zu verbessern.»[752] Damit ist alles gesagt. Doch Clark übergeht das und täuscht damit die Leserschaft: «Die Ansicht, dass er [Bethmann Hollweg; K.G.] schon damit begonnen hatte, seine Diplomatie für einen Präventivkrieg einzuspannen, lässt sich anhand der Quellen nicht erhärten.»[753] Nun, weil Clark sich nicht dazu bequemt, diese auch anzugeben.

---

751 Geiss, Julikrise, S. 164f.; Geiss, Juli 1914, S. 217f.; Fischer, Griff, S. 85f.; sowie Röhl, Wilhelm II., S. 1119, der, trotz immenser Quellenarbeit, von den Schlafwandler-Historikern fast komplett ignoriert wird. Übrigens liest Krumeich auch hier wieder falsch: Röhl meint nicht, dass durch des Kaisers Vorschlag der Weltkrieg habe «vermieden werden können» (Krumeich, 1914, S. 132, Anm. 89), sondern er schreibt «vielleicht» (S. 1117) und wägt schließlich – im Gegensatz zu Clark – ab und stellt die Frage, ob des Kaisers Initiative «überhaupt geeignet war, die ins Rollen geratenen Ereignisse noch aufzuhalten» (S. 1121). Mombauer ist dagegen tatsächlich der Ansicht, dass dies den Weltkrieg hätte verhindern können, Mombauer, Julikrise, S. 82.

752 Geiss, Julikrise, II, 592, S. 197f. ; Kautsky, DD, 323.

753 Clark, Schlafwandler, S. 669.

Die sieben Vermittlungsvorschläge des Edward Grey und dessen Verhöhnung durch Christopher Clark

Edward Grey, Außenminister Großbritanniens (1905–1916)

Wenden wir uns jetzt dem von Clark gern gescholtenen britischen Außenminister Edward Grey zu und treten wir nochmals kurz einen Schritt zurück. Am 23. Juli 1914 war aus Wien das unannehmbare Ultimatum übergeben worden. Dies war der erste Schritt zum Weltkrieg. Keine Großmacht bemühte sich nun so sehr, einen solchen Krieg zu verhindern, wie Großbritannien. Oder wie die Historikerin Mombauer dies ausdrückt: «Die diplomatischen Dokumente aus diesen Tagen beweisen eindeutig, dass vor allem in London ernsthaft versucht wurde, die Krise durch Verhandlungen zu entschärfen und eine friedliche Lösung des Konfliktes zu erreichen.»[754] Da Clark das glatte Gegenteil behauptet, müssen wir uns den diplomatischen Dokumenten näher zuwenden.

1. Vermittlungsversuch
24. Juli 1914, abends. Grey hält das Ultimatum für «furchtbar»[755] und lässt über Lichnowsky nach Berlin ausrichten: «Was Sir E. Grey am meisten beklagt, neben dem Ton der Note, ist die kurze Befristung, die den Krieg beinahe unvermeidbar mache.» Er bittet – noch im Vertrauen auf eine deutsche Vermittlungsposition –, gemeinsam wegen «einer Fristverlängerung in Wien vorstellig zu werden, da sich dann *vielleicht ein Ausweg* finden lasse».[756] Wilhelm II. notiert am Rand: «nutzlos», die Deutschen kommen gar nicht auf die Idee zu vermitteln, und Österreich, das auf Krieg mit Serbien aus ist, lehnt Greys Vermittlungsbemühung ab. Clark findet das in

754 Mombauer, Julikrise, S. 67.

755 Geiss, Julikrise, I, 310, S. 373, Telegramm Greys an Bunsen. Mombauer liegt hier ausnahmsweise falsch. Das Wort «formidabel» im alten Sinne von «furchtbar» wandte Grey gegenüber dem österreichischen Botschafter an, Geiss, I, 261, S. 333.

756 Geiss, Julikrise, I, 281, S. 349; Kautsky, DD, 157.

Ordnung, denn er befürwortet 2012/13 in seinem Schlafwandler-Buch den Krieg gegen das Serbien von 1914.

Karl Max von Lichnowsky, deutscher Botschafter in Großbritannien (1912–1914)

2. Vermittlungsversuch

Grey hatte über Lichnowsky an eben diesem 24. Juli zusätzlich eine Konferenz der am Konflikt nicht direkt beteiligten Länder: Deutschland, Frankreich, England und Italien vorgeschlagen, wie schon bei der Balkankrise. Frankreich befürwortete sie. Die Deutschen lehnten ab. Wilhelm II. schrieb an den Rand: «ist überflüssig!».[757]

Clark sieht das genauso (er identifiziert sich hier erneut mit den Deutschen, ja mit Wilhelm II.). Den Friedensvorschlag Greys vom 24. Juli sieht er selbstverständlich kritisch, da nur Deutschland die Interessen Österreich-Ungarns hätte vertreten können. Als wären England und Italien schon Feindparteien Deutschlands gewesen. Immerhin war Italien Mitglied des Dreibundes (allerdings verstimmt, weil man es über das Ultimatum nicht informiert hatte) und auf England lagen die deutschen Hoffnungen der Neutralität.

Grey hatte sogar betont, ähnlich Russland, dass Serbien eine Abreibung verdient habe.

Am meisten ärgert Clark aber, dass sein vom «Irredentismus» geplagtes Österreich-Ungarn an der Konferenz nicht beteiligt werden sollte. Dabei hatte Greys Vorschlag 1913 in einer ganz ähnlichen Situation den Krieg verhindert.

Doch Clark ist nicht zu bremsen. Er behauptet gar, Grey – der Russland zur Mäßigung aufforderte – habe mit seinem Vorschlag «stillschweigend die russische Linie»[758] unterstützt. Das ist Clarks Dank an Greys Versuch, einen europäischen Krieg «zu *vier*»[759], wie sich der britische Außenminister ausdrückte (womit gemeint war: Deutschland, Österreich-Ungarn, Russland und Frankreich), bzw. einen Weltkrieg zu verhindern.

3. Vermittlungsversuch

Am 27. Juli 1914 bat Grey, nachdem er die überraschend entgegenkommende Antwortnote der Serben in Händen hielt, wieder über Lichnowsky,

757 Geiss, Julikrise, I, 281, S. 349; Kautsky, DD, 157.
758 Clark, Schlafwandler, S. 633.
759 Geiss, Julikrise, I, 281, S. 349; Kautsky, DD, 157.

nach Berlin auszurichten, «dass man die Antwort aus Belgrad entweder als genügend betrachte oder aber als Grundlage für Besprechungen», und deutete darüber sogar eine Verbesserung der Beziehungen Großbritannien-Deutschland an («eine gute Vorbedeutung für die Zukunft»). Mit «Besprechungen» wird erneut eine Botschafter-Konferenz erbeten.[760] Allerdings fand Lichnowsky den britischen Außenminister «zum ersten Male verstimmt» vor. Und Grey warnte, gehe Österreich «gar zur Besetzung von Belgrad vor», sei «klar, dass Russland dem nicht gleichgültig zusehen könne». Daraus «würde der fürchterlichste Krieg entstehen, den Europa jemals gesehen habe, und niemand wisse, wohin ein solcher Krieg führen könne». Womit er recht behalten sollte und wozu der deutsche Botschafter auch «aus dem Munde meiner Kollegen» hörte, «dass der Schlüssel der Lage in Berlin liegt».[761]

Das verleugnet Clark ebenso, wie er Greys Verhandlungsvorschlag zu den zwei kritischen Punkten des Ultimatums nicht erwähnt. Außerdem verbiegt er zusätzlich und erneut die historischen Tatsachen bzw. Dokumente und schreibt: «Die Deutschen waren bereit, britische Anregungen an Wien weiterzuleiten.»[762] Nun, das ist nicht mal die halbe Wahrheit. Denn hier fehlt einiges. Eben jenen Grey-Vorschlag (den Clark, wie gesagt, nicht erwähnt) konnten die Deutschen nicht einfach abbügeln. Also gab Bethmann den Grey-Vorschlag – mit sieben Stunden Verspätung und ohne Befürwortung – nach Wien weiter, allerdings mit dem Zusatz: «Durch eine Ablehnung jeder Vermittlungsaktion würden wir von der ganzen Welt für die Konflagration [den Flächenbrand; K.G.] verantwortlich gemacht und als die eigentlichen Treiber zum Kriege hingestellt werden [q.e.d., K.G.]. Das würde auch unsere eigene Stellung im Lande unmöglich machen [er denkt hier an die SPD; K.G.], wo wir als die zum Kriege Gezwungenen dastehen müssen.»[763] (Bethmann an Tschirschky) Gleichzeitig belog Bethmann Grey (und Lichnowsky, der ja auf Frieden aus war und deswegen ebenso hinters Licht geführt wurde). So schrieb Bethmann an Lichnowsky: «In dem von Sir Edward Grey gewünschten Sinne haben wir Vermittlungsaktion in Wien sofort [sic!] eingeleitet [sic!].»[764] Zwei Stunden später gab Bethmann dann an Lichnowsky durch, dass das «erste petitum» (Gesuch) (serbische Antwort genüge) «unerfüllbar» sei, bezüglich «des zweiten petitums» (Verhandlungen über die strittigen zwei Punkte) habe man «die Vermittlungsaktion» übernommen[765], was offensichtlich die Unwahrheit

760 Gleicher Ansicht: Mombauer, Julikrise, S. 79.
761 Geiss, Julikrise, II, 495, S. 105; Kautsky, DD, 125.
762 Clark, Schlafwandler, S. 663.
763 Geiss, Julikrise II, 503, S. 111; Kautsky, DD, 277.
764 Geiss, Julikrise, II, 504, S. 111; Kautsky, DD, 278.
765 Geiss, Julikrise, II, 511, S. 116f.; Kautsky, DD, 279.

war, denn er hatte Berchtold nur nach seiner «Ansicht» dazu befragt. Jagow hatte schon vorher dem österreichischen Botschafter Szögyény in Berlin «streng vertraulich» klargemacht: Man sei «entschieden gegen» die englischen Vorschläge, man gebe sie nur an Wien weiter, um zu verhindern, dass England «gemeinsame Sache mit Russland und Frankreich mache».[766] (Szögyény an Berchtold)

Zu allem Überfluss versicherte Bethmann scheinheilig den Engländern, «Österreich habe es nicht auf die Niederwerfung Serbiens abgesehen», da man den Russen versichert habe, «keinerlei Territorialerwerb» anzustreben. Auch wolle Österreich «den Bestand des serbischen Königreichs» nicht «antasten».[767] Was eine geschickte Lüge war, denn der angebliche Verzicht auf Annexionen schloss eine Besetzung überhaupt nicht aus. Ähnlich (siehe unten) äußerte er sich ein paar Tage später gegenüber London über den von Deutschland beabsichtigten Angriff auf Frankreich (durch Belgien hindurch). Mombauer formuliert vorsichtig, die absichtliche Täuschung Lichnowskys und Greys seien ein weiteres Indiz dafür, dass nicht jede Regierung «in gleichem Maße bemüht war», die Eskalation der Krise zu verhindern.[768]

Wir stellen fest: Die Reichsleitung hat sich nicht einfach bereit erklärt, «britische Anregungen an Wien weiterzuleiten», sondern den Österreichern klargemacht, dass das Reich nach außen hin nicht alles ablehnen könne, weil es sonst als das dastand, was es war: der eigentliche Kriegstreiber. Gleichzeitig belog man seinen eigenen Botschafter und Grey, man habe alles sofort weitergegeben und befürwortet. Das Gegenteil war der Fall. Den ersten Punkt lehnte Berlin selbst ab, beim zweiten überließ man es Wien, abzulehnen – selbstverständlich ohne ihn je zu befürworten, da man ja «entschieden dagegen» war. Die Gefahr eines europäischen Krieges schlug man in den Wind, die Niederwerfung Serbiens leugnete man geschickt. Lichnowsky – der einzige deutsche Politiker, der für Frieden und Verständigung eintrat – wurde schließlich von der eigenen Regierung «ausgeschaltet».[769] Wichtige Telegramme wurden nicht mehr an ihn weitergegeben. Nichts davon ist bei Clark nachzulesen.

Fazit: Erneut hat Clark hier wichtige Tatsachen weggelassen bzw. verfälscht.

766 Geiss, Julikrise, II, 479, S. 93.

767 Geiss, Julikrise, II, 511, S. 117; Kautsky, DD, 279.

768 Mombauer, Julikrise, S. 80.

769 Geiss, Julikrise, II, S. 109, Anm. 5, Ansicht von Geiss. Bethmann notierte über seinen Londoner Botschafter (zitiert in der gleichen Anm.): «Er erzählt alles an Sir Edward in ungeschickter Weise.» Die Ausschaltung von Lichnowsky wird von Mombauer (Julikrise, S. 79) und Röhl (Wilhelm II., S. 11) ebenfalls erwähnt.

4. Vermittlungsversuch

In diesem Zusammenhang führt Clark an, Bethmann habe eine «multinationale Intervention lediglich zwischen Russland und Österreich, nicht zwischen Österreich und Serbien befürwortet». Grey wurde deswegen von Bethmann, über Lichnowsky, am 27. Juli 1914 vorgemacht, die Deutschen hätten «überdies Graf Berchtold [österreichischer Außenminister; K.G.] auch den Wunsch Sasonows [russischer Außenminister; K.G.] auf direkte Aussprache mit Wien unterbreitet».[770] Im Glauben, dass diese Gespräche gut anliefen («höchst erfreulich»[771]), stellte der britische Außenminister weitere Initiativen zurück.[772] Doch der deutsche Außenminister Jagow war von den Gesprächen gar nicht begeistert[773] und führte auch noch den französischen Botschafter hinters Licht, indem er mitteilte, dass man «geneigt sei», sich den von Grey vorgeschlagenen Vierergesprächen «anzuschließen».[774] Die gleiche Unwahrheit übermittelte er dem britischen und dem italienischen Botschafter. Nur von einer «Konferenz» wollte er nichts wissen.[775]

Alles Bluff. Doch Clark tut so, als habe Bethmann die direkten Gespräche zwischen Österreich und Russland befürwortet.

5. Vermittlungsversuch

28. Juli 1914, 14 Uhr. Nachdem die in Deutschland tätigen Botschafter Frankreichs, Italiens und Großbritanniens den Eindruck gewonnen hatten, Jagow stoße sich nur an dem Wort «Konferenz», «wünsche aber dennoch, mit uns für die Erhaltung allgemeinen Friedens zu arbeiten», schlug Goschen, der britische Botschafter in Berlin, Grey vor, auf das Wort zu verzichten und machte den Vorschlag, der deutsche Außenminister sollte selbst «Richtlinien entwerfen, die ihm ein Zusammenwirken mit uns ermöglichen». Der Deutsch-Engländer Eyre Crowe, Unterstaatssekretär im Foreign Office Großbritanniens, hielt den Gedanken in einer Notiz für «sehr gut, Deutschland zu fragen, was es denn den Mächten vorzuschlagen habe, wenn es – wie behauptet – so bestrebt ist, für den Frieden zu arbeiten»,[776] zeigte aber, dass die Engländer langsam skeptisch wurden. Grey glaubte jedoch immer noch den Lügen Jagows, dass die deutsche Regierung die Vermittlung durch die «vier Mächte» im «Prinzip angenommen» habe. Aber die Deutschen machten keinerlei Vorschläge in die

770 Geiss, Julikrise, II, 504, S. 111; Kautsky, DD, 278.
771 Geiss, Julikrise, II, 624, S. 219; Kautsky, DD, 343..
772 Geiss, Julikrise, II, 632, S. 224.
773 Geiss, Julikrise, II, 523, S. 127.
774 Geiss, Julikrise, II, 529, S. 131.
775 Geiss, Julikrise, II, 614, S. 212.
776 Geiss, Julikrise, II, 623, S. 219.

Richtung, denn «in Wien und Berlin war eine Deeskalation der Krise nicht das gewünschte Resultat».[777] Doch Clark befasst sich damit gar nicht mehr. Eine Viermächtevereinbarung ist für ihn nur von Vorteil für die Entente und deswegen sanktioniert er nachträglich den Krieg mit Serbien. Damit schiebt er die Schuld – wie dies der Tenor seines gesamten Buchs ist – auf Serbien, Russland, Frankreich und indirekt auf England.

Zu diesem Zeitpunkt befand man sich bereits im Vorfeld eines europäischen Kontinentalkriegs, was die deutsche Regierung unter zwei Voraussetzungen billigend in Kauf nahm: Russland musste als Angreifer dastehen – das war gegenüber der eigenen Bevölkerung, insbesondere den Anhängern der SPD notwendig – und England musste neutral bleiben, damit man zuerst in Frankreich, dann in Russland einmarschieren konnte.

6. Vermittlungsversuch

Am 28. Juli 1914, 11 Uhr, hatte Österreich in aller Eile und auf deutschen Druck hin Serbien den Krieg erklärt. Der Vorschlag des Kaisers, «Halt in Belgrad», wurde von Jagow nicht beachtet und von Bethmann entscheidend verfälscht. Am 29. Juli 1914 beschossen die Österreicher Belgrad mit Artillerie. Zu mehr war Conrad zu diesem Zeitpunkt nicht in der Lage. Doch mit beiden Entscheidungen war ein weiterer Schritt auf den Weltkrieg hin getan. Sasonow brach seine direkten Verhandlungen mit dem österreichischen Botschafter ab. Was machte Grey?

Er zitierte erneut Lichnowsky zu sich und schlug nochmals die Vierervermittlung vor, immer noch im Glauben an die Lügen Jagows, wonach die deutsche Regierung diese «bereits angenommen hätte». Da dies nicht der Fall war, wurde dieser Abschnitt in Lichnowskys Telegramm bei der Weitergabe an den Kaiser schlicht gestrichen. Und jetzt kam Grey nochmals den Österreichern entscheidend entgegen, akzeptierte tatsächlich den Halt-in-Belgrad-Vorschlag des Kaisers vom Vortag[778] und wich damit von seiner zwei Tage zuvor ausgesprochenen Drohung ab: Gehe Österreich «zur Besetzung von Belgrad vor», sehe «Russland dem nicht gleichgültig» zu. Er akzeptierte also einen Einmarsch der k.u.k. Armee in Serbien. Wilhelm II. schrieb verwirrt an den Rand: «... haben wir seit Tagen bereits zu erreichen versucht.» Womit er seinen Vorschlag vom Vortag meinte.

Doch gleichzeitig warnte Grey (so übermittelte es der deutsche Botschafter Lichnowsky) nochmals und diesmal eindeutig: «Würden wir [die deutsche Reichsleitung, K.G.] aber und Frankreich hineingezogen, so sei

777 Mombauer, Julikrise, S. 68.

778 Ob er den Vorschlag Wilhelms II. über Lichnowsky oder anderweitig mitbekommen hatte oder ob er selbst darauf kam, ist unklar.

die Lage sofort eine andere und die britische Regierung würde unter Umständen sich zu schnellen Entschlüssen gedrängt sehen.» Lichnowsky zitiert Grey in Englisch: «If war breaks out, it will be the greatest catastrophe that the world has ever seen.»

Außerdem fügt Lichnowsky hinzu, Grey habe dem italienischen Botschafter gesagt, auch die Russen hätten zugestimmt, dass «die Serben auf alle Fälle gezüchtigt» würden und sich «den österreichischen Wünschen unterzuordnen» hätten. «Österreich könne also auch ohne einen Krieg, der den europäischen Frieden in Frage stelle, Bürgschaften für die Zukunft erlangen.»[779]

Die Drohung Greys saß. Bethmann, der seit seinem Amtsantritt 1909 versucht hatte, Englands Neutralität zu erreichen, wurde nun klar, dass die Weltmacht Großbritannien sich mit hoher Wahrscheinlichkeit nicht heraushalten, es also zum Weltkrieg kommen würde. Ein grandioser Slalomkurs Bethmanns folgte. Denn jetzt sandte er panische Telegramme an Tschirschky in Wien, er solle Berchtold doch drängen, den Halt-in-Belgrad-Vorschlag des Kaisers (und Greys) unbedingt anzunehmen.

Paniktelegramm 1: «Wir stehen somit, falls Österreich jede Vermittlung ablehnt, vor einer Conflagration, bei der England gegen uns, Italien und Rumänien nach allen Anzeichen nicht mit uns gehen würden und wir 2 gegen 4 Großmächte ständen. Deutschland fiele durch Gegnerschaft Englands das Hauptgewicht des Kampfes zu.»

Paniktelegramm 2: «Wir sind zwar bereit, unsere Bündnispflicht zu erfüllen, müssen es aber ablehnen, uns von Wien leichtfertig und ohne Beachtung unserer Ratschläge in einen Weltenbrand hineinziehen zu lassen.»[780] Plötzlich sind die Österreicher schuld.

Doch die Österreicher wurden einerseits misstrauisch, hier plötzlich als Alleinschuldige dazustehen, ließen sich andrerseits aber nicht beirren und lehnten telefonisch ab. Jetzt machte Bethmann seinen ernsthaftesten Versuch, den Weltkrieg zu verhindern, allerdings wieder verbunden mit der Begründung, dass die Reichsleitung anderenfalls als Kriegstreiber entlarvt würde (was ihn die Zustimmung der Sozialdemokratie zum Krieg kosten könnte).

Denn wenn Wien «jedes Einlenken, insbesondere den letzten Greyschen Vorschlag ablehnt, ist es kaum mehr möglich, Russland die Schuld an der aufbrechenden europäischen Konfiguration zuzuschieben [sic!]». Wien dokumentiere, «dass es unbedingt einen Krieg will, in den wir hineingezogen sind [sic!], während Russland schuldfrei bleibt. Das ergibt für uns der eigenen Nation [gemeint ist wohl hauptsächlich die Massenpartei

779 Geiss, Julikrise, II, 678, S. 279.; Kautsky, DD, 368.
780 Geiss, Julikrise, II, 695 und 696, S.289f. ; Kautsky, DD, 395 und 396.

Theobald von Bethmann Hollweg, deutscher Reichskanzler (1909–1917), in Generalsuniform

SPD; K.G.] gegenüber eine ganz unhaltbare Situation».[781] Als die deutschen Militärs diesen Rückzieher zur Kenntnis bekamen, stellten sie Bethmann zur Rede. Nun wollte dieser – mit einem erneuten Rückzieher – Tschirschky unter Hinweis auf dessen «Generalstab» und die russischen «militärische[n] Vorbereitungen» bitten, erst mal nicht zu intervenieren.[782] Als dann jedoch ein Telegramm des englischen Königs ankam, der sich auch für den Halt-in-Belgrad-Vorschlag aussprach, wollte er – spät in der Nacht vom 30. auf den 31. Juli 1914, 2 Uhr 45 – doch die Zustimmung Österreichs dafür, ausschließlich Belgrad zu besetzen.[783] Berchtold wurde kurz schwankend – aber Conrad setzte sich schließlich durch: «Krieg gegen Serbien». Das Angebot Greys wurde «in meritorischer [sachlicher, K.G.] Hinsicht» auf einer Audienz von Berchtold und Conrad bei Kaiser Franz Joseph abgelehnt.[784] Geiss weist hier zu recht darauf hin: Hätte Bethmann konsequent gesagt, wir haben uns verkalkuliert, wir können euch nicht mehr unterstützen, wäre der Weltkrieg zumindest zu diesem Zeitpunkt höchstwahrscheinlich verhindert worden – eine kleine Blamage, versüßt jedoch mit dem Angebot Greys, das er noch am 30. Juli 1914 aussprach: «Und wenn der Friede Europas gerettet und diese Krise glücklich überwunden werden kann, so würde es mein ernstliches Bestreben sein, irgendeine Abmachung zu fördern, an der Deutschland beteiligt sein könnte und die ihm die Sicherheit gewährte, dass Frankreich, Russland und England – gemeinsam oder einzeln – keine feindselige oder aggressive Politik gegen Deutschland oder seine Verbündeten verfolgten. [...] Der Gedanke war bisher zu utopisch, um den Gegenstand bestimmter Vorschläge zu bilden, aber wenn die gegenwärtige Krise – die schärfste, die

781 Geiss, Julikrise, II, 793, S. 380; Kautsky, DD, 441.

782 Geiss, Julikrise, II, 798, S. 383; Kautsky, DD, 451. Das Telegramm wurde nicht abgesandt.

783 Geiss, Julikrise II, 804, 388f.; Kautsky, DD, 464.

784 Geiss, Julikrise, II, 759, S. 355.

Europa seit Generationen erlebt hat – glücklich überwunden wird, dann hoffe ich sehr, dass die darauf folgende Rückwirkung und Entspannung eine entschiedenere Annäherung der Mächte ermöglichen werde, als das bisher der Fall war.»[785]

Hier bot Grey nicht nur die immer von Bethmann gewünschte Annäherung an Deutschland an, sondern eine internationale Friedensordnung. Übrigens sprach man in Berlin und Wien in der Julikrise nie von Frieden.

Nun zu Clark. Was fischt er aus seinem Zettelkasten, um den Grey'schen Vorschlag wegzudiskutieren? Nun, der Halt-in-Belgrad-Vorschlag Greys wird von Clark mit keinem Wort erwähnt. Er geißelt dagegen Grey dafür, dass er sich gar nicht über die russischen Mobilisierungen informiert hätte (dabei war Russlands Generalmobilmachung noch gar nicht erfolgt). Sodann erwähnt er nur seine Drohung, dass sich England nicht heraushalte, um gleich anzufügen, dass Grey dazu gar nicht vom Kabinett autorisiert worden sei.[786] Wenige Seiten vorher hatte er jedoch noch den «Slalomkurs» Greys (nicht den Bethmanns) beklagt[787], jetzt ist ihm die eindeutige Stellungnahme auch nicht recht, zumal er Greys wichtigen Halt-in-Belgrad-Vorschlag («Züchtigung» Serbiens mit russischer Zustimmung, volle Genugtuung für Österreich) verschweigt.

Und wie beurteilt er Bethmanns Panik? «Aus Sorge über Nachrichten aus London sowie ständig eingehende Meldungen über russische militärische Vorbereitungen» habe Bethmann «schlagartig seinen Kurs gewechselt» und eine Reihe «eindringlich formulierter Telegramme» an Tschirschky losgelassen. In Wirklichkeit ließen Bethmann die russischen militärischen Vorbereitungen kalt – ihm war immer nur wichtig, dass Russland als Angreifer dastünde (siehe die Telegrammzitate oben), die offensichtlich zur Disposition stehende Neutralität Englands nicht. (Gefahr eines Weltkriegs) Doch diese alleinige Ursache für Bethmanns «Kurswechsel» kann Clark nicht zugeben, der übrigens gleichzeitig eingesteht, dass Bethmann tags zuvor des Kaisers Bemühungen, «Wien zurückzuhalten, unterlaufen hatte». Und warum konnte Bethmann nun aber Österreich nicht zurückhalten? Clarks Darstellung: Dies war so, nicht weil ihn die deutschen Militärs erst bremsten, und auch nicht, weil sich die Österreicher schließlich schlicht weigerten, auch nur ein klein wenig zurückzustecken und das Faustpfand Belgrad anzunehmen, sondern aufgrund der «Schnelligkeit der russischen Vorbereitungen».[788] Erst gerät Bethmann laut Clark wegen der

785 Dies bot Grey übrigens im gleichen Telegramm an, in dem er sich gegen Bethmanns Angriffs- und Annexionspläne betreffend Belgien und Frankreich verwahrte, Geiss, Julikrise, II, 846, S. 420f.

786 Clark, Schlafwandler, S. 636.

787 Clark, Schlafwandler, S. 627.

788 Clark, Schlafwandler, S. 671.

russischen Vorbereitungen in Panik und bremst und dann wird genau dieses Bremsen «wiederum» durch die russischen Vorbereitungen torpediert. Ja, was denn nun?

Die Dokumente geben eindeutig Auskunft. Bethmann gerät wegen Greys Drohung in Panik, bremst sich aber in seinen den kriegerischen Konflikt verhindernden Absichten dann wieder und begründet dies mit russischen Vorbereitungen. Doch dann schwenkt er wieder um – wegen des Telegramms des englischen Königs. Das wird von den Österreichern schlicht ignoriert – Conrad setzt sich durch. Clark verschweigt das und schiebt dafür jede Wendung Bethmanns auf die russischen Vorbereitungen. Wahrlich Geschichtsumschreibung vom Feinsten. Nochmals: Dass die Österreicher ablehnten, findet man bei Clark nicht, genauso wenig wie Greys Halt- und Serbenzüchtigungsvorschlag.

Bethmann ließ nun – im falschen Augenblick – seine Maske fallen. Ungeschickterweise noch bevor Lichnowskys Telegramm mit dem englischen Angebot des Faustpfandes Belgrad und der gleichzeitigen Drohung Greys, nicht neutral zu bleiben, eintraf, beging Bethmann den größten Fauxpas seiner Kanzlerschaft. Am 29. Juli 1914 abends, die Österreicher beschossen bereits Belgrad, machte er persönlich dem britischen Botschafter Goschen einen unglaublichen «Neutralitätsvorschlag». Goschen telegrafierte Grey noch in der Nacht: «Die kaiserliche Regierung sei bereit, der britischen Regierung – ihre Neutralität vorausgesetzt – jede Zusicherung zu geben, dass Deutschland im Falle eines siegreichen Krieges keinen Gebietserwerb auf Kosten Frankreichs anstrebe. Auf meine Frage erwiderte Seine Exzellenz, er vermöge gleiche Zusicherung bezüglich Kolonien nicht geben.» Und dann machte Bethmann dem verblüfften Goschen noch klar, dass «die belgische Integrität», so sich die Belgier bei einem Überfall Deutschlands nicht wehren würden, «geachtet» würde.

Auf deutsch: Greife Russland Österreich an, würden die Deutschen unter Missachtung der belgischen Neutralität durch Belgien hindurch Frankreich angreifen, und wenn sich die Belgier wehrten, Teile Belgiens oder das ganze Land annektieren. Wenn England aber «neutral» bleibe, würde man Frankreich nach einem deutschen Sieg – von dem Bethmann offensichtlich ausging (Schlieffen-Plan)– nichts wegnehmen, außer vielleicht deren Kolonien, also halb Afrika. Bleibt aber England nicht neutral – das ist die logische Schlussfolgerung – dann würde man Teile Frankreichs annektieren.

Bethmann wollte also spätestens jetzt den europäischen Krieg. Er wollte dafür die belgische Neutralität verletzen, er bat England, sich rauszuhalten, mit dem Zuckerl, dass man den Franzosen – die man so und so schlagen werde – schlimmstenfalls die Kolonien wegnehmen, Belgien aber, wenn es nicht stillhielt, teilweise oder ganz annektieren würde.

Crowes Vermerk dazu: «Diese erstaunlichen Vorschläge bedürfen nur eines einzigen Kommentars, dass sie ein schlechtes Licht auf den Staatsmann werfen, der sie macht. [...] Es ist klar, dass Deutschland zum Krieg so gut wie entschlossen ist und dass der einzig hemmende Einfluss bislang die Furcht vor der Teilnahme Englands an der Verteidigung Frankreichs und Belgiens war.»[789]

Grey telegrafierte an den britischen Botschafter Goschen in Berlin – und dies ist eines der interessantesten Dokumente der Julikrise (wird aber von den «Schlafwandler»-Historikern gar nicht oder nur rudimentär verzerrend zitiert):

«Er verlangt tatsächlich eine Verpflichtung von uns, wir sollten, solange sich Deutschland kein französisches Gebiet – zum Unterschied von den Kolonien – aneignet, untätig zuschauen, während französische Kolonien weggenommen werden und Frankreich geschlagen wird.

Vom materiellen Standpunkt aus ist solch ein Vorschlag unannehmbar, denn Frankreich könnte, ohne dass ihm weiteres Gebiet in Europa weggenommen würde, so erdrückt werden, dass es seine Stellung als Großmacht verlöre und in Abhängigkeit der deutschen Politik geriete.»[790]

Zu Recht merkt hier der von den «Schlafwandler»-Historikern «verfemte» Geiss an, dass Grey hier genau herausarbeitete, was die deutsche Absicht war, wie sie dann wenige Wochen später im September-Programm auch tatsächlich proklamiert wurde: Frankreich (und Belgien) als Vasallenstaaten eines von Deutschland beherrschten Mitteleuropas. Wir wollen hier nicht vergessen, dass einer der Vordenker Clarks, Niall Ferguson, genau deswegen den Kriegseintritt Englands geißelte. Hätte England nicht eingegriffen, hätte man schon damals eine EU in Europa gehabt, so Ferguson, allerdings nicht nur wie heute ein ökonomisch, sondern auch ein politisch und militärisch von Deutschland beherrschtes, großdeutsches Reich des frühen 20. Jahrhunderts sozusagen. Und England wäre weiter Weltmacht geblieben (hätte also auch keinen Brexit nötig gehabt, K.G.), allenfalls die Franzosen wären zum Faschismus übergegangen (weil sie antisemitischer als die Deutschen gewesen seien). Zudem hätte es keine bolschewistische Revolution gegeben und Hitler wäre Postkartenmaler geblieben.[791] Clark will nicht ganz so weit gehen wie sein abstruser Vordenker.

Rosa Luxemburg wiederum erkannte 1915 in einem etwaigen Sieg der Deutschen über Frankreich, Russland und das englische Expeditionskorps die Bedingung für einen Zweiten Weltkrieg, da England in einem neuen

789 Geiss, Julikrise, II, 745, S. 333f.
790 Geiss, Julikrise, II, 846, S. 420.
791 Ferguson, Krieg, S. 397.

Krieg versuchen würde, «das Joch des preußisch-deutschen Militarismus, das auf Europa und Vorderasien lasten würde, abzuschütteln».[792]

Zurück zu Grey: Bethmanns Ansinnen und Greys Antwort verdeutlichen, dass alle Behauptungen (die neuerdings bis in die Linke hinein vertreten werden), wonach die deutsche Regierung vor Beginn des Krieges keine Annexionspläne gehabt hätte und diese sich erst im Riezlerschen/Bethmannschen Septemberprogramm (1914) manifestiert hätten, unzutreffend sind.

Schon in den Marokkokrisen hatte Berlin es auf Zentralafrika abgesehen gehabt. Jetzt sagte Bethmann es klipp und klar, man wollte von Frankreich halb Afrika und von Belgien das, was man sich aussuchen würde, wenn dieses nicht nach der Pfeife der Reichsregierung tanzen und sich wehren würde. Und wenn England nicht neutral bliebe, würde man sich Teile Frankreichs einverleiben.[793]

Was sagt aber Clark dazu? «Als Bethmann Hollweg am 30. Juli in einem Telegramm London vorschlug, dass das Deutsche Reich davon absehen werde, französische Gebiete zu annektieren, falls Großbritannien neutral bleiben werde, telegrafierte Grey an den britischen Botschafter in Berlin, Goschen, dass dieser Vorschlag ‹keinen Augenblick lang in Betracht gezogen werden› könne. Greys Aktionen und Versäumnisse enthüllten, wie stark das Denken im Rahmen der Entente seine Sichtweise der sich zuspitzenden Krise prägte.»[794]

An diesen beiden Sätzen stimmt so gut wie gar nichts bzw. sie unterstreichen die gezielte Verzerrung der Absichten von Bethmann und Grey durch Clark. Bethmann schlug das nicht in einem Telegramm, sondern persönlich Goschen vor. Der Vorgang spielte sich nicht am 30. Juli, sondern am Abend des 29. Juli 1914 gegen 22 Uhr 30 ab, was für den Ablauf der Ereignisse sehr wichtig ist (Clark gibt sicherheitshalber keine Quelle an).

Clark verschweigt in der zitierten Passage die Absicht eines europäischen Krieges – die Lokalisierungsdoktrin war indes längst durch Österreichs Vorgehen gesprengt. So verschweigt er die Absicht, Belgien zu überfallen und mindestens teils zu annektieren, wenn es sich wehrt. Er unterschlägt die Absicht, Frankreich zu überfallen und zu besiegen. Er stellt den Nichtannexionswunsch positiv heraus, ohne anzumerken, dass man die Kolonien (halb Afrika) sehr wohl zu kassieren gedachte.

Er informiert nicht über die wichtigsten Punkte der Antwort Greys, insbesondere die Entlarvung der Annexionspläne (Zerstörung der «Balance of Power») und ein weiteres Friedensangebot (siehe oben).

---

792 Luxemburg, Junius, in: Luxemburg, Bd. 4, S. 156f.

793 Gleicher Ansicht Röhl, Wilhelm II., S. 1135f.

794 Clark, Schlafwandler, S. 636.

Er stellt im Nachsatz den «dekuvrierenden» Vorschlag Bethmanns als Versäumnis von Grey dar.

Kann man Geschichte geschickter sich zurechtbiegen? Auch Krumeich verschweigt in seinem Text den Kolonienannexionswunsch und stellt wie Clark die Annexionsdrohung gegenüber Belgien (falls es sich wehre) falsch dar[795], um im Anhang mal wieder das unpassende Dokument anzugeben[796] und auch noch anzumerken, dies sei wohl ein «etwas unbeholfener Versuch» Bethmanns gewesen, sich der englischen Neutralität zu versichern, garniert mit der naiven Frage: «Wollte es [Deutschland] also französischen Besitz in Afrika annektieren?» Ja, Herr Krumeich, es wollte.

Wir haben gesehen, dass Clark die zahlreichen Versuche Greys, den Weltkrieg zu verhindern, nicht honoriert bzw. gar nicht darstellt und Bethmanns Zusteuern auf die Katastrophe verschleiert. Er wirft Grey das vor, was schon Generationen von Kriegsschuldlügen-Historiker Grey vorgeworfen haben: «Slalomkurs». Grey schilderte am 30. Juli 1914 in einem Gespräch mit dem österreichischen Botschafter Mensdorff, in dem er im Übrigen seinen Halt-in-Belgrad-Vorschlag auch direkt an Österreich vortrug, sein Dilemma. Die Konfliktparteien rieten ihm, zwei entgegengesetzte Standpunkte einzunehmen:

«Sich unbedingt auf Seite Russlands und Frankreichs zu stellen, wodurch der Krieg verhindert werden könnte (ich [Mensdorff; K.G.] warf ein, das würde wohl höchstens Gegenteil herbeiführen), oder zu erklären, dass England unter keiner Bedingung am Krieg Frankreichs und Russland teilnehmen würde. Letzteres, versicherte er mir, würde den Krieg auch nicht verhindern.»[797] Genau deswegen hatte er sowohl Russland gewarnt, England würde nicht mitgehen, als auch Österreich, England würde nicht zusehen. Was blieb ihm auch anderes übrig? Als aber klar war, dass die Deutschen den europäischen Krieg sowie Belgien und Frankreich überfallen wollten, war das Maß voll, die «Balance of Power» gefährdet, England konnte als imperiale Weltmacht eine unbedingte Vorherrschaft Deutschlands auf dem Kontinent, einen Vasallenstaat Frankreich (zudem, aber für England weniger ausschlaggebend, eine Vormachtstellung Österreichs und Deutschlands – im Verein mit der Türkei – auf dem Balkan) nicht dulden. Die Verletzung der Neutralität Belgiens wurde sozusagen

---

795 Krumeich, 1914, S. 150.

796 Krumeich zitiert Bethmanns Darstellung (Geiss, Julikrise, II, 684; Kautsky, DD, 373) statt der von Goschen an Grey (Geiss, Julikrise, II, 745) und verwechselt diese auch noch mit dem Telegramm Goschen an Nicolson (Geiss, Julikrise, II, 971), Krumeich, 1914, S. 312, Anm. 2, was nicht ganz so peinlich ist wie Bethmanns Angebot, aber doch zeigt, wie ideologiebeladen seine Argumentation gegen die Historiker Fischer und Geiss gerichtet ist.

797 Geiss, Julikrise, II, 752, S. 349.

zum letzten Funken, der den Weltenbrand auslöste und nicht nur den Kontinentalkrieg.

Clark wiederum weiß sogar zu berichten, die Engländer hätten erwogen, eine Verletzung der Neutralität Belgiens zuzulassen, vor allem wenn die Deutschen nur durch Südbelgien marschiert wären, was an der Eroberung des Kontinents durch Deutschland nichts geändert hätte. Und Clark klagt die Briten deswegen an: «Es ist sehr erstaunlich, wie kaltblütig hohe britische Militärs und Staatsmänner über einen deutschen Bruch der belgischen Neutralität nachdachten.»[798] Weniger erstaunlich für ihn ist offensichtlich die Tatsache, dass die Deutschen – letztlich wegen eines Attentats in Sarajevo – die Neutralität Belgiens verletzen wollten, dies dann tatsächlich taten und bis dahin nicht für möglich gehaltene Massaker in Mitteleuropa begingen. Genauso wie die Tatsache, dass Jagow – streng geheim – am 29. Juli dem deutschen Gesandten in Brüssel, Claus von Below-Saleske, ein Ultimatum an Belgien hatte deponieren lassen, in dem man von dem kleinen Land freien Durchmarsch verlangte, andernfalls mit Krieg drohte, aber nebenbei auch noch Teile des zu erobernden Frankreich versprach, wenn man stillhalte.[799] So wie es Wilhelm II. schon Jahre vorher dem belgischen König angeboten hatte.

Der leutselige Australier erlaubt sich hier zwar sogar eine Kritik an Bethmann, allerdings sieht er für die Deutschen keine Alternative zu diesem Ultimatum, «weil dies die einzige denkbare Möglichkeit schien, sich in irgendeiner Form mit Brüssel zu einigen». Und das von Moltke schon am 26. Juli vorformulierte Ultimatum «appellierte an eine vernünftige Würdigung des deutschen nationalen Interesses».[800] Zynischer geht es nicht mehr.

Die Engländer unterhalten sich nach Clark kaltblütig über die deutschen Überfallpläne, aber dieselben Pläne sind im nationalen deutschen Interesse und dienen der «Einigung» mit den Belgiern. Dass Moltke schon am 26. Juli wusste, dass man Belgien angreife und sich hier gegenüber der Politik durchsetzte, ist ihm auch keine Erwähnung wert. Clark gibt auch noch Tipps, wie die EU früh entstanden wäre.

Hier scheint der Stichwortgeber Ferguson durch.

Übrigens fügte der österreichische Botschafter in London, Mensdorff, in seiner Depesche an seinen Außenminister Berchtold hinzu: «Mein Eindruck ist der, dass man sich hier eifrigst bemüht, Frieden zu erhalten [...], auch

---

798 Clark, Schlafwandler, S. 631.

799 Geiss, Julikrise, II, 439, S. 45, das Schmankerl für Belgien, sich an Frankreich bedienen zu dürfen, ließ man dann bei Übergabe am 2. August 1914 doch lieber weg, siehe auch 686, 1073; sowie Mombauer, Julikrise, S. 89, die den Appetithappen allerdings nicht erwähnt.

800 Clark, Schlafwandler, S. 702.

uns sehr weitgehende Satisfaktion [...] gegenüber Serbien zu verschaffen bestrebt wäre», wenn man nur Serbiens Existenz als unabhängiger Staat garantieren würde.[801]

Clarks Vorwürfe gegen Greys angeblichen Slalomkurs sind, so Mombauer, «nicht nur unfair (schließlich war Grey nicht verantwortlich, dass der Zweibund einen Krieg riskieren wollte), sondern entbehren im Rückblick auch jeder Grundlage, denn Deutschland hätte sich dadurch nicht von einem Krieg abhalten lassen».[802] Wie der österreichische Botschafter richtig vermutet hatte und Moltke schließlich bewies. Auch wenn der Einsatz Englands in einem solchen Krieg lange unklar war, eine deutsche Vernichtung der Großmacht Frankreich wollte und konnte sich England nicht leisten. Mit dem Überfall auf Belgien hatte Grey Kabinett und Bevölkerung Englands auf seiner Seite. Nunmehr versuchte England, den «Hunnensturm» zusammen mit Frankreich aufzuhalten.

7. Vermittlungsversuch

Am 1. August 1914, kurz vor Toresschluss sozusagen, traf ein dubioses Telegramm des deutschen Botschafters in London, Karl Max von Lichnowsky[803], in Berlin ein, das doch noch – indirekt – die englische Neutralität zu versprechen schien: Grey habe ihn gefragt, ob er «glaubte, erklären zu können, dass für den Fall, dass Frankreich neutral bleibe in einem deutsch-russischen Kriege, wir die Franzosen nicht angriffen. Ich erklärte ihm, die Verantwortung hierfür übernehmen zu können.»[804]

Dies schlug in der deutschen Führung «wie eine Bombe»[805] ein. Endlich fiel vom Kaiser, von Bethmann Hollweg, ja von «Außenminister» von Jagow, von Admiral von Tirpitz und vom preußischen Kriegsminister von

---

801 Geiss, Julikrise, II, 752, S. 349.

802 Mombauer, Julikrise, S. 85. Mombauer nennt ihren Kollegen Clark hier nicht direkt, meint ihn aber auch.

803 Lichnowsky war ehrlich um Frieden bemüht und wurde deswegen nach dem 26.7.1914 nicht mehr mit wichtigen Informationen beliefert (Mombauer, Julikrise, S. 79). Und Wilhelm von Stumm, Chef der politischen Abteilung im deutschen Außenministerium, kommentierte am 30.7.1914: «Der macht sich in die Hosen.»

804 Telegramm Lichnowsky an Jagow vom 1.8.1914, Geiss, Julikrise, II, Nr. 983, S. 544f.; Kautsky, DD, 562. Lüder Meyer-Arndt vermutet, dass Lichnowsky selbst diese Idee geboren hatte und nicht Grey, was dieser auch am 28.8.1914 im englischen Unterhaus beteuerte. Lichnowsky hatte zu diesem Zeitpunkt nur mit Sir William Tyrrell, Greys Privatsekretär, gesprochen und diesen gebeten, dies als Idee von Grey auszugeben! Lüder Meyer-Arndt, Die Julikrise 1914: Wie Deutschland in den Ersten Weltkrieg stolperte, Köln, Weimar, Wien 2006.

805 Tagebucheintragung des Chefs des Militärkabinetts von Lyckner vom 1.8.1914, Geiss, Julikrise, II, Nr. 1000b, S. 556.

Falkenhayn der Alb ab, vor dem sie sich extrem gefürchtet hatten: dass England eingreifen und es tatsächlich zum Weltkrieg kommen würde.

Helmuth von Moltke, der Chef des Generalstabes, weigerte sich jedoch, die Mobilisierung der deutschen Truppen gen Westen zu stoppen, weil er den Schlieffenplan umsetzen wollte, wurde aber vom Kaiser mit Hinweis auf seinen schneidigen Onkel und Vorvorgänger im Generalstab dazu gezwungen, nachzugeben. Moltke brach in Tränen aus und fürchtete, auch Russland könne noch «abschnappen», also Serbien alleinlassen.

Da ein ganz ähnlicher Hinweis von des Kaisers Bruder, Heinrich, Wilhelm II. ebenfalls per Telegramm erreicht hatte, der englische König habe ihm auch Neutralität versichert, telegrafierte man deutscherseits nun zweifach mit wiedergefundener Schneidigkeit zurück. Telegramm 1 ging vom Kaiser an den König. Telegramm 2 war an Grey gerichtet, dass man diesem Vorschlag zustimme, aber nur, wenn England sich «mit seiner ganzen Streitmacht für die unbedingte Neutralität Frankreichs im deutsch-russischen Krieg verbürgt [also nötigenfalls gegen Frankreich militärisch vorgehe! K.G.], und zwar für eine Neutralität bis zum völligen Austrag des Konfliktes.» Gemeint ist die Niederwerfung Russlands. «Darüber, wann der Austrag erfolgt ist, hat Deutschland allein zu entscheiden.»[806] Das implizierte natürlich auch, dass es danach entscheide, wann man Frankreich angreife. Kaum schwebte die Fata Morgana der englischen bzw. sogar der französischen Neutralität im Raum, wurde die deutsche Politik- und Militärmaschine sofort wieder laut und verlangte von England tatsächlich, die Neutralität Frankreichs zu garantieren. Es zeigt, wie aggressiv die militärische, die kaiserliche und die Bethmann'sche Politik hier eingestellt war. Grey schien nicht nur den Finger, sondern die ganze Hand anzubieten, und damit, so der Wunsch der Deutschen, sollte er gleich auch noch Frankreich knebeln.

Die Verbürgung Englands, mit Waffengewalt die Neutralität Frankreichs durchzusetzen, hätte eine absurde 180-Gradwendung der englischen Politik (Frankreich war schließlich Mitglied der Entente) bedeutet und konnte nie im Sinne Greys sein.

Doch dann traf Lichnowsky tatsächlich (am selben Tag, nachmittags) mit Grey zusammen und der erklärte lediglich – nachdem er nochmals betonte, dass die Neutralität Belgiens unverletzlich bleiben müsse, da ihm Goschen in der Nacht vom 31.7. auf den 1.8. nochmals telegrafiert hatte, dass die Deutschen wohl diese zu verletzen beabsichtigen[807] – als äußer-

806 Telegramm Bethmann Hollweg an Lichnowsky vom 1.8.1914, Geiss, Julikrise, II, Nr. 1007, S. 568; Kautsky, DD, 578.

807 Auch Lichnowskys Frage, ob er Neutralität garantiere, wenn Deutschland nicht durch Belgien marschiere (und somit über Elsass-Lothringen angreife!) konnte Grey schlecht positiv bescheiden. Telegramm Goschen an Grey am

stes Entgegenkommen, dass die «französische und deutsche Armee nach Mobilmachung an Westgrenze halt machen und keine die Grenze überschreiten solle, solange es die andere nicht tue». Und er fügt hinzu: «Ich vermag nicht zu beurteilen, ob dies mit französischen Bündnispflichten [Russland gegenüber; K.G.] vereinbar wäre.»[808] Hier gab Grey zwar keine Neutralitätsgarantie für Frankreich, was ja auch absurd gewesen wäre, trotzdem beugte er sich weit aus dem Fenster. Offensichtlich wollte er mit allen Mitteln eine Auseinandersetzung Deutschland-Frankreich und damit auch ein Eingreifen Englands verhindern. Man könnte fast meinen, er erwog, hier Russland im Stich zu lassen, in der Hoffnung, Deutschland würde Frankreich nicht angreifen und umgekehrt.

Der Kaiser schrieb, mit der bei ihm gewohnten «Zurückhaltung» an den Rand des von Lichnowskys gekabelten Telegramms: «Der Kerl [gemeint ist Grey] ist toll oder Idiot.»[809] Dabei handelte es sich um einen letzten, verzweifelten Versuch Greys, den Frieden zu retten.

Am späten Abend dann die Nachricht von Lichnowsky, dass alles nur ein Missverständnis sei. Moltke durfte nun den Schlieffenplan umsetzen.

Krumeich beschreibt (ähnlich Geiss) das Verhalten der deutschen Führung an diesem 1. August 1914 treffend: «Dass die versammelten Herren für einen Moment wirklich glaubten, dass England ein solches Pseudo-Moratorium akzeptieren werde und man auf diese Weise den Rücken nach Westen frei halten und gleichzeitig ungestört Russland angreifen könne. Dass sich Frankreich im Übrigen auf keinen Fall auf eine solche schmachvolle Neutralität und den Bruch des so essentiellen Bündnisses mit Russland würde einlassen können, wurde in der gesamten Diskussion von keinem der Beteiligten auch nur als Fußnote in die Debatte eingebracht.»[810]

Allen in der deutschen Führung musste doch klar gewesen sein, dass ein Krieg gegen Russland unweigerlich auch Krieg gegen Frankreich bedeutete, auch ohne Schlieffenplan und auch wenn sich die französischen Truppen zehn Kilometer – wie tatsächlich geschehen – ins Land zurückgezogen hatten. Hätte die deutsche Armee im Osten angegriffen – wozu es ja gar keine Pläne mehr gab – wäre Frankreich (allerdings nicht über Belgien) nicht untätig geblieben. Fraglich wäre dann allerdings ein englisches

31.7.1914, Geiss, Julikrise, II, Nr. 966, S. 519f. Mombauer führt dazu aus: «Belgiens Schicksal sollte nun den Ausschlag geben.» Mombauer, Julikrise, S. 89.

808 Telegramm Grey an Sir F. Bertie, Britischer Botschafter in Paris, 1.8.1914, Geiss, Julikrise, II, 1053, S. 599. Lichnowskys Version: Telegramm Lichnowsky an Jagow, 1.8.1914, Geiss, Julikrise, II, 1003, Nr. 564ff.; Kautsky, DD, 596.

809 Telegramm Lichnowsky an Jagow, 1. August 1914, Geiss, Julikrise, II, 1003, S. 565; Kautsky, DD, 596.

810 Krumeich, 1914, S. 171.

Eingreifen gewesen, denn die Kanalküste, wie auch Belgien, wären vorderhand nicht bedroht gewesen.

Fiel Grey hier tatsächlich vom Glauben ab und zog in Erwägung, Russland (und Frankreich) im Stich zu lassen?

Wir wissen nichts Genaues. Klar ist nur: Der angebliche Grey-Vorschlag (Garantie für französische Neutralität) war eher ein Lichnowsky-Vorschlag, den er Grey in den Mund legte, vielleicht nicht ganz so wie Prinz Heinrich den englischen König bewusst falsch verstand. Aber eben doch eine Wunschneutralität. Denkbar ist, dass Grey wenigstens die englische Neutralität angedeutet hatte, für den Fall, dass Deutschland und Frankreich sich nicht angriffen.

Doch was macht Clark daraus? Als das erste Lichnowsky-Telegramm eingetroffen war, hätten die Deutschen «völlig überrumpelt» sich beeilt, «eine freundlich positive Antwort auf die Note zu formulieren».[811] Clark meint damit die von Bethmann geforderte Verpflichtung Englands, mit Gewalt die Neutralität Frankreichs zu garantieren.[812] So sehen also freundliche Antworten aus.

Und dann geht er mit Grey ins Gericht. Der habe, sollte er tatsächlich einen englischen Neutralitätsvorschlag gemacht haben (Möglichkeit 1), den Versuch gestartet, «sich aus dem Chaos herauszuwinden, in das er sich selbst manövriert hatte».[813] Nicht die Deutschen haben sich demzufolge in den Krieg manövriert und Chaos veranstaltet, nämlich mindestens einen europäischen Krieg (mit Kriegsziel halb Afrika) provoziert, sondern Grey, der einen solchen Krieg hatte vermeiden wollen.

Clark bietet auch noch (Möglichkeit 2) eine andere Interpretation an. Grey hatte überhaupt kein Interesse an der Neutralität und wollte nur, gedrängt von seinem Intimus Haldane, Zeit gewinnen, das britische Expeditionskorps zu verstärken. Auf diese Variante muss man erst einmal kommen. Auch hier wird wieder deutlich: Was Grey auch macht, in Clarks Augen macht er es falsch bzw. orientiert eigentlich auf Krieg. Nicht so die Deutschen.

Und so kommt Clark in Betrachtung dieser beiden von ihm dargelegten Möglichkeiten zu dem Schluss, der letzte Versuch Greys, England herauszuhalten bzw. einen unmittelbaren Krieg zwischen Deutschland und Frankreich zu verhindern, sei «bizarr» gewesen und zeige einen «getrübten Blick für die Realität».

Also «toll oder Idiot», wie es bei des Kaisers Randnotiz hieß? Gleichzeitig aber betont Clark wenige Zeilen später, Grey habe noch keine Möglich-

811 Clark, Schlafwandler, S. 677.
812 Clark, Schlafwandler, S. 679.
813 Clark, Schlafwandler, S. 682.

keit gefunden, in der Regierung und im Parlament seine Interventionspolitik durchzusetzen. Was stimmt denn nun? Mit getrübtem Blick versuchen, den Krieg in Frankreich und den Eintritt Englands zu verhindern, oder mit festem Auge nach wie vor eingreifen wollen? Und wieder lässt Clark den Leser verwirrt zurück, nicht ohne vorher den einzigen wirklichen Konfliktvermeider in leitender Position einer Großmacht desavouiert zu haben. Doch Clark schlägt nochmals einen Haken. Als nämlich Grey von der russischen Mobilmachung und der Ausrufung der drohenden Kriegsgefahr (ein Zustand kurz vor der Mobilmachung) in Deutschland erfuhr, ließ er Georg V., der sich schon zur Nachtruhe zurückgezogen hatte, wecken. «Der arme König wurde aus dem Bett gezerrt» und musste im «Morgenrock, über dem Nachthemd»[814] einen Appell an den Zaren unterschreiben, die Mobilisierung zurückzunehmen. Warum denn das? Grey wollte doch, nach Clark, militärisch intervenieren, würden die Deutschen Frankreich angreifen. Clark gibt die folgende Orientierungshilfe: Grey hatte schon vor der Julikrise mit Tyrell darüber «nachgedacht», die «englisch-russische Konvention» aufzugeben. Was «eine Annäherung an Deutschland nicht völlig ausschloss».[815] Das könnte ihm, so Clark, wieder in den Sinn gekommen sein, als er von den Mobilmachungen erfuhr, und zwar auch deshalb, weil es sich wohl nicht lohnte, für Serbien – wir variieren hier ein Bismarckwort – die gesunden Knochen auch nur eines einzigen englischen Grenadiers zu opfern.[816]

So weit, so gut. War er also doch nicht auf eine englische Intervention aus, wie uns Clark immer wieder unterhaltsam erzählt? Clark wäre nicht Clark, würde er nicht die Kurve kriegen. Indem Grey nämlich am gleichen Tag den französischen Botschafter Cambon damit verblüffte, dass nunmehr seiner Ansicht nach Frankreich in einen «Streit hineingezogen» wurde, «mit dem es direkt nichts zu tun hat» und «an dem wir [Großbritannien; K.G.] nicht beteiligt wären und dessen Bestimmungen wir nicht kennten», wehrte er sich zwar gegen den Bündnisautomatismus, aber – jetzt kommt's – damit «gewann er Zeit für militärische Vorbereitungen».

Grey kämpfte also gegen den Ausbruch eines Weltkrieges, der ihm durchaus unangenehm war, weil er für die Serben eigentlich nicht kämpfen

---

814 Schilderung des britischen Premierministers Herbert Asquith – ein Premier von Greys Gnaden, wie Clark feststellt –, zitiert nach Clark, Schlafwandler, S. 684.

815 Clark, Schlafwandler, S. 684f.

816 Bismarck äußerte sich in einer Rede vor dem Reichstag am 5. Dezember 1876, er werde zu einer aktiven Beteiligung Deutschlands auf dem Balkan «nicht raten, solange ich in dem Ganzen für Deutschland kein Interesse sehe, welches auch nur – entschuldigen Sie die Derbheit des Ausdrucks – die gesunden Knochen eines einzigen pommerschen Musketiers wert wäre.» www.reichstagsprotokolle.de, 1876,1, S. 585.

wollte und für die Russen eigentlich auch nicht, nur deswegen, weil er Zeit für das englische Expeditionskorps gewinnen wollte. Vorhang zu und alle Fragen offen?

So der Anschein. Vor allem aber geht es Clark hier darum, Grey, der sich in Wirklichkeit gegen den Krieg stemmte, als Wirrkopf, Intrigant und am Ende doch auch als Kriegstreiber zu präsentieren.

Schließlich ließ Grey aber, so Clark, alle Neutralitätserwägungen und Zurechtweisungen der Franzosen (siehe Grey zu Cambon) fallen und blieb «der Linie der Entente» treu. Abschließendes Clark'sches Urteil: Ein besonderes Merkmal der Julikrise sei eben, dass die Qual der Wahl zwischen verschiedenen Optionen «häufig nicht nur Parteien und Kabinette spaltete, sondern auch das Denken der Hauptakteure».[817]

Russland

Eines der Hauptargumente, das gegen die Arbeiten von Fischer und Geiss angeführt wird, betont, sie hätten nur auf das deutsche Wirken geschaut und die anderen Mächte sträflich außer Acht gelassen. Clark hat in Talkshows und Interviews außerdem behauptet, er habe Fischer «europäisiert». Nun stimmt es natürlich nicht, dass Fischer und Geiss die anderen, also Russland, Frankreich und England, unberücksichtigt gelassen hätten. Fischer setzt den Schwerpunkt auf Deutschland, lässt aber die Politik der anderen Großmächte keineswegs außer Acht.[818] Und Geiss macht ganz klar, dass der Imperialismus (mit der deutschen Weltpolitik als Spitze) ebenso wie der Nationalismus (siehe auch nächstes Kapitel) zu den Hauptursachen des Ersten Weltkriegs zählen.[819] Daher ist es falsch, dass Clark verkündet, Fischer europäisiert zu haben. Zum einen erzählt Clark oft Dinge in Interviews, die in seinem Opus Magnum gar nicht zu finden sind, denn sein Buch dient eindeutig der Widerlegung von Fischer et al., nicht seiner «Europäisierung», zum anderen haben schon Generationen von Historikern vor Clark versucht, den Russen und insbesondere ihrer frühen Mobilmachung die Schuld am Weltkrieg zu geben. Und nicht nur Historiker.

817 Clark, Schlafwandler, S. 686.

818 Z. B. Fischer, Illusionen, S. 125ff., 182ff., 189ff., 205ff., 213ff., 294ff., 306ff., 413–516, 542ff., 613–659, worin die von Clark als so wichtig angesehenen Ereignisse, wie der Libyenkrieg Italiens, der russische Imperialismus, dessen Panslawismus, Balkanpolitik, Meerengenappetit, der Besuch Poincarés in St. Petersburg, die militärischen Absprachen der Entente (Heeres- und Marineabsprachen) behandelt werden.

819 Geiss, Juli 1914, S. 13.

Denn ursächlich für diese Schuldzuweisung sind die leitenden Männer des Deutschen Reichs von 1914 höchstselbst. So findet sich auf einem Telegramm Jagows vom 27. Juli 1914 (mit dem Vermerk «geheim!») an den deutschen Gesandten in Kopenhagen Brockdorff-Rantzau folgende Anweisung: «Zur Information und Regelung Ihrer Sprache für den Fall eines Kriegsausbruchs»: Der Konflikt zwischen Österreich und Serbien gehe nur die beiden Staaten etwas an. Man sei auf Lokalisierung aus, wenn «jedoch Russland für Serbien Partei» nehme, sei «für uns der casus foederis gegeben und eine allgemeine Konflagration unvermeidlich. Die Frage der Erhaltung des Friedens hängt daher allein von Russland ab.»[820]

Wir kennen Brockdorff-Rantzau als deutschen Außenminister und Unterhändler von 1919 in Versailles. Und erinnern uns, was er zu diesem Zeitpunkt (also nach dem Krieg) zugegeben hat: «Die Haltung der früheren deutschen Regierung auf den Haager Friedenskonferenzen, ihre Handlungen und Unterlassungen in den tragischen zwölf Julitagen [1914] mögen zu dem Unheil beigetragen haben.»[821]

Wir haben oben gesehen, dass Bethmann bei seinem Kalkül eines europäischen Krieges sich immer nur für drei Dinge interessierte: Bleibt England neutral, gelingt es (deswegen) Russland als Kriegsverursacher hinzustellen und geht das deutsche Volk (womit hauptsächlich die Millionenmasse der SPD-Wähler gemeint war) mit? So wird seine Bitte an den Kaiser, doch dem Zaren ein Telegramm zu schicken, er, der deutsche Kaiser wolle zwischen Wien und St. Petersburg vermitteln – was nie geschah – von Bethmann folgendermaßen begründet: «Ein solches Telegramm würde, wenn es dann doch noch zum Kriege kommen sollte, die Schuld Russlands in das hellste Licht setzen.»[822] Clark lässt diesen Teil des Vorschlags Bethmanns an den Kaiser – man ist geneigt zu schreiben: «selbstverständlich» – weg und verfälscht die Bitte auch noch, indem er

820 Geiss, Julikrise, II, 509, S. 114. Auf Weisung Wilhelms II. wurde das Telegramm erst am 29. Juli als dringlich eingestuft und abgesandt. Ein noch früheres, ähnliches Telegramm von Jagow an den Gesandten in Stockholm, Franz von Reichenau, ging schon am 23. Juli 1914 ab, also noch vor Überreichung des österreichischen Ultimatums, das Jagow, allen späteren Lügen zum Trotz, schon am Tag vorher gekannt hat. Geiss, Julikrise, I, 234, S. 305 und S. 274; Kautsky, DD, 123.

821 Michaelis/Schraepler, Ursachen und Folgen, Bd. 3, S. 347.

822 Geiss, Julikrise, II, 587, S. 192; Kautsky, DD, 308. Übrigens belügt er Wilhelm II. im gleichen Telegramm gleich doppelt, er habe dessen «befohlene Demarche» (den Halt-in-Belgrad-Vorschlag) telegrafisch durchgeben müssen, da es keine regelmäßige Zugverbindung mehr mit Wien gäbe. Die Demarche wurde nur verstümmelt, verfälscht und zwölf Stunden später abgeschickt und selbstverständlich fuhren die Züge noch.

auch hier Bethmanns «Ziel, den Konflikt zu lokalisieren» betont, anstatt das Kalkül eines heraufziehenden europäischen Krieges – plus eingebauter Schuldzuweisung – zu erwähnen.[823] An dieser Stelle allerdings quält sich Krumeich mit der selbst aufgeworfenen Frage, ob der berühmte «Willy-Nicky»-Telegramm-Wechsel (es gingen noch mehrere hin und her) nicht für «die Galerie» gewesen sei und kommt zur Erkenntnis, «es ist schwer zu sagen».[824] Nun, wenn er sich die Mühe gemacht hätte, zu eruieren, dass diese Telegramme Wilhelms II. an Zar Nikolaus – Röhl spricht zutreffend von einer «Kriminalgroteske» – unchiffriert[825] versendet wurden und sich Bethmanns erhellende Begründung (Russland die Schuld zuzuschieben), die Bände spricht, angesehen hätte, wäre ihm die Entscheidung vielleicht weniger schwergefallen.[826] Auch Bethmanns Vortrag beim Kaiser, man könne durch Erklärungen Österreichs (gegenüber Russland) über seine beabsichtigte «Aktion» gegen Serbien «die Schuld Russlands nur vergrößern», und der Vorschlag eines weiteres «Willy»-Telegramms am gleichen Tag (30. Juli 1914), welches «ein besonders wichtiges Dokument für die Geschichte» wäre[827], machen klar, um was es wirklich ging. Wir wollen daher Krumeich zurufen: Ja, für die Galerie!

Dass «Nicky» es vielleicht doch ein Stück ehrlicher gemeint hat, geht aus einem – von Krumeich übrigens übersehenen – Telegramm mit dem Vorschlag hervor, doch das Haager Schiedsgericht anzurufen.[828] Wir erinnern uns: Auf des Zaren Initiative hin war es zu den Haager Konferenzen (1899 und 1907) gekommen und Deutschland hatte sich strikt einem Schiedsgericht verweigert. Das tat es auch jetzt. Bethmann lehnte des Zaren Haag-Vorschlag vom 29. Juli 1914 bereits wenige Stunden nach dem Eingang des Telegramms ab.[829]

Und wieder müssen wir auf Brockdorff-Rantzau zurückkommen, der genau das Verhalten in Den Haag sowie das in der Julikrise 1919 als deutschen Beitrag zur Kriegsverursachung vor den drei Präsidenten der Alliierten in Versailles zugegeben hat.

---

823 Clark, Schlafwandler, S. 669.

824 Krumeich, 1914, S. 164.

825 Röhl, Wilhelm II., S. 1134 und 1132.

826 Er dokumentiert zwar das erste Willy-Telegramm an Nicky, aber nicht die Begründung Bethmanns für das Telegramm, Krumeich, 1914, S. 134.

827 Geiss, Julikrise, II, 771 und 772, S. 362f.; Kautsky, DD, 401 und 408.

828 Geiss, Julikrise, II, 673, S. 273; Kautsky, DD, 366. Dieses Telegramm fehlt in Krumeichs Dokumentensammlung. Leider ist Krumeich in seiner Dokumenten-Präsentation ziemlich schlampig. Umso bizarrer wirkt sein an Geiss und Fischer gerichteter Interview-Vorwurf, ihre Kommentare zu den Dokumenten seien nicht mehr tragbar.

829 Geiss, Julikrise, II, 692, S. 288; Kautsky, DD, 391.

Die Sichtweise der Verantwortlichen Bethmann, Jagow und Wilhelm II. zur Frage, wer denn nun den Krieg zu verantworten habe, findet sich erneut kurz nach dem Ersten Weltkrieg, im Jahre 1919: als das Rantzau'sche Außenministerium sich weigerte, die von Karl Kautsky (USPD) sorgsam edierten deutschen Dokumente zur Julikrise herauszugeben (vorher war das schon im Weimarer Kabinett – auch mit den Stimmen der SPD – abgelehnt worden). Denn die Sammlung bewies nicht, was bewiesen werden sollte: «Dass der Krieg vermieden worden wäre, wenn die russische Mobilmachung nicht überstürzt worden wäre.»[830]

Schon vorher hatten die Professoren Hans Delbrück, Max Weber, Mendelssohn-Bartholdy und General a. D. Max Graf Montgelas in einer berühmten «Professorendenkschrift» alle Argumente gegen eine Hauptverantwortung Deutschlands zusammengetragen. Bis auf den heutigen Tag sind diese Argumente Grundlage aller Deutschen-Unschulds-Literatur bzw. aller Ideologien, die ein «In-den-Krieg-Hineinschlittern» oder die Schlafwandel-These belegen sollen und die hinter all diesen Nebelbänken die «eigentlich» Schuldigen zu verbergen versuchen. Dabei müssen sie die seit Jahrzehnten offengelegten Dokumente verzerren und verbiegen.

Verschärfend kam im Sommer 1919 die im Artikel 231 des Versailler Friedensvertrags, dem sogenannten Schandparagrafen, faktisch festgelegte alleinige Kriegsschuld hinzu.

Prompt machten als Reaktion deutsche Historiker der 20er und 30er Jahre, allen voran ab 1923 der historische Laie, Ex-Major im Generalstab und Ministerialrat im Außenministerium,[831] Alfred von Wegerer[832], die angebliche «Kriegsunschuld» der Deutschen (auch als «Kriegsschuldlüge» der Alliierten bezeichnet) aufgrund der russischen Mobilmachung im Juli 1914 zum Fixpunkt ihrer Argumentation. Gerhard Ritter, der als Leutnant der Reserve selbst noch für Kaiser, Volk und Vaterland in den Ersten Weltkrieg gezogen war und die Eroberung von Warschau 1915 bejubelt hatte, an der Somme verwundet und dafür mit Orden behängt worden war, denunzierte andersdenkende Historiker wie Eckart Kehr 1931 als «Edelbolschewisten», der lieber «gleich in Russland» habilitieren sollte.[833] Wobei er vergaß, dass die Veröffentlichung russischer Dokumente durch die Bolschewiki gerade

830 Undatierte Niederschrift «Aktenveröffentlichung über den Kriegsausbruch» mit Votum von Legationsrat Freytag, 17.7.1919, A. A., der Weltkrieg, adh. 4, Nr. 2, Veröffentlichung von Schriftstücken zur Vorgeschichte des Krieges: Kautsky-Material, Bd. 1, zitiert nach Geiss, Julikrise, I, S. 31, Anm. 68.

831 Klein, Deutschland, S. 28.

832 Mit seiner Zeitschrift «Die Kriegsschuldfrage» (später umbenannt in Berliner Monatshefte).

833 Klaus Schwabe, Rolf Reichhardt (Hrsg.), Gerhard Ritter. Ein politischer Historiker in seinen Briefen, Boppard 1984, S. 236f.

auch den beträchtlichen Kriegsschuldanteil des zaristischen Regimes am Weltkrieg beweisen sollte.[834]

Ritter war dann nach dem Krieg in den Sechzigern neben Egmont Zechlin (der im Ersten Weltkrieg einen Arm verloren hatte), Karl Eduard Erdmann, Hans Herzfeld und Andreas Hillgruber einer der Hauptgegner von Fischer und Geiss. Ritter hatte 1960 schon vor dieser Kontroverse die Jagow-Bethmannsche Formel in pointierter Form ausgegeben, die russische Generalmobilmachung am 30. Juli 1914 sei das «Signal zu einem allgemeinen, nicht mehr aufzuhaltenden Dammbruch» gewesen.[835] Bis 2012/13 hatte sich allerdings bei aller Differenzierung und neuerer Forschung die These Fischers von der *Hauptverantwortung* der deutschen Reichsleitung durchgesetzt.

Doch mit dem erneuten Rollback, nachdem sich das Karussell wieder weitergedreht hatte, sind wir heute wieder bei Bethmann, Jagow und Wilhelm II. gelandet. Es sind just deren Argumente und diejenigen Wegerers et al., die von Clark und seinen Vordenkern Ferguson («England ist schuld») und Sean McMeekin («Russland ist schuld») und neuerdings auch vom im TV dauerpräsenten Sönke Neitzel und dem Geostrategen Münkler ausgebreitet werden.

Clark feuert mittels seines geschickten Wirkens jedoch noch eine Granate nach: Das russisch-französische Bündnis mit seiner «Balkanisierung» der Politik – ein emotionalisierender, ja rassistischer Kampfbegriff (den auch Hitler benutzte) – habe zum europäischen Krieg geführt. Und Gipfel der Konstruktion: Die Russen hätten die «Gelegenheit» des österreichischen Ultimatums (siehe oben) genutzt, um einen Krieg mit den Mittelmächten zu suchen.[836]

Doch schaut man sich die Dokumente an und insbesondere die Bemühungen des russischen Außenministers Sasonow, dann sieht es schon wieder ganz anders aus. Aber Clark – wie auch McMeekin – lässt mal wieder weg, was er für seinen «neue Theorie» nicht brauchen kann. Im Übrigen: Auch Clark hat hier keine neuen Dokumente entdeckt.[837] Es geht um die Interpretation bzw. das Verzerren und Weglassen von Geschehnissen.

834 Klein, Deutschland, S. 2ff.

835 Gerhard Ritter, Staatskunst und Kriegshandwerk, Bd. 2, Die Hauptmächte Europas und das wilhelminische Reich (1890–1917), S. 320, zitiert nach Krumeich, 1914, S. 155.

836 Clark, Schlafwandler, S. 542, S. 537.

837 Seit Luigi Albertinis in Ost und West hochgelobter und Geiss' Quellenedition, sind im Wesentlichen an neuen Quellen nur die Tagebücher von Poincaré (von Krumeich entdeckt), die von Falkenhayn (Afflerbach), das von Theodor Wolff (Sösemann) dazugekommen, sowie das von Erdmann fehlerhaft edierte Tagebuch Riezlers, dessen Juliteil als nachträglich vom Autor geschönt anzunehmen ist.

Nun, tatsächlich war Russland ein imperialistischer Staat, der großes Interesse am Balkan hatte, aber auch – stark wirtschaftlich bedingt – Appetit auf die türkisch kontrollierten Meerengen zwischen Schwarzem Meer und Mittelmeer.[838] Das Riesenreich war zudem ein politisch rückständiger Feudalstaat, in dem die Leibeigenschaft noch nicht lange (erst 1861 als Folge des verlorenen Krimkrieges) abgeschafft worden war und in dem der Absolutismus erst seit der Revolution von 1905 durch ein – ähnlich wie im Fall des Reichstags – «kastriertes» Parlament, die Duma, relativiert worden war. Es war dieses Jahr 1905 mit der Niederlage gegen Japan, wodurch das Riesenreich, mitten in seiner rasanten Industrialisierung, geschwächt worden war. Dies war auch ein wesentlicher Grund dafür, dass es mit Frankreich – einem ebenfalls imperialistischen, aber auch demokratischen und von Deutschland 1871 geschlagenen und gedemütigten Land – enge Bande eingegangen war. Frankreich, das sich in Russland mit Investitionen und Krediten engagiert hatte[839], konnte mit dieser Entente – eine «Übereinkunft», die zunächst noch keinen Bund darstellte und in der Gesamtausrichtung defensiv war – die Isolation sprengen. Es handelte sich um eine Isolation, die erst durch den Dreibund entstanden war, die jedoch durch die Aggression der deutschen Weltpolitik, die sich, wie dargestellt, abwechselnd und teilweise gleichzeitig gegen England, Frankreich und das ehemals verbündete Russland richtete, überwunden werden konnte. Deutschland hatte sich «ausgekreist», als sich Frankreich aus seiner Isolation herauswand.

Fassen wir noch mal den Ablauf der Geschehnisse in der Julikrise zusammen. Wir haben gesehen: Deutschland gab (vom Kaiser initiiert) Österreich eine Blankovollmacht, gegen Serbien Krieg zu führen und es riskierte den Krieg gegen Russland und damit den europäischen Krieg (der ihm gelegen kam), schließlich den Weltkrieg (den es so nicht wollte). Beratungsresistent vertraute man erst der Lokalisierungsdoktrin (Russland wird nicht angreifen) und nahm dann, als diese nicht zu halten war, den «Sprung ins Dunkel», in den europäischen Krieg, vor, der nach der falschen Annahme, England werde nicht eingreifen, wenn man seine Kriegsziele ordentlich formuliere (französische Kolonien, Belgien annektieren, wenn es aufmuckt, und Teile Frankreichs, wenn England nicht stillhält) und schließlich Belgien und Frankreich überfalle, zum Weltkrieg wurde. Auf diesem Weg in den Abgrund torpedierten Deutschland wie Österreich-Ungarn alle Vermittlungsversuche, beharrten auf einem unannehmbaren

---

838 «Der Weg zu den Dardanellen führt über die Leiche der Türkei.» Luxemburg, Junius, S. 100. Luxemburg erkannte aber auch, dass Russland zeitweilig den Plan verfolgte, unter Verletzung der Integrität der Türkei Einfluss auf die Meerengen zu nehmen. Siehe auch: Fischer, Illusionen, S. 213ff., 481ff.

839 Hallgarten, Imperialismus vor 1914, S. 448ff.

Ultimatum, ja lehnten sogar Besetzungsvorschläge und die damit verbundene «Züchtigung» Belgrads ab. Sie wollten partout den Krieg mit Serbien und verlangten von Russland, nicht einzugreifen.

Doch Russland machte von Anfang an klar, dass es bei einem Krieg gegen Serbien nicht «untätig» bleiben, also militärisch eingreifen würde. Dies ist der Hauptgrund, um Russland als Schuldigen darzustellen. Es hätte der Vernichtung Serbiens und der Vormacht der Mittelmächte auf dem Balkan, mit der Achse Türkei—Naher-Osten (Bagdadbahn), zusehen sollen. Gleichzeitig aber, und dies wird von den Russland-Schuldzuweisern bewusst nicht beachtet, wollten die Russen bis zuletzt in Verhandlungen den europäischen Krieg verhindern.

Im Einzelnen:

Am 24. Juli 1914 beschloss der russische Ministerrat fünf wichtige Punkte: Serbien sollte Aufschub für die Beantwortung des Ultimatums gegeben werden, Serbien wurde geraten, wenn es von Österreich überfallen werde, «keinen Widerstand zu leisten» und dann «sein Schicksal der Entscheidung der Großmächte» anzuvertrauen. Dem russischen Kriegs- und dem Marineminister wurde «anheimgestellt», die Genehmigung für eine Teilmobilmachung gegen Österreich (in den Militärbezirken Kiew, Odessa, Moskau und Kasan sowie diejenige der Ostsee- und Schwarzmeerflotte) beim Zaren einzuholen. Vorräte für die Armee sollten ergänzt und russische Bankkonten in Deutschland und Österreich-Ungarn geleert werden.

Der Zar stimmte dem am 25. Juli 1914 zu.[840]

Mit den ersten zwei Punkten wollte man eine kriegerische Auseinandersetzung vermeiden, mit den letzten drei auf einen Krieg mit Österreich-Ungarn vorbereitet sein. Wobei eine Teilmobilmachung gegen Österreich nur *vorbereitet* werden sollte. Denn Sasonow hatte nach der Tagesaufzeichnung des Kanzleidirektors des russischen Außenministeriums, Moritz Fabianowitsch Baron von Schilling, ausdrücklich davon gesprochen, dass die Teilmobilmachung nur erfolge, «falls die Umstände es nötig machten» und außerdem «nicht als feindselige Handlungen gegen Deutschland ausgelegt werden könnten».[841] Die große Schar der deutschen Historiker der 1920er Jahre — die Laien ebenso wie die Profis — gab sich — in Widerspruch zu den Aussagen in den zeitgenössischen Dokumenten — überzeugt, es hätte sich dabei bereits um die eigentliche Mobilmachung gehandelt. Es wundert kaum, dass auch Clark und sein Unterstützer McMeekin dieselbe Behauptung wiederkäuen. Letzterer spricht sogar von «Konspiration»[842]; Clark

840 Geiss, Julikrise, I, 286, S. 354f.

841 Geiss, Julikrise, I, 289, S. 358.

842 Sean McMeekin, Russlands Weg in den Krieg: Der Erste Weltkrieg — Ursprung der Jahrhundertkatastrophe, München 2014, S. 53f.

deutet eine solche nur an. Und schon wird aus Sasonow ein Kriegstreiber.

Mombauer entlarvt in ihrer neuesten Darstellung mit vornehmer englischer Zurückhaltung die Clark'sche Sichtweise.

Erfreulicherweise erkennt aber auch Krumeich, dass hier mit falschen Karten gespielt wird. Allerdings plädiert er bei Clark auf mildernde Umstände. Dieser argumentiere «abwägend, aber auch nach seiner Auffassung treibt Russland zum Krieg».[843] Von Abwägen kann hier aber keine Rede sein. Clark schreibt, die «vereinbarte und im Prinzip am 24. Juli genehmigte Teilmobilmachung» sei ein «potentiell riskantes Verfahren» gewesen.[844] «Im Prinzip» klingt nach Radio Eriwan und «denkbar riskant» ist das Leben überhaupt. Und kurz danach ist für ihn die «Teilmobilmachung» ein «Ablenkungsmanöver». Beim Leser entsteht der Eindruck, sie sei schon ab dem 24. Juli erfolgt. Wilhelm II. fühlte sich ähnlich getäuscht, als ihm «Nicky» am 30. Juli 1914 telegrafierte, die Maßnahmen Russlands seien «bereits vor 5 Tagen zum Zwecke der Verteidigung wegen der Vorbereitungen Österreichs beschlossen [im Original englisch: ‹decided›] worden».

Röhl, wie vor ihm Geiss, weist auf ein Telegramm des Zaren hin, in dem «Willy», obwohl exzellenter Englischkenner, das Wort «decided» falsch versteht. Es heißt hier nicht *getroffen,* sondern die Maßnahme wurde am 24. Juli *beschlossen* und erst am 29. Juli ausgeführt.[845]

Clark erwähnt dies gar nicht, sondern erläutert alle möglichen militärischen Maßnahmen der Russen, die als Mobilmachung verstanden werden könnten, «entlarvt» Sasonow als strategischen Laien, «dessen militärische Ignoranz bekannt» gewesen sei, der aber trotzdem «nachdrücklich» die Teilmobilmachung forderte[846], die komischerweise erst «im Prinzip» genehmigt war. Der «militärische Fachmann» Clark erklärt dann, dass eine Teilmobilmachung gar nicht möglich war bzw. einer Generalmobilmachung in die Quere kam. Also doch möglich war?

Nachdem Clark seine Leser komplett mit den Vorstufen einer russischen angeblichen oder halben oder gar nicht möglichen Teilmobilmachung verwirrt hat,[847] konstatiert er, dass die Russen damit «die Wahrscheinlichkeit

---

843 Krumeich, 1914, S. 115, Anm. 35, wobei er das obige Dokument wieder schlampig ediert und die Punktnummerierung vergisst, S. 276.

844 Clark, Schlafwandler, S. 609f.

845 Röhl, Wilhelm II., S. 1133; Geiss, Julikrise, II, 688, S. 286, Anm. 3.

846 Clark, Schlafwandler, S. 611.

847 Er präsentiert auch noch (Clark, Schlafwandler, S. 617) den Satz: «Die geheimen Vorbereitungen laufen dennoch» aus einem Telegramm des französischen Botschafters in St. Petersburg Maurice Paléologue an den französischen Justizminister Jean-Baptiste Bienvenu-Martin vom 25. Juli 1914, was nichts weiter bedeutet, als dass die Teilmobilmachung vorbereitet wurde,

eines allgemeinen europäischen Krieges drastisch» erhöht hätten.[848] Nicht die Deutschen mit ihrem Blankoscheck für Wien (5. Juli) und ihrem Drängen, die Österreicher sollten Serbien rasch vernichten. Kriegsauslösend waren auch nicht das unannehmbare Ultimatum der Österreicher (23. Juli), nicht die Ablehnung der Antwort (25. Juli), nicht die Kriegerklärung an Serbien (28. Juli), nicht der geplante Überfall (27. Juli) und das Beschießen von Belgrad (29. Juli), nicht das – den gesamten Monat Juli hinweg praktizierte – Torpedieren jeder Vermittlung, – nein, die ersten russischen Vorbereitungen (25. Juli) auf den «casus belli», auf den die Russen und die Franzosen ja «nach unzähligen Diskussionen und Gipfeltreffen in den letzten Jahren» geradezu entgegengefiebert hätten, weil es «exakt dem Szenario [sic!] des Katalysators Balkan» entsprochen habe[849], führten in der Darstellung Clarks zum europäischen Krieg. Nicht die Deutschen betrieben eine Politik des kalkulierten Risikos, in der Hoffnung, dass der Zar «will» und dass Frankreich nicht «bestürzt» ist[850], sondern Paris und St. Petersburg setzten nun ihr angebliches «Szenario» um, hatten also den Krieg (konspirativ?) geplant. Dies ist die exakte Spiegelung der inzwischen umstrittenen Fischer-These von der jahrelangen konsequenten Planung des Kontinentalkrieges durch Deutschland, die er Ende der 60er Jahre auf seine stimmige These von der Hauptverantwortung der deutschen Reichsleitung draufsattelte. Clark ist der Anti-Fischer und liegt mit dieser Anti-These absolut falsch. Besonders umstritten scheint er aber damit nicht mehr zu sein.

Um Clarks Anti-These zu untermauern und Sasonow zum Kriegstreiber zu stempeln, müssen mehrere Bemühungen des russischen Außenministers weggelassen werden. Clark behauptet, die Russen hätten die «Gelegenheit» des österreichischen Ultimatums (siehe oben) genutzt, um einen Krieg mit den Mittelmächten zu suchen.[851] Dagegen spricht, dass Sasonow am 26. Juli 1914 dem deutschen Botschafter in St. Petersburg, Friedrich von Pourtalès, versicherte, «dass Russland nichts ferner liege, als Krieg zu wünschen, dass es vielmehr bereit sei, alle Mittel zu erschöpfen, um denselben zu vermeiden». Man müsse «eine Brücke finden, um einerseits

---

aber noch nicht verkündet war, wie der nachfolgende Satz bestätigt: «Sollte die Mobilmachung befohlen werden, so würden die 13 Armeekorps sofort an der galizischen Grenze [also gegen Österreich, K.G.] versammelt werden, sie würden aber nicht zur Offensive übergehen, um Deutschland keinen Vorwand zu geben, den casus foederis sofort eintreten zu lassen.» Geiss, Julikrise, I, 377, S. 429.

848 Clark, Schlafwandler, S. 615.

849 Clark, Schlafwandler, S. 616.

850 Riezler, Tagebuch, 8. Juli 1914, neu ediert bei Sösemann, Julikrise, S. 692.

851 Clark, Schlafwandler, S. 542, S. 537.

den österreichischen Forderungen» nachzukommen, andererseits «ihre Annahme serbischerseits überhaupt möglich zu machen». Er bat dabei aber diejenigen Punkte abzuschwächen, «die direkte Angriffe gegen serbische Souveränität bedeuteten», und erhoffte sich die «Mitwirkung aller Mächte, auch Deutschlands» zu deren «Milderung». Für «Russland sei aber das Gleichgewicht auf dem Balkan Lebensfrage, und es könne daher eine Herabdrückung Serbiens zu Vasallenstaat Österreichs unmöglich dulden».[852]

Doch genau dies war die österreichisch-deutsche Absicht. Clark negiert das und unterstellt Sasonow (ohne hierfür einen Beleg anzuführen), er zielte auch deswegen auf einen Krieg, weil er auf die Eroberung der Dardanellen erpicht gewesen sei. Zwar hatte sich die Politik Russlands gegenüber der Türkei gewandelt und in der Liman-Affäre zielte man erneut auf die Meerengen (die auch England und Deutschland im Visier hatten). Und in Beratungen am 13. Januar und 21. Februar 1914 war unter Sasonows Vorsitz festgestellt worden, dass die Dardanellen nur in einem europäischen Krieg zu erobern seien, allerdings würden die Vorbereitungen dafür «noch zwei bis drei Jahre in Anspruch» nehmen.[853] Doch konkret in der Julikrise gibt es keinen Sasonow-Plan Richtung Dardanellen, im Gegenteil, man sah sich eben noch nicht bereit dazu.

Für die Konfliktvermeidungsstrategie des russischen Außenministers in der Julikrise spricht auch seine flehentliche Bitte am Abend des 26. Juli 1914 mit der er Pourtalès ersuchte («der Minister bat mich dringend»), mit einer Kompromissformel den Ausweg aus dem Krieg zu suchen. Pourtalès («ich habe den Eindruck, dass Sasonow, vielleicht infolge von Nachrichten aus Paris und London, etwas die Nerven verloren hat und jetzt nach Auswegen sucht»[854]) entwarf tatsächlich eine solche Formel: Wien mildert einige Punkte des Ultimatums ab, während Belgrad die revidierten Bedingungen annimmt.[855] Sasonow schickte den Vorschlag nach Wien und Berlin, doch dort stieß er auf taube Ohren.

Selbstverständlich will weder Clark noch Münkler von einem solchen Versuch des Russen etwas wissen.

Und noch am 30. Juli 1914, die russische Generalmobilmachung stand unmittelbar bevor, schrieb der Außenminister des Zarenreiches für den deutschen Botschafter Pourtalès die berühmte Sasonow-Friedensformel auf: «Wenn Österreich erklärt, dass es in Anerkennung des Umstandes,

852 Geiss, Julikrise, II, 415, S. 33; Kautsky, DD, 217.

853 Klein, Deutschland, S. 242.

854 Geiss, Julikrise II, 431, S. 41; Kautsky, DD, 238. Dieser Satz wurde von dem Empfänger Jagow bei der Weitergabe an den deutschen Botschafter in Wien, Heinrich Graf von Tschirschky, weggelassen.

855 Geiss, Julikrise II, 431, S. 31; Kautsky, DD, 238.

dass sein Streitfall mit Serbien den Charakter einer Frage von europäischem Interesse angenommen hat, sich bereit erklärt, aus seinem Ultimatum die Punkte zu entfernen, die den Souveränitätsrechten Serbiens zu nahe treten, so verpflichtet sich Russland, alle militärischen Vorbereitungen einzustellen.»[856] Bethmann war, als er das Telegramm seines Botschafters in St. Petersburg las, so verwirrt, dass er an den Rand notierte: «Welche Punkte des österreichischen Ultimatums hat Serbien überhaupt abgelehnt? [sic!] Meines Wissens doch nur die Teilnahme österreichischer Beamter an den Gerichtsverhandlungen [sic!]. Österreich könnte auf diese Teilnahme verzichten unter der Bedingung, dass es bis zur Beendigung der Verhandlungen Teile Serbiens mit seinen Truppen besetzt hält.»[857] Bethmann – der die entscheidenden Punkte, da sie ja nur ein Vorwand gewesen waren, nicht mehr parat hatte – stand kurz davor, der Friedensformel zuzustimmen, doch der zum Falken konvertierte Unterstaatssekretär Zimmermann brachte ihn zur Räson bzw. auf Kriegskurs zurück.[858] Der Cousin des deutschen Kanzlers, Dietrich von Bethmann Hollweg – Clark, obwohl vielbelesen, kennt diese Quelle offensichtlich nicht – gab später zu, auch er habe durch organisierte nationale Demonstrationen (inszenierte patriotische Demonstrationen in Berlin) dafür gesorgt, dass sein Vetter, der Kanzler, «nicht zusammenklappte».[859]

Auch diese berühmte Sasanow-Formel scheinen Clark und McMeekin nicht zu kennen, jedenfalls erwähnen sie diese nicht einmal. Krumeich stellt das bei McMeekin eindeutig fest, und zu seiner Verwirrung und «kurioserweise» auch bei Clark, nimmt ihn aber wieder in Schutz, denn er stelle die russische Mobilmachung differenziert dar und meint damit die breit dargelegten Kriegsvorbereitungen, die er dem Leser in düstersten Farben auf den Seiten 609ff. ausmalt. Doch Clark unterschlägt diesen (fast) letzten Versuch des Russen, Frieden zu wahren, um dem Zarenreich

856 Geiss, Julikrise, II, 776, S. 366; Kautsky, DD, 421. Sie wurde von Sasonow sogar kurz vor Kriegsbeginn noch modifiziert (zweite Sasowonow-Formel), siehe Chronik im Anhang.

857 Geiss, Julikrise, II, 776, S. 366, Anm. 3.

858 Und Jagow – der deutsche Außenminister! – erklärte die Formel als «für Österreich unannehmbar» und «eine Demütigung» und verwies auf die russische Mobilmachung gegen Österreich, die er noch wenige Tage vorher für Deutschland als keinen Mobilisierungsgrund angesehen hatte! Geiss, Julikrise, II, 820, S. 401. Krumeichs Seitenhieb (1914, S. 156, Anm. 62) gegen Geiss (Julikrise, II, S. 366, Anm. 3), der habe in seiner Anmerkung behauptet, dies «habe keine Konsequenzen mehr gehabt», ist erneut falsch, denn Geiss folgert nur, dass die Deutschen «nie wieder auf diese Konzession» zurückkamen. Was stimmt. Krumeich scheint hier zwei Fremdwörter zu verwechseln.

859 Harry Graf Kessler über eine weitere Begegnung mit dem Vetter des Ex-Kanzlers, Kessler, Tagebuch, Bd. 6, 29. März 1918, S. 335.

anhängen zu können, dass es «bereits den Kriegspfad betreten» habe. Vermutlich meint er damit, dass es das Kriegsbeil als Erstes ausgegraben habe. Und Clark nennt dabei die für ihn maßgeblichen Kriegstreiber, die zwar immer vom Frieden sprächen, ihn aber notfalls mit Gewalt sichern wollten: «Poincaré, Sasonow, Paléologue, Iswolski, Kriwoschein und ihresgleichen».[860] Clark fragt sich dann jedoch auf der gleichen Seite, sozusagen «kurioserweise», warum die Deutschen hauptsächlich vom Krieg sprächen, die Russen und Franzosen aber auch in ihrer privaten Korrespondenz mit ihren Familien vom Frieden. Und er findet – ganz gemäß seiner Methodik – schließlich die Lösung: Es bestehe zwischen der Entente und dem Clausewitz-geschulten Deutschland nur ein gradueller Unterschied in der Sprache, der uns keinesfalls verleiten sollte, diese Abwesenheit des Wortes Frieden bei den deutschen Politikern und Militärs «als ein Symptom des deutschen Militarismus oder der Kriegslust zu werten». Genau das ist es.

Doch zurück zu den russischen Mobilisierungen. Noch am 27. Juli hatte der deutsche Außenminister Jagow dem französischen Botschafter Jules Cambon erklärt, Deutschland werde nicht mobilisieren, solange die russische Mobilmachung nur gegen Österreich gerichtet sei.[861] Nichts davon bei Clark. Im Gegenteil, er behauptet: «Selbst eine Teilmobilisierung hätte, sofern sie Österreich-Ungarn unmittelbar gefährdete, das Räderwerk des österreichischen-deutschen Bündnisses unweigerlich in Gang gesetzt und Gegenmaßnahmen seitens Berlin erfordert.»[862] Es war hier gar nichts unweigerlich. Erst als zwei Tage später (29. Juli) Moltke Druck machte, wegen der russischen Teilmobilisierung die deutsche Generalmobilmachung durchzusetzen, forderte prompt die deutsche Regierung (30. Juli) die Rücknahme der russischen Mobilisierung gegen Österreich. Als Cambon Jagow auf den Widerspruch zu seiner Aussage drei Tage vorher aufmerksam machte, gab einer der Haupttreiber zum Krieg verlegen zu, dass man sich den Militärs gebeugt habe.[863] Der Handlungsspielraum durch die Teilmobilisierung, die Clark mit dem Puddingbegriff «potentiell riskant» belegt (also eventuell riskant), sei «weitgehend illusorisch» gewesen. Falsch. Denn Jagow hätte sich nicht dem Druck der Militärs beugen müssen, was er aber gern tat. Das ist das Entscheidende. Und Bethmann wollte – da er ja den Russen die Schuld in die Schuhe zu schieben beabsichtigte – die russische Generalmobilmachung abwarten.

Nichts davon bei Clark.

---

860 Clark, Schlafwandler, 622f.

861 Geiss, Julikrise, II, 524, 529, 541; S. 128, 131, 141f. Alle nicht bei Kautsky DD.

862 Clark, Schlafwandler, S. 610.

863 Geiss, Julikrise, II, 841, S. 415.

Vorsorglich hatten die Deutschen ja schon ihrerseits den Gesandten in Brüssel mit dem erpresserischen Ultimatum zum Marsch durch Belgien (von Moltke erstellt am 26. Juli, deponiert am 29. Juli) ausgestattet und natürlich bereiteten sich die Deutschen längst auch militärisch vor – wie wir weiter oben belegt haben.[864] Der deutsche Kaiser hatte Admiral Capelle schon am 6. Juli den Befehl gegeben, «die Mobilisierung der Flotte vorzubereiten».[865] Außerdem hatte Wilhelm II. – auf seiner von vornherein verkürzten Nordlandfahrt – schon die Flotte zusammengerufen, war dadurch in Streit mit Bethmann geraten, der ja Englands Eintritt fürchtete.

Um es differenziert darzustellen: Als schließlich der Kaiser am 1. August in letzter Minute wegen der angeblichen Neutralitätsbekundung Englands die Mobilisierung nach Westen abbrach (siehe oben), vergoss Moltke Tränen und beteuerte, dies sei nicht mehr möglich, weil er wohl schon vorher heimlich mobilisiert hatte. Überhaupt erscheint es fraglich, dass man am 1. August mobilisiert, am gleichen Tag strategische Punkte in Luxemburg besetzt und schon am 4. August Belgien überfallen kann, wo doch die deutsche Blitz-Mobilisierung angeblich 13 Tagen dauerte (im Gegensatz zur russischen, die auf 26 Tage veranschlagt war).

Die deutschen Geschütze waren längst geladen und auf ihre Ziele eingestellt. Wider besseres Wissen «beehrt» Clark jedoch seine Leser mit der unrichtigen Behauptung, dass Deutschland «bislang von militärischen Vorbereitungen abgesehen hatte».[866]

Moltke wollte sogar die deutsche Generalmobilmachung vor der russischen durchsetzen. Eine vermutlich von Moltke lancierte Meldung, man habe generalmobilisiert, zog man schnell wieder ein, denn Bethmann wollte den Russen die Schuld am Krieg zuschieben. Und Clark ist hier ein bereitwilliges und bestimmt nicht letztes Opfer dieser Taktik.

In St. Petersburg zog der Zar dagegen – nicht wissend, dass er hier sein Todesurteil und das seiner Familie immer wieder signierte bzw. widerrief – die Generalmobilmachung mehrfach wieder zurück, unter anderem, weil ein Camouflagetelegramm von «Willy» («pour la galérie») eingetroffen war. Die Österreicher führten ihre Generalmobilmachung – nebenbei bemerkt – noch vor den Russen durch.[867]

Und die Deutschen hatten endlich am 31. Juli mittags, kurz vor High Noon, die lang ersehnte Nachricht – man wollte mit der eigenen Mobilisierung (offiziell) genau bis 12 Uhr warten –, dass die Russen die Gene-

864 Siehe dazu auch Röhl, Wilhelm II., S. 1087.

865 Hopmann, Tagebuch, zitiert nach Röhl, S. 1087, sowie S. 1504, Anm. 86. Dort auch weitere Belege.

866 Clark, Schlafwandler, S. 615.

867 So man den Memoiren Conrads trauen kann, Conrad, Dienstzeit, Bd. 4, S. 153.

ralmobilisierung beschlossen hatten. Der Schwarze Peter lag damit in der Sichtweise der Reichsleitung beim Zarenreich.

Doch Sasonow hatte noch am 29. Juli – der russische Außenminister trat nach der Beschießung Belgrads inzwischen auch forciert für die Generalmobilisierung ein – dem deutschen Botschafter Pourtalès mitgeteilt, «dass aber Mobilmachung noch lange keinen Krieg bedeute».[868] Beim gleichen Zusammentreffen musste er feststellen, dass die Österreicher jede direkte Verhandlung «mit kategorischer Ablehnung» beantwortet hatten und er kam deswegen auf Greys Viermächte-Konferenzvorschlag zurück. Pourtalès telegrafierte weiter, Sasonow «klammre sich dabei an jeden Strohhalm». Diese Bemerkung wurde übrigens nicht nach Wien weitergegeben.[869] Clark gibt sie auch nicht an den Leser weiter.

Gleichzeitig sollten die zaristischen Truppen nur an der Grenze stehen. Auch das wusste Bethmann – der zu diesem Zeitpunkt immer noch auf eine positive Antwort Österreichs auf den von ihm verspätet weitergegebenen Wilhelm II./Greyschen Halt-in-Belgrad-Vorschlag hoffte. Denn einen Tag später beruhigte er in einer Sitzung des preußischen Staatsministeriums: «Die Mobilisierung Russlands sei zwar erklärt, seine Mobilisierungsmaßnahmen seien mit den westeuropäischen nicht zu vergleichen. Die russischen Truppen könnten in diesem Mobilisierungszustande wochenlang stehen bleiben. Russland beabsichtige auch keinen Krieg, sondern sei zu seinen Maßnahmen nur durch Österreich gezwungen.»[870] Bethmann sprach hier einen entscheidenden Punkt in Sachen Mobilisierung an, der Clark keine Silbe der Erwähnung wert ist.

Während die Russen wochenlang an der Grenze zu Deutschland – Polen existierte damals als Staat ja nicht – verharren konnten, bedeutete die deutsche Mobilisierung sofort Krieg, denn aufgrund des Schlieffenplans wollte man erst schnell Belgien und Frankreich überfallen, um dann, wenn der «Erbfeind» im Westen geschlagen war, sich die langsamer mobilisierenden Russen vorzunehmen. Aus diesem Grund forderte man von den verblüfften Österreichern, sie sollten gefälligst gleich gegen die Russen kämpfen und sich Serbien aufsparen. So war gut drei Wochen nach der Absicht der Österreicher, gegen Serbien Krieg zu führen, dies plötzlich unwichtig und ein Land, das gar nichts mit der Krise zu tun hatte (Belgien), und eines, das nicht direkt beteiligt war, Frankreich, wurden zu Opfern eines deutschen militärischen Überfalls, der in der größten Katastrophe endete. Der Historiker Fritz Fellner sprach später gar von Bündnisverletzung.

868 Telegramm Pourtalès an deutsche Regierung Aus: 18 Uhr 10, an 20 Uhr 29, Geiss, Julikrise, II, 670, S. 271; Kautsky, DD, 365.

869 Geiss, Julikrise, II, 670, S. 271, Anm. 2.

870 Geiss, Julikrise, II, 784, S. 372f.; Kautsky, DD, 456.

Sergej Dimitrijewitsch Sasonow, russischer Außenminister (1910–1916)

Und Conrad und die Österreicher waren konsterniert bzw. blank entsetzt.[871] Die Vernichtung Serbiens war unwichtig geworden. Russland sollte gepackt werden. Und die Deutschen scherte die Schockstarre des Bündnispartners nicht. Sie hatten Österreich-Ungarn in den endgültigen Untergang getrieben.

An dieser Stelle ist Krumeich zuzustimmen, wenn er verblüfft feststellt, dass die Möglichkeit, Russland mache mobil und könnte «gleichzeitig ehrliche Verhandlungen anbieten», weder im Schlieffenplan vorgesehen war noch je von deutschen Historikern thematisiert worden sei.[872] Die britische Historikerin Mombauer thematisiert es.[873] McMeekin und Clark tun dies selbstverständlich nicht. Es zeigt sich, entgegen Clarks Behauptung, die da lautet, in Frankreich oder gar England herrschten ähnliche militaristische Zustände, dass die Pläne des deutschen Militärs, denen weder der Kanzler, der Außenminister und schon gar nicht der Kaiser widersprachen, einen entscheidenden Beitrag zum Weltkrieg leisteten. Clark dagegen zimmert – entgegen den Äußerungen Bethmanns vor dem preußischen Staatsministerium – ein unhaltbares Dogma: Die russische Generalmobilmachung sei «ein Schritt, der einen Kontinentalkrieg tatsächlich unvermeidlich gemacht hätte».[874]

Dabei hatte sich Sasonow tatsächlich bis zuletzt an jeden Strohhalm geklammert und dem österreichischen Botschafter Szapary noch am 1. August auf dessen Erklärung, wonach der russische Standpunkt (Milderung des Ultimatums) und der österreichische (Erläuterung des Ultimatums) «im Wesen auf dasselbe herauszukommen» scheine, geantwortet, das «sei eine gute Nachricht», die «die Angelegenheit auf jenes Terrain» lenken könne, das ihm «von Anfang an vorgeschwebt habe». Doch Szapary bremste ihn und gab das als seine Privatmeinung aus.[875] Die Österreicher verfolgten dies nicht weiter. Es war zu diesem Zeitpunkt wohl auch zu spät, die Österreicher und die Deutschen hatten generalmobilisiert, die Deutschen standen kurz vor der Kriegserklärung an Russland.

871 Siehe auch Mombauer, Julikrise, S. 106.
872 Krumeich, 1914, S. 155
873 Mombauer, Julikrise, S. 103.
874 Clark, Schlafwandler, S. 645.
875 Geiss, Julikrise, II, 973, S. 537.

Doch diese Angebote Sasonows werden von Clark weggelassen. Er behauptet gar, dieser habe Österreich «von Anfang an das Recht abgesprochen, nach den Attentaten *in irgendeiner Form* [kursiv im Original, K.G.] gegen Serbien aktiv zu werden».[876] Dabei hatte Sasonow gegenüber Pourtalès betont, man müsse einen Weg finden, Serbien «unter Schonung seiner Souveränitätsrechte verdiente Lektion zu erteilen».[877] Die Form Sasonows unterscheidet sich dabei von der Clarks. Sasonow wollte nicht, dass Serbien zum Vasallenstaat der Mittelmächte degenerierte. Für Clark ist es schon ein «Vasallenstaat»[878], nämlich von Russland. Sasonow wollte den Krieg gegen Serbien verhindern. Clark jedoch heißt ihn gut, auch wenn er dies mit Begriffen wie «Abwehrmaßnahmen» oder «Operation» tarnt.[879] Dabei missachtet Clark einen einfachen Grundsatz, der als einer der Hauptsätze der Julikrise angesehen werden muss und den nicht nur – wie der deutsche Botschafter in Paris, Wilhelm Freiherr von Schoen, an Bethmann Hollweg mitteilte – der französische Justizminister Jean Baptiste Bienvenue-Martin sich zu eigen machte: «Das beste Mittel zur Vermeidung eines allgemeinen Krieges sei die Verhinderung eines lokalen.»[880]

«Potentiell riskant», noch als Historiker ernst genommen zu werden, ist zudem Clarks Behauptung, Sasonow habe einzig verlangt, das Ultimatum in Gänze zurückzunehmen. Das sei seine «Verhandlungslösung» gewesen.[881] Wie ausführlich dargestellt, ist dies falsch.

Fazit: Weder war, wie von Clark suggeriert, Sasonow ein Kriegstreiber[882] noch war die russische Mobilmachung der entscheidende Schritt zum Krieg oder gar der Grund.[883]

Röhl bringt es auf den Punkt: «Die seit Ende Juni 1914 verfolgte waghalsige deutsche Politik hatte auf der Annahme gegründet, dass wenn es ihr gelingen könnte, über den Balkankonflikt eine russische Kriegserklärung gegen den Dreibund zu provozieren, das deutsche Volk zur ‹Verteidigung› gegen den ‹Angreifer› bereit sein, England sich wenigstens anfänglich neutral verhalten und Italien seiner Bündnispflicht nachkommen würde.»[884]

876 Clark, Schlafwandler, S. 616.
877 Geiss, Julikrise, II, 499, S. 109; Kautsky, DD, 282.
878 Clark, Schlafwandler, S. 616.
879 Clark, Schlafwandler, 615 und 616.
880 Geiss, Julikrise, II, 578, S. 187. Ähnliche Aussprüche sind überliefert von Jules Cambon an Jagow, ebenda, 530, S. 132f. und Grey an Lichnowsky, ebenda, 497, S. 107; nur die letzte bei Kautsky, DD, 266.
881 Clark, Schlafwandler, S. 618f.
882 Gleicher Ansicht: Krumeich, 1914, S. 115, 157
883 Gleicher Ansicht: Mombauer, Julikrise, S. 103.
884 Röhl, Wilhelm II., S. 1147.

Die SPD und die Julikrise

Bethmann wusste, er brauchte die SPD für einen europäischen Krieg. Clark widmet diesem Werben um die deutsche Sozialdemokratie nur wenige Zeilen.

Zuerst berichtet er über den 31. Juli 1914 und stellt fest: «Die Verantwortung für die Mobilmachung trugen nun eindeutig die Russen.» Dass die Reichsleitung «sorgsam darauf achtete, dass kein Zweifel am defensiven Charakter des deutschen Kriegseintrittes bestehen konnte», klingt, als wäre der defensive Charakter Realität gewesen. Und weiter erzählt Clark kurz, wie Bethmann angeblich den rechten SPD-Mann Südekum am 28. Juli 1914 traf und dieser versichert habe, dass die SPD sich nicht gegen die Regierung stellen werde, die sich gegen einen russischen Angriff zu verteidigen hatte.

Albert Südekum (SPD), Vize-Vorsitzender der Budgetkommission des Reichstags

Nun hatte Südekum Bethmann an dem Tag gar nicht getroffen, sondern er hatte am 25. Juli den Innenminister Delbrück auf dessen Bitte aufgesucht und hatte ihm (ohne Mandat, der Parteivorstand war nicht in Berlin) versichert, dass sich die SPD «im Falle eines Verteidigungskrieges ihren vaterländischen Pflichten nicht entziehen» würde. Doch da war das Ultimatum der Österreicher noch gar nicht bekannt, das zu heftigen Reaktionen in der SPD-Presse gegen Österreich führte.

Offiziell schien die deutsche Regierung um Deeskalation bemüht. So gab sie sich ja auch nach außen. Selbst Rosa Luxemburg – die keinen Kontakt mit der Reichsleitung hatte, nur auf Zeitungen angewiesen war und von dem Blankoscheck etc. nichts wusste – ging hier dem geschickt agierenden Bethmann Hollweg auf den Leim. Zwar sprach sie am 28. Juli 1914 in der sozialdemokratischen Korrespondenz von der «eigenmächtigen Kriegsprovokation Österreichs», die «den russischen Bären auf den Kampfplatz wird herausgelockt haben». Aber sie täuschte sich in der Schlussfolgerung gründlich: «Fragt man freilich, ob die deutsche Regierung kriegsbereit sei, so kann die Frage mit gutem Recht verneint werden.» Selbst die schärfste Kritikerin des Militarismus und der deutschen Reichsleitung, die in der Rüstungspolitik und «ungeheuerlichen Militärvorlagen» einen großen Beitrag zur «heutigen Kriegslage» sah, traute

Bethmann und Jagow diesen Schritt nicht zu: «Man kann den kopflosen Leitern der deutschen Politik ruhig zugestehen, dass ihnen in diesem Augenblick jede andere Perspektive in lieblicherem Lichte erscheint als die, um des habsburgischen Bartes Willen alle Schrecken und Wagnisse des Krieges mit Russland und Frankreich oder gar am letzten Ende mit England auf sich zu nehmen.»

Doch dann ahnte sie Bethmanns Strategie. Sollte der die feste Entschlossenheit des Dreibundes demonstrieren, dem russischen Bären, falls er sich einmische, «sofort auf die Pfoten zu schlagen», dann «liegt sogar die Möglichkeit nahe, dass man die Aktion der deutschen Sozialdemokratie gegen den Krieg wird zu verdächtigen suchen, als ermutige sie geradezu die Kriegshetzer in Russland.»

Genau dies war schon zwei Tage zuvor – ohne Wissen Rosa Luxemburgs – geschehen. Am 26. Juli trafen sich der Parteiführer Hugo Haase und Otto Braun mit Bethmann (unter konspirativen Umständen). Der Kanzler betonte zunächst, dass ihm die Demonstrationen gegen Österreich und für den Frieden gelegen kämen. So waren die Österreicher die Buhmänner. Und er kam dann tatsächlich auf Russland zu sprechen und bat – wie Luxemburg geahnt hatte – darum, nicht gegen das Zarenreich zu demonstrieren, da sonst der Panslawismus neue Nahrung erhielte. Und dann die Gretchenfrage, wie sich die SPD verhalten würde, wenn Russland Österreich angreifen würde und für Deutschland der *casus foederis* eintrete. Die verblüffende Antwort Haases: Der trete gar nicht ein, da das Bündnis mit Österreich ein Defensivbündnis sei und daher, wenn Österreich Serbien angreife, der *casus foederis* gar nicht gegeben sei. Dies stimmte. Clark lässt es weg; vielleicht weiß er es gar nicht.

Doch Bethmann war weiter bemüht, die Bedrohung durch Russland an die Wand zu malen. Er wusste, das war sein einzige Chance, die SPD-Führung auf seine Seite zu bekommen. Also bauchpinselte er die Männer, die sich immer noch als Parias fühlten, und erzählte ihnen, sie seien die einzige Partei, mit der er Fühlung aufgenommen habe – mit den anderen brauchte er nicht zu sprechen. Die waren von vorneherein auf seinem Kurs.

Schließlich traf Bethmann auch Südekum – in Wirklichkeit allerdings einen Tag später, als bei Clark berichtet, am 29. Juli. Er tat dies im Glauben, der zweite Parteiführer Ebert sei noch nicht aus der Schweiz nach Berlin zurückgekehrt. Bethmann Hollweg mahnte erneut zur Mäßigung. Allerdings nicht die Österreicher und auch nicht das Militär. Mäßigen sollte sich die SPD. Erneut brachte er das fadenscheinige Argument: Man solle den Kriegsgegner nicht provozieren. Denn jetzt wollte der Kanzler die Friedenskundgebungen nicht mehr sehen und drohte versteckt mit dem Belagerungszustand. Der inzwischen zurückgekehrte Ebert und der gesamte Parteivorstand reagierten prompt und ängstlich. Man bat die Parteipresse um Mäßigung in Sachen Antikriegsdemonstrationen.

Und die Sozialdemokraten versicherten dem Kanzler «gerade aus dem Wunsch heraus, dem Frieden zu dienen», dass keine Streikaktionen oder Ähnliches geplant seien.[885] Auch zu heftige Demonstrationen wollte man jetzt – wie von Luxemburg vorhergesehen – vermeiden, hätten sie doch dem Gegner die Schwäche Deutschlands demonstriert.

Der Parteivorstand fühlte sich geschmeichelt, endlich hatte der Kanzler mit ihnen, und das auch noch exklusiv, gesprochen. Nun war die SPD-Führung bereit umzufallen – die angebliche russische Bedrohung wirkte. Nichts davon bei Clark. Der berichtet nur, dass Bethmann befriedigt am 30. Juli feststellte, dass von der SPD keine Subversion zu fürchten sei.

Dass sich die Führer der ehemals revolutionären Partei vom kriegsbereiten Kanzler des deutschen Reiches nur zu gerne hinters Licht führen ließen – wie Hervé es übrigens 1907 (siehe oben) prophezeit hatte –, sieht Clark gar nicht oder will es nicht sehen, weil er ja Bethmann hehre Motive unterstellt.

Und die SPD-Führer glaubten die Mär von der russischen Bedrohung, weil sie sich mehr denn je «in vollster Übereinstimmung mit dem Denken und Fühlen der Massen» wähnten, wie Konrad Haenisch später behauptete. Die doch angeblich auch für den Verteidigungskrieg gegen den russischen Bären wären. Doch die Proletariermassen gingen am 31. Juli gegen den Krieg auf die Straßen, zu einer Zeit, als die Führung der SPD schon längst mit der Reichsleitung verhandelte und zum Einknicken bereit war.

Und nach dem 1. August, als das Gespenst des russischen Überfalls an die Wand gemalt wurde, «forderten» da die Massen die Sozialdemokratie auf, dem Ausnahmefall Verteidigungskrieg zuzustimmen? «Wollten» sie sich da der allgemeinen Kriegsbegeisterung anschließen und, wie weiland von Bebel kundgetan, mit dem Gewehr in der Hand das Vaterland verteidigen?

Auch Manfred Scharrer zeigte sich 1976, wie Jahrzehnte zuvor der Historiker Rosenberg, überzeugt, die Arbeitermassen seien zu diesem Zeitpunkt für den Krieg gewesen und hätten die Führung zum Opportunismus getrieben.[886]

---

885 Der Sozialdemokrat Südekum am 29. Juli 1914 in einem Brief an Bethmann-Hollweg, zitiert nach: Jürgen Rojahn, Einleitung, in: Wilhelm Dittmann, Erinnerungen. Bearbeitet und eingeleitet von Jürgen Rojahn, 3 Bde., Frankfurt / New York 1995, hier Bd. 1, S.135.

886 Manfred Scharrer, Arbeiterbewegung im Obrigkeitsstaat. SPD und Gewerkschaft nach dem Sozialistengesetz, Berlin (West) 1976, S. 108. Die von Scharrer behauptete ähnliche Deutung bei Groh ist dort nicht zu finden. Siehe: Dieter Groh, Negative Integration und revolutionärer Attentismus. Die deutsche So-

Aber waren die proletarischen Massen tatsächlich und plötzlich so kriegslüstern, wie behauptet? Neuere Forschungen stellen dies erheblich in Zweifel.[887] Weder eine große Kriegsbegeisterung noch eine totale Gegnerschaft zum Krieg ist im August 1914 feststellbar.

Erstere ist also von der Parteipresse durch Kriegshetze herbeigewünscht und später von führenden Parteigenossen einfach herbeiphantasiert worden. Mehrheitlich herrschte nach dem 1. August bei den Arbeitern eher Niedergeschlagenheit statt Kriegsbegeisterung. Man war enttäuscht von der Parteiführung.[888] Und wer von den Arbeitern einrückte, tat das ohne Begeisterung. So notierte ein junger Arbeiter: «Alle haben das Gefühl, es geht direkt zur Schlachtbank.»[889]

Wenn aber mehr Niedergeschlagenheit bei den Proletariern vorherrschte, hätte eine konsequente Kriegsgegnerschaft der Führung wie der Parteipresse auch die Masse der Arbeiter gegen den Kriegstaumel immun gemacht, ja für Gegenaktionen geöffnet. Kurt Tucholsky kritisierte das fatale Versagen der SPD und verwies auf diese innere Logik: «Aber die Massen, Unorganisierte und besonders Organisierte, hätten Mut bekommen, hätten den Krieg besser durchschaut und hätten das getan, was

---

zialdemokratie am Vorabend des Ersten Weltkrieges, Berlin (West) 1974, S. 658–696; Arthur Rosenberg, Entstehung der Weimarer Republik, Frankfurt 1973 (Zuerst: 1928), S. 67f.

887 Wolfgang Kruse, Die Kriegsbegeisterung im Deutschen Reich, in: Marcel van der Linden/ Gottfried Mergner (Hrsg.), Kriegsbegeisterung und mentale Kriegsvorbereitung – Interdisziplinäre Studien, S. 73–87; Volker Ullrich, Die Hamburger Arbeiterbewegung am Vorabend des ersten Weltkrieges bis zur Revolution 1918/19, 2 Teile, Hamburg 1976, S.140ff.; Derselbe, Vom Augusterlebnis zur Novemberrevolution. Beiträge zur Sozialgeschichte Hamburgs und Norddeutschlands im Ersten Weltkrieg 1914–1918, Bremen 1999; Friedrich Boll, Massenbewegungen in Niedersachsen 1906–1920, Bonn 1981, S. 151f.; Jürgen Reulecke (Hrsg.), Arbeiterbewegung an Rhein und Ruhr, Wuppertal, 1974, S. 205–240; Karl-Dietrich Schwarz, Weltkrieg und Revolution in Nürnberg, Stuttgart 1971, S. 106–144; Rojahn, Einleitung, S. 132; Michael Stöcker: Augusterlebnis 1914 in Darmstadt. Legende und Wirklichkeit, Darmstadt 1994, S. 81ff., Stöcker versucht das Bild von der angeblichen Kriegsbegeisterung komplett zu widerlegen. Christian Geinitz, Kriegsfurcht und Kampfbereitschaft: Das Augusterlebnis in Freiburg. Eine Studie zum Kriegsbeginn 1914, Freiburg 1998. Geinitz gibt sich vorsichtiger als Stöcker und konstatiert, sozusagen parallel, Kriegsbegeisterung und Niedergeschlagenheit, allerdings ohne genau auf die proletarischen Schichten einzugehen. Siehe auch Janz, 14, S. 186ff.

888 Ullrich, Augusterlebnis, S. 16.

889 Wilhelm Eildermann, Jugend im Ersten Weltkrieg, Tagebücher, Briefe, Erinnerungen, Berlin (Ost) 1972, S. 61, zitiert nach: Kruse, Kriegsbegeisterung, S. 78. Mit Zorn und Verzweiflung reagierten so manche Linken. Siehe Jacob Walcher, in: Karl und Rosa, Erinnerungen. Zum 100. Geburtstag von Karl Liebknecht und Rosa Luxemburg, Berlin (Ost) 1971.

man ihnen heute in Deutschland vorwirft, und was sie leider nicht getan haben: sie hätten die Front erdolcht.»[890]

Aber das wollte man schlicht und einfach nicht mehr. Denn vielleicht war das ja ein nützlicher Krieg für die SPD. Schließlich stimmte man am 4. August 1914 den Kriegskrediten zu, schaffte es sogar, die widerstrebenden Linken (darunter Karl Liebknecht) per Fraktionsdisziplin zur Zustimmung zu bewegen. Rosa Luxemburg bekam, als sie davon hörte, einen Schreikrampf.

Später schrieb sie in ihrer Juniusbroschüre über das Versagen der internationalen Arbeiterbewegung. Denn fast alle sozialistischen Parteien mit Ausnahme der Sozialisten in Serbien, der meisten Sozialisten in Russland und der linken Labourparty in Großbritannien hatten nach dem Überfall der Deutschen auf Belgien und Frankreich den Kriegskurs ihrer Länder unterstützt. Doch die deutsche Sozialdemokratie war 1914 die größte sozialistische Partei der Welt und sie allein hätte den Kriegskurs der deutschen Reichsleitung, des Militärs und des Kaisers verhindern können. Zu Recht fragt man sich, warum diese Partei, die am wenigsten in das politische halb-absolutistische System ihres Landes eingegliedert war, die also am meisten Widerspruch zu ertragen und auch am meisten Anlass für Widerspruch hatte, die nicht wie ihre Schwesterparteien «vor 1914 indirekt an liberalen Regierungen beteiligt» war[891] so reagierte. Die Führung hatte sich angepasst, war verbürgerlicht, verspießert, gut entlohnt und wollte nicht mehr vaterlandslos sein. Das deutsche Volk und nicht die Internationalität der Arbeiterklasse rückte in den Fokus. Wie der Gewerkschafter Bauer schon 1913 versichert hatte, kam es inzwischen darauf an, was für Vorteile der Krieg der SPD bringen konnte. Das Umschwenken der Leitung der SPD und der Reichstagsfraktion ist eine der großen Katastrophen des 20. Jahrhunderts.

Das Umschwenken der französischen Sozialisten lief dagegen anders ab und war wesentlich von der Haltung der Deutschen beeinflusst. Denn die französischen Sozialisten hatten auf einem Parteitag am 15./16. Juli 1914, kurz vor dem Ultimatum der Österreicher an die Serben, mit einer Generalstreikdrohung die französische Regierung zu einer internationalen Lösung gedrängt.

Ein deutsch-französischer Massenstreik hätte durchaus Aussicht auf Erfolg gehabt, denn auch die französischen Gewerkschaften zeigten sich noch auf dem Höhepunkt der Julikrise 1914 streikbereit. Jedoch musste der französische Gewerkschaftsführer Léon Jouhaux bei einem Treffen

---

890 Kurt Tucholsky (Ignaz Wrobel), Die Weltbühne, 13.04.1926, Nr. 15, S. 567, Gegen den Strom, Tucholsky, GW, Bd. 4, S. 407.

891 Janz, 14, S. 196f.

mit dem deutschen Gewerkschaftsführer Carl Legien am 27. Juli 1914 feststellen, dass es bei den rechten sozialdemokratischen Gewerkschaftsführern in Deutschland keinerlei entsprechende Bereitschaft gab.[892] Auch ein Aufruf Jouhaux' an Legien zum Generalstreik vom 30. Juli 1914 blieb unbeantwortet.

Jean Jaurès und Jouhaux hatten also bis zuletzt für Massenstreiks plädiert.

Die einzige Chance hätte also in weiteren Demonstrationen und in Massenstreiks bestanden, denen sich aber die deutschen führenden Sozialdemokraten schon früh, noch vor dem Rechtsruck in der Partei nach Bebels Tod (siehe oben), keinesfalls anschließen wollten. So schwenkten sogar das Enfant Terrible Hervé, Jouhaux und letztlich auch Jaurès auf die Position der Landesverteidigung um. Jaurès hatte schon am 18. Juli 1914 keinen Widerspruch darin gesehen, «sich mit aller Gewalt für den Frieden einzusetzen und sich mit allen Mitteln für die Unabhängigkeit und die Einheit der Nation einzusetzen, wenn der Krieg trotz unserer Bemühungen ausbricht».[893] Aber auch hier gab es einen Unterschied zur deutschen Parteileitung. Jaurès versuchte mit allen Mitteln bis zuletzt und bis zu seiner Ermordung am 31. Juli 1914, den Krieg zu verhindern. Doch die französischen Sozialisten allein hätten den Angriff gegen Frankreich und damit den Weltkrieg nicht verhindern können. Einzig die deutsche Sozialdemokratie wäre dazu in der Lage gewesen.

Bei gleichzeitigen Massenstreiks in Deutschland und Frankreich hätte es keinen Ersten Weltkrieg gegeben. An den deutschen und französischen Arbeitern lag es nicht. Sie wären vermutlich in Massen einem Streikaufruf gefolgt, so wie sie in Massen gegen den Krieg demonstriert hätten. Deutschland wäre, so darf man annehmen, bei einem solchen Ablauf der Geschichte gleichzeitig am Rand eines Bürgerkrieges gestanden, denn die Anweisung der Militärführung zum «Verhalten in insurgenten Städten» (Bissinger-Erlass), also die Anleitung zum verschärften Bürgerkrieg, war bald nach der Analyse der Russischen Revolution von 1905 durch die Militärs und Bebels Drohung im Reichstag mit Revolution und Generalstreik (ebenfalls 1905) erstellt worden. Aber was wäre ein Bürgerkrieg gegen den Weltkrieg gewesen?

Und da sind wir wieder bei Clark.

Das Umfallen der SPD-Führung interessiert ihn überhaupt nicht. Und dass die SPD – und zwar sie zentral als einzige sozialistische Partei – den Krieg hätte aufhalten können, auch nicht. Clark interessiert sich zwar –

892 Leonhard, Pandora, S. 112.

893 Jean Jaurès in der L'Humanité am 18. Juli 1914, zitiert nach Leonhard, Pandora, S. 111.

so seine Einleitung – nur für das *Wie*, das den Krieg angeblich hatte ausbrechen lassen.[894] Was ihn hätte verhindern können, interessiert ihn aber offensichtlich nicht.

Doch selbst wenn wir Clark an der eigenen Zielsetzung für seine Arbeit messen, sind Auslassungen wie die hier ausgeführte und wie vorausgegangene unverantwortlich. Denn Clark definiert seine Grundfrage nach dem *Wie* folgendermaßen: «Die Frage nach dem *Wie* fordert uns auf, die Abfolge der Interaktionen näher zu untersuchen, die bestimmte Ereignisse bewirkten.» Wir beschrieben eine ganze Reihe von Interaktionen, die es im direkten Vorfeld des Kriegsbeginns zwischen Reichsleitung einerseits und sozialdemokratischer Führung andererseits gab. Sie «bewirkten bestimmte Ereignisse» oder trugen jedenfalls wesentlich zu diesen bei. Lässt man sie weg, zitiert man fast wie eine Art Schutzmaßnahme nur ein einziges Treffen, das es zwischen Bethmann und der Sozialdemokratie gab – und dann noch eines mit einem eher zweitrangigen SPD-Führer und mit falscher Datumsangabe – dann ist man selbst auch nach eigener Definition unfähig, das *Wie* zu erklären.

Zusammenfassung VII

Die Darstellung der Julikrise 1914 kann als der Höhepunkt manipulativer Clark'scher Geschichtsschreibung gesehen werden. Den deutschen Blankoscheck für Österreich-Ungarn zur Vernichtung von Serbien setzt er in Gänsefüßchen, gleichzeitig zeigt er unverhohlen Sympathie für den Krieg gegen den Balkanstaat, ein Krieg, der den Ersten Weltkrieg auslösen sollte. Er recycelt eine uralte Unschuldsthese, die Deutschen hätten fast bis zum Beginn des Weltkriegs, den sie auslösten, an eine Lokalisierung geglaubt. Um dies zu belegen, muss Clark den wichtigen Satz aus Riezlers Tagebuch bewusst weglassen, wonach Bethmann im Falle eines Kontinentalkrieges mit Russland und Frankreich sich große Vorteile für Deutschland erhofft hatte.

Für Bethmann gab es zwei Möglichkeiten: Reagierte Russland nicht, konnte man Serbien überfallen und hätte mit seinem Verbündeten Österreich-Ungarn die Vorherrschaft auf dem Balkan gewonnen. Wollten die Russen den Überfall auf Serbien mit der Kriegserklärung beantworten, konnte man sie und Frankreich per Schlieffenplan gleich beide schlagen und so die absolute Vorherrschaft in Europa gewinnen, gleichzeitig die Triple-Entente zertrümmern. Clark versucht dies mit merkwürdig verdrehten Formulierungen zu vernebeln.

---

894 Clark, Schlafwandler, S. 17.

Ihm fehlt außerdem die Kenntnis neuer Dokumente, wie die Briefe Riezlers an seine Verlobte und Tagebucheintragungen von Harry Graf Kessler, die belegen, dass erstens die deutsche Reichsleitung Wien zum Krieg trieb und zweitens sie sich als stark genug sah, den Kontinentalkrieg nach zwei (Frankreich und Russland), ja sogar drei Seiten (plus Großbritannien) zu gewinnen. Die Lage sei nie günstiger gewesen, so Riezler.

Hinzu kommt, dass Clark die deutschen militärischen Kriegsvorbereitungen schlicht leugnet und somit einen neuerlichen Unschuldsbeweis liefern möchte. Auch die Äußerungen Naumanns verbiegt er und dichtet sogar noch ein russisches Wagnis hinzu, das gar nicht im Dokument steht. Die zunehmende Präventivkriegsbereitschaft der Deutschen und Österreicher existiert für ihn nicht, stattdessen konstruiert er eine serbisch-französisch-russische Verschwörung, die das Attentat zum Anlass genommen habe loszuschlagen. Diese böse Absicht habe Deutschland nicht durchschaut. Hier wird Geschichte auf den Kopf gestellt.

Sogar der Kaiser hätte – so Clark – auf seiner Nordlandfahrt nicht vom Krieg gesprochen, wo er doch Krupp vorher versprochen hatte, «diesmal» [sic!] nicht umzufallen. Auch im Urlaub war er bestens unterrichtet und machte Vorschläge, die Serben zum «Krakehl», zum Krieg zu reizen.

Das auf Unerfüllbarkeit formulierte Ultimatum der Österreicher an Serbien erscheint Clark erstens nicht unerfüllbar, wobei er unhistorisch Rambouillet als Vergleich aus der jüngeren Vergangenheit heranzieht und sich damit faktisch als Historiker disqualifiziert. Zweitens sieht er die Annahme fast des ganzen Ultimatums durch Serbien sehr kritisch. Nach seiner Ansicht hätten die Serben ihre Souveränität aufgeben und sich unterwerfen müssen.

Der deutsche Kaiser stimmt Clark hier nicht zu, war sozusagen wieder bereit umzufallen und sah keinen Grund mehr für einen Krieg, verlangte aber ein Faustpfand. Diesen Vorschlag hintertrieb Bethmann bewusst. Clark sieht hier eine «alternative Strategie» Bethmanns. Doch diese war gar keine – Bethmann wollte schlicht Krieg.

Als Grey über Lichnowsky ausrichten ließ, England werde nicht zurückstehen, wenn Frankreich angegriffen werde, war Bethmann klar, dass er auf einen Weltkrieg zusteuerte. Nunmehr trieb ihn nur mehr die Frage um, wie man diesen Krieg Russland in die Schuhe schieben konnte. Clark lässt die entsprechenden, gut dokumentierten Aussagen und Aktionen des Reichskanzlers weg und kann nur auf diese Weise seine Behauptung aufrechterhalten, es gäbe keinen Beleg für eine Präventivkriegsabsicht der Deutschen.

Das unerfüllbare Ultimatum sieht er dagegen nicht als Schritt zum Flächenbrand, genauso wenig wie die österreichische Kriegserklärung und das Beschießen von Belgrad durch österreichische Truppen.

Ein besonderes Angriffsziel Clarks ist dabei Außenminister Grey, der mindestens sieben Vermittlungsversuche machte (Konferenz, Abmilderung der Ultimatumsbedingungen, Halt-in-Belgrad etc.), die die Deutschen und Österreicher alle hintertrieben. Sie wollten Krieg. Clark steht ihnen bei. Aber Grey wirft er vor, a) nicht klar sein Eingreifen bei einem Überfall auf Frankreich geäußert zu haben und b) eigentlich aber schon immer vorgehabt zu haben einzugreifen. Greys Dilemma ist ihm ein Buch mit sieben Siegeln: Hätte Grey von Anfang an betont, nicht neutral zu bleiben, hätte er Russland animiert anzugreifen, hätte er das Gegenteil beteuert, hätten die Deutschen angegriffen. Tatsache aber ist: Die Deutschen hätten in jedem Fall angegriffen.

Auch die letzten Versuche Greys und Lichnowskys, den Krieg zu verhindern, finden keine Gnade bei Clark. Seine Helden sind die aggressiven Deutschen. Auch der allerletzte Versuch Greys, den schlaftrunkenen englischen König um eine Intervention in Russland mit dem Ziel der Rücknahme der Mobilisierung zu bitten, wird von Clark ins Lächerliche gezogen und mit dem unbelegten Totschlagargument verbunden, Grey wollte damit nur Zeit für militärische Vorbereitungen gewinnen. Doch genau damit hatten die Deutschen schon vor Wochen begonnen.

Der Höhepunkt Clark'scher Verzerrung, die man als konkrete Verfälschung bezeichnen kann, ist die Darstellung des ärgsten Bethmann'schen Fauxpas. In der Nacht des 29. Juli 1914 hatte der deutsche Kanzler Grey übermitteln lassen, die Deutschen überlegten, Belgien und Frankreich zu überfallen, Belgien aber nichts wegzunehmen, wenn es sich nicht wehre, und von Frankreich nichts zu annektieren, wenn England neutral bleibe. Gleichzeitig hatte der deutsche Kanzler eines seiner Kriegsziele enthüllt: die umfangreichen Kolonien Frankreichs in Afrika. Dort endlich sollte der «Platz an der Sonne» für Deutschland Realität werden. Dieses unverhohlene Eingeständnis eines Angriffskrieges mit Annexionen kommt dem späteren Septemberprogramm Riezlers sehr nahe, wird aber von unserem australischen Historiker schlicht ignoriert.

Clark stellt das Ganze in einem Satz so dar, dass der unbedarfte Leser es völlig falsch versteht und auch so verstehen soll: «Als Bethmann Hollweg am 30. Juli in dem Telegramm London vorschlug, dass das Deutsche Reich davon absehen werde, französische Gebiete zu annektieren, falls Großbritannien neutral bleiben werde, telegrafierte Grey an den britischen Botschafter in Berlin Goschen, dass dieser Vorschlag ‹keinen Augenblick lang in Betracht gezogen werden› könne. Greys Aktionen und Versäumnisse enthüllten, wie stark das Denken im Rahmen der Entente seine Sichtweise der sich zuspitzenden Krise prägte.»[895] Der Schuldige ist

895 Clark, Schlafwandler, S. 636. [

auch hier – mittels absurder Verdrehung – Grey. Dies bezeichnen wir als grobe Verfälschung.

Wie die deutschen Kriegsunschulds-Historiker der 20er Jahre argumentierend, sieht Clark die Generalmobilisierung der russischen Armee als Hauptauslöser des Weltkrieges. Dazu muss er die militärischen Vorbereitungen der russischen Führung verwirrend darstellen und die Kriegsverhinderungsbemühungen des russischen Außenministers Sasonow weglassen bzw. falsch erzählen. Das Umfallen der SPD-Führung, die als einzige Partei den deutschen Kriegsdrang und damit den Weltkrieg hätte verhindern können, wobei sie tatkräftig von ihren eigenen Anhängern und den französischen Sozialisten unterstützt worden wäre, ist Clark keine Silbe wert.

8. Das Wie und Warum der Clark'schen Methodik

«Es kann nicht darum gehen,
die Psyche der [deutschen] Staatsführung darzustellen.»

Christopher Clark, Phoenix, 29.1.2014

Christopher Clark nennt in der Einleitung seine Methodik und trennt zwischen *Warum* und *Wie*. Das *Warum* würde immer nach der Schuld fragen, das *Wie* wäre aber eine alternative Vorgehensweise. «Eine Reise durch die Ereignisse, die nicht von der Notwendigkeit getrieben wird, eine Anklageschrift gegen diesen oder jenen Staat oder diese oder jene Person zu schreiben, sondern sich zum Ziel setzt, die Entscheidungen zu erkennen, die den Krieg herbeiführten.»[896]

Hier wird durch eine an sich nicht mögliche Trennung der Fragen Objektivität suggeriert. Clark gibt zwar zu, dass man das *Warum* eigentlich nicht vom *Wie* trennen könne, proklamiert es aber dann doch und gaukelt damit Wertfreiheit vor. Statt einer «Anklageschrift» verspricht er «Erkennen» und zwar – auch das schwingt mit – ohne Voreingenommenheit. Clarks Ansatz ist somit positivistisch in jeder Hinsicht. Er verspricht eine Versuchsanordnung, bei der man von außen – ohne Ideologie sozusagen – den Ablauf der Ereignisse beobachten könne. Doch wie Adorno schon feststellte: «Die Trennung von wertendem und wertfreiem Verhalten ist falsch, insofern Wert und damit Wertfreiheit Verdinglichungen sind.»[897] Und wie wir gesehen haben, geht Clark oft folgendermaßen vor:

1. Die bis zu seinen Bucherscheinungen angeblich herrschende Lehrmeinung wird referiert, z. B.: Deutschland ist ein militaristisches Land.
2. Dann kommen seine Forschungen, z. B.: Die Deutschen waren gar nicht so militaristisch, sondern die andern.
3. Daraufhin legt er den Schleier des Schlafwandlertums darüber, z.B.: Alle waren irgendwie militaristisch. Die Clark'sche «Unschärferelation».

896 Clark, Schlafwandler, S 18.

897 Theodor W. Adorno u.a. (Hrsg.), in: Der Positivismusstreit in der deutschen Soziologie, Darmstadt und Neuwied 1976[5] (zuerste 1969), S. 138.

Beim Leser bleibt oberflächlich zurück: Die Deutschen hatten viel, viel weniger Schuld als bislang angenommen, die anderen waren auch schuldig. Im tiefen Grund: Eigentlich hatten die anderen mehr Schuld.

Somit schleicht sich bei Clark hinter dem Nebel seiner umfassenden Beredtheit, des «Sowohl als auch», des angeblich komplexen *Wie*, das einfache *Warum* und die Schuld wieder ein. Clark kennt schuldige Staaten und schuldige Männer und er benennt sie, getarnt durch das undurchsichtig gesponnene Netz seiner breit aufgestellten Erzählung. Damit textet er den Leser zu und dies hat Methode. Seine ganze Methodik ist jedoch nur eine einzige Verschleierung der deutschen Schuld und – wie wir oben gesehen haben – eine Renaissance der alten, von maßgeblichen Leuten in Deutschland und Österreich behaupteten Schuld der Entente, mit dem «Schurkenstaat» Serbien als heftigem Initialzünder. Dabei interessieren ihn «Nationalismus, Rüstung, Bündnisse und Hochfinanz» nur, «wenn man aufzeigen kann, dass sie Entscheidungen beeinflussten, die – zusammengenommen – den Krieg ausbrechen ließen».[898] Praktisch ein Ausschlusskriterium für historische oder soziologische Ursachenforschung. Er lässt somit Rüstung und Hochfinanz komplett aus jeglicher Analyse herausfallen. Einzig den Nationalismus der Serben geißelt er, den der Deutschen (der ja hauptsächlich imperialistisch ist) mit seinen «ungeheuren Appetiten» (Rosa Luxemburg) lobt er als «Hunger nach echt nationalen Projekten». Und die Russen charakterisiert er als imperialistisch, die Franzosen als revanchistisch. Die Entente der «Russo-Gallier» (Wilhelm II.) ist «balkanisiert» und damit von Grund auf aggressiv. Die echt nationalen Deutschen und das grundsolide Österreich-Ungarn erscheinen davon bedrängt. Die Serben beschreibt er – wie der deutsche Kaiser – als slawische verschlagene Räuberbande und einzig bei Ihnen bemüht Clark die Beschreibung von Massakern und liefert eine detaillierte innenpolitische und sozialökonomische Entwicklung.[899] Und während Krupp als Hoflieferant des deutschen Heeres und wesentlicher Profiteur der deutschen Hochrüstung zur See bei Clark geflissentlich übersehen wird, taucht in der Beschreibung Serbiens wie selbstverständlich auf, dass «die serbischen Rüstungsaufträge [...] an die französische Firma Schneider-Creusot statt an den österreichischen Rivalen Škoda» gingen.[900] Während die Kriegskredite Deutschlands bei Clark nur am Rande gestreift und die deutschen Banken als Kreditgeber erst gar nicht genannt werden, heißt es mit Bezug auf Serbien: «Wie alle jungen Balkanstaaten war Serbien ein unverbesserlicher Kreditnehmer,

898 Clark, Schlafwandler, S 17.

899 Siehe auch: Klaus Wernecke, Christopher Clarks Mächte auf dem Weg in den Ersten Weltkrieg,. Außenpolitik ohne Unterbau, in: Sozialismus, H 12, 28. November 2013, S. 61–67.

900 Clark, Schlafwandler, S. 56.

der völlig auf internationale Geldgeber angewiesen war.» Wobei wir ahnen, wer Belgrad mit so viel Geld für besonders viele Waffen ausstattete: «Den Franzosen gehörten am Ende über drei Viertel der gesamten serbischen Staatsschulden.»[901]

Seine Geschichte der Julikrise spielt sich somit (mit einer Ausnahme) nur auf der Ebene der Diplomatie und Regierungspolitik ab. Hier machen Männer Geschichte und hier werden sie individualpsychologisch, übrigens nie als Schlafwandler – jedoch als gleich überforderte Akteure skizziert. Die unter Tränen in einen Krieg schlittern. Seine Schuldzuweisungen werden dabei nirgendwo anders so deutlich wie in der Charakterisierung der Hauptfiguren der Alliierten und der Serben. Seine «Unschulderkenntnis» wiederum findet ihren klarsten Ausdruck in der Beschreibung der handelnden führenden Deutschen und Österreicher. Dazu kommen wir nun.

Apis

Ganz an der Spitze steht der eigentliche Bösewicht, der Geheimdienstchef Serbiens, Apis, der «massige» Königsmörder, der 9/11-Terrorist, der Bin Laden der Urkatastrophe. Da leuchtet es schon ein, dass Clark erst gar nicht erwähnt, dass Apis 1917 von den Serben zum Tod verurteilt und hingerichtet wurde. Denn ein hingerichteter Bösewicht zieht lange nicht so viele negative Emotionen auf sich. Unterbelichtet bleibt auch, dass der 1903 von Apis und seinen Helfern ermordete König Alexander kein «Möchtegern-Diktator», sondern ein übler Potentat war. Clarks sanfte Kritik Alexanders verblasst vollkommen angesichts der breit referierten brutalen Mordtat. Man hat Mitleid mit dem armen Möchtegern.

Dragutin Dimitrijević (Apis), Chef des serbischen Geheimdiensts

Die Wiedereinführung der Demokratie als Folge des blutigen Staatsstreiches wird dagegen eher beiläufig gestreift. Denn das interessiert Clark weniger. Sein eigentliches Interesse gilt einer anderen Tatsache: Schließ-

901 Clark, Schlafwandler, S. 56f.

lich änderte sich dadurch die Politik Serbiens, das kein Vasallenstaat mehr sein wollte, gegenüber Österreich.

Wie arbeitet nun dieser zentrale Akteur Apis, der eigentliche Drahtzieher des Attentats auf Franz Ferdinand und seine Frau?

Dieser wirkt im Dunklen und verbrennt immer alle Dokumente, er «war wie geschaffen für die Welt der politischen Verschwörungen», der «manisch heimlichtuerisch» agierte und selbstverständlich «keine Skrupel kannte», aber «in kritischen Augenblicken stets einen kühlen Kopf behielt».

Eine Figur wie aus einem James-Bond-Film. Man kann ihn sich eigentlich nur mit Narbe im Gesicht und eine Angorakatze streichelnd vorstellen. Merkwürdigerweise lehnt Clark in seiner Schlussbetrachtung die von ihm selbst praktizierte Methodik ab.

Der Kriegsausbruch von 1914 sei »kein Agatha-Christie-Thriller».[902] Wie in einem noch dazu schlechten Thriller behandelt er jedoch die Serben.

Clark ist aber auch klar, ein Mann wie Apis kann keine «große Volksbewegung» anführen; er vermag nur eine kleine Gruppe von Leuten «zu extremen Aktionen zu motivieren». Clark vergisst nicht, uns mitzuteilen, dass Apis sich seine sexuelle Energie (ähnlich wie General Jack Ripper in Stanley Kubricks filmischer Satire «Dr. Strangelove») für aggressive Sublimationen aufsparte, da er an Frauen – Hitler fällt einem auch dazu ein – «nie ein sexuelles Interesse» erkennen ließ. Apis' Kosmos war der der «rauchgeschwängerte(n)» Männerbünde, die «Welt der Belgrader Kaffeehäuser», die geheimnisvoll, da «zugleich privat und öffentlich war».[903] Apis trug nach Clark «mehr als jeder andere Offizier dazu bei, einen harten Kern ultranationalistischer Offiziere zu rekrutieren, die bereit waren, den Kampf um die Vereinigung aller Serben mit allen Mitteln zu unterstützen».[904] Der klassische mephistophelische «Verschwörer».[905]

Pašić

Und da haben wir den Ministerpräsidenten Nikola Pašić, der ihn gewähren ließ. Dass er eigentlich sein Gegner war, wird nicht erzählt. Stattdessen wird er zu einem «der Hauptakteure» [906] in der Julikrise gestempelt, was völlig daneben gegriffen ist, denn Pašić konnte in der Julikrise immer nur reagieren, so auf das provokative Ultimatum. Er konnte nie als Kopf wie immer gearteter Kriegspolitik agieren wie die Deutschen und Österreicher.

902 Clark, Schlafwandler, S. 716.
903 Clark, Schlafwandler, S. 33.
904 Clark, Schlafwandler, S. 44.
905 Clark, Schlafwandler, S. 69.
906 Clark, Schlafwandler, S. 39.

Nikola Pašić, Ministerpräsident Serbiens (1891 und 1904–1921)

Pašić, der «schlechte Redner» mit seinem «patriarchalischen Bartwuchs» und seinem Faible für «Vorsicht, Geheimhaltung und nebulöse Ausdrucksweise» war nach Clark ein Mensch, der kaum etwas «auf Papier» festhielt und wenn, dies regelmäßig verbrannte und außerdem «überhaupt keine Prinzipien besaß».[907]

Böse Menschen haben keine Lieder und Terroristen wie Apis und Pašić – der damit auf die gleiche Ebene gehoben ist – verbrennen immer alles oder schreiben es erst gar nicht auf. Zu ihnen gesellt Clark, sprachlich geschickt über einen Bogen von hunderten von Seiten gebunden – und das kann man schon beinahe perfide nennen – einen Schutzpatron. Der heißt Grey.

Grey

Wenden wir uns Clarks Darstellung des britischen Bösewichts zu. Der britische Außenminister, der als junger Mann «kaum Anzeichen für Wissensdurst» zeigte, «vertrödelte seine Jahre» und verwendete »den größten Teil seiner Zeit darauf», «Tennis-Champion zu werden». Während Pašić ein schlechter Redner mit Vollbart war, schaffte der glatt rasierte Grey im Examen nur eine «Drei in Jura». Auf «politische Posten kam er über familiäre Beziehungen», denn für ihn war «Politik eine lästige Pflicht». Schließlich zeigte er wirkliche Qualitäten nur als «großer Naturliebhaber, Vogelbeobachter und Angler».[908]

Man lästerte, laut Clark, geradezu über ihn, weil er zu viel Zeit mit seinen Enten verbrachte. Grey schien – im Gegensatz zu Apis – frei von Ehrgeiz. Doch weit gefehlt, denn – so Clark – Sir Edward entwickelte «einen starken Machthunger, und eine Bereitschaft, konspirative Methoden einzusetzen». Wir horchen auf, zeichnete das nicht auch Apis und Pašić aus?

Angler Grey – ein Verschwörer, der beim Entenfüttern nicht über seine mittelmäßigen Examensnoten nachdachte, auch nicht über das nächste Tennis-Turnier, sondern über das nächste Komplott? Und tatsächlich! Grey

907 Clark, Schlafwandler, S. 42f.
908 Clark, Schlafwandler, S. 267f.

wurde Außenminister durch eine Verschwörung – ähnlich der der Serben? Seine Komplizen hießen Herbert Henry Asquith, späterer Premierminister, und Richard Burdon Haldane, die in Greys Anglerhütte «ausgeheckt» hatten, Premierminister Sir Henry Campbell-Bannerman «aus dem Weg zu räumen».[909] Etwa wie Apis den serbischen König? Grey ein Macbeth? Nein, etwas zivilisierter sind die Engländer nun doch. Ermordet wurde Campbell-Bannerman nicht. Allerdings musste er am 3. April 1908 seinen Hut nehmen. Da er schwer krank war, so hieß es. Knapp drei Wochen später starb er. Und die Formulierung «aus dem Weg räumen» legt hier einen Zusammenhang zu Greys angeblicher Verschwörung nahe.

Weitere Helfershelfer Greys waren laut Clark der «Höfling und Intrigant» Charles Hardinge sowie die aus ähnlichem Holz geschnitzten Francis Bertie und Arthur Nicolson, die Grey in harter Arbeit «auf hohe Posten» hieven konnte.[910] Erstaunlich, dass Clark diese Verschwörung nachträglich noch zu entlarven in der Lage war, denn Grey pflegte «Verschwiegenheit und eine Vorliebe für diskrete Machenschaften hinter den Kulissen». Sie waren das «Wahrzeichen seiner Arbeit als Außenminister».[911] Man fragt sich, hat Grey vielleicht auch nichts schriftlich festgehalten, sondern alles verbrannt, wie Apis und Pašić? Im Übrigen würde sich Grey dann in diesem Punkt mit den Deutschen treffen, die nämlich im Juli 1914, wie Geiss (nicht Clark) konstatierte, von fast allen Unterredungen des Reichskanzlers Bethmann und seiner Minister und Staatssekretäre mit «diplomatischen Vertretern anderer Mächte» – in Widerspruch zu den diplomatischen Gepflogenheiten – sowie von allen Gesprächen Bethmanns mit dem Kaiser nach dessen Rückkehr von der Nordlandreise keine Protokolle anfertigten. Auch vom berühmten Blankoscheck vom 5./6. Juli 1914 gibt es keine offizielle Aufzeichnung.[912] Denn Bethmann Hollweg verbarg hinter vornehmer Schüchternheit «ein intuitives Gefühl für die Methoden und Taktiken einer polarisierenden Politik».[913] Tatsächlich? Nein, verwechselt: So wird Grey charakterisiert. Bethmann war ja eine «solide, gemäßigte und beeindruckende Persönlichkeit»,[914] Grey dagegen «polarisierte» als verschwiegener Verschwörer, ähnlich wie die Serben, die Russen und die Franzosen.

909 Clark, Schlafwandler, S. 268.
910 Clark, Schlafwandler, S. 225.
911 Clark, Schlafwandler, S. 268.
912 Geiss, Julikrise, Einleitung S. 33.
913 Clark zu Grey, Clark, Schlafwandler, S. 268.
914 Clark, Schlafwandler, S. 265.

Die Franzosen

«In Frankreich herrschte eine andere, aber im Großen und Ganzen analoge Dynamik»

Christopher Clark, Die Schlafwandler, S. 254

Da ist z. B. der französische Botschafter in St. Petersburg, Maurice Paléologue, dessen (einziges?) Talent darin bestand, Klassenkamerad von Poincaré und Alexandre Millerand gewesen zu sein.[915] Man erkennt klar: Auch hier ist ein Mittelmäßiger, «der noch nie einen so hohen Posten bekleidet hatte», nur durch Protektion auf denselben gekommen. Ganz ähnlich wie Grey. Und mit dem neuen französischen Ministerpräsidenten René Viviani (ein Friedensfreund) teilt Paléologue ein ähnliches Schicksal, denn Viviani hatte «keinerlei außenpolitische Erfahrung».[916]

Der französische Botschafter agierte falsch und hatte einen Hang zur «Verschwendung und Prahlerei». Clark zitiert genüsslich den damals 26-jährigen französischen Diplomaten Graf Louis de Robien, der mit seinen bissigen Kommentaren «das Wesen» des Botschafters treffe und daher zu Recht von «Getue» spreche, der gleichzeitig rassistisch die «‹orientalische› Abstammung» geißelt und Adjektive wie *affektiert* und *unnatürlich* benutzt. Es wird klar, dass ein solcher Mensch eine «Heidenangst vor eben jeder Art detaillierter Depeschen» aufwies[917] und nirgends uneingeschränkt gelobt wurde, viele schlechte Berichte abfasste und eigentlich nur germanophob sein konnte. Nur ein Exorzismus hätte diesen Mann wohl heilen können, denn er war besessen «von den ruchlosen Plänen Berlins» und blind für die «russischen Machenschaften».[918] Clark zögert nicht, Paléologues spätere Memoiren als Beispiel für verfälschende Memoirenliteratur herauszuheben. Als hätten Bethmann, Jagow et al. ehrlichere geschrieben. Paléologue ist für Clark auch nicht vorgeprescht, wie zahlreiche Historiker vor ihm feststellten, sondern er ist der willige Vollstrecker. Denn «Drahtzieher dieser Politik war Poincaré».[919] Womit wir wieder bei der Verschwörung wären. Selbstverständlich wird Poincaré ebenfalls hauptsächlich negativ geschildert. Clark benutzt dazu Zeitgenossen, die er ein-

915 Clark, Schlafwandler, S. 561.
916 Clark, Schlafwandler, S. 563.
917 Clark, Schlafwandler, S. 559.
918 Clark, Schlafwandler, S. 562.
919 Clark, Schlafwandler, S. 393.

seitig zitiert. Poincaré besitze danach «einen bedauerlichen Mangel an Flexibilität», glänze mit «Sturheit», sei unerfahren «in der Diplomatie» und habe einen Verstand der «alles nummeriert». Clark ergänzt: «Poincaré war nicht der Einzige, der der französischen Sicherheitspolitik gerne eine aggressivere Ausrichtung verliehen hätte.» Also ein unerfahrener, sturer, aggressiver Bürokrat. Aber nicht der einzige. Ergänzt wird das noch durch Clarks unbelegte Behauptung, die pazifistische Haltung in der Bevölkerung sei einer «streitlustigeren»[920] gewichen. Schon haben wir ein kriegslustiges Volk mit aggressivem Präsidenten. Während die deutschen Politiker und Militärs ja friedlich waren. Dass Poincaré im Wesentlichen auf die immer aggressivere deutsche Politik (Schlieffenplan, Wilhelms Drohungen, «Kriegsrat», Kriegforderungen der deutschen Militärs, Bethmanns Kalkül, Riezlers Weltherrschaftsgelüste) reagierte – was Clark an anderer Stelle zumindest nicht ganz bestreiten kann[921] – geht dabei komplett verloren.

Raymond Poincaré, französischer Staatspräsident (1913–1920)

Die Russen

Dabei hätten die Franzosen doch wissen müssen, auf was sie sich mit Russland einließen. Clark erspart uns nicht erhellende und intime Einblicke in die kulturlosen Zustände in dem Riesenreich im Osten. Wieder ist Louis de Robien sein Kronzeuge. Denn nachdem dieser Anfang Juli 1914 von Paris aus über Köln, wo er den gotischen Dom bewunderte und die Kulturlandschaft des Ruhrgebietes durchquerte, das für ihn «stets so beeindruckend und nicht ohne einen gewissen Reiz»[922] war – was meint er, die Kohlestaublungen der Arbeiter? Deren armselige rußgeschwärzte Behausungen? Die Schlagwetterkatastrophen? Oder die Villen der Kohlebarone? –, dann Petersburg erreichte, wurde er einem Kulturschock nach dem andern ausgesetzt.

920 Clark, Schlafwandler, S. 384, auch die Zitate davor.
921 Siehe Abschnitt Die Balkankriege 1912/13 in diesem Buch. Sowie die Zusammenfassung IV.
922 Das Folgende nach Clark, Schlafwandler, S. 556.

Eine «Horde bärtiger Männer» in schwarzen Schürzen tauschte die Eisenbahnwagen-Achsen an der Grenze, weil die Russen tatsächlich extrabreite Schienen hatten. Sollte man vielleicht erwähnen, dass es dieselbe Spurweite in Großbritannien gegeben hatte, von wo sie nach Russland exportiert worden war? Bald erblickte er «Soldaten mit großen Säbeln» (die ihn in Deutschland offensichtlich nicht schockiert hatten). Wurde hier vielleicht schon mobilisiert? Und dann musste er doch auch noch seinen Pass vorzeigen, den man sonst anscheinend nirgends in Europa brauchte.

Die Landschaft, durch die er dann fuhr, war angefüllt mit «schrecklicher Traurigkeit» und er meinte, in China gelandet zu sein. Die russische Hauptstadt wimmelte selbstverständlich von «schlecht erhaltenen Straßen und bärtigen, exotisch wirkenden Kutschern», schien keine schönen Bauten zu haben, und auch die feinsten Hotels erwiesen sich als «so hässlich und das Ambiente so ungemütlich».[923] Und dann verstanden die Russen nicht einmal französisch (ähnlich Grey).

Krönung war die «abscheulich(e)»[924] russische Küche. Nur Borschtsch ließ Robien gelten. Wodka war natürlich kein Vergleich zum Cognac. Und endlich fand er die französische Botschaft, die natürlich, Insel der Ruhe im Asiatenmoloch oder Gott in Russland, alles vom Feinsten beherbergte. Mit den Augen eines jungen französischen Schnösels stellt uns also Clark Russland vor.

Schon früher erwähnte er beiläufig Kosakenhorden (bärtig mit schwarzen Schürzen?), die Indien und Essex gleichermaßen bedrohten.[925]

Und da gab es den Außenminister Sasonow, der ähnlich verschlagen wie die Serben erscheint. Denn er gab vor, den «Tiger auf dem Balkan», der im Oktober 1912 «aus dem Käfig» ausgebrochen war, zu zähmen. Aber dies tat er nur zum Schein.[926] Sasonow spielte ein «doppeltes Spiel». Er war «Kriegstreiber und Friedenswächter zugleich», wobei «Improvisation und hektischer Kurswechsel» weiterhin Kennzeichen von Sasonows Politik waren. Weitere Eigenschaften: konsequente Inkonsequenz, Seitenwechsel. Es fällt daher Clark und dem Leser schwer, Schritt zu halten.

Sasonow betrieb eine offensivere Balkanpolitik (im Gegensatz zu Österreich). Und obwohl der russische Ministerpräsident Wladimir Nikolajewitsch Kokowzow für weniger Militär plädierte, hintertrieb dies Sasonow und erhöhte die Truppenstärke. Und als Sasonow schließlich dann doch unbestreitbar Friedenseinsatz zeigte, weiß Clark, dass dies nur ein vorübergehender Gesinnungswechsel war, denn die Stimmung «blieb kriegerisch».

923 Louis de Robien, Arrivée en Russie, zit. nach Clark, Schlafwandler, S. 557.
924 Nach Clark, Schlafwandler, S. 557f.
925 Clark, Schlafwandler, S. 226.
926 Das folgende nach Clark, Schlafwandler, S. 344–355.

Selbstverständlich waren überhaupt kriegerische Anschauungen im Zarenreich auf dem Vormarsch. Nur was trieb sie an? Vielleicht die Armee? Schließlich schwamm die «im Geld».

Nach der Balkankrise 1912/13 gewöhnten sich «österreichische Entscheidungsträger» einen «stärker militarisierten Stil in der Diplomatie an». Doch das machten die Österreicher nicht aus imperialistischen Motiven heraus. Denn: «In St. Petersburg kristallisierte sich eine Kriegspartei heraus.»

Zentrum kriegerischer Anschauungen war eine «einflussreiche Clique ziviler Minister» um Landwirtschaftsminister Alexander W. Kriwoschein, die sich allerdings nicht in einer Anglerhütte trafen und auch nicht in verrauchten Kaffeehäusern. Tatsächlich konspirierten sie in einer der Fabriken seines Textilimperiums, das er natürlich nicht selbst aufgebaut, sondern in das er eingeheiratet hatte – Clark'sche Imperialismuskritik. Kriwoschein war zwar dynamisch und eine der «bemerkenswertesten Figuren». Zudem gesteht ihm Clark auch zu, intelligent und gebildet gewesen zu sein. Aber als echter Russe ist er auch «gerissen» und hat, wie die Franzosen und wie Grey, immer ein unfehlbares Talent, die richtigen Freunde zu finden. Posten wurden ihm durch einflussreiche Freunde verschafft.

Man fragt sich, gab's so was im «gesund nationalen» Deutschland und in Österreich nicht?

Ganz schlimm erscheint, dass Kriwoschein in Polen aufgewachsen war, einer «Brutstätte für nationalistische russische Regierungsbeamte». Klar, dass der Mann kein Deutsch und kein Französisch konnte. Und somit sich in eine Reihe mit dem sprachunbegabten Grey einordnete.

Der Landwirtschaftsminister war – Clark kann hier nicht umhin, das zuzugeben – für gute Beziehungen zu Deutschland, aber (die Wendung kommt immer bei Clark, das ist seine *Wie*-Methode) in den letzten Jahren vor 1914 durchlief er einen Gesinnungswandel. Er war laut Clark ein gern gesehener Gast in der französischen Botschaft.

Zudem war der Mann eine Mischung aus «technokratischem Modernismus, Populismus, agrarischem Separatismus, parlamentarischer Autorität und zunehmend aggressiven Anschauungen in der Außenpolitik». Das glatte Gegenteil der Deutschen und gut passend zu den «aggressiven» Antideutschen in Greys Anglerhütte, denen sicherlich die «abscheulich(e)» russische «Fischsuppe»[927] geschmeckt hätte. Kokowzow dagegen war laut Clark isoliert.

Krönung des russischen Verschwörungsapparates: Nikolai Hartwig, der russische Gesandte in Belgrad, denn der «hatte die Schule der asiatischen

927 Clark, Schlafwandler, S. 557.

Abteilung im russischen Außenministerium durchlaufen, eine Subkultur, die sich durch eine Vorliebe für eindeutige Positionen und skrupellose Methoden auszeichnete».[928] Hartwig war deswegen ein «viel üblerer Missetäter» als die sonstigen russischen Missetäter respektive Politiker.[929] Der nach seinem plötzlichen, nach Clark «merkwürdige(n)» Tod in Giesls Amtszimmer auch noch als Leiche einen Beweis seiner «außerordentlichen Stellung» in Serbien lieferte. «Der beispiellose Pomp» des Staatsbegräbnisses in Belgrad stört Clark. Dagegen erwähnt er nicht, dass die Österreicher dem gemeuchelten Franz Ferdinand und seiner unstandesgemäßen Gattin kein solches gewährten, sondern ihn «wie einen Hund» begruben.[930]

Alle zusammen

Und so schließt sich der Clarksche Teufelskreis: Serben, Engländer, Franzosen, Russen und wieder Serben haben eines gemeinsam, sie sind unbegabt, alle durch Vitamin B auf ihre Posten gekommen, arbeiten gern verschwörerisch, sind auch mal schnell schwankend, Friedensapostel nach außen und nach innen Kriegstreiber. Sie sind in der Regel unerfahren, protokollieren nichts und zeichnen sich durch skrupellose Methoden, Pomp und grundsätzlich aggressive antideutsche Positionen aus. Die Russen haben keine Kultur – im Gegensatz zu den Deutschen mit ihrem Kölner Dom und ihrem Ruhrgebiet – dazu schlechte Hotels, schlechtes Essen und schlechten Schnaps und ziehen es vor, «gerissen» in bärtigen Horden mittels asiatisch-polnischer Schulung undurchsichtige Politik zu treiben.

Die Franzosen aber sind «Drahtzieher» und schmieden einen teuflischen Pakt mit den Russen. Der Balkan dient hier als Schlachtfeld, auf dem man nur auf die Initialzündung wartet, um die vorher verdichteten Bündnisse verschwörerisch endlich in einen Krieg gegen die gar nicht militaristischen Deutschen und das von allen Großmächten (außer den Deutschen) verlassene Österreich-Ungarn (mit seinen weißen Straßen und Flüssen) führen zu können. Und die Engländer machen – angeführt von dem machtbewussten antideutschen Verschwörer Grey und seinen Anglerhüttenintriganten – mit, nachdem sie die Deutschen vorher mehrfach mit angeblicher Neutralität verwirrt haben. Statt ihnen mittels eines «recht-

928 Clark, Schlafwandler, S. 339.

929 Clark, Schlafwandler, S. 341. McMeekin geht sogar noch weiter und behauptet, Hartwig sei in die Attentatspläne eingeweiht gewesen. McMeekin, Russlands Weg, S. 84ff.

930 Die Times zitiert nach Mombauer, Julikrise, S. 36.

zeitigen Eingreifen(s)»[931] den Schneid abzukaufen, was aber auch nicht recht ist – Clark hier als ‹schwankende Rohr› –, weil Grey ja als liberaler Imperialist sowieso auf Krieg aus war und schließlich nur die Sorge hatte, dass das Parlament einem englischen Eingreifen nicht zustimmen würde, auf das «er so hartnäckig hingearbeitet hatte».[932] Wieder könnte man fragen: Ja, was jetzt?

Kein rechtzeitiges Eingreifen oder hartnäckiges Draufhinarbeiten? Die Lösung: Drahtzieher Grey hat seine Kriegsabsichten nicht ehrlich verkündet, sondern den Russen gesagt, England werde in einem Krieg nicht eingreifen, und den Deutschen, doch, doch. Das aber erst spät. Also ist Grey schuld, weil er den Deutschen nicht gesagt hat, was er schon immer vorhatte, nämlich einzugreifen. Angenehm verwirrt? Das war Clarks Absicht. Man könnte aber einfach mit Röhl sagen: Grey wollte die «Balance of Power» bewahren. Und hätte Grey die Deutschen mit Clarks – nicht ehrlich gemeintem – Vorschlag des «rechtzeitigen Eingreifens» gestoppt? Clark stellt die Frage in der Julikrise gar nicht mehr. Mombauer sagt nein!

Österreich-Ungarn

All die oben aufgeführten Personen – denen er bewusstes Handeln unterstellt, also eben keinen Schlafwandel – haben, und das ist die Quintessenz aus Clarks Buch, die Hauptverantwortung dafür, dass «Europa in den Ersten Weltkrieg zog», und sind letztlich dafür verantwortlich, dass schließlich Österreich-Ungarn zerrieben wurde.

Ein Land, das, so Clark, bis dahin nicht zum Untergang verurteilt gewesen sei, wie – und hier bringt er wieder merkwürdige Beispiele – die Sowjetunion der 80er Jahre des 20. Jahrhunderts und das Osmanische Reich (vor dem Ersten Weltkrieg).[933] Vor dem August 1914 war der Vielvölkerstaat für ihn eine Monarchie, deren Ehrwürdigkeit und Beständigkeit in der unerschütterlichen Figur des backenbarttragenden Kaisers Franz Joseph personifiziert war, der bei der Steuerung seines Staates das «Gleichgewicht einer wohlberechneten Unzufriedenheit» erreichte,[934] innerlich nur gestört von autokratischen, anti-trialistischen Ungarn wie Tisza.[935]

Denn «faszinierende» Figuren (Clark) wie der Kriegstreiber Conrad, der angebliche Friedensapostel Franz Ferdinand – der leider manchmal zu

931 Clark, Schlafwandler, S. 422.
932 Clark, Schlafwandler, S. 632.
933 Clark, Schlafwandler, S. 105.
934 Clark, Schlafwandler, S. 109.
935 Clark, Schlafwandler, S. 110.

Zornesausbrüchen neigte, aber keinesfalls zum Krieg – und der «über Nacht zum unerschütterlich standhaften Führer»[936] erwachte Außenminister Berchtold machten die Führung der Doppelmonarchie aus. Was für Ehrenmänner im Gegensatz zur Führung der Serben, Russen, Franzosen und Engländer! Nur noch übertroffen von der deutschen Führung.

Die Deutschen

Und die Deutschen? Folgt man der Clark´schen Erzählung, dann war da ein grundsolider Bethmann, der Ausgleichende, der nie einen großen Krieg wollte, sondern an den Engländern mit ihrer aggressiven Politik scheiterte, und der einen zwar launischen, aber doch letztlich einflussarmen Kaiser an seiner Seite hatte.

In dem Abschnitt «Souveräne Entscheidungsträger» befasst sich Clark mit zwei englischen Königen, dem deutschen Kaiser, dem Zar und en passant mit Kaiser Franz Joseph.

Er zögert nicht, die Unterschiede zwischen einer konstitutionellen Monarchie (Großbritannien), dem Halbabsolutismus Deutschlands (persönliches Regiment des Kaisers) und dem kaum beschränkten Absolutismus und Cäsaropapismus des Zaren in Russland zu nivellieren. Was kommt dabei heraus: König Edward von England hatte viel Einfluss, sein Nachfolger Georg kaum, bei Zar Nikolaus wechselte es und Wilhelm II. war zwar der «fieberhafte, taktlose, zur Panik neigende und herrische Kaiser», aber sein »Geschwätz» wurde schon von Friedrich von Holstein – Leiter der politischen Abteilung und eine graue Eminenz im Hintergrund – und seinen Beratern «nicht allzu ernst» genommen. Der Kaiser konnte sein «persönliches Regiment» nicht durchsetzen, er wurde «gelenkt» von seinen engsten Beratern wie Holstein und Eulenburg. Und so stellt Clark ihn auch in der Julikrise dar.

Das Ergebnis: Die drei Kaiser und ein König der vier Großmächte hatten keinen Einfluss, sorgten aber für ein bisschen Unsicherheit.

Wozu dient nun dieses bei Clark so beliebte Über-einen-Kamm-Scheren?

Dass sich Grey nicht von einem konstitutionellen König in die Außenpolitik hineinreden ließ, stellt Clark selbst fest. Dass der Zar schwach war, ist seit langem historisch belegt. Und dass der österreichische Kaiser bewusst mit einer Informationsflut zugeschüttet wurde, mag sein. Was bleibt: die Verharmlosung von Wilhelm II. Mit wenigen Sätzen schafft es Clark, Röhls 1611 Seiten starken dritten Band über Wilhelm II. vom Tisch zu fegen. Eine

936 Clark, Schlafwandler, S. 510.

Darstellung, in der Röhl «unter Hinweis auf die in Fülle vorhandenen Archivquellen, die überwältigende Entscheidungsgewalt» zeigen konnte, «die Kaiser Wilhelm II. unter der Kanzlerschaft Bernhard von Bülows bis zuletzt ausgeübt hat, und zwar in allen Bereichen, nicht nur in der Außenpolitik oder in militärischen Angelegenheiten», und wie er auch «unter Bethmann Hollweg seine Dominanz in der Leitung der Außenpolitik ungebremst ausagieren, wenn nicht sogar weiter ausbauen konnte».[937] Aus einem der gefährlichsten Potentaten des 20. Jahrhunderts wird bei Clark tatsächlich ein «aufgeregter Teenager». Mit seiner durch nichts belegten Charakterisierung des deutschen Kaisers als eine Art Grüßonkel vernichtet Clark im historischen Gedächtnis, dass der Kaiser, von einflussreichen Machtgruppen angetrieben, sein persönliches Regiment immer wieder durchsetzte, eine gigantische Flotte bauen ließ, allüberall den Erwerb von Kolonien einforderte, Weltpolitik betrieb, Bethmanns Englandpolitik scheitern ließ und kein Fettnäpfchen ausließ, in zwei Interviews exakt zwei Weltmächte beleidigte, jahrelang auf den großen Krieg hinarbeitete, Kaiser der Vereinigten Staaten von Mitteleuropa und dann wieder Schutzpatron aller Moslems sein wollte und diese zum Dschihad aufrief. Ein Potentat, der auf alle Bündnisse, die irgend möglich waren, spekulierte und gleichzeitig auf alle Territorien schielte, die man auf der Landkarte Zentraleuropas, des Balkans, des Nahen Ostens, Vorderasiens, Afrikas, ja im Fernen Osten finden und unter deutsche Fahnen stellen konnte – plus selbstverständlich der Weltmeere. Dieser Mann sollte nichts zu sagen haben?

Ein weiteres Meisterstück Clarkscher Geschichtsschreibung stellt hierbei seine Verharmlosung und völlige Verdrehung von Wilhelms unsäglichen Auslassungen gegenüber dem belgischen König Leopold II. dar.[938] Anlässlich des Geburtstages des deutschen Kaisers war auch König Leopold II.[939] 1904 in Potsdam zu Besuch.

Folgt man den bislang geläufigen, gut belegten Darstellungen, dann spielte sich die Angelegenheit wie folgt ab: An diesem Abend des 28. Januar 1904 erklärte Wilhelm II. dem völlig verblüfften König: Im Fall eines europäischen Kriegs habe Belgien mit ihm zu gehen. Denn wer «nicht für mich» sei, der sei «gegen mich».[940] Daher hätten die Belgier ihm schriftlich zu versichern, dass sie dem deutschen Militär ihre «Bahnen und befestig-

937 Röhl, Wilhelm II., S. 1013.

938 Clark, Schlafwandler, S. 243ff.

939 Dass Leopold II. mit seiner Sklavenhaltergesellschaft im Kongo – der ihm als Privateigentum gehörte – ein Massenmörder war, steht dabei auf einem anderen Blatt.

940 Kanzler Bülow den Kaiser zitierend, nach Röhl, Wilhelm II. S. 349. Weitere zahlreiche Belege für den Ablauf des Geburtstageswunsches des Kaisers, S. 348–353.

ten Plätze» zur Verfügung zu stellen hätten. Mache dies Leopold nicht, würde das eventuell das Ende seiner Dynastie bedeuten und die deutsche Armee «würde ohne jeden Verzug einrücken».[941] Als Zuckerl versprach er dem verstörten König das französische Burgund bzw. Französisch-Flandern, Artois und die Ardennen. Und als Leopold abwehrte, weder die Minister noch das Parlament (Belgien war eine konstitutionelle Monarchie) würden davon etwas wissen wollen, strafte ihn Wilhelm mit Verachtung. Denn ein Monarch sei nur dem Himmel verpflichtet. Der belgische König zeigte sich nach dieser Belehrung über sein Gottgnadentum so durcheinander, dass er beim Abgang seinen Helm falsch herum (Adler nach hinten) aufsetzte.

Wie stellt Clark diese Szene dar?

1. Wilhelm habe hier eine Rolle gespielt, die er «in der Praxis gar nicht ausüben konnte».
2. Die Wilhelm'sche Erpressung sei «nicht als Offensivpakt gedacht» gewesen, da Deutschland in diesen Szenarien «die *angegriffene* [kursiv im Original) Partei war».
3. Der französische und englische Generalstab habe ähnliche Invasionspläne Belgiens diskutiert.[942]

1.

Dass Wilhelm II. «in der Praxis» eine große Rolle spielte, beweist die Geschichte. Denn knapp zehn Jahre später, am 4. und 5. November 1913, wiederholten sowohl Wilhelm II. als auch sein Generalstabschef Moltke gegenüber Leopolds Nachfolger König Albert genau diese Drohungen: «Die kleinen Staaten haben einen großen Vorteil mit uns zu gehen, denn die Konsequenzen werden hart sein für jene, die gegen uns sein werden.»[943] Clark scheint die ein Jahrzehnt später vorgetragene Drohung nicht zu kennen oder er will sie nicht kennen.

Und selbstverständlich wurde alles damals von Wilhelm II. forsch Erbetene kurz vor dem tatsächlichen Überfall auf Belgien von Moltke und Bethmann von den Belgiern gefordert. Sogar das Wilhelm'sche Zuckerl Burgund war in dem Ultimatum an Belgien vom Juli 1914 ursprünglich enthalten, wurde dann aber aus taktischen Gründen – man hoffte immer noch auf Englands Neutralität – aus dem Knebelvertrag gestrichen. Kann man besser verdeutlichen, wie real die Drohungen Wilhelms II. waren und wie sehr sie den Plänen der Deutschen entsprachen?

Hinzu kommt, dass der Kaiser noch schlimmere Drohungen an Hollands Königin Wilhelmina gerichtet hat und den Niederländern genauso mit einer Neutralitätsverletzung drohte, sollten sie sich nicht den deutschen

941 Der Diplomat Hans Adolf von Bülow, zitiert nach Röhl, Wilhelm II., S. 349.
942 Clark, Schlafwandler, S. 244f.
943 Moltke zitiert nach Röhl, Wilhelm II., S. 1041

Interessen unterwerfen. Dass dies nicht geschah, hatte strategische Gründe, Moltke wollte eine «Luftröhre» zu den holländischen Häfen, die ihm wohl, bei einem angenommenen Überfall auf Frankreich, ohne Okkupation besser zu funktionieren erschien.

Im Übrigen bewahrte diese Nichtbesetzung der «Luftröhre» Wilhelm II. vor der Verurteilung als Kriegsverbrecher, wenn sie ihm nicht sogar das Leben rettete. Denn die Regierung in Den Haag gewährte ihm nach dem Weltkrieg Unterschlupf, was sie bestimmt nicht getan hätte, wäre das Land von den Deutschen, wie dann im Zweiten Weltkrieg, überfallen worden.

Auch die durchaus reale Drohung (nicht nur Wilhelms) gegen Holland erwähnt Clark hier bei seiner Entschuldigung des Kaisers nicht.[944]

2.

Wilhelm sprach 1904 (und 1913) von einem europäischen Krieg und davon, dass die Franzosen den Krieg haben könnten, wenn sie ihn wollten. Verbunden war für ihn damit selbstverständlich die Erpressung Belgiens, einen deutschen Offensivschlag – kein Bündnis! – zuzulassen. Wie hätte auch eine Verteidigung Belgiens durch dessen Besetzung aussehen sollen? Gab es solche Überlegungen? War denn der Schlieffenplan von 1905 ein Verteidigungsplan? Das Gegenteil war der Fall: Wilhelms Anfrage war die Vorwegnahme des wenige Wochen später fertigen geheimen Schlieffenplanes, der unzweideutig Kernstück für einen Angriffskrieg war. Und Holstein war gar nicht erfreut, dass der Kaiser Staatsgeheimnisse ausplauderte.

Ein Angriffsplan wird jedoch nicht harmloser dadurch, dass Wilhelm sich eine gar nicht vorhandene Angriffsabsicht Frankreichs imaginierte und somit Präventivkrieg spielen wollte. Gut zehn Jahre später war es dann so weit, aus dem Plan wurde Ernst.

3.

Indem Clark darauf hinweist, es habe ebenfalls Pläne der Engländer und Franzosen gegeben, die Neutralität Belgiens zu verletzen, versucht er, den Schlieffenplan zu «europäisieren». Nun, die Engländer waren sich angeblich noch nicht sicher, ob sie einer deutschen Invasion Belgiens zusehen sollten, aber von irgendwelchen Plänen des englischen Generalstabes, Belgien zu besetzen, berichtet Clark nichts und belegt es auch nirgends. Luftnummer. Und der Erbfeind? Der französische Generalstabschef Joffre wollte Deutschland gegebenenfalls über Belgien angreifen, doch «Kriegstreiber» Poincaré verbot es ihm. Bethmann kam nie auf die Idee, den Militärs oder dem Kaiser dies zu verbieten. Dazu wäre er auch

944 Ganz hinten, beim Angriff auf Belgien wird dies dann noch erwähnt. Da haben die Leser jedoch die «Freisprechung» des Kaisers längst vergessen.

gar nicht in der Lage gewesen, weder mental noch machtpolitisch. Das ist der Unterschied.

Fazit: In allen drei Punkten handelt es sich um eine verfälschende Darstellung durch Clark. Er praktiziert dabei die Verbreitung von Halbwahrheiten, denn Clark ist ja nicht ungeschickt oder so dumm wie David Irving, der die Opferzahlen des Bombenangriffs auf Dresden fälschte und einfach eine Null dranhängte. Dass Clark aber bei seiner Beschreibung des Vorfalls auch noch Röhl als Quelle angibt – der ganz andere, zutreffendere Schlussfolgerungen zieht –, setzt dem Ganzen die Krone auf.

Man sieht nur an diesem einen Beispiel, wie Clark nachgerade mit demagogischer Energie geschickt die historischen Erkenntnisse über die aggressive Rolle Wilhelms II. in der «Weltpolitik» vor 1914 verschüttet. Gleiches gilt für die herausragende Rolle des deutschen Kaisers in der Julikrise.

Wer, so ist zu fragen, gab denn den Blankoscheck am 5. Juli 1915? Wer hetzte vor seiner Nordlandreise? Und wer wagte es – nach seinem kurzzeitigen Umfall – umso mehr, den Kontinental- und Weltkrieg zu riskieren?

Aber bei Clark wird er von den (vernünftigen) Bethmann und Jagow in Schach gehalten, genauso wie der aggressive Moltke.

Zusammenfassung VIII

Clark benutzt den Titel seines Buches nur als Nebelwerfer. Und seine angebliche *Wie*-Methode dient ihm einzig dazu, die Politiker Serbiens, Frankreichs, Russlands und Englands historisch unlauter mit zahlreichen wertenden Adjektiven anzuschwärzen und die Deutschen und Österreicher als Vernünftige darzustellen, mit einem Kaiser, den angeblich niemand ernst nahm – was eine völlige Verzerrung des persönlichen Regiments des Kaisers ist.

Clark ergänzt so individualpsychologisch seine «Europäisierung» Fischers, die mit Weglassungen und Verzerrungen des *Wie* einhergeht.

Hinter einem Wust an Informationen, scheinbaren Abwägungen und Differenzierungen, dem «flott geschrieben» «Zettelkasten» offenbart sich ein zutiefst einfaches Schwarz-Weiß-Weltbild!

Verantwortung

Anfang des 20. Jahrhunderts prallten die imperialistischen Großmächte aufeinander. Während es Großbritannien gelang, sich mit den USA, Japan, Russland und Frankreich zu arrangieren, wollte der erst spät seinen Platz an der Sonne erkämpfende deutsche Imperialismus sich umso kraftstrotzender nach außen entfalten. Dafür war das Reich aufgrund seiner explodierenden wirtschaftlichen Macht, seiner konservativ-liberalen, sozialdarwinistischen Machteliten und seiner autoritär-militaristischen, halb-absolutistischen, relativ undemokratischen Struktur besonders geeignet. Da es aber nicht mehr allzu viele Kolonien zu verteilen gab, entwickelte die Reichsleitung eine aggressive Flottenpolitik, die gegen die Weltmacht England gerichtet war. Den Verantwortlichen im Deutschen Reich gelang es dabei nicht, außer Österreich-Ungarn Bündnispartner von Gewicht zu finden. Durch sein aggressives Verhalten hatte es sich ausgegrenzt. Als die Flottenpolitik desaströs zu enden drohte, besann man sich wieder auf alte Mitteleuropapläne (ohne die Flottenpolitik ganz aufzugeben). Man versprach sich von der Dominanz in Zentraleuropa, auch nach Südosten und darüber hinaus expandieren zu können. Schwerindustrie, neue Industrien und schließlich auch die Junker beförderten diese Geopolitik, genauso wie die große Mehrheit der Intellektuellen und der Kulturschaffenden. Bürgertum und Kleinbürgertum wurden dabei vom imperialistischen Gedanken infiziert und verankerten diese Haltung mittels der militaristischen Massenvereine in einem großen Teil der Bevölkerung. Die Sozialdemokratie passte sich vor allem in den Führungsetagen von Wahlerfolg zu Wahlerfolg immer weiter diesem Regime an. Vergleichbares galt für die Gewerkschaften. Ursprüngliche Ziele wie Sozialismus und Antimilitarismus gerieten dabei genauso immer mehr aus dem Blickfeld wie Massenaktionen.

Gleichwohl drohten soziale Widersprüche innerhalb des Reichs dessen halb-absolutistisch-militaristische Struktur zu gefährden, was den Sozialimperialismus nach außen weiter beförderte. Dabei geriet man vermittelt über den Bündnispartner Österreich-Ungarn in Konflikt mit dem Nationalismus Serbiens, das im Zuge zweier verlustreicher, aber erfolgreicher Balkankriege erhebliche Gebietserweiterungen erfahren hatte und dessen Führung langfristig den Anspruch auf ein Großserbien erhob. Für die Zunahme der Krisen und die wachsende Kriegsgefahr trugen die führenden Kreise in Berlin und Wien erhebliche Verantwortung. Einer Anlehnung an England stand das Flottenprogramm entgegen. Der Sozialdarwinismus verhinderte ein Bündnis mit Russland. Und an die Annäherung an den «Erbfeind» Frankreich wollte man gar nicht denken. Gleichzeitig kam es zu einem von den Mittelmächten forcierten Wettrüsten. Einzig in den

Balkankriegen war es durch die englische Politik der «Balance of Power» gelungen, die Region zeitweilig zu beruhigen.

Eine noch 1914 mit Großbritannien erlangte Einigung in der Frage der portugiesischen Kolonien und zur Beschränkung der Bagdadbahn konnte den expansionistischen Heißhunger Deutschlands nicht stillen.

Schließlich verführte – relativ unerwartet – ein von bosnischen Serben mit Unterstützung von Teilen des serbischen Geheimdienstes ausgeführtes Attentat Deutschland und Österreich dazu, das Risiko eines europäischen Krieges einzugehen, woraus sich schließlich der Weltkrieg entwickelte. Auch wenn die Führungen in Paris und St. Petersburg keine Pazifisten waren – Frankreich fürchtete sich zurecht vor dem übermächtigen Deutschland und Russland wollte nicht weitere Positionen auf dem Balkan aufgeben –, so waren doch die Deutschen und die Österreicher die eigentlichen Verursacher der Krise; sie sind hauptverantwortlich für den Weltkrieg.

Weder waren die beteiligten Männer in den europäischen Führungseliten Schlafwandler, noch trugen alle imperialistischen Mächte in gleicher Weise Verantwortung. Kurzum: Deutschland war immer ein Stück weit chauvinistischer, militaristischer, undemokratischer, expansiver, imperialistischer, kriegstreiberischer und kriegsverbrecherischer als die Staaten der Entente. Österreich schien sein Schlendrian im Wege zu stehen, um auf diesem Gebiet gleichzuziehen. Entsprechende Versuche wurden jedoch in Serbien und Galizien durchaus unternommen.

9. Weltkrieg

«Er kenne nur einen Mann von wirklich großem Format in Deutschland: Hugo Stinnes; aber der sei nicht zu haben, um Deutschland zu regieren, habe 300 bis 400 Millionen im Kriege verdient und arbeite nur für sich und seine Hausmacht.»

Tagebucheintragung Harry Graf Kesslers vom 20. Februar 1919 über eine Äußerung Rathenaus, Kessler, Tagebücher, Bd. 7, S. 150

«Gestern war Hugo Stinnes da [...] Er will auch alles annektieren.».

Kurt Riezler an seine Verlobte aus dem großen Hauptquartier 18. November 1914, Riezler, Briefe, 72, S. 212.

«Bethmann Hollweg: Die Feinde haben den Krieg gewählt! (Abgeordneter Dr. Liebknecht: Sie haben den Krieg gewählt! — Glocke des Präsidenten — Große Unruhe — Pfui-Rufe.) Präsident: Ich muss bitten, den Herrn Reichskanzler nicht zu unterbrechen; das ist gegen die Ordnung dieses Hauses!»

Reichstag, 39. Sitzung, 5.4.1916, S. 852, www.Reichstagsprotokolle.de

Clarks Buch endet mit dem Überfall der Deutschen auf Belgien Anfang August 1914, wobei er das zuvor ergangene Ultimatum der Großmacht an ein kleines, neutrales Land als Appellieren «an eine vernünftige Würdigung des deutschen nationalen Interesses» bezeichnet. Nicht die Belgier waren nach ihm schockiert, sondern die Deutschen «über die belgische Entscheidung, Widerstand zu leisten». Der Aggressor als Traumatisierter. «Oh, ihr Narren» zitiert Clark einen deutschen Diplomaten, der nicht Bethmann Hollweg oder die deutschen Militärs meinte, sondern die Belgier. Wobei auch ein weiterer «Appell» am 8. August «an die belgische Vernunft» verhallte. Dies während die Massaker der Deutschen an den Belgiern längst im Gange waren, über die Clark auch am Schluss seines Buches vornehm schweigt. Schuld sind für Clark die Belgier, denn auch dieses deutsche «Angebot wurde abgelehnt».[945]

Damit endet das Buch faktisch mit einem moralischen Angriff Clarks auf Belgien, den Staat, der am wenigsten mit all den Auseinandersetzungen zu tun hatte. Unser Buch kann hier aber noch nicht zu Ende sein. Denn wir können auf eine kurze Beschreibung des Kriegsablaufes nicht verzichten. Dies allerdings nur unter den zwei Aspekten Kriegsziele und Kriegsverbrechen. Bei beiden setzten die Mittelmächte «Maßstäbe». Seine expansionistischen Kriegsziele gab das Deutsche Reich faktisch bis zum Ende des Krieges nicht auf und sein Annexionsappetit war nicht nur ein wesentlicher Faktor dafür, dass der Krieg so lange dauerte und Millionen Opfer kostete, sondern er war die konsequente Folge seiner Vorkriegspolitik. Dazu zählt auch die Missachtung der Haager Beschlüsse – die die Reichsleitung und Militärführung letztlich schon den «Vernichtungskrieg» (Ludendorff) praktizieren ließ.

Da Clark diese Politik in der Vorkriegszeit negiert, erscheint es für ihn günstig, sich mit dem eigentlichen Krieg nicht zu befassen. Denn der zeigte, wer als erster und am häufigsten Kriegsverbrechen beging. Die Realitäten des Ersten Weltkrieges waren eine konkrete Folge dieser deutschen Vorkriegspolitik. Wir wollen uns – in gebotener Kürze – deswegen mit dem Kriegsverlauf befassen.

Nach der Kriegserklärung Deutschlands an Russland und Frankreich und nach Deutschlands Überfall auf Belgien und Frankreich hatte England am 4. August Deutschland den Krieg erklärt. Innerhalb von vier Tagen befanden sich die fünf Großmächte Europas im Krieg. Es folgten bis Ende das Jahres 1914 sagenhafte weitere 22 Kriegserklärungen, 1915 nochmals fünf und 1917 weitere acht, sodass am Ende 41 Kriegserklärungen 38 Staaten in den Kriegszustand brachten[946]: u.a. Österreich-Ungarn, Serbien,

945 Clark, Schlafwandler, S. 704f.
946 Leonhard, Pandora, S. 110.

Deutschland, Russland, Frankreich, Belgien, Luxemburg, Montenegro, Japan, Türkei, Italien, Bulgarien, Portugal, Rumänien, Griechenland, USA, Kuba, Panama, Costa Rica, Haiti, Irland, Kanada, Neuseeland, Australien, China, Südafrika. Der Weltkrieg war Wirklichkeit geworden.

Die ersten Kriegsverbrechen der Mittelmächte haben wir schon erwähnt, der Überfall auf Belgien unter Verletzung seiner Neutralität, die Ermordung von Tausenden von belgischen und französischen Zivilisten unter der Annahme, man habe es mit einem Partisanenkrieg der Verteidiger zu tun. Die österreichisch-ungarische Armee handelte ähnlich in Serbien und bei ihrem Vorstoß nach Russland hinein (siehe Kapitel 1). Wobei es in Serbien tatsächlich Partisanen gab, was jedoch ein solches Vorgehen der Österreicher (nach den Haager Beschlüssen) nicht rechtfertigte.

Anfang September schien der Schlieffenplan aufzugehen, die Deutschen waren unter unglaublichen Verlusten Frankreichs bis kurz vor Paris vorgestoßen. In Erwartung des Sieges ließ Bethmann Hollweg seinen Adlatus Riezler das «Septemberprogramm»[947] ausarbeiten (am 9. September abgeschlossen). Dies war sozusagen eine «moderate» Fassung der Kriegsziele der Alldeutschen und vieler Kapitalisten, aber auch einer großen Zahl von Dichtern, Denkern und Gewerkschaftern.

Was kaum beachtet wird: Erwogen wurde darin – einem Gedanken des «aufgeregten Teenagers» Wilhelm II. folgend –, in annektierten Gebieten Belgiens und Frankreichs die Bevölkerung zu deportieren und die derart geräumten Ländereien per Landschenkung mit «verdienten» deutschen Offizieren/Mannschaften zu besiedeln.[948]

Die wesentlichen Punkte des Programms:

1. Frankreich: Evtl. Abtretung von Belfort und Verdun, sicher das Erzgebiet von Briey. Hohe Reparationen. Handelsvertrag mit wirtschaftlicher Abhängigkeit Frankreichs.
2. Belgien als deutscher Vasallenstaat, mit Angliederung von Französisch-Flandern mit Dünkirchen, Calais und Boulogne.
3. Luxemburg als Bundesstaat, mit Zuwachs aus Frankreich und Belgien.
4. Mitteleuropäischer Wirtschaftsverbund von Frankreich, Belgien, Holland, Dänemark, Österreich-Ungarn, Polen, evtl. Italien, Schweden und Norwegen «unter deutscher Führung».

---

947 Riezler dazu in einem Brief an Käthe sowie mehrfach in seinem Tagebuch, Riezler, Tagebuch, 19. August 1914, S. 198, 1. September 1914, S. 204, siehe auch 27. Oktober 1914, S. 214; Riezler Briefe, 18, S. 140. Fritz Fischer war der Wiederentdecker des Programms, nachdem einer seiner Gegner schon zur Nazizeit einen Blick drauf geworfen hatte, es aber nicht öffentlich machte.

948 Bethmann Hollwegs «Septemberprogramm», 9. September 1914, in: Opitz, Europastrategien, S. 216; siehe auch Fischer, Griff, S. 113–119.

5. Koloniale Erwerbungen mit einem zusammenhängenden Mittelafrika (also französische und belgische Kolonien); die Ausbreitung nach Osten – insbesondere nach Russland – sollte «später geprüft» werden.
6. Für Holland sah man die Abhängigkeit von Deutschland vor.[949]

Das Programm sollte also die Hegemonie Deutschlands über ganz Europa festigen und Basis für weitere Eroberungen im Osten sowie in Afrika (und später auch auf dem Balkan) bilden. Unterstaatssekretär Wilhelm Solf vom Kolonialamt schlug dann auch gleich die Verteilung der Kolonien «Frankreichs, Belgiens und Portugals» vor.[950]

Es gab zahlreiche weitere Programme, so ein solches von Walther Rathenau: «Mitteleuropa geeinigt unter deutscher Führung, gegen England und Amerika einerseits, gegen Russland anderseits politisch und wirtschaftlich gefestigt.»[951]

Weitere Programme stammten von August Thyssen und Matthias Erzberger, mit noch viel weitergehenden Annexionen in Frankreich und einer ausgedehnteren Zollunion unter deutscher Kontrolle, inklusive der Schweiz und dem Balkan. Am weitesten gingen natürlich die Kriegsziele der Alldeutschen (Claß, Kirdorf) mit der vollständigen Annexion Belgiens, großer Teile Frankreichs, Russlands, des ganzen Baltikums sowie der französischen Kolonien usw.[952]

Manche sprechen daher sogar im Fall des Riezler/Bethmann'schen Septemberprogramms von einem gemäßigtem, ja von einem «Gegenprogramm».

Doch der Schlieffenplan scheiterte nicht zuletzt durch den Einsatz des englischen Expeditionskorps («Wunder an der Marne»). Moltke bekam einen Nervenzusammenbruch und wurde Mitte September 1914 faktisch durch Kriegsminister Falkenhayn abgelöst, und der servierte im November 1914 Bethmann in schonungsloser Offenheit, dass der Krieg faktisch verloren war, schlug Friedensverhandlungen mit Frankreich und Russland vor, würzte dies allerdings mit einem Hasardeurvorschlag: Die deutsche Flotte solle die englische angreifen und vernichten.[953]

---

949 «Septemberprogramm», in: Opitz, Europastrategien, S. 215–217; siehe auch Fischer, Griff, S. 113–119.

950 Fischer, Griff, S. 115.

951 Kriegszieldenkschrift Walther Rathenau an Bethmann Hollweg, 7. September 1914, in: Opitz, Europastrategien, S. 213, das ganze Programm S. 212–215.

952 Kriegszieldenkschrift Claß, September 1914, in: Opitz, Europastrategien, S. 226–266,

953 Holger Afflerbach, Die militärische Planung des Deutschen Reiches, in: Michalka, Weltkrieg, S. 287f.; sowie derselbe, Falkenhayn. Politisches Denken und Handeln im Kaiserreich, München 1994, S. 200–210; Leonhard, Pandora, S. 182.

Doch Bethmann – der Beständige –, beeinflusst von seinem Weltherrschaftsträumer Riezler, von Politikern wie Zimmermann, Militärs wie Hindenburg und Ludendorff (die schon auf Falkenhayns Posten schielten), von Rathenau und offensichtlich auch beeinflusst von einer breiten Front aus Alldeutschen, fast allen deutschen Intellektuellen, Künstlern und Professoren, bis hin zur rechten Sozialdemokratie und den Gewerkschaften, wollte weiterhin nicht auf Annexionen verzichten und lehnte eine Beendigung des Kriegs ab.[954] Was nachträglich bewies, dass er konsequent den vom Zaun gebrochenen Krieg nur mit der Zerschlagung der Entente und einem von Deutschland beherrschten Europa beenden wollte.

Führende deutsche Sozialdemokraten und Gewerkschafter vergaßen schnell, dass sie sich in einem angeblichen Verteidigungskrieg gegen Russland befanden, und sprangen Bethmann, dem Kaiser und den deutschen Militärs mit nationalistischen Tönen und nicht weniger umfangreichen Eroberungsabsichten bei. Die Parteirechten Gustav Noske, Eduard David, Wolfgang Heine, Albert Südekum und Gustav Bauer überboten sich geradezu in Annexionsplänen nach Ost und West und unterstützten die Oberste Heeresleitung (OHL), wo es ging.

Als dann der Krieg immer länger dauerte und an der Heimatfront Hunderttausende aufgrund der englischen Blockade verhungerten, wagten die Kriegsgegner in der Fraktion ihre Stimme zu erheben. Als Erster verweigerte Karl Liebknecht im Dezember 1914 die Zustimmung zu den Kriegskrediten, dann weitere Linke, dreißig schon im März 1915. Als sogar Zentristen wie Karl Kautsky und Revisionisten wie Eduard Bernstein im April 1915 einen Aufruf gegen den Krieg verfassten, wurde es für Parteiführer wie Ebert eng. Er machte klar, wo er stand, bei der Volksgemeinschaft (ein Begriff, den er immer wieder gern benutzte): «... den Etat (gemeint ist der Kriegsetat, K.G.) bewilligen wir dem Volke und nicht der Arbeiterklasse».

Als der zweite Parteivorsitzende Haase schließlich im Reichstag die Annexionspolitik der Regierung geißelte, wurde er von den eigenen (rechten) Genossen erst mit antisemitischen Ausrufen (u. a.: «Mit den Judenjungen muss Schicht gemacht werden») und dann mit Fäusten traktiert.

Man warf schließlich die Kriegsgegner aus der Fraktion. Die gründeten erst eine eigene Fraktion und dann 1917 eine neue Partei, die USPD. Die Mehrheit der SPD im Reichstag aber unterstützte die Reichsregierung, die Militärs und die Kapitalisten bis zuletzt finanziell wie ideell gegen minimale soziale Zugeständnisse. Kriegsgegner in der eigenen Partei wurden z. T. gnadenlos denunziert und somit dem «Uhrwerk der Schlacht»

954 Der Kaiser auch. Doch der hatte nun tatsächlich an Einfluss verloren bzw. zog sich aus der Kriegsführung zurück.

an der Front ausgeliefert oder landeten im Gefängnis wie Liebknecht, Luxemburg u.v.a.

Da die Entente ebenfalls fest entschlossen war, den preußisch-deutschen Militärstaat nun endgültig zu besiegen, gab es auf dieser Seite Vereinbarungen, keinen Separatfrieden zu schließen (Londoner Abkommen vom 4. September 1914).

Die Kriegsziele der Franzosen: Wiedereingliederung von Elsass-Lothringen, Annexion mindestens der Kohlengebiete des Saarlandes und mindestens ein entmilitarisiertes westliches Rheinland.[955] Die Engländer wollten eine Brechung des Militärstaates Deutschland, aber (auch hier wieder das alte Prinzip der Balance of Power) sie wollten keine absolute Schwächung oder gar seine Zerschlagung. Allerdings sollten dem Deutschen Reich die Kolonien abgenommen und der Balkan neu geordnet werden (Jugoslawien).[956] Russland liebäugelte mit einer Gebietserweiterung zu Lasten Deutschlands in Ostpreußen und Schlesien, wusste aber nicht so recht, ob es den Polen mehr Autonomie gewähren sollte. Auch Österreich-Ungarn sollte beschnitten, aber nicht zerschlagen werden; eine Vereinigung Deutschlands mit Deutsch-Österreich aber galt es zu vermeiden. Sogar eine erneute Zerstückelung Deutschlands in Kleinstaaten wäre dem Zaren – aufgrund der ersten Erfolge gegen Österreich (und trotz der ersten Niederlagen in Ostpreußen) – nicht ungelegen gekommen. Dies hätte aber England nicht zugelassen. Selbstverständlich wollte Russland die Kontrolle über die Meerengen am Ausgang des Schwarzen Meeres.[957] Italien wollte Südtirol und Trient. All diese Pläne wurden im Nachhinein bestätigt, als im Dezember 1918 die neue Regierung in Russland und dessen Volkskommissariat unter Leo Trotzki im Dezember 1918 die Geheimverträge der Ententestaaten untereinander veröffentlichte.

Während sich im Westen die Fronten festfraßen und es zu dem berühmt-berüchtigten, verlustreichen Stellungskrieg kam, bei dem aufgrund des Einsatzes von Artillerie und Maschinengewehren der jeweils Verteidigende im Vorteil war[958], gelang den Deutschen 1915 im Osten ein Durchbruch und unter Ludendorffs Generalstabsführung – diese Abteilung nannte sich «Oberbefehlshaber Ost (Ober Ost) – glaubte man nun, einen Totalsieg über Russland herbeiführen und die russische Armee vernichten

955 Die französischen Kriegsziele in der Anlaufphase des Krieges, 30. August / 12. September 1914, in: Mommsen, Imperialismus, S. 238.

956 Matthias Peter, Britische Kriegsziele und Friedensvorstellungen, in: Michalka, Weltkrieg, S. 95–124.

957 Russlands Weg in den Ersten Weltkrieg und seine Kriegsziele, in: Michalka, Weltkrieg, S. 68ff.; siehe auch Konstantinopel als historisches Ziel des russischen Imperialismus, in: Mommsen, Imperialismus, S. 239.

958 Leonhard, Pandora, S. 149f.

zu können. Falkenhayn, immer noch militärischer Realist, sah diese Möglichkeit nicht und drängte, unterstützt von Conrad, der entgegen seinem Präventivkriegsgeschrei vor dem Krieg nun aufgrund des weitgehenden Versagens der österreichisch-ungarischen Armee sehr kleinlaut geworden war, Bethmann zum Separatfrieden mit Russland. Bethmann wollte nicht ganz so weit gehen wie «Ober Ost» und andere Denker und Strategen, denn «kleinere» Zugewinne im Osten schienen ihm doch angebracht («polnischer Grenzstreifen»). Er bot diese Separatfriedensbedingungen dem Zar an, der es jedoch mehrfach ablehnte, nur «ein wenig» beschnitten zu werden. Dass er damit erneut sein Todesurteil unterzeichnet hatte, konnte er nicht wissen. Ein Verzicht auf Eroberungen im Westen wie im Osten hätte 1915/16 vermutlich den Krieg beendet. Doch dies war nie die Absicht, weder der deutschen Militärs noch die Bethmanns.[959] Der Kaiser war nun tatsächlich – und im Gegensatz zu seiner Stellung vor dem Krieg – außen vor und hielt sich faktisch als Oberbefehlshaber zurück.

Der Vormarsch im Osten und die mehrfache Ablehnung des Zaren beflügelte nun Bethmann, erneut auf das Septemberprogramm zurückzukommen und große Annexionen im Osten zu fordern.

Zur Durchsetzung ihrer Pläne war den Deutschen nun fast jedes Mittel recht. Sie waren es, die das nach der Haager Landkriegsordnung verbotene Giftgas als erste einsetzten und die Methoden des Giftgaskrieges immer mehr verfeinerten. Die Alliierten zogen nach. Trotz des Technologievorsprunges der Deutschen und Zehntausender Opfer brachte auch diese Waffe keinen strategischen Vorteil.

Italien trat nun in den Krieg gegen die Mittelmächte ein, Bulgarien auf deren Seite. Die Türkei hatte sich schon 1914 auf die Seite der Mittelmächte gestellt. Die türkische Regierung vollzog den Genozid an bis zu 1,5 Millionen Armeniern und erhielt dabei deutsche Unterstützung. Einzig Liman Sanders wandte sich offen dagegen.[960] Es handelte sich um den zweiten Genozid in diesem Jahrhundert.

Deutsche Kriegszielprogramme gab es – im unerschütterlichen Glauben an den deutschen Sieg – bis wenige Monate vor Kriegsende. So 1915/16 Vorschläge mit umfangreichen Annexionen von Hugo Stinnes, Matthias Erzberger sowie seitens der uns schon bekannten Rohrbach, Stresemann, Friedrich Naumann und, nicht zu vergessen, von Erich Ludendorff.

Falkenhayn wiederum «vergaß» Anfang 1916, dass er den Krieg schon Ende 1914 für verloren erklärt hatte, und versuchte nun, eine euphemistisch als «Ermattungsstrategie» bezeichnete Kriegsführung im Westen

---

959 Afflerbach, Planung, S. 292ff.

960 Jürgen Gottschlich, Beihilfe zum Völkermord. Deutschlands Rolle bei der Vernichtung der Armenier, Berlin 2015.

anzuwenden und die Franzosen bei Verdun in einer Materialschlacht ausbluten zu lassen.

Gleichzeitig erwies sich die gigantische Flottenrüstung der Deutschen als eklatanter Fehlschlag. Durch die englische Blockade, die sicherlich auch als Kriegsverbrechen anzusehen ist, verhungerten nicht nur Hunderttausende in Deutschland – was aber auch auf die unglaublich schlechte Vorsorge der deutschen Regierung und Behörden zurückzuführen war –, sondern lag die deutsche Flotte untätig in den Häfen eingeschlossen. Falkenhayn entdeckte parallel zur Verdun-Strategie eine neue Waffe: das U-Boot. Man ließ nun in großer Zahl Unterwasserboote bauen und verletzte das Kriegsrecht, indem auch Handelsschiffe mit «maritimem Terror» ab dem 5. Februar 1915 im «Sperrgebiet um die britischen Inseln»[961] ohne Vorwarnung versenkt wurden. Nach der Torpedierung des britischen Passagierdampfers «Lusitania» (7. Mai 1915) mit über 1100 Opfern – darunter auch zahlreiche US-Bürger – und einer Drohung seitens der US-Regierung ließ Bethmann im gleichen Monat den unbeschränkten U-Boot-Krieg wieder zurücknehmen. Und Tirpitz musste zurücktreten.

Der wohl nur als wahnwitzig zu bezeichnende Verdun-Plan forderte Hunderttausende von Toten auf beiden Seiten, führte aber zu keiner Entscheidung im Westen.

Dennoch wollte Bethmann weiter kein Kriegsende herbeiführen. «Er war mit seinem steten Festhalten an Annexionen – oder, um es negativ zu formulieren, seiner fehlenden Bereitschaft, auf Annexionen zu verzichten – selbst ein erstrangiges Friedenshindernis.»[962]

Als die Franzosen im Mai 1916 «Friedensfühler über die Schweiz» ausstreckten, schloss die deutsche Militärführung und auch Bethmann daraus, dass die Franzosen kurz vor dem Zusammenbruch stünden. Man rechnete mit dem Sieg im Herbst 1916, spätestens im Frühjahr 1917. Doch nun stand Österreich-Ungarn, das ja auch an zwei Fronten, gegen Italien und Russland, kämpfte, durch eine Offensive der Russen kurz vor dem Zusammenbruch. Die Deutschen mussten mit Truppen aushelfen.

Rumänien trat in den Krieg gegen Österreich ein und Falkenhayn hatte sich mit dem Sieg verschätzt.[963] Er wurde abgelöst durch das berühmt-berüchtigte Duo Ludendorff-Hindenburg, denen nach dem Sieg in Ostpreußen 1914 mythische Qualitäten nachgesagt wurden. Doch Ludendorff verschlimmerte nur alles dadurch, dass er für den totalen Krieg und den totalen Sieg eintrat. Das Wort *Vernichtungskrieg* machte die Runde. Lu-

---

961 Ragnhild Fiebig von Hase, Der Anfang vom Ende des Krieges, in: Michalka, Weltkrieg, S. 126.

962 Afflerbach, Planung, S. 299.

963 Afflerbach, Planung, S. 300ff.

dendorff versprach mit dieser Strategie den Siegfrieden und Bethmann glaubte ihm. Die Oberste Heeresleitung (OHL) entwickelte sich zu einer Art faktischer Militärdiktatur. Der Mitteleuropaplan mit Annexionen im Westen und gigantischen Annexionen im Osten sollte nun umgesetzt werden.

Alle Friedensangebote, die mit Kompromissen verbunden waren, scheiterten: das Vermittlungsangebot des amerikanischen Präsidenten Woodrow Wilson 1916 (an England und Frankreich gerichtet), die österreichischen Separatfriedensangebote, die päpstliche Friedensaktion 1917 (an Deutschland gerichtet), die Friedensvorstellungen der französischen Sozialisten und das Friedensangebot des deutschen Reichstages von 1917. Letzteres war im Wesentlichen auf das Betreiben Erzbergers, der sich vom Annexionisten zum Friedensbetreiber gewandelt hatte, entstanden, aber wegen seiner Unverbindlichkeit erfolglos.

Und Bethmann stimmte am 1. Februar 1917 zu, den unbeschränkten U-Boot-Krieg wieder aufzunehmen, was dann im April 1917 den Kriegseintritt der USA zur Folge hatte. Im Juli 1917 musste Bethmann auf Ludendorffs Druck gehen. Die Deutschen zogen sich im Westen in der «Aktion Alberich» im März auf die sogenannte Siegfriedlinie zurück und wendeten bei ihrem Zurückweichen zum ersten Mal die Strategie der verbrannten Erde an.[964] Hunderte von Dörfern und Infrastruktureinrichtungen wurden systematisch zerstört, über 120.000 Menschen deportiert. Das nächste Kriegsverbrechen. Dass die Deutschen sich dabei – wie so oft – auf das Nibelungenlied (Clark schwärmt auch davon) beziehen mussten, das im absoluten Untergang endet, zeigt, dass sie das Ende des Liedes offensichtlich immer wieder ausblendeten (Nibelungentreue).

Zu erwähnen wäre auch der Versuch, London von Zeppelinen aus zu bombardieren, was aber letztlich an der Verletzlichkeit der Luftfahrzeuge scheiterte.

In Afrika verloren die Deutschen Stück um Stück ihre Kolonien. Nur in Ostafrika hielt sich General Paul von Lettow-Vorbeck relativ lange, weil er einen Guerilla-Krieg führte. Vergleichbares gelang in Südwest-Afrika nicht, da aufgrund des Genozids von 1904–1908 keine ausreichende Zahl afrikanischer Männer zur Verfügung stand, um in deutsche Uniformen gepresst zu werden. Beide Kriegsparteien behandelten bei den Kämpfen in Afrika ihre farbigen Hilfstruppen extrem unmenschlich; die schlechten Lebensbedingungen hatten Hunderttausende von Toten zur Folge.[965]

Der Versuch der Entente, an den Dardanellen (Gallipoli) eine zweite Front mit australischen, neuseeländischen und britischen Truppen zu eröffnen, scheiterte am unterschätzten Widerstand der Türken und

964 Afflerbach, Planung, S. 305.
965 Leonhard, Pandora, S. 202ff.

forderte mehr als einhunderttausend Tote. Im Nahen Osten mussten die deutsch-türkischen Truppen immer weiter zurückweichen. Eine schon ausgemachte Zweistaatenlösung Araber/Juden (Faisal/Weizmann) scheiterte 1919 an den Plänen Frankreichs und Englands, sich den Vorderen Orient aufzuteilen (Sykes-Picot-Abkommen 1916).

Die Februarrevolution 1917 in Russland führte zu einer bürgerlichen Regierung und zur Absetzung des Zaren, aber die neue Regierung wollte weiterkämpfen, so auch der Sozialrevolutionär Alexander Fjodorowitsch Kerenski, ab Juli 1917 neuer Ministerpräsident. Jedoch waren auch massenhaft Arbeiter- und Soldatenräte entstanden, die, wie 1905, die Basis für eine weitere Revolution bildeten. Aber erst als die deutsche OHL Lenin aus dem Schweizer Exil holte und ihm im April 1917 freies Geleit und größere Millionenbeträge gewährte, kam es in Russland unter seiner Führung zur Oktoberrevolution.

Im Dezember 1917 schlossen die Bolschewiki einen Waffenstillstand mit den deutschen Militärs, doch diese wollten selbst zu diesem Zeitpunkt noch einen Gewaltfrieden mit Annexionen und mit vom Reich abhängigen Vasallenstaaten (Ukraine, Polen, Georgien). Die Bolschewiki lehnten zunächst ab. Die Deutschen kündigten daraufhin den Waffenstillstand auf; den deutschen Streitkräften unter Ludendorff und General Hoffmann gelangen nun mühelos große Geländegewinne ohne Gegenwehr aufgrund des vollständigen Zusammenbruchs der russischen Armee, hervorgerufen nicht zuletzt durch bolschewistische Agitation. Lenin erließ sein Dekret: «Das sozialistische Vaterland in Gefahr.»[966] Die Bevölkerung wurde zur Verteidigung des Landes und des Sozialismus aufgerufen. Ganz nebenher sollten dabei «feindliche Agenten, Spekulanten, Plünderer, Rowdys, konterrevolutionäre Agitatoren und deutsche Spione [...] am Tatort», also ohne Gerichtsverfahren, erschossen werden. Doch auch das nützte nichts. Die Deutschen drangen immer weiter vor.

Lenin setzte sich im Rat der Volkskommissare durch, Trotzki musste nachgeben und die Bolschewiki unterzeichneten am 3. März 1918 in Brest-Litowsk den Diktatfrieden.

Es dokumentiert ein weiteres Mal den durch und durch expansionistischen, aggressiven Charakter des Deutschen Reiches. So sollte mit die-

966 Wladimir I. Lenin: Das Vaterland in Gefahr, in: Lenin Werke, Berlin (Ost) 1960, Bd. 27, S. 15f. Isaak Steinberg, Volkskommissar für die Justiz, Linker Sozialrevolutionär hatte Einwände. Lenin antwortete: «Glauben Sie wirklich, dass wir siegreich sein können ohne den wahrhaft grausamsten revolutionären Terror?» Steinberg: «Wozu brauchen wir dann noch ein Kommissariat für Justizwesen? Nennen wir es doch einfach Kommissariat für soziale Ausrottung!» «Das ist genau das, was es sein sollte», erwiderte Lenin, «aber das können wir nicht sagen.» Isaac Steinberg, In the Workshop of the Revolution, London 1953, S. 145.

sem Vertrag das ganze Baltikum deutsch werden. Ebenso ein «polnischer Grenzstreifen» östlich von Pommern und Schlesien. Polen und die Ukraine waren als deutsche Vasallenstaaten vorgesehen.

Russland verlor ein Drittel seiner Bevölkerung und seines Ackerlandes, 50% seiner Industrie, 75% seiner Schwerindustrie, 80% seiner Eisenvorräte und 90% seiner Kohleförderung.[967] Zudem musste Russland sich in einem zweiten Vertrag verpflichten, auch noch sechs Milliarden Goldmark Reparationen zu bezahlen. Die Investition in Lenin hatte sich vorderhand für die OHL gelohnt.

Doch ein solches «Schutzgebiet» der Deutschen erforderte den Unterhalt eines größeren Truppenkontingentes, das im Westen fehlte, wo man nun die Entscheidung herbeiführen wollte, bis die Amerikaner Fuß gefasst haben würden. Es kam zu mehreren gigantischen Offensiven, die auf der Seite der Entente bis zu 330.000 und auf deutscher Seite 200.000 Tote forderten. Nunmehr erschöpfte sich die deutsche Armee endgültig, spätestens im August 1918 war auch Ludendorff klar, dass der Krieg verloren war. Er setzte eine Parlamentarisierung durch, um den bürgerlichen und SPD-Politikern, die nun in die Regierung eintraten, die Schuld an der Niederlage zuzuschieben, und forderte Waffenstillstandsverhandlungen.

Der von der SPD-Führung ausgerufene Burgfriede bröckelte an der sozialdemokratischen Basis schon seit 1916. In immer wuchtigeren Streikwellen manifestierte sich der Wille der Massen zum Frieden. Im Januar 1918 waren Millionen Arbeiter im Ausstand, angetrieben von basisdemokratischen Räten (revolutionäre Obleute), unterstützt von der USPD. Ein letztes Mal gelang die Niederschlagung durch Kollaboration der SPD-Führer mit den Herrschenden. Wieder wanderten Tausende an die Front oder ins Gefängnis.

Im Oktober musste auch Ludendorff – trotz Unterstützung durch die SPD-Führung – gehen.

An der Westfront kam es am 31. Oktober zur Befehlsverweigerung einer ganzen Division. Sie lehnte es ab, in Metz in die Stellungen zu gehen.[968] Als dann die Flotte in einem kollektiven Selbstmordunternehmen (ohne Wissen der Reichsregierung) gegen die englische Flotte auslaufen sollte, meuterten die Matrosen (3./4.11.1918), entmachteten die Offiziere und wurden für kurze Zeit Herren der Küstenstädte.[969]

---

967 Heinrich August Winkler, Geschichte des Westens, Bd. 2, Die Zeit der Weltkriege 1914–1945, München 2011, S. 79.

968 Zeugenaussage Groener im Dolchstoßprozess, in: Hans Herzfeld, Die deutsche Sozialdemokratie und die Auflösung der nationalen Einheitsfront im Weltkriege, Leipzig 1928, S. 373.

969 Ausführlich am Beispiel von Kiel: Dirk Dähnhardt, Revolution in Kiel. Der Übergang vom Kaiserreich zur Weimarer Republik 1918/19, Neumünster 1978,

Sogleich wusste die Führungsriege der SPD, was zu tun war: Noske wurde nach Kiel entsandt (5. November 1918), um die Revolution «zu kanalisieren»,[970] d. h. ihr die Spitze zu brechen. Doch weder Truppen noch Noske konnten verhindern, dass die Revolution durch die ausschwärmenden Matrosen in Windeseile ins ganze Land flutete.

Während Erzberger (mit ausdrücklicher Billigung der OHL) als Zivilist nach Frankreich geschickt wurde, um über den Waffenstillstand zu verhandeln, kam es am 9. November zur Revolution in Berlin, ja im ganzen Land.

Die Volksmassen forderten die Übergabe der Kasernen des Heimatheeres. Der Kaiser floh in die Niederlande. Ironie der Geschichte: Eben jene Flotte, die des Kaisers Lieblingskind war, trug entscheidend zu seinem Untergang bei. Am 11. November unterzeichnete Erzberger den Waffenstillstand im Wald von Compiègne.

Und die, die Revolution immer verhindern wollten, die Führer der SPD unter Friedrich Ebert, kamen an die Macht und verbündeten sich sofort mit den alten Herrschenden, den Militärs von der OHL. Beider Gegner waren die neu entstandenen Arbeiter- und Soldatenräte und die Massen, die überwiegend Sozialdemokraten waren und die wie ihre Leidensgenossen in Österreich, in Ungarn, in Russland und anderswo in Europa die Monarchen verjagt hatten, um weitere Kriege unmöglich zu machen, und die jetzt noch mehr verjagen wollten. Es verbündete sich die alte preußische Militärführung mit der neuen deutschen Revolutionsregierung. Der Zusammenstoß war daraufhin unvermeidlich, Tausende von Toten die Folge. Allerdings im Bürgerkrieg.

Und ein weiterer Weltkrieg zog schon herauf. Nicht, wie Rosa Luxemburg 1915 befürchtet hatte, weil Deutschland gewonnen, sondern weil es verloren hatte. Doch das ist ein anderes Kapitel.

Zurück zu Bethmann, seiner Regierung und Christopher Clark: Die deutsche Reichsleitung hatte

1. 1914 wesentlich zum Kriegsausbruch beigetragen,
2. all die Weltkriegsjahre 1914–1917 hindurch aufgrund ihrer bornierten Orientierung auf einen Siegfrieden mit Annexionen faktisch jeden möglichen Friedensschluss verhindert,
3. schließlich mit dem Einverständnis zum unbeschränkten U-Boot-Krieg die deutsche Niederlage perfekt gemacht.

---

insbesondere S. 48–116; Ernst-Heinrich Schmidt, Heimatheer und Revolution 1918. Die militärischen Gewalten im Heimatgebiet zwischen Oktoberreform und Novemberrevolution, Stuttgart 1981, S. 41ff.

970 Ernst-Rudolf Huber, Deutsche Verfassungsgeschichte seit 1789. Weltkrieg, Revolution und Reichserneuerung. 1914-1919, Bd. 5, Stuttgart 1992, S. 655.

Interessant, vielleicht auch für Herrn Clark: Im ersten Fall hörte der Kanzler auf die Militärs und die Annexionisten. Im zweiten Fall hörte er nicht auf den Militaristen Falkenhayn, der für Friedensverhandlungen eintrat, sondern nur auf die Annexionisten. Schließlich war Bethmann Hollweg mit der Ernennung Ludendorffs und Hindenburgs zu den Leitern der dritten OHL auch noch bereit, dem Militär nicht nur den Vernichtungskrieg zu ermöglichen, sondern ihm faktisch auch noch die politische Macht zu überlassen. Im dritten Fall, beim U-Boot-Krieg, wehrte er sich zudem nicht gegen den Befürworter des totalen Kriegs, Ludendorff.

So viel zu der von Clark behaupteten Kontrolle der deutschen Regierung über die Militärs.

10. Schluss

«Es gibt ein sehr wichtiges Buch von einem Historiker, Clark, der über den Ausbruch des Ersten Weltkriegs und die Weiterführung des Ersten Weltkriegs durch Versailles, sagt, es waren alle mitschuldig geworden.»

Hellmuth Karasek in Markus Lanz' Talkshow vom 5.5. 2015 (ZDF), in der Überlebende des Holocausts über das Ende des Zweiten Weltkrieges vor siebzig Jahren sprachen.

In den sechziger Jahren gab es eine australische Jugendserie, die auch im deutschen Fernsehen lief: The Magic Boomerang (Australien 1965–1967). Ein Junge hatte einen Zauberbumerang gefunden, bei dem, wenn man ihn in die Luft schleuderte, die Zeit (außer für ihn) stehen blieb und erst wieder in Gang kam, wenn der Junge den Bumerang auffing. Clark hat mit «Die Schlafwandler» einen magischen Bumerang geworfen, der nicht nur die Zeit anhält, sondern sie zurückdreht. Das Buch propagiert in seinem Kern ein nahezu weltkriegsunschuldiges Deutschland. Es ist die scheinbar wissenschaftliche Bestätigung für ein Gefühl, das die meisten Bürger dieses Landes in den 20ern, 30ern, während des Faschismus und in den 50ern, bis weit in die 60er hinein beschlichen hat: schuldlos zu sein. Die Bemerkung des Ex-Premierministers von Großbritannien (1916–1922) und Hitler-Freundes (in den 30ern) Lloyd George in seinen Memoiren, alle Mächte seien 1914 in den Ersten Weltkrieg hineingeschlittert,[971] erscheint einem verglichen mit Clarks Buch noch geradezu deutschkritisch.

Inzwischen hat der Australier den Bumerang wieder aufgefangen. Die Zeit ist zurückgedreht, der historische Rollback gelungen. Vermutlich wird bald ein neuer junger Historiker den Bumerang aufnehmen, schleudern und weitere historische Ereignisse neu interpretieren, also die Zeit weiter zurückdrehen. Dass einer diese Waffe in die andere Richtung wirft, sozusagen in die Zukunft und Clarks Rollback revidiert, erscheint dank des deutschen Feuilletons, alter und neuer Medien sowie der derzeit allgemein

971 David Lloyd George, War Memories, Bd. 1, London 1933, S. 32, zitiert nach Annika Mombauer, Julikrise und Kriegsschuld, Stand der Forschung, in: Bundeszentrale für politische Bildung, Politik und Zeitgeschehen, Erster Weltkrieg, Anm. 3, online: http://m.bpb.de/apuz/182558/julikrise-und-kriegsschuld-thesen-und-stand-der-forschung?p=all (August 2016).

verbreiteten Alle-sind-schuld-Ideologie momentan nicht zu erwarten. Im Gegenteil, während der sympathische Australier im Sommer 2015 in einem roten VW-Cabrio-Oldtimer (seiner Geschichtsauffassung angemessen) fürs ZDF die deutsche Historie durchquerte, Plattitüden und Binsenweisheiten verbreitete, uns 2016 in Terra-X Australien ans Herz legte und bei Markus Lanz zum wichtigsten Historiker des 21. Jahrhunderts gekürt wurde, haben sich in Deutschland Massen in einer salon-faschistischen Partei organisiert, sie gewählt, außerparlamentarisch die Straße erobert und historische Schuld nur bei anderen Staaten, zuallerletzt aber beim Deutschen Reich gefunden. Clark vereinigt mit seiner Sicht der Vorgeschichte des Ersten Weltkrieges diese Massen mit denen, die noch CDU/CSU, SPD, Grüne, FDP und Linke wählen. Sie alle haben in ihm einen Seelentröster gefunden. Clark steht hinter Deutschland und Deutschland steht nahezu geschlossen hinter Clark.

Er ist mit seiner Revision der deutschen Geschichte längst in die Urgründe der deutschen Kollektivseele abgetaucht und hat sie gründlich gebauchpinselt. Dem Professor gelang zudem, sozusagen en passant, höchst massen- und elitenwirksam die deutsche Geschichtswissenschaft der 60er, 70er, 80er, ja 90er Jahre zu pulverisieren und fröhlich plaudernd auf diesem Gebiet verbrannte Erde zu hinterlassen.

Clarks Schlafwandler funktionieren – mehr noch als seine früheren Bücher – nach einem einfachen Prinzip:

Die deutschen Verantwortlichen werden durch Verdrehungen, Verkürzungen und zum Teil sogar richtige Verfälschungen von ihrer Hauptschuld befreit, die Franzosen und Russen mit regelrechten Verschwörungstheorien als die eigentlichen Schuldigen präsentiert, als die, die auf dem Balkan die Zündschnur gelegt hätten. Die Zünder sind bei Clark die Serben, denen er alles Schlechte unterstellt und nichts zubilligt, was er Deutschland großzügig zugesteht. Er zögert dabei nicht, unhistorisch die Jugoslawienkriege der 90er Jahre des letzten Jahrhunderts als Beweismittel heranzuziehen.

Das Attentat auf den Thronfolger stilisiert er unter Verharmlosung der deutschen Blankovollmacht, des österreichischen Ultimatums, der k. u. k.-Kriegserklärung an und der Beschießung von Serbien zum 9/11, um den Krieg gegen Serbien zu rechtfertigen und der russischen Mobilisierung die eigentliche Weltkriegsverantwortung zuzuschieben. Dabei leugnet er jegliches bewusste Weltkriegsrisiko oder Kontinentalkriegskalkül Deutschlands und Österreichs.

Vernebelt wird dies alles mit dem Begriff von den Schlafwandlern, den er nirgends in seinem Buch wirklich anwendet, da er für eine Analyse völlig unbrauchbar ist, aber bewusst an alte Unschuldslegenden anknüpft und damit große Wirkung entfaltet.

Mit der Hypothese, es zähle nur das *Wie*, versucht er eine angeblich objektive Vorgehensweise zu suggerieren, die sich um die Frage der Schuld gar nicht kümmere.

Doch ist dies nur ein Trojanisches Pferd für seine Hauptthesen, wonach Serbien, Frankreich und Russland die Hauptverantwortung am Ersten Weltkrieg trifft und England einen großen Beitrag dazu geleistet hat.

Die Unterscheidung von Verantwortung – von der Fischer und Geiss immer sprechen – und Schuld ist in diesem Zusammenhang völlig unerheblich.

Clark schafft es, die durch die NS-Zeit und die nicht wegzuleugnende Schuld Deutschlands am Zweiten Weltkrieg gekränkte deutsche Seele wenigsten damit zu trösten, dass das Reich am Ersten Weltkrieg praktisch gar nicht schuld sei. Endlich mal die Anderen.

Nicht ohne Geschick schafft er es, alten Wein in neuen Schläuchen zu verkaufen. Dabei kann er weder auf wirklich neue Dokumente zurückgreifen noch bietet er eine neue Theorie an. Im Gegenteil:

Clark übernimmt nicht nur die Positionen der Unschuldshistoriker der 20er und 50er Jahre in Deutschland. Er identifiziert sich darüber hinaus mit der Position Deutschlands und Österreich-Ungarns vor dem Ersten Weltkrieg, insbesondere in der Julikrise. Dabei kommt ihm zupass, dass er als Australier als potenziell Neutraler, ja vielleicht sogar als ehemaliger Entente-Sympathisant erscheint.

Um diese deutschfreundliche Stellung zu halten, muss Clark weglassen, verbiegen und teils verdreht argumentieren. Dies bewältigt er, indem er eine gigantische Materialschlacht schlägt, die aber in Wirklichkeit ein selektives Vorgehen kaschiert und nach dem Prinzip funktioniert, erst die gängigen Thesen zu referieren (Hauptverantwortung Deutschland/ Österreich), sie unter Aufbietung aller Sophistik auf den Kopf zu stellen (hauptverantwortlich Serbien/Frankreich/Russland), um sie dann mit einer «Europäisierung» nach dem Motto «Alle sind gleich verantwortlich» zu verschleiern. Was ihm aber niemand nachträgt, da es die Stimmungslage in Deutschland und anderswo sehr gut trifft. Dies ermöglicht ihm, die kaum noch bestehende Front der Kritiker des deutschen Imperialismus zu überrennen.

Interessant ist dabei die Reaktion deutscher Geschichtswissenschaftler. Während eine Anzahl von Altgedienten schweigt oder kaum reagiert, gibt es bei Heinrich August Winkler, Volker Berghahn, Stig Förster, Wolfram Wette und Volker Ullrich vorsichtige Kritik und leichten bis mittleren Widerstand. John Röhl reagiert als einziger heftig. Jüngere wie Annika Mombauer versuchen sachlich, einiges vorsichtig geradezurücken, aber insgesamt ist der Widerstand schwach, es entspinnt sich kein Historikerstreit wie in den 60ern oder 80ern.

Derzeit ist die Gegenwehr erlahmt. Clark hat, ergänzt durch Vordenker wie Niall Ferguson und Sean McMeekin und durch ein geistiges Bündnis mit Geopolitikern wie Herfried Münkler, die Deutungshoheit erobert.[972]

Fritz Fischer und Imanuel Geiss sind tot, können sich nicht mehr wehren und eine weitere Riege von Historikern ließ sich durch Clark tatsächlich wenden. Da wären Holger Afflerbach und Sönke Neitzel, die mit ihrer weitgehenden Zustimmung zu Clark ihren früheren Forschungen glatt widersprechen. Eine Sonderrolle spielt Gerd Krumeich, aus der Mommsenschule stammend und damit ein alter Fischer-Gegner. Aus dieser Gegnerschaft hat er eine der ersten Jubelrezensionen für Clarks Schlafwandler-Buch geschrieben und es als eine «Wucht» bezeichnet. Mit der Zeit hat er aber begriffen, was in dem Buch wirklich drinsteht und sich moderat wieder korrigiert. Doch die Erde war schon verbrannt. Der Krumeich-Schüler Stefan Schmidt (frankreichkritisch) und eher der Fischerschule Zuneigende wie Dieter Hoffmann und Lüder Meyer-Arndt sowie Christa Pöppelmann haben mit ihren vor oder gleichzeitig mit Clark geschriebenen Büchern kaum Einfluss. Eine Sonderstellung nimmt auch Jörn Leonhard ein, der Clark in einigen Punkten widerspricht, durchaus brauchbares Material liefert, aber schließlich doch in einer gewissen nebulösen Historik hängen bleibt. Durchaus wirkmächtig ist Jörg Friedrich, der mit seinem Buch – mit im Übrigen unwissenschaftlichem Anmerkungsapparat und in einem manieristischen Stil verfasst – eine Aufrechnerei betreibt, mit der er hauptsächlich den Rechten und Nationalkonservativen aus der Seele spricht und nicht so sehr alle «deutschen Blutes» eint wie Clark.

Zurück zu Letzterem. Man fragt sich, warum er all dies macht. Man könnte unterstellen, er sei so naiv unschuldig, wie er auftritt, oder habe vielleicht Ahnen, von denen welche 1915/16 auf Gallipoli (wo zahlreiche Australier bei einer missglückten Invasion gegen die Mittelmacht Türkei verbluteten) ihr Leben lassen mussten und er sei dadurch traumatisiert. Oder vielleicht, weil er eine deutsche Frau hat? Aber dies erscheint zu einfach. Clark ist ein Historiker seiner Zeit. Und diese Zeit ist die eines neuen Imperialismus (Afghanistan, Irak, Libyen, Syrien), in dem unter dem Vorwand der Terrorismus-Bekämpfung Weltpolitik betrieben wird, wobei die deutschen Regierungen und die seit der Wiedervereinigung erstarkten deutschen Eliten in diesem Zusammenhang eine wichtige Rolle spielen. Seit dem Ende des Kalten Krieges und mit dem Untergang der Sowjetunion erlangten die USA und die Nato eine neue Hegemonie. Dies führte über die Osterweiterung von EU und Nato zum Aufeinanderprallen mit einem ins Hintertreffen geratenen Russland, dessen Führung auf

---

972 Neuerdings versucht der Historiker Rainer F. Schmidt noch einen draufzusetzen und «Paris» als Hauptschuldigen dingfest zu machen.

eine Wiederherstellung seiner Weltmachtrolle zielt und dabei offensichtlich bei den zwei aufstrebenden Großmächten, wenn nicht zukünftigen Weltmächten China und Indien Unterstützung sucht. Gleichzeitig werden einzelne EU-Peripheriestaaten, wie Griechenland, vom von Deutschland beherrschten Mitteleuropaverband EU erpresst, ihrer Souveränität beraubt und zur bedingungslosen Kapitulation gezwungen. Heutzutage geht das manchmal auch ohne Gewehre. Großbritannien wählt den Brexit und gerät so in ein noch stärkeres Bündnis mit den USA. Die EU scheint zu zerfallen, jedenfalls durch nichts Positiveres ersetzt zu werden. Gleichzeitig erleben wir ein Europa, in dem fast überall rassistische bis salonfaschistische Parteien Massenzulauf finden und Regierungsbeteiligungen anstreben oder schon erhalten haben. Ein Europa, in dem die Mittelschichten proletarisiert und die Reaktion darauf Rassismus, Nationalismus und Aggression sind, kaschiert mit Angst vor Terror und Asyl.

In einer solchen Situation erscheint es mehr als opportun, die Deutschen von der Last ihrer Geschichte wenigstens teilweise zu befreien. Damit sie mit den Westmächten zusammen, wie Atlas, die Welt und den formellen wie informellen neuen Imperialismus besser tragen und den noch westlich beherrschten Globus gegen alte und neue östliche oder südöstlich Mächte wirtschaftlich – und militärisch – «verteidigen» können.

Die Revision der Geschichtsrevision dürfte Jahrzehnte dauern, aber hoffentlich nicht erst nach einem großen Krieg einsetzen. Jedenfalls wird Clarks Zauberbumerang noch lange auf einen Rückwurf warten.

Anhang

Die wichtigsten handelnden Personen

Österreich-Ungarn

- Franz Joseph I., Kaiser und König von Österreich und Ungarn
- Franz Ferdinand, Neffe von Franz Joseph, Thronfolger
- Leopold Graf Berchtold, k. u. k. Außenminister
- Graf Alexander Hoyos, Kabinettschef im k. u. k. Außenministerium
- Graf Istvan von Tisza, Königlich ungarischer Ministerpräsident
- Freiherr Franz Conrad von Hötzendorf (Conrad), Generalstabschef des k. u. k. Heeres
- Alexander von Krobatin, k. u. k. Kriegsminister
- Heinrich von Tschirschky, deutscher Botschafter
- Sir Maurice de Bunsen, britischer Botschafter
- Nikolai Schebeko, russischer Botschafter
- Sergejus Fürst Kudaschew, russischer Geschäftsträger
- Karl Stürgkh, österreichischer Ministerpräsident
- Leon von Biliński, österreichischen Finanzminister
- Alois Lexa von Aehrenthal, k u. k. Außenminister (1906–1912)
- Graf Johann Forgách von Ghymes und Gács, Leiter der politischen Abteilung des Außenministeriums (seit 1913)

Deutschland

- Wilhelm II., deutscher Kaiser und König von Preußen (1888–1918)
- Theobald von Bethmann Hollweg, deutscher Reichskanzler und preußischer Ministerpräsident (1909–1917)
- Kurt Riezler, Adlatus und Berater von Bethmann Hollweg
- Gottfried von Jagow, Staatssekretär des Äußeren (faktisch: Außenminister, 1913–1916)
- Arthur Zimmermann, Unterstaatssekretär im Auswärtigen Amt
- Alfred von Tirpitz, Admiral und Staatssekretär des Reichsmarineamtes
- Hellmuth von Moltke, Chef des Großen Generalstabes (Erste Oberste Heeresleitung, OHL, 1906–1914)
- Edward Goschen, britischer Botschafter
- Sergei N. Swerbejew, russischer Botschafter
- Jules Cambon, französischer Botschafter
- Freiherr von Schoen, bayerischer Geschäftsträger in Berlin
- Ladislaus von Szögyény-Marich, österreichisch-ungarischer Botschafter

- Friedrich Ebert, Parteivorsitzender der SPD
- Hugo Haase, gemeinsam mit Ebert Parteivorsitzender der SPD, dann USPD
- Albert Südekum, SPD, Vizevorsitzender der Budgetkommission des Reichstages
- Gustav Noske, SPD, (Nov. 1918 Gouverneur von Kiel, Dezember 1918 Volksbeauftragter, Januar 1919 Oberbefehlshaber in den Marken/Oberbefehlshaber der Freikorps, Februar 1919–1920 Reichswehrminister)
- Karl Liebknecht, SPD, dann USPD, dann KPD
- Rosa Luxemburg, SPD, dann USPD, dann KPD
- Ulrich Graf von Brockdorff-Rantzau, deutscher Außenminister 1918/19 und Unterhändler in Versailles 1919
- Bernhard von Bülow, deutscher Reichskanzler und preußischer Ministerpräsident (1900–1909), Staatssekretär des Äußeren (faktisch: Außenminister 1897–1900)
- Theodor Leutwein, Oberst und Gouverneur in Deutsch-Südwestafrika (1895–1905)
- Samuel Maharero, Oberhäuptling der Herero
- Alfred von Schlieffen, deutscher Generalstabschef (1891–1906)
- Lothar von Trotha, General, Kommandeur der Schutztruppe in Deutsch-Südwestafrika (1904–1906)
- Erich von Falkenhayn, preußischer Kriegsminister (1913–1915) und Nachfolger Helmuth von Moltkes als Chef des Großen Generalstabes (Zweite Oberste Heeresleitung, 1914–1916)
- Erich Ludendorff, Generalquartiersmeister und Nachfolger von Falkenhayns (Dritte Oberste Heeresleitung, OHL, 1916–1918) zusammen mit Paul von Hindenburg
- Alfred von Kiderlen-Waechter, Außenminister (1910–1912)
- Victor Naumann, einflussreicher deutscher Publizist
- Friedrich von Holstein, einflussreicher Legationsrat im Auswärtigen Amt (1878–1906)

Russland

- Nikolaus II., russischer Zar
- Sergei D. Sasonow, Minister des Äußeren (1910–1916)
- Friedrich Pourtalès, deutscher Botschafter
- Friedrich von Szápáry. k. u. k. Botschafter
- George W. Buchanan, britischer Botschafter
- Maurice Paléologue, französischer Botschafter
- Alexander Iswolsky, Minister des Äußeren (1906–1910), dann Botschafter in Paris
- Miroslav Spalajković, serbischer Botschafter

Frankreich

- Raymond Poincaré, Präsident Frankreichs
- René Viviani, Ministerpräsident und Außenminister Frankreichs
- Jean-Baptiste Bienvenu-Martin, Justizminister und vom 16.–29. Juli Außenminister
- Joseph Joffre, Generalstabschef
- Georges Clemenceau, Ministerpräsident Frankreichs (1906–1909 und 1917–1920)
- Wilhelm von Schoen, deutscher Botschafter in Frankreich
- Phillippe Berthelot, stellvertretender Direktor im franz. Außenministerium

Großbritannien

- Georg V., König
- Herbert Henry Asquith, Premierminister (1908–1916)
- Edward Grey, Staatsekretär des Äußeren (faktisch: Außenminister, 1905–1916)
- Viscount Richard Haldane, Lordgroßkanzler
- Arthur Nicolson, Unterstaatssekretär im Foreign Office
- Eyre Crowe, Gehilfe des Staatssekretärs im Foreign Office
- Fürst Karl Max von Lichnowsky, deutscher Botschafter
- Paul Cambon, französischer Botschafter
- David Lloyd George, Premierminister (1916–1922)
- Joseph Chamberlain, Kolonialminister (1895–1903)

Serbien

- Alexander I., König von Serbien (1889–1903)
- Peter I., König (1903–1918/1921)
- Nikola Pašić, Ministerpräsident und Außenminister
- Dragutin Dimitrijevic (Apis), Chef des militärischen Geheimdienstes
- Gavrilo Princip, Attentäter auf Franz Ferdinand und dessen Frau
- Wladimir Giesl von Gieslingen, k. u. k. Botschafter
- Graf Johann Forgách von Ghymes und Gács, österreichischer Botschafter (1910))
- Lazar Paču, stellvertretennder Ministerpräsident
- Miroslav Spalajković, Leiter des Auswärtigen Amtes (1910)

USA

- Woodrow Wilson, Präsident der USA (1913–1921)

Chronik der wesentlichen Ereignisse

Die Vorgeschichte des Ersten Weltkrieges

1871 Nach dem gewonnenen Krieg gegen Frankreich Proklamierung des Deutschen Kaiserreiches im Spiegelsaal von Versailles. Wilhelm I. wird deutscher Kaiser, Fürst Bismarck Reichskanzler.

1888 Wilhelm II. wird deutscher Kaiser.

1890 Wilhelm II. entlässt Bismarck. Dessen Nachfolger wird Leo Graf von Caprivi.

1890 Kündigung des Rückversicherungsvertrages (Neutralität bei Angriffen anderer Staaten) des Deutschen Reiches mit Russland. Der Dreibund Deutschland-Österreich/Ungarn-Italien besteht weiter.

Das Deutsche Reich erlebt einen gigantischen wirtschaftlichen Aufschwung und wird stärkste Wirtschafts- und Militärmacht Europas. Das Heer der Arbeiter wird jedoch auch immer größer, ebenso die Klassengegensätze.

1892/94 Frankreich entkommt seiner Isolation durch ein Bündnis mit Russland.

1895 Der Soziologe Max Weber fordert eine deutsche Weltmachtpolitik.

1897 Fürst von Bülow (Staatssekretär des Äußeren) fordert für das Deutsche Reich einen Platz an der Sonne. Die deutsche Flottenrüstung wird extrem gesteigert.

1899 Die erste Haager Friedenskonferenz der Großmächte scheitert u. a. aufgrund deutscher Blockade.

1900 Bülow wird deutscher Reichskanzler.

1901 Ein Bündnis Deutschland/England scheitert endgültig.

1903 Die Ermordung des serbischen Königs Alexander (und seiner einflussreichen Frau Draga) durch eine Offiziersverschwörung unter Anführung von Apis führt zu einer Abwendung des Landes von Österreich-Ungarn.

1904 Aufstand der Herero, dem sich später die Nama anschließen, in der Kolonie Deutsch-Südwestafrika. Die deutsche Schutztruppe unter General von Trotha schlägt ihn nieder und begeht den ersten Genozid des 20. Jahrhunderts, dem ca. 80.000 Menschen zum Opfer fallen.

Großbritannien und Frankreich stecken ihre Interessenskonflikte in Afrika ab und gründen die Entente Cordiale.

1904/05 Russland verliert den Krieg gegen Japan. Es kommt zur Revolution im Zarenreich, die niedergeschlagen wird. Als Zugeständnis lässt Zar Nikolaus II. (ähnlich wie die Bismarck'sche Verfassung) ein recht handlungsbeschränktes Parlament, die Duma, zu.

1905 Wilhelm II. schließt mit Nikolaus II. einen Bündnisvertrag, der jedoch von beiden Seiten nicht ratifiziert wird.

1905/06 Erste Marokkokrise. Frankreich und Deutschland streiten sich um die koloniale Herrschaft in Marokko. Wirtschaftliche Interessen heizen den Konflikt an. Das Deutsche Reich versucht geopolitisch die Entente Cordiale Frankreich-England zu sprengen. Dies misslingt. Eine internationale Konferenz fällt für das Deutsche Reich negativ aus. Ein europäischer Krieg rückt ins Blickfeld.

1907 Großbritannien sucht seine Interessenskonflikte mit Russland in Ostasien auszugleichen und schließt mit ihm den Vertrag von St. Petersburg. Eine erst lockere Triple-Entente Frankreich-Russland-Großbritannien entsteht. Das gern Weltpolitik betreibende Deutschland sieht sich trotz des Dreibundes Deutschland-Österreich/Ungarn-Italien, «eingekreist». Zabern-Affäre

1908 Kaiser Wilhelm II. gibt dem Daily Telegraph ein Interview, in dem er sich als herausragenden Ratgeber und Bündnispartner Großbritanniens empfiehlt. Seine Flotte sei nicht gegen England gerichtet. Das Interview löst in Deutschland einen großen Skandal aus, wird als Anbiederung empfunden und führt beinahe zu seiner Abdankung. Doch stattdessen muss in der Folge Reichskanzler von Bülow seinen Hut nehmen. Bethmann Hollweg wird sein Nachfolger.

Ein zweites Interview des Kaisers mit einem Journalisten aus den USA, in dem er Großbritannien übel beschimpft, wird vom Verleger der New York Times zurückgehalten. Doch der amerikanische Präsident Theodore Roosevelt und der britische Außenminister Grey sowie die britische Regierung erhalten Abschriften des Interviews.

1908/09 Österreich-Ungarn annektiert das 1878 von ihm nach einer europäischen Konferenz 1875 besetzte Bosnien und Herzegowina. Das nationalistisch aufstrebende Serbien, das ebenfalls Anspruch auf das Gebiet erhebt, zeigt sich empört. Es kommt zur Annexionskrise. Deutschland droht mit Krieg, sollte Russland die Annexion nicht akzeptieren. Noch geschwächt durch den Krieg gegen Japan und die Revolution, muss Russland als Schutzmacht Serbiens schließlich nachgeben und den Status quo akzeptieren.

1911 Zweite Marokkokrise. Frankreich besetzt Teile von Marokko. Der deutsche Außenminister Kiderlen-Waechter meldet, angetrieben von rechten Machtgruppen und wirtschaftlichen Interessen, ebenfalls Anspruch darauf an. Er drängt den Kaiser, ein (veraltetes) Kanonenboot nach Agadir zu senden (Panthersprung). Großbritannien warnt vor einem Krieg mit Frankreich und deutet sein Eingreifen an, gleichzeitig schlägt Grey aber eine internationale Konferenz vor. Der deutsche Kaiser schreckt vor Krieg zurück. Kiderlen muss schließlich klein beigeben und mit einem kleinen Teil des Kongos Vorlieb nehmen.

1912 Die SPD wird stärkste Partei im Deutschen Reichstag. Die Balkanstaaten Serbien, Rumänien, Bulgarien und Griechenland nutzen die Schwäche des Osmanischen Reiches (das über ein wesentlich größeres Territorium als die heutige Türkei verfügt), schließen sich zum Balkanbund zusammen und erobern große Gebiete. Österreich-Ungarn sieht sich zunehmend vom serbischen Nationalismus bedroht. Franz Ferdinand ist für Krieg. Wilhelm II., der erst die Balkanstaaten für ein Bündnis gewinnen wollte, schwenkt nun auch auf diese Linie um. Eine vom englischen Außenmister Edward Grey vorgeschlagene Botschafterkonferenz trägt maßgeblich dazu bei, eine Verwicklung der zwei Dreier-Bündnisse in den Konflikt und somit einen europäischen Krieg zu vermeiden: Albanien entsteht als Puffer gegen den serbischen Zugang zum Mittelmeer. Im berühmt-berüchtigten «Kriegsrat» vom Dezember beschließt der deutsche Kaiser mit seinen Militärs (ohne Beisein des Kanzlers), den großen Krieg nochmals zu verschieben.

1913 Die Balkanstaaten bekämpfen sich (mit Bulgarien als erstem Angreifer) gegenseitig. Serbien besetzt im Herbst Nordalbanien. Österreich-Ungarn stellt ein Ultimatum. Wilhelm II. drängt den österreichischen Generalstabschef Conrad von Hötzendorf zum Krieg. Rechte Machtgruppen heizen die Stimmung dazu in Deutschland an. Doch Serbien nimmt auf Druck Russlands das Ultimatum in Gänze an. Gustav Bauer, SPD, erklärt, dass es Kriege gäbe, die für das Proletariat vorteilhaft sein könnten.

1913/14 Im Dezember übernimmt der deutsche Generalleutnant Liman Sanders ein wichtiges Kommando über türkische Truppen und wird Mitglied des obersten türkischen Kriegsrates. Russland und seine Verbündeten protestieren. Neben Geopolitik geht es auch um wirtschaftliche Interessen der Großmächte. Das Deutsche Reich versucht auch durch Infrastrukturmaßnahmen (Bau der Bagdad-Bahn) im hauptsächlich von England beherrschten Nahen Osten Fuß zu fassen.

Im Januar wird Liman zum General ernannt. Er tritt von seinem ersten Posten zurück und wird Generalinspekteur der osmanischen Armee. Der deutsche Kaiser erwägt, die gesamte moslemische Welt für einen Dschihad in einem künftigen Krieg zu gewinnen.

1914 Bei einem Besuch in Sarajewo, der Hauptstadt des annektierten Bosnien und Herzegowina, am 28. Juni, werden der österreichische Thronfolger Franz Ferdinand und seine Frau Sophie von dem 18jährigen bosnischen Serben Gavrilo Princip, Mitglied der serbischen Geheimorganisation «Schwarze Hand», erschossen.

Die Julikrise 1914[973]

29. Juni Der österreichische Außenminister Graf Berchtold trifft den Generalstabschef Conrad von Hötzenburg. Conrad fordert den Angriff auf Serbien. Berchtold zögert und will die Untersuchung des Attentates abwarten.

30. Juni Der deutsche Botschafter in Wien, von Tschirschky, berichtet nach Berlin, er habe Berchtold vor übereilten Schritten gewarnt.

Der Unterstaatssekretär im deutschen Außenministerium Zimmermann («Außenminister» von Jagow ist in den Flitterwochen) gibt den russischen und britischen Botschaftern zu verstehen, dass man Komplikationen vermeiden wolle. Das Attentat könne nicht dem serbischen Staat angelastet werden.

1. Juli In Wien drängt Conrad weiter auf Krieg. Der österreichische Ministerpräsident Karl Stürgkh und sein ungarischer Kollege Istvan Tisza plädieren für Zurückhaltung. Tisza ist gegen einen Krieg.

2. Juli Der deutsche Publizist Victor Naumann versichert dem Kabinettschef im k. u. k. Außenministerium, Alexander Hoyos, dass Deutschland einen Krieg mit Serbien decken würde. Großbritannien greife nicht ein. Und im Auswärtigen Amt versage man sich nicht mehr grundsätzlich einem Präventivkrieg gegen Russland. In Wien spricht sich der deutsche Botschafter Tschirschky nochmals für Zurückhaltung aus. Ebenso das deutsche Auswärtige Amt, da ein Krieg gegen Serbien zum Weltkrieg führen könne.

4. Juli Wilhelm II. reicht Tschirschkys Bericht zurück an Reichskanzler Bethmann Hollweg und ans Auswärtige Amt. Er plädiert in Randbemerkungen fürs Losschlagen gegen Serbien («jetzt oder nie») und für eine Maßregelung Tschirschkys, der die österreichische Regierung vor übereilten Schritten gewarnt hatte. «Geht ihn gar nichts an.» Das Votum des Kaisers gibt den Ausschlag für die deutsche Kehrtwende. Tschirschky erhält einen

973 Nach Geiss, Julikrise, I und II, passim, sowie der Tabelle bei Geiss, Julikrise, II, S. 737–768.

Verweis und wandelt sich fortan zum Kriegsdrängler in Wien. Auch Zimmermann im Auswärtigen Amt gibt seine Zurückhaltungsposition auf und wird einer der schärfsten Kriegsbefürworter.

Der französische Präsident Poincaré mahnt den österreichischen Botschafter indirekt zur Zurückhaltung. Hoyos reist nach Berlin

5. Juli Der österreichische Botschafter in Berlin, von Szögyény-Marich, übergibt am Vormittag Wilhelm II. die von Hoyos mitgebrachte Denkschrift der k. u. k. Regierung von Österreich-Ungarn, die für ein Eingreifen in Serbien plädiert, sowie ein Schreiben Franz Josephs (das Hoyos, der als Scharfmacher gilt, verfasst hat). Hoyos übergibt an Zimmermann auch Aufteilungspläne Serbiens. Der deutsche Kaiser reagiert zunächst zurückhaltend, da er ein Eingreifen Russlands fürchtet. Beim Dejeuner um 13 Uhr gibt er seine Zurückhaltung auf und versichert der k. u. k. Monarchie «die volle Unterstützung Deutschlands» (die berühmte Blankovollmacht). Kriegsminister von Falkenhayn bejaht die sofortige Bereitschaft des Heeres. Ähnlich der Vertreter der Marine.

Um 18 Uhr berät sich Wilhelm II. mit Bethmann und Zimmermann. Der Kanzler billigt die kaiserlichen Zusagen.

6. Juli Der deutsche Botschafter in Großbritannien, Max von Lichnowsky, deutet gegenüber Außenminister Grey an, dass Österreich-Ungarn gegen Serbien vorgehen könnte. Wilhelm II. überzeugt sich vor seiner Nordlandfahrt, dass Heer und Marine bereit seien.

7. Juli Sitzung des k. u. k. Ministerrates. Außenminister Berchtold und alle Minister sowie die Militärs sind für einen sofortigen Krieg gegen Serbien. Ausnahme: Der ungarische Ministerpräsident Tisza. Unterdessen ist Jagow aus den Flitterwochen zurück und gibt gegenüber Lichnowsky die Losung aus: Lokalisierung des Konflikts auf Österreich-Ungarn/Serbien.

8. Juli Berchtold schickt in Wien Conrad und den Kriegsminister Krobatin (zur Tarnung) in Urlaub. Botschafter Tschirschky trägt die Blankovollmacht des deutschen Kaisers vor und betont den seiner Ansicht nach günstigen Moment für einen Militärschlag. Tisza schreibt an Kaiser Franz Joseph und warnt vor einem Krieg. Berchtold will Franz Joseph raten, unannehmbare Forderungen an Serbien zu stellen. Des deutschen Kanzlers Adlatus Riezler trägt in sein Tagebuch – dessen Echtheit für die Zeit der Julikrise umstritten ist, da Riezler es wohl später abgemildert hat – ein, dass Bethmann einen europäischen Krieg einkalkuliert und sich der Gefahr eines Weltkrieges bewusst ist.

9. Juli Das deutsche Auswärtige Amt drängt weiter auf einen Krieg gegen Serbien. Wilhelm II. erneuert seinen Blankoscheck in einem Schreiben an

Kaiser Franz Joseph. Der ist wie Tisza dafür, erst einmal Forderungen an Serbien zu stellen.

Außenminister Grey verneint in London gegenüber Botschafter Lichnowsky geheime Abmachungen mit Russland, es gebe nur Marine-Conversations. Was nicht ganz der Wahrheit entspricht. Es gibt eine Marine-Abmachung Russland-England. Grey verspricht, mäßigend auf Russland einzuwirken.

10. Juli Der k. u. k. Außenminister Berchtold will Forderungen gegen Serbien aufstellen und äußert gegenüber Botschafter Tschirschky, es wäre ihm höchst unsympathisch, wenn Serbien alle Forderungen annehme. Kanzler Bethmann untersagt in Berlin Maßnahmen, die auf einen bevorstehenden Krieg deuten könnten.

11. Juli Der deutsche Botschafter Tschirschky fordert erneut schnelles Handeln von Berchtold. Der – so berichtet Tschirschky an Jagow – will binnen 48 Stunden die Antwort der Serben auf sein Ultimatum. Das Papier solle erst nach der Abreise des Staatspräsidenten Poincaré aus Russland, wo der einen Staatsbesuch beabsichtigt, übergeben werden, um ihm – da er sich dann auf Hoher See befindet – keine Möglichkeit zur Reaktion zu lassen. Dem britischen Botschafter in Wien, Sir Bunsen, wird mit Nachdruck mitgeteilt: Niemand in Wien habe die Absicht, ein Ultimatum zu stellen.

12. Juli Der deutsche Außenminister von Jagow schärft dem deutschen Botschafter Lichnowsky in London ein, man wolle eine Lokalisierung des Krieges und vermeiden, dass der Eindruck entstehe, man dränge Österreich zum Krieg.

13. Juli Der Bericht der Untersuchungskommission des Attentates sieht eine Mitwisserschaft der serbischen Regierung oder eine Beteiligung daran als nicht erwiesen. Der serbische Staatsbeamte Milan Ciganovic und Major Vojislav Tankosic hätten die Attentäter allerdings unterstützt, wie auch serbische Grenzbeamte. Tschirschky ermahnt Berchtold erneut zur Eile.

14. Juli Der k. u. k. Ministerrat beschließt das Ultimatum gegen Serbien. Tisza gibt seinen Widerstand gegen die kaum zu erfüllenden Punkte auf. Der deutsche Botschafter Tschirschky informiert Bethmann: Das Ultimatum werde so abgefasst, «dass deren Annahme so gut wie ausgeschlossen sei». Berchtold berichtet seinem Kaiser: Eine Annahme sorge für eine Einbuße russischen Prestiges. Der deutsche Botschafter in London Lichnowsky warnt das deutsche Außenministerium, die Serben als Räuberbande zu sehen. Die Nationalbestrebungen Serbiens hätten britische Sympathien und man betrachte das Attentat nur als Vorwand, um gegen Serbien vorgehen zu können.

15. Juli Der deutsche Außenminister von Jagow beschwört Botschafter Lichnowsky in London, Großbritannien zur Neutralität zu bewegen. Lichnowsky wiederholt seine Warnung vom 14. Juli. Jagow antwortet ihm, es sei vielleicht die letzte Gelegenheit, dem Großserbentum den «Todesstoß» zu versetzen. Er schlägt Österreich vor, Italien den Trentino zu überlassen, um es zum Mitmachen zu bewegen. Der französische Präsident Poincaré und Ministerpräsident Viviani reisen nach St. Petersburg.

16. Juli Grey erfährt von unannehmbaren Forderungen an Serbien. Lichnowsky warnt Jagow nochmals. Ein Militärschlag gegen Serbien bringe die ganze englische Öffentlichkeit gegen Österreich auf. Es sei abenteuerlich. Jagow bedauert die Verzögerung des Ultimatums wegen Poincarés Besuch in Russland, versteht aber, dass es erst während dessen Rückreise übergeben werden kann.

17. Juli Das österreichische Ultimatum ist fertig, soll am 23. Juli übergeben werden und...

18. Juli ...ist nach Hoyos‘ (österreichischer Kabinettschef) Aussage unannehmbar. Der russische Außenminister Sasonow warnt den deutschen Botschafter in St. Petersburg Pourtalès. Man könne ein ganzes Land nicht für die Aktionen Einzelner verantwortlich machen (Randnotiz Wilhelms II.: «echt russisch»). Störe Österreich den Frieden, habe es «mit Europa zu rechnen». Jagow an Lichnowsky: Man führe keinen Präventivkrieg, aber wenn es darauf ankomme, dürfe man nicht kneifen. Der österreichische Botschafter in St. Petersburg verbürgt sich dagegen für die Friedfertigkeit Österreich-Ungarns. Es sei «sanft wie ein Lamm».

19. Juli Wilhelm II., auf Nordlandfahrt in Norwegen, befiehlt das Zusammenhalten der Flotte bis zum 25. Juli, wenn die Antwort Serbiens erwartet wird. Der österreichische Ministerrat beschließt: Übergabe Ultimatum auf den 23. Juli festgelegt.

20. Juli Der französische Präsident Poincaré trifft zum Staatsbesuch in St. Petersburg ein.

Grey in London hofft auf erfüllbare Forderungen an die Serben und damit eine Wahrung des Friedens. Er fordert seinen Botschafter in Russland Buchanan auf, Russland und Österreich zu gemeinsamen Besprechungen zu bewegen.

21. Juli Das Auswärtige Amt in Berlin glaubt nicht an ein Eingreifen Großbritanniens.

Bethmann ist besorgt über das Zusammenhalten der Flotte, was als «auffällige Bewegung» erkannt werden könnte. Er weist zudem die Botschafter bei allen Großmächten an, den Krieg gegen Serbien als ausschließlich österreichische Angelegenheit darzustellen. Von Jagow belügt die Botschafter der Triple Entente: Er kenne den Inhalt des Ultimatums nicht (das ihm Tschirschky übermittelt hat).

22. Juli Grey bittet den russischen Botschafter um eine Aussprache Russlands mit Österreich. Grey lehnt außerdem eine gemeinsame Demarche der Triple Entente ab. Alles hänge davon ab, ob die Forderungen des Ultimatums gemäßigt seien.

23. Juli Der deutsche Botschafter Lichnowsky warnt erneut von London aus: Eine Lokalisierung des Konflikts sei unmöglich. Der russische Außenminister Sasonow bespricht sich in St. Petersburg mit dem französischen Premierminister René Viviani. Man werde keinen Angriff auf die serbische Souveränität zulassen.

Der k. u. k. Botschafter Wladimir Giesl von Gieslingen übergibt das Ultimatum um 18 Uhr an den stellvertretenden Ministerpräsidenten Lazar Paču. Paču bezweifelt, die Antwort so schnell übergeben zu können, da der Ministerpräsident Pašić und viele Minister sich auf Wahlkampftour befänden. Giesl erwidert, dies sei im Zeitalter von Eisenbahn, Telegrafen und Telefon wohl kein Problem, zudem nicht seines.

Um 22 Uhr verlassen Poincaré und die Entscheidungsträger der französischen Regierung St. Petersburg per Schiff.

24. Juli 10 Uhr: Der russische Außenminister Sasonow erfährt vom österreichischen Botschafter Szápáry den Inhalt des Ultimatums und ruft aus: «Das ist der europäische Krieg!»

Berchtold behauptet in Wien gegenüber dem russischen Geschäftsträger Kudaschew, dass Österreich keine Demütigung Serbiens wolle. Der französische Botschafter Paléologue sagt Russland die französische Unterstützung zu.

Der russische Ministerrat will von Wien Fristverlängerung für die Antwort, kabelt an Serbien, sich nicht zu verteidigen, und empfiehlt die Teilmobilisierung gegen Österreich-Ungarn. Dies sei keine Kriegsvorbereitung gegen Deutschland.

Grey findet das Ultimatum das «furchtbarste Dokument» und vor allen Dingen Punkt 5 mit der Souveränität Serbiens kaum vereinbar. Er will eine Fristverlängerung und warnt vor einem Krieg zu viert.

Der französische Botschafter Cambon in Berlin durchschaut den Übergabezeitpunkt während Poincarés Abreise aus Russland und betrachtet Punkt 5 und 6 als unannehmbar.

Sasonow macht dem deutschen Botschafter klar, dass Russland es nicht dulde, dass Österreich-Ungarn «Serbien schlucke». Gegenüber dem französischen Botschafter bekundet der russische Außenminister, man müsse alles verhindern was die Krise beschleunige.

Grey schlägt eine Botschafterkonferenz zwischen Deutschland, Frankreich, Italien und England vor.

25. Juli Jagow fordert von Österreich-Ungarn die sofortige Kriegserklärung an Serbien.

Serbische Mobilmachung. Erneuter Vermittlungsvorschlag Greys. Der österreichische Botschafter in London leugnet den ultimativen Charakter der «Note» an Serbien und verneint sofortige militärische Schritte.

Die Bitte Russlands und Frankreichs um Fristverlängerung wird von Berchtold abgelehnt. Jagow lehnt Greys Vorschlag ab, er komme zu spät. Der französische Botschafter Paléologue versichert in St. Petersburg – ohne Instruktion – die bedingungslose Unterstützung Frankreichs.

17 Uhr 55: Ministerpräsident Pašić übergibt in Belgrad Giesl kurz vor Ablauf des Ultimatums persönlich die Antwort Serbiens, das allen Punkten bis auf Nr. 5 und 6 zustimmt. Giesl überfliegt die Antwort, sieht das Ultimatum als nicht erfüllt an und reist ab. Abbruch der diplomatischen Beziehungen. Österreich macht teilmobil. Bethmann bittet den Kaiser, die Flotte nicht frühzeitig zurückzuholen. Genau das befiehlt der Kaiser. Jagow gibt in einem Telegramm an den deutschen Botschafter Lichnowsky in London die Bereitschaft der Reichsregierung an, zwischen Österreich und Russland zu vermitteln. Der Zar ist für die Unterstützung Serbiens.

26. Juli Berlin fordert von Wien rasche militärische Operationen. Der deutsche Generalstabschef Moltke übergibt dem Auswärtigen Amt (prophylaktisch) das Ultimatum an das neutrale Belgien. Darin wird behauptet, Frankreich wolle über Belgien Deutschland angreifen und daher wolle Deutschland in Belgien diesem Angriff zuvorkommen. Belgien solle dies zulassen.

Sasonow bittet den deutschen Botschafter Pourtalès, mäßigend auf Wien einzuwirken. Dem österreichischen Botschafter macht er klar, dass die Punkte 5 und 6 unannehmbar seien. Von Großbritannien verlangt er Beistand. Marineminister Winston Churchill befiehlt den Zusammenhalt der englischen Flotte. Bethmann an Lichnowsky: Russische Mobilmachung führe zu deutschen Gegenmaßnahmen.

Der stellvertretende Direktor im französischen Außenministerium Berthelot äußert gegenüber dem deutschen Botschafter Schoen die Vermutung, dass «Deutschland auf Krieg abziele» und hinter Österreich stehe. Er wundert sich auch, dass die Reichsleitung es ablehnt, in Wien einen Vermittlungsvorschlag zu machen. Lichnowsky warnt Jagow: Italien wird nicht mitmachen. Der Bruder des Kaisers, Prinz Heinrich, will von König Georg V. gehört haben, dass England neutral bleibe. Grey fragt nochmals eine Botschafterkonferenz an.

27. Juli Jagow verspricht dem französischen Botschafter Cambon, es gäbe keine deutsche Mobilmachung, wenn Russland nur gegen Österreich-Ungarn mobil mache.

Bethmann kündigt dem deutschem Botschafter in Paris Schoen evtl. die Vermittlung zwischen Wien und Russland an. Jagow lehnt eine Vierer-Konferenz ab.

Der amtierende französische Außenminister Bienvenu-Martin versteht nicht, wieso die Antwort Serbiens abgelehnt wurde. Er vermutet, Deutschland wolle über die Aktion Frankreich und Russland trennen.

Bethmann sagt seinem Botschafter in London Lichnowsky die Unwahrheit, als er behauptet, er habe Greys Vermittlungsvorschlag sofort an Österreich weitergeleitet.

Bethmann gibt die deutsche Sprachregelung aus: Der Konflikt mit Serbien gehe nur Österreich an. Russland sei schuld, wenn es einen Flächenbrand gebe. Sasonow zeigt sich zur Konferenz bereit. Grey – «zum ersten Male verstimmt», so Lichnowsky – macht ihm klar, dass Österreich sich mit der serbischen Antwort zufriedengeben solle. Grey erkennt, dass die deutsche Reichsleitung seine Vermittlungsvorschläge ins Leere laufen lässt, und warnt Lichnowsky vor dem «fürchterlichste(n) Krieg», den «Europa jemals gesehen habe».

28. Juli 10 Uhr: Wilhelm II., von seiner Nordlandfahrt zurück und von Bethmann spät über die serbische Antwort informiert, hält sie für ausreichend und Punkt 5 und 6 für verhandelbar: «Damit fällt jeder Kriegsgrund fort.» Er will «nur» die Besetzung Belgrads als Faustpfand («Halt in Belgrad»). Bethmann und Jagow verzögern die Weitergabe des Kaiserwortes an Österreich und lassen seine wichtigste Bemerkung weg.

Jagow vermittelt den Botschaftern der Triple Entente, er sei nur gegen die Form des britischen Vermittlungsvorschlages.

11 Uhr: Kriegserklärung Österreich-Ungarns an Serbien. Berchtold lehnt Verhandlung über die Punkte 5 und 6 ab und lässt auch Greys Konferenz-Vorschlag ins Leere laufen. Erstes «Willy-Nicky»-Telegramm.

Bethmann versucht, Österreich klarzumachen, dass er den letzten Vorschlag Greys aus taktischen Gründen nicht einfach ablehnen könne.

Sasonow sagt dem britischen Botschafter, dass Russland mobilisiere, wenn Österreich die serbische Grenze überschreite.

22 Uhr 15: Bethmann, durch ständige Vermittlungsvorschläge Greys unter Druck, lässt an seinen Botschafter in Wien telegrafieren, dass Serbien doch Österreich weitgehend entgegengekommen sei und dass die weitere kompromisslose Haltung Österreichs die öffentliche Meinung in Europa gegen Österreich aufbringe und es mit dem «Odium, einen Weltkrieg verschuldet zu haben» belastet würde. So lasse sich kein Krieg an drei

Fronten bzw. ein Weltkrieg günstig führen. Bethmann fürchtet außerdem, dass Russland nicht als Kriegsschuldiger dastehe. Bethmann teilt dem britischen Botschafter Goschen die Ablehnung der Viererkonferenz mit. Grey macht einen neuen Vermittlungsvorschlag: Die Reichsleitung solle selbst ein Vermittlungsverfahren vorschlagen.

29. Juli Seit 2 Uhr nachts Beschießung von Belgrad durch österreichische Kanonen.

Morgens Teilmobilmachung Russlands, die noch nicht, so Sasonow, Krieg bedeute. Grey bittet Lichnowsky erneut um deutsche Vermittlung.

Der österreichische Außenminister Berchtold lehnt sowohl gegenüber dem russischen Botschafter Schebeko als auch dem deutschen Botschafter Tschirschky Verhandlungen über Serbien oder das Ultimatum ab. Auch der «Halt-in-Belgrad»-Vorschlag, den sich Bethmann nun zu eigen gemacht hat, wird von Berchtold gegenüber Tschirschky nicht beantwortet.

England legt sich noch nicht fest. Grey macht nun auch den «Halt-in-Belgrad»-Vorschlag.

17 Uhr: Jagow, von den Militärs gedrängt, sieht nun plötzlich die Teilmobilisierung Russlands als Mobilisierungsgrund für Deutschland an. Jagow lässt ein vorbereitetes Ultimatum – noch versiegelt – dem deutschen Botschafter in Belgien überreichen.

Bethmann eröffnet in Berlin gegen 22 Uhr dem britischen Botschafter Goschen, dass die deutschen Truppen in Belgien einmarschieren würden, um dann Frankreich anzugreifen. Er verlangt die englische Neutralität und bietet dafür an, in Frankreich nichts zu annektieren (mit Ausnahme evtl. der Kolonien) und Belgien alle Schäden zu ersetzen, so dieses sich nicht wehre. Goschen gibt die Nachricht sofort nach London weiter, wo klar wird, dass die deutsche Reichsregierung den Krieg mit Frankreich und Russland will.

Wenige Stunden zuvor hatte Grey noch Lichnowsky gewarnt: Bei einem Krieg Deutschlands mit Frankreich stünde Großbritannien nicht abseits. Und ein Weltkrieg stünde an. Dies kommt erst nach Bethmanns Fauxpas gegenüber Goschen an und erschreckt den Reichskanzler. Noch in der Nacht telegrafiert er Tschirschky, Wien solle wieder mit St. Petersburg verhandeln und gleichzeitig auf den «Halt-in-Belgrad»-Vorschlag eingehen. Gleichzeitig lehnt er den Vorschlag des Zaren auf eine Haager Vermittlung ab. Der deutsche Botschafter in St. Petersburg Pourtalès überbringt Sasonow die deutsche Warnung: Eine weitere russische Mobilisierung würde das Deutsche Reich ebenfalls zur Mobilisierung zwingen. In Russland erfolgt die Generalmobilmachung

Gegen 23 Uhr nimmt der Zar die Generalmobilmachung nach einem erneuten «Willy»-Telegramm zurück.

30. Juli 1 Uhr nachts: Sasonow macht gegenüber dem deutschen Botschafter den Vorschlag, dass Russland alle militärischen Vorbereitungen einstellen würde, wenn Österreich aus dem Ultimatum die Punkte 5 und 6 entferne. (1. Sasonow-Formel)

Berchtold lehnt den «Halt-in-Belgrad»-Vorschlag endgültig ab. Die Entscheidungsträger in Wien wollen den Krieg mit Serbien. Die deutschen Militärs drängen Bethmann ebenfalls zum Krieg. Berlin lehnt Sasonows Formel ab.

Bethmann bittet Berchtold über Tschirschky, die letzten Grey-Vorschläge anzunehmen, da man sonst Russland nicht die Schuld am «Flächenbrand» geben könne.

15 Uhr: Sasonow erreicht von Zar Nikolaus II. die Generalmobilmachung, verheimlicht dies aber dem deutschen Botschafter. Grey schlägt nochmals «Halt in Belgrad» vor und eine evtl. Änderung der Sasonow-Formel in diese Richtung.

31. Juli Die russische Generalmobilmachung wird verkündet. Botschafter Goschen lehnt gegenüber Bethmann eine englische Neutralität ab. Österreich lehnt eine Großmächtekonferenz ab.

12 Uhr: Die Nachricht von der russischen Generalmobilmachung trifft in Berlin ein.

In Berlin wird die drohende Kriegsgefahr ausgerufen.

In London hat sich das Kabinett noch nicht auf ein Verhalten im Fall eines deutschen Angriffes festgelegt. Grey lässt über Goschen mitteilen, dass eine Konferenz Österreich Genugtuung über Serbien bringen werde. Bethmann lässt über seinen Botschafter in Wien den österreichischen Leitungsfunktionsträgern mitteilen, dass sie sich an einem Krieg gegen Russland zu beteiligen hätten. Serbien spielt plötzlich keine Rolle mehr.

Ultimaten der deutschen Reichsleitung an Russland zur Rücknahme der Generalmobilmachung. Jagow verzögert die Antwort auf das neuerliche englische Vermittlungsangebot.

Sasonow pocht auf Einigung mit Österreich, die Generalmobilmachung könne nicht zurückgenommen werden, bedeute aber noch nicht Krieg.

2. Sasonowsche Formel: Russland wartet ab bis zur Prüfung der österreichischen Genugtuung mittels der Großmächte. Aber nur wenn Österreich nicht in Serbien einmarschiere. Der russische Botschafter in Wien, Schebeko, telegrafiert nach St. Petersburg die Definition von «Lektion» für Serbien könnte vielleicht eine Basis für Verhandlungen sein, um den «heranziehenden europäischen Feuerbrand» zu verhindern.

Frankreich erklärt die Wahrung der belgischen Neutralität. Der französische militärische Befehlshaber General Joffre fordert sofortige Mobilmachung.

1. August Zar Nikolaus II. fordert von seinem Cousin Wilhelm II. die Garantie, dass Deutschland trotz Mobilmachung nicht angreife, so wie er das garantiere. Doch der Schlieffenplan hindert die deutschen Armeen am Innehalten nach der Mobilisierung.

Nachmittags erfolgt die französische Mobilmachung. Der französische Präsident Poincaré kabelt nach London: Deutschland wolle Russland die Schuld in die Schuhe schieben.

17 Uhr: Besprechung des Kaisers, der Militärs und der Reichsleitung. Wilhelm II. unterschreibt die Generalmobilmachung. Ein Telegramm Lichnowskys aus London sorgt für Verwirrung. Man nimmt an, Großbritannien bleibe neutral. Bethmann stellt sofort die Gegenforderung an England, sich für die Neutralität Frankreichs zu verbürgen. Greys Neutralitätsangebot an Lichnowsky stellt sich als Missverständnis heraus. Grey gibt Frankreich aber noch keine Zusage, dass Großbritannien eingreifen würde.

Er macht gegenüber Lichnowsky die Wahrung der belgischen Neutralität zum Prüfstein des Eingreifens.

19 Uhr: Der deutsche Botschafter Pourtalès übergibt die Kriegserklärung an Russland.

23 Uhr: Moltke bekommt freie Hand für den Angriff auf Frankreich über Belgien und Luxemburg. Die Nachricht von der deutschen Kriegserklärung an Russland erreicht Paris.

2. August Deutsche Truppen fallen in Luxemburg ein. Bethmann an Tschirschky in Wien: Österreich-Ungarn solle sofort Russland (statt Serbien) angreifen.

Lichnowsky kabelt aus London: Die Verletzung der belgischen Neutralität sei entscheidend, ob Großbritannien eingreife oder nicht. Der britische Botschafter Goschen macht nochmals mehrere Vermittlungsvorschläge in Berlin, bittet um Zeitaufschub bzw. um eine Demobilisierung Österreichs. Zimmermann vom Auswärtigen Amt bezeichnet dies als «kindisch». Das längst vorbereitete deutsche Ultimatum an Belgien wird überreicht.

Von Deutschland aus werden Falschmeldungen über Grenzverletzungen durch Frankreich, ja sogar Luftangriffe auf Nürnberg lanciert. Jagow behauptet, Frankreichs Truppen stünden an der Grenze zu Belgien. Deswegen müsse das deutsche Heer ihnen in Belgien zuvorkommen. Dies wird Lichnowsky mitgeteilt. Bethmann stellt Lichnowsky gegenüber Russland als den Angreifer dar.

3. August Belgien lehnt frühmorgens das deutsche Ultimatum ab.

Bethmann bittet Lichnowsky, den beabsichtigten deutschen Überfall auf Belgien in London zu rechtfertigen. Deutschland sei von Ost und West bedroht. Jagow fügt hinzu, man bedrohe die französische Nordküste nicht bei englischer Neutralität. 18 Uhr: Deutsche Kriegserklärung an Frankreich. Britisches Kabinett beschließt Ultimatum an Deutschland.

4. August Deutsche Truppen überfallen Belgien. Großbritannien stellt Deutschland ein Ultimatum und verlangt sofortigen Stopp des Einmarsches.

Bethmann spricht im Reichstag und rechtfertigt den Angriff auf Belgien mit «Not kennt kein Gebot!» Alle Fraktionen, auch die SPD, stimmen geschlossen für die Kriegskredite.

Grey teilt Lichnowsky mit, dass sich Großbritannien ab 23 Uhr (also ab 24 Uhr Ortszeit Berlin) als mit Deutschland im Kriegszustand befindlich betrachte.

Bethmann beklagt gegenüber dem britischen Botschafter Goschen, dass England wegen «eines Fetzens Papier» (er meint damit die internationale Vereinbarung über die Neutralität Belgiens) einen Krieg eingehe. 24 Uhr: Das englische Ultimatum läuft ab. Der Erste Weltkrieg hat begonnen. Drei Jahre später spricht Bethmann «in gewissem Sinne» von einem Präventivkrieg Deutschlands.

Kurze Zusammenfassung von Christopher Clarks «Die Schlafwandler»

Schon in der **Einleitung** vergleicht er das Attentat auf den österreichischen Thronfolger Franz Ferdinand und dessen Frau mit dem Anschlag auf das World Trade Center am 11.9.2001 und versucht, seine Methodik zu erklären: «Wie» statt «Warum», dies garantiere keine Fragen nach der Schuld.

Im **ERSTEN TEIL** («**Wege nach Sarajewo**», S. 23–165) schildert Clark:

Kapitel 1 (S. 23–99) ausführlich und detailreich die Ermordung des serbischen Königs Alexander und seiner Frau (1903) durch serbische Offiziere, die vom Chef des serbischen Geheimdienstes Apis angeführt wurden. Er sieht hier «serbische Schreckgespenster», steht also dem serbischen Nationalismus sehr kritisch gegenüber.

Kapitel 2 (S. 100–165) Österreich-Ungarn vor dem Ersten Weltkrieg, das er gar nicht dem Untergang geweiht darstellt, sondern als beständigen, sauberen Vielvölkerstaat, dem offensichtlich seine ganze Sympathie gehört. Serbien und Ministerpräsident Pašić dagegen werden von ihm äußerst negativ beschrieben.

Im **ZWEITEN TEIL** schildert er auf gut 300 Seiten, unter dem Titel «**Der geteilte Kontinent**» (in Kapitel 3–6, S. 169–471) seine Sicht europäischer Politik von 1887 bis zum 28. Juni 1914.

In **Kapitel 3** (S. 169–227) versucht er, die sich in der Zeit von 1887 bis 1907 ergebende Konfrontation von Dreibund (Deutschland-Österreich/Ungarn-Italien) und Triple Entente (Frankreich-Russland-England) primär aus dem Bestreben Frankreichs, Russlands und Englands, sich gegen Deutschland (und Österreich-Ungarn) zu verbünden, zu erklären und nicht aus imperialistischen Bestrebungen des Deutschen Reiches. Letzteres sei durch britische Schwarzmalerei (Abschnittsüberschrift: «Den Teufel an die Wand malen») zur «Hauptgefahr» hochstilisiert worden. Die massive deutsche Flottenrüstung sei nie eine Gefahr für das Vereinigte Königreich gewesen.

Kapitel 4 (S. 228–317) beschreibt die drei halbabsolutistischen Monarchen Kaiser Wilhelm II., Zar Nikolaus II. von Russland und Kaiser Franz Joseph von Österreich-Ungarn sowie den englischen König. Ein persönliches Regiment des deutschen Kaisers, also ein maßgeblicher Einfluss des unberechenbaren Potentaten auf die deutsche Politik, wird – entgegen landläufiger Geschichtsschreibung – bestritten. Weiter werden die zivilen Regierungen von Russland, Frankreich, Deutschland und Großbritannien beschrieben, wobei ihm die deutsche Regierung am sympathischsten erscheint und die anderen drei recht negativ dargestellt werden, die britische am negativsten. Es folgen eine Interpretation der Marokkokrise von 1911 sowie gewagte Ausführungen darüber, wer in welchem Land wirklich die Kommandogewalt über die Armeen gehabt habe, wobei Deutschland und Österreich-Ungarn als ziviler kommandiert angesehen werden als die Demokratien Großbritannien und Frankreich. Ein Abschnitt über Presse und öffentliche Meinung sieht deutsche militärische Vereine und die darin organisierten Massen in einem milden Licht, während er Russlands Presse als kriegerisch und Frankreichs Medien als Sprachrohr französischer Politik zu erkennen glaubt. Insgesamt sieht Clark eine verbreitete Bereitschaft, einen Krieg zu akzeptieren.

Kapitel 5, mit dem vorigen das längste (S. 318–407), schildert Clarks Sicht der «Verwicklungen auf dem Balkan». Zentral hier die beiden Balkankriege, in denen sich die Balkanstaaten Rumänien, Bulgarien, Griechenland und Serbien erst territorial am schwachen Osmanischen Reich bereicherten, um sich dann im zweiten Krieg gegenseitig zu bekämpfen. Clark bringt allen diesen Staaten und ihren nationalen Bestrebungen keine große Sympathie entgegen, da sie, und hier insbesondere Serbien, Österreich-Ungarn bedrohten. Russlands Balkanpolitik wird als gegen Österreich gerichtet gezeichnet und als doppeltes Spiel betrachtet (offiziell Friedenspolitik, tatsächlich aber auf Krieg gerichtet). Russland als Schutzmacht Serbiens musste die Annexion Bosniens und Herzegowinas (1908) durch Österreich-Ungarn hinnehmen und sann daher auf Rache. Hauptaggressoren auch in der Balkankrise 1912/13 sind für Clark Serbien und Russland. Die Friedensbemühungen Großbritanniens sieht er sehr kritisch, die Kriegsbestrebungen Österreichs und vor allem Deutschlands erscheinen ihm nicht real. Im Gegenteil habe Frankreich seit dieser Zeit den Krisenherd Balkan genutzt, um sich im Bündnis mit Russland auf dem Balkan (wo der «Tiger» aus dem «Käfig ausbrach») Entlastung gegen den deutschen Druck zu verschaffen. Clark nennt dies die «Balkanisierung» der französischen Politik. Schließlich gibt sich Frankreich immer aggressiver und rüstet auf, nachdem es Russland schon dazu gedrängt hat.

Kapitel 6 (1912–1914, S. 408–471) gibt vor, die letzten Chancen der Entspannung auszuloten. Die Politik des deutschen Kanzlers Bethmann Hollweg, das Heer auszuweiten und das Flottenprogramm zu reduzieren, sei Verteidigungspolitik gewesen. Verhandlungen über die Flottenbegrenzung scheiterten nach Ansicht Clarks an den Engländern und nicht an Wilhelm II., dessen Expansion auf dem Wasser von Clark als notwendig und nicht sonderlich konfliktträchtig angesehen wird. England will sich nicht mit Deutschland einigen, da es sich immer mehr Russland zuwendet. Die deutschen Militärs reagierten nach Clark immer nur auf die Aufrüstungen ihrer Gegner. Die Präventivkriegspläne entstanden immer nur aus der doppelten Bedrohung Deutschlands durch Ost und West. Die zivile Reichsleitung habe solche Kriegspläne bis 1914 nie vertreten, dafür die französische in der Balkankrise 1912/13. Und in der Marokkokrise 1911 seien die Briten die Kriegstreiber gewesen. Bestimmte Gruppen in Deutschland versuchten sich in Weltpolitik ohne Krieg. Vor allem durch wirtschaftliche Stabilisierung des Osmanischen Reiches glaubten sie, es gegen die russische «Bedrohung» stabilisieren zu können. Strategische Absichten seien damit nicht verbunden gewesen, sondern nachträglich auf die Situation «projiziert» worden. Die angestrebte Kontrolle Deutschlands über die türkische Armee durch den deutschen General Liman Sanders rief bei Russland nur deswegen eine solch heftige Reaktion hervor, da Russland seine Strategie der Gewinnung der Meerengen zwischen Schwarzem Meer und Mittelmeer in Gefahr sah. Diese Krise beweise das kriegerische Denken der russischen Politik (und nicht der deutschen). Der Balkan sei für Russland nun das Hinterland der Meerengen geworden. Frankreich hatte, durch seine Balkanisierung der Bündnispolitik im Frühjahr 1914 an der serbisch-österreichischen Grenze einen «geopolitischen Zündmechanismus konstruiert». Gehe dieser hoch, sei für Russland der Bündnisfall gegeben. Alles diente Frankreich schließlich dazu, durch einen russischen Angriff auf Deutschland einen sofortigen Zweifrontenkrieg gegen das Deutsche Reich führen zu können. Frankreich ist hier der eigentliche Aggressor, der Staat, der die Lunte legte. Sodann werden die Friedensbemühungen Großbritanniens (über eine Botschafterkonferenz) in der Balkankrise 1912/13 als proserbisch dargestellt. Schließlich desavouiere die «massive Steigerung der militärischen Bereitschaft der Entente» den deutschen Ansatz, Angriffsabsichten der Entente mit Stärke und Abschreckung zu begegnen. Clark deutet an, dass das Deutsche Reich zu einem Getriebenen geworden sei, der sich nun auch über einen Präventivkrieg «Kopfzerbrechen» machen musste. (S. 463f.)

Auf den restlichen vierzig Prozent seines Textes, im **DRITTEN TEIL** (Krise, Kapitel 7–12, S. 475–722), widmet sich Clark dem Attentat auf den österreichischen Thronfolger Franz Ferdinand (und Frau) in Sarajewo sowie der Julikrise 1914. Schwerpunkt liegt hier auf dem angeblichen Verhalten Frankreichs und Russlands sowie Englands. Das deutsche Verhalten wird nur sehr kurz gestreift, als ständig reaktiv und hauptsächlich auf Lokalisierung (rascher Krieg gegen Serbien) bedacht gezeichnet. Im dritten Teil sind die Kapitel in der Regel kürzer.

Kapitel 7 (S. 475–518) beschreibt detailliert das Attentat und seine Vorbereitungen, die Ermittlungen, serbische Reaktionen und die angebliche Wirkung auf die österreichisch-ungarischen «Entscheidungsträger». Mehrfach wird die «Freveltat» zum unweigerlichen Kriegsgrund stilisiert. Franz Ferdinand sei die einzig gangbare Zukunft des Riesenreiches gewesen.

Kapitel 8 (S. 519–555) interpretiert die Reaktionen des Auslandes. Für symptomatisch hält Clark, dass Wilhelm II. nach Erhalt der Nachricht sofort seinen Besuch auf der Kieler Woche abbrach, während der Präsident Poincaré «sich in aller Ruhe» weiter ein Pferderennen ansah (S. 519). Die Russen warnten Österreich vor einem Eingreifen und Frankreich habe im Falle eines österreichischen Konflikts St. Petersburg einen «Blankoscheck ausgestellt». Dem britischen Außenminister Grey wird unterstellt, er lege nicht allzu strenge Kriterien an Russland, bürdete aber Deutschland «die schwere Aufgabe» auf, «seinen Verbündeten zurückzuhalten». Dann wird der Besuch des österreichischen Grafen Hoyos, dem Boten des österreichischen Kaisers, bei Wilhelm II. geschildert. Die Zusage Wilhelms II., im Falle eines Angriffs Russlands auf Österreich (als Reaktion auf einen österreichischen Angriff auf Serbien) Bündnistreue zu gewähren, die bislang in der Geschichtsschreibung als der eigentliche Blankoscheck bezeichnet wurde, wird von dem australisch stämmigen Historiker als «Blankoscheck»in Gänsefüßchen bezeichnet.

Das sehr kurze **Kapitel 9** (S. 556–577) befasst sich mit dem Besuch des französischen Staatspräsidenten Poincaré in St. Petersburg, wo, wie Clark es sieht, beide Länder sich absolute Bündnistreue zusicherten und Österreich jegliches Recht absprachen, «Maßnahmen» gegen Serbien zu treffen.

Ebenfalls sehr kurz: **Kapitel 10** (S. 578–602). Hier sieht Clark das österreichische Ultimatum in mildem Licht und benutzt den Begriff Schurkenstaat für die Balkanländer, insbesondere Serbien. Er sieht das Ultimatum als relativ harmlos an im Vergleich mit dem Abkommen von Rambouillet, das die NATO 1999 Serbien aufzwingen wollte. Die Antwort Serbiens, die fast alle Punkte akzeptierte, erfährt weniger Milde. Clark sieht damit Serbien und nicht Österreich auf dem Weg zum Krieg. «Für Serbien gab es kein Zurück mehr» (S. 601). Dann beschreibt er die Unterschrift des österreichischen Kaisers unter die Kriegserklärung gegen Serbien und die Eröffnung des Feuers am nächsten Tag.

Erneut kurz: **Kapitel 11** (S. 603–623). Es schildert aus Clark'scher Sicht die russischen Beweggründe für ein militärisches Eingreifen. Es lässt Russland als Getriebenen Frankreichs erscheinen und glaubt, die «Aggressivität der russischen und französischen Politik» (S. 623) dingfest gemacht zu haben.

Das lange letzte Kapitel, **Kapitel 12** (S. 624–708), beschreibt zuerst das Handeln der englischen Entscheidungsträger, insbesondere des liberalen Außenministers Grey und seiner Berater. Grey wird dabei zeitweise ein Slalomkurs in der Frage der Neutralität gegenüber einem deutschen Angriff auf Frankreich (über das neutrale Belgien hinweg) unterstellt, wobei er tatsächlich «stillschweigend die russische Linie» (S. 633) unterstützt habe.

Sein Vermittlungsvorschlag (erneute Botschafterkonferenz) sei ein Reinfall gewesen. Eine Unterstützung des Volkes und des Parlaments seiner eigentlich beabsichtigten Politik des Eingreifens gegen Deutschland wäre lange nicht sicher gewesen. Grey sei stark vom Denken innerhalb der Entente geprägt gewesen, da Großbritannien die Legitimität eines russischen Angriffs gegen Österreich (als Folge eines Angriffs Österreichs gegen Serbien) akzeptierte. Gleichzeitig habe er damit die «Intervention Deutschlands zum Schutze Österreichs» (S. 637) schließlich als Kriegseintrittsgrund Großbritanniens gesehen und somit Deutschland den «Schwarzen Peter» zugeschoben. Mit der Schutzintervention Deutschlands meint Clark offensichtlich den Angriff der deutschen Armeen auf das neutrale Belgien

Der französische Präsident Poincaré dagegen sorgte sich nach Clark darum, dass die russischen Entscheidungsträger einen Rückzieher und dass England nicht mitmachte. Zurück vom Staatsbesuch in Russland sei er in Paris zum Schluss gekommen, dass sich ein europäischer Krieg nicht mehr verhindern lasse. Schließlich schildert Clark die russische Teilmobilmachung, das mehrfache Zögern des Zaren und dann die russische Gesamtmobilmachung am 29. Juli 1914. Letztere bezeichnet er, nachdem er alle Kriegsvorbereitungen der Russen einer scharfen Kritik unterzogen hat, als eine der «schwerwiegendsten Entscheidungen während der Julikrise» (S. 651) und macht damit Russland – ähnlich vielen deutschen Historikern in den 20er, 30er und 50er Jahren des letzten Jahrhunderts – zum Auslöser der Aggression und des Ersten Weltkriegs.

Deutschland sei aus militärischer Sicht «während der gesamten Krise eine Insel relativer Ruhe gewesen» (S. 652). Kanzler Bethmann Hollweg war auf eine Beschränkung des Konfliktes erpicht und wollte ein schnelles Eingreifen Österreich-Ungarns gegen Serbien, um «internationale Komplikationen» so «gering wie möglich zu halten» (S. 661f.). Greife aber Russland trotzdem ein, so sei der europäische Krieg «den Mittelmächten von einem aggressiven Russland und seinen aktiven Partnern in der Entente aufgezwungen» worden (S. 663). Keinesfalls betrachtete die Reichsleitung jedoch die Krise «als willkommene Gelegenheit», einen «lang ausgearbeiteten Plan für die Auslösung eines Präventivkrieges gegen die deutschen Nachbarstaaten in Gang zu setzen» (S. 664). Auch Bethmann Hollwegs Nichtweitergabe von kaiserlichen Vorschlägen Ende Juli, den großen Krieg doch noch zu verhindern, und des Kanzlers rasche Kursänderungen gegenüber Österreich-Ungarns Verhalten versucht Clark zu verstehen. Das Wort *Aggression* taucht hier nicht auf. Die Verantwortung für «die deutsche Mobilmachung» am 31. Juli 1914 trugen «eindeutig die Russen». Die illusorischen letzten Hoffnungen der deutschen Regierung und des Kaisers auf eine Neutralität Großbritanniens hätten ihre Ursache in einem vom britischen Außenminister Grey verursachten Chaos (S. 682).

Den Angriff der deutschen Armeen auf das neutrale Belgien (4. August 1914) bezeichnet Clark zwar als Fehler, aber er hat Verständnis dafür: «Die Umsetzung des Aufmarsches im Westen erforderte eine rasche und sofortige Invasion Belgien» (S. 701). Danach gelang es Grey, Großbritannien in den Krieg gegen die Mittelmächte (insbesondere Deutschland) hineinzuziehen (S. 694).

Schluss (S. 709–718)

Clark wiederholt seine Vorwürfe gegen Großbritannien, dessen «Foreign Office» bereit gewesen sei, «einen europäischen Krieg zu den von Russland festgelegten Bedingungen zu akzeptieren». Weitere Verantwortung wird erneut Frankreich und Russland aufgebürdet, die eine «geopolitische Zündschnur entlang der österreichisch-serbischen Grenze» gezogen hätten (S. 713). Sie hätten damit ihr Schicksal mit dem «eines unruhigen und von Zeit zu Zeit zur Gewalt neigenden Staates» verbunden (womit offensichtlich Serbien gemeint ist, S. 714). Für Österreich-Ungarn seien die Morde von Sarajewo kein Vorwand gewesen für «einen bereits existierenden Invasionsplan oder Krieg». Des britischen Außenministers Grey Konferenzvorschläge wären gleichgültig gewesen gegenüber der Lage Österreich-Ungarns. Niemand der Freunde Serbiens habe der Doppelmonarchie Mittel in die Hand gegeben, «den geforderten Gehorsam» von Serbien überwachen zu können. Vorwürfe gegen die in der Julikrise handelnden Akteure in Deutschland erspart der in England lebende Historiker sich in diesem Abschnitt.

Die These von Fritz Fischer und Imanuel Geiss «und einer Schar jüngerer deutscher Historiker», wonach angeblich «Deutschland die Hauptschuld am Kriegsausbruch trug» (davon sprechen Fischer und Geiss übrigens nie, sondern von der Hauptverantwortung, K.G.), habe dazu geführt, dass, wenn auch entschärft, «Versionen der Fischer-These» noch «heute die Studien von Deutschlands Weg in den Krieg» dominierten. Dem will Clark mit seinem Buch offensichtlich ein Ende bereiten.

Clark wiederholt seine Vorwürfe gegen Großbritannien, dessen «Foreign Office» bereit gewesen sei, «einen europäischen Krieg zu den von Russland festgelegten Bedingungen zu akzeptieren». Nachdem er wenige Seiten zuvor Frankreich und Russland, wie in einem Agatha-Christie-Thriller der Bereitlegung einer entscheidenden Tatwaffe beschuldigt hatte (S. 713, «Zündschnur» Balkan), beteuerte er, (S. 716) es gebe keine Tatwaffe wie in einem Agatha-Christie-Thriller, sondern viele. Es folgt als Fazit die Binsenweisheit: Die Deutschen seien nicht die einzigen Imperialisten gewesen und auch nicht die einzigen, die unter Paranoia litten. Französische und russische Generäle hätten von einem «Vernichtungskrieg» gesprochen. Das «auch» – wie die deutschen und österreichischen Militärs – kommt darin nicht vor. Nachdem Clark auf über achthundert Seiten bewiesen haben möchte, dass Serbien, Frankreich, Russland und Großbritannien die wahren Kriegstreiber gewesen sind, kommt er schließlich im letzten Satz seines Buches das einzige Mal auf den nebulösen Buchtitel und bezeichnet alle Handlungsträger als «Schlafwandler» (S. 718).

Nachwort
Im knallroten VW-Cabrio

Von Klaus Gietinger

«Und die Vereinigung, zu der die Bürger des Mittelalters mit ihren Vizinalwegen Jahrhunderte bedurften, bringen die modernen Proletarier mit den Eisenbahnen in wenigen Jahren zustande.»

Karl Marx und Friedrich Engels sahen 1848 in einem Transportmittel die entscheidende Voraussetzung für die proletarische Weltrevolution. Doch es kam zunächst anders. In einem Cabrio, individuell und ungeschützt motorisiert, durchquerte ein Thronfolger, ein Erzherzog und seine Frau, im Juni 1914 das wenige Jahre zuvor okkupierte Sarajewo, nachdem man vorher am Bahnhof mit dem Zug angekommen war. Die Fahrt endete tödlich.

«Da schau her, im Automobil, Frau Müller, ja, so ein Herr kann sich das erlauben und denkt gar nicht dran, wie so eine Fahrt im Automobil unglücklich ausgehn kann», kommentierte ein späterer Soldat namens Josef Schwejk das Attentat.

Aber nicht das Auto, sondern die Eisenbahn wurde entscheidend für einen Weltkrieg. Die deutsche Militärführung und die deutsche Reichsleitung sahen 1914 in der Eisenbahn das wichtigste Mittel, um einen Angriffskrieg zu gewinnen, von dem sie wussten, dass er mit hoher Wahrscheinlichkeit zum Weltkrieg führen würde. Mit nicht zu toppender Überheblichkeit glaubten die deutschen Militärstrategen, dass die russischen Verkehrswege, also die Eisenbahnen, wesentlich schlechter seien als die deutschen und daher die Mobilisierung des gigantischen deutschen Militärapparates, eines Massenheeres von Millionen Soldaten und abertausenden Kriegswaffen, wesentlich schneller vonstatten ginge als des russischen. Und daher wollte man in einem Blitzkrieg erst die französische Armee im Westen schlagen, um dann die Russen im Osten niederzuwalzen. Siegestrunken reiste in der Nacht vom 16. auf den 17. August 1914 die gesamte deutsche Machtelite, die Generäle, der Kanzler, die Regierung und der Kaiser – nur die Kapitalisten fehlten, die aber hatten die Fahrpläne gemacht – in einem einzigen Zug von Berlin ins Hauptquartier nach Koblenz. Kein Verschwörer lag am Bahndamm und sprengte die Strecke, wie es Anarchisten mit dem Kaiserdenkmal am «Deutschen Eck» in Koblenz 17 Jahre zuvor bei dessen Einweihung versucht hatten. Das Pulver war nass geworden. Das der deutschen Militärs war furztrocken. Im Gegenteil: Die Anarchisten meldeten sich im August 1914 freiwillig – im Gegensatz zu den meisten deutschen Arbeitern, die überholter Geschichtsschreibung zum Trotz, gar nicht begeistert waren – für die Fahrt nach Paris, zu der es für Millionen von Soldaten keine Rückfahrkarte mehr gab.

Doch das Kalkül der deutschen Herrschenden ging nicht auf. Die russischen Eisenbahnen waren schneller und besser als vermutet und die deutschen Bahnen blieben vor Paris – von dem aus unzählige französische Taxis Verstärkung an die Front gebracht hatten – stecken.

Der entstandene Zweifrontenkrieg weitete sich zum Krieg mit Fronten in aller Welt.

Um die zweite Front zu erledigen, setzten die deutsche Oberste Heeresleitung (OHL) im April 1917 – es war höchste Eisenbahn – einen bis dahin unbekannten Politiker und seine Entourage, die sich Mehrheitler (russisch: Bolschewiki) nannten und in der Minderheit waren, in einen Zug, kutschierten ihn durch Deutschland und hofften, dass er nicht Frieden bringen, sondern die zweite Front erledigen würde. W. I Lenin kam kurz darauf in Petrograd, das früher Petersburg geheißen hatte, an und machte aus der bürgerlichen Revolution in Russland eine proletarische. Verteidigt wurde sie von einem Kriegskommissar dessen Kommandostand sich in einem rasenden Eisenbahnzug befand: Leo Trotzki.

Doch der Krieg war für die Deutschen nicht mehr zu gewinnen. In Frankreich saßen inzwischen außer französischen, englischen, australischen, indischen, burmesischen, afrikanischen auch immer mehr US-amerikanische Soldaten in Zügen und rollten an die Front.

Da setzten die deutschen Militärs Anfang November 1918 erneut einen Zivilisten in einen Zug. Der rollte sehr langsam – von der französischen Militärführung befohlen – durch verwüstetes Kriegsgebiet und brachte den Zentrumsabgeordneten Matthias Erzberger an einen ihm unbekannten Ort im Wald, den die deutschen Militäreisenbahnen nie erreicht hatten: Compiègne. Dort musste er den Waffenstillstand unterzeichnen. Zur gleichen Zeit machten sich Tausende blau gekleidete deutsche Matrosen mit roten Fahnen in grünen Zügen auf den Weg von den Küstenstädten, die sie in einer Revolte unter ihre Gewalt gebracht hatten, ins Reich und verbreiteten in Windeseile ihre Botschaft: Nieder mit dem Krieg, nieder mit dem Kaiser. Es schien sich das zu erfüllen, was Marx und Engels prophezeit hatten: Die Eisenbahn transportierte eine Revolution. Doch vorerst rollten nur – ebenfalls von Engels prophezeit – die Kronen über den blutgetränkten Boden Europas. Die Revolution in Deutschland blieb stecken. Die Züge und Loks mussten abgeliefert werden. Aus der mit Eisenbahnen erkämpften Demokratie wurde 14 Jahre später die schlimmste Diktatur der Menschheitsgeschichte. Angeführt von einem Mann, der Autos liebte, aber keinen Führerschein hatte. Um seinen Zug nicht zu verpassen, war Hitler genau 21 Jahre nach der demokratischen Revolution einem Attentat entgangen. Es war ein Zug, mit dem die Nazis, wie sich Bert Brecht in einem Gedicht (Der Dienstzug) ausgedrückt hatte, auf Deutschland «scheißen». Doch das war nicht das einzige Land, auf dem sie ihre Notdurft verrichteten. Zu dieser Zeit, im November 1939, hatten deutsche Soldaten längst wieder Züge bestiegen und nicht nur Warschau überrollt. Auf der ganzen Welt mussten nun wieder Militärzüge dampfen. Hitler ließ im Juni 1940 den Eisenbahnwagen von Compiègne aus dem Museum holen und die französischen Politiker ihre Kapitulation unterzeichnen. Es sollte nicht die letzte Kapitulation sein. Mit Breitspurbahnen gar wollte Nazideutschland nun die Welt erobern, doch auch dieser Größenwahn misslang.

Nur wurden diesmal dabei auch Zivilisten massenhaft in den Tod transportiert. Reichsbahnzüge fuhren Millionen Männer, Frauen und Kinder zur Zwangsarbeit nach Deutschland und Millionen Männer, Frauen und Kinder, hauptsächlich Juden, nach Auschwitz und in andere Vernichtungslager, um sie kollektiv und industriell zu töten.

Nach der deutschen Kapitulation, als die Eisenbahnen wieder fuhren in Deutschland, wurden erst Zivilisten und dann auch wieder deutsche Soldaten transportiert. Transportschwierigkeiten gab's an der Zonengrenze. Dort war der Verkehr oft unterbrochen und gleichzeitig wurden immer mehr Eisenbahnen abgebaut, hauptsächlich und zunächst erst im Westen. Das Auto, das Hitler den Deutschen schon vor dem Krieg versprochen hatte, lief nun den Eisenbahnen den Rang ab: Der KdF-Wagen, der Volkswagen. Das Volk fuhr immer mehr individuell, «streng voneinander isoliert auf Gummireifen», wie Max Horkheimer und Theodor W. Adorno schrieben. Es gab keine Kollektivschuld und immer weniger wurde kollektiv transportiert. Willy Brandt fuhr 1970 noch mit einem Zug in die DDR nach Erfurt, um dort am Bahnhof jubelnd empfangen zu werden. Doch dann war's fast vorbei mit dem kollektiven Transport.

Das Kfz, das Kraftfahrzeug, eroberte als motorisierter Individualverkehr (MIV) das Land und Christopher Clark eroberte nach 2014 im Windschatten seines Bestsellers «Die Schlafwandler» die deutschen Herzen in einem knallroten VW-Cabrio im Zweiten Deutschen Fernsehen (ZDF). «Mit dem Zweiten sieht man besser», heißt die Werbung dieser Anstalt. Dabei hält sich immer ein Prominenter ein Auge zu. Und diese Einäugigkeit predigt auch Christopher Clark in seinem Buch und in seinem feuerroten Volkswagen-Cabrio, mit roter Fliege, aber ohne rote Fahne.

Solch individuelles Voranrollen nennt man in der Geschichtswissenschaft Historismus. Es gibt keine kollektiven Zusammenhänge, keine Strukturen und keine Ökonomie, die Geschichte bestimmt, sondern es gibt nur individuelle Politiker, die individuell Geschichte schreiben und da gibt es Böse und weniger Böse. Die einen haben Kultur, die andern nicht. Die einen sind deutsch oder österreichisch, die anderen Engländer, Franzosen oder gar Russen und Serben. Es gibt gute und böse Männer. Und die machen Politik, Geschichte oder einen Krieg oder nicht. Um alles zu verschleiern, nennt man diese Individuen Schlafwandler. Und wir Deutsche lassen die Seele baumeln, vielleicht auch bald wieder anderes. Denn unser kollektives Unbewusstes wurde getröstet. Unsere Chefs können wieder Züge fahren lassen und wir können wieder Züge besteigen. Fragt sich nur wohin.

Kurzvita der Autoren

Klaus Gietinger

Der Autor, Regisseur und Sozialwissenschaftler, veröffentlichte diverse Sachbücher (u. a. Eine Leiche im Landwehrkanal – Die Ermordung Rosa Luxemburgs, Der Konterrevolutionär, Totalschaden, 99 Crashes) sowie den Roman «Unser Weltmeister». Sein Kinofilm «Daheim sterben die Leut'» ist Kult, ebenso «Heinrich der Säger», ein Railroadmovie über einen Bahnattentäter. Gietinger arbeitet für die ZDF-Kinderserie «Löwenzahn». Er schrieb und drehte «Tatorte», TV-Filme, Serien, Dokumentationen und historische Spielfilme. Er erhielt dafür zahlreiche Preise.

Winfried Wolf

Dr. phil., Autor, Journalist und Politikwissenschaftler. Er war 1994 bis 2002 Mitglied im Deutschen Bundestag. Wolf ist Chefredakteur der Publikationen «Lunapark21 – Zeitschrift zur Kritik der globalen Ökonomie¯, «Zeitung gegen den Krieg» und «FaktenCheck:EUROPA». Er veröffentlichte fünf Bücher zu den drei Golf-Kriegen 1980-1988, 1990/91 und 2003, zum Kosovo-Krieg 1999 und zum Afghanistan-Krieg 2001. Im Schmetterling Verlag erschien von ihm 2014 (gemeinsam verfasst mit Bernhard Knierim) «Bitte umsteigen! 20 Jahre Bahnreform». Aktuelle Publikationen: «Die griechische Tragödie. Rebellion. Kapitulation. Ausverkauf» (zusammen mit Nikos Chilas; 2016) und «bodenlos + abgrundtief. Das absehbare Ende von Stuttgart 21» (2017).

Literatur

Dokumente

Christoph Butterwegge / Heinz-Gerd Hofschen, Sozialdemokratie, Krieg und Frieden. Die Stellung der Sozialdemokratie zur Friedensfrage von den Anfängen bis zur Gegenwart. Eine kommentierte Dokumentation, Heilbronn 1984.

Wilhelm Dittmann, Erinnerungen, bearbeitet und eingeleitet von Jürgen Rojahn. Quellen und Studien zur Sozialgeschichte, herausgegeben vom Internationalen Institut für Sozialgeschichte Amsterdam, Bd. 14, 3 Bd., Frankfurt / New York 1995.

Helmut Donat / Lothar Wieland [Hrsg], Hermann Fernau. Tagebuch eines deutschen Republikaners und Pazifisten, Bremen 2014.

Peter Friedemann (Hrsg.): Materialien zum politischen Richtungsstreit in der deutschen Sozialdemokratie 1890–1917, Bd. 1, Frankfurt/M, 1978.

Imanuel Geiss, Julikrise und Kriegsausbruch 1914. Eine Dokumentensammlung, 2 Bd. (I u. II), Hannover 1976[2] (zuerst 1963/64).

Imanuel Geiss [Hrsg.], Juli 1914. Die Europäische Krise und der Ausbruch des Ersten Weltkriegs, [gekürzte Taschenbuchausgabe von Geiss, Julikrise, I u. II.], München 1965.

Walter Görlitz [Hrsg.]: Der Kaiser... Aufzeichnungen des Chefs des Marinekabinetts Admiral Georg Alexander v. Müller über die Ära Wilhelms II., Göttingen 1965.

Peter Grohmann, Rolf Gühring, Frieder Schmidt, Heinrich Schwing, Udo Winkel [Hrsg.] Der Internationaler Sozialistenkongress Stuttgart 1907, Berlin 1907 [Faksimile-Nachdruck des Protokolls], Beiträge zur Geschichte des Sozialismus und der sozialen Bewegungen in Süddeutschland, Bd. 1, Stuttgart 1977.

Hans Herzfeld, Die deutsche Sozialdemokratie und die Auflösung der nationalen Einheitsfront im Weltkriege, Leipzig 1928.

Karl Kautsky, Die deutschen Dokumente zum Kriegsausbruch (DD). Im Auftrage des Auswärtigen Amtes, Hrsg. von Max Monteglas und Walter Schücking, 4 Bd., Berlin 1919. Online: http://www.archiv.diplo.de/Vertretung/archiv/de/03a-Digitalisate/03a-1-julikrise-1914/3a-1-0julikrise-1914.html

Harry Graf Kessler, Das Tagebuch, Bd. 6, 1916–1918, Stuttgart 2006.

Johannes Lepsius, Albrecht Mendelsohn-Bartholdy, Friedrich Thimme (Hrsg.), Die Große Politik der europäischen Kabinette 1871-1914, Berlin 1922–1927 (GP).

Herbert Michaelis, Ernst Schraepler [Hrsg.], Ursachen und Folgen. Vom deutschen Zusammenbruch 1918 und 1945 bis zur staatlichen Neuordnung Deutschlands in der Gegenwart, Bd. 3, Der Weg in die Weimarer Republik, Berlin [1959].

Reinhard Opitz (Hrsg.), Europastrategien des deutschen Kapitals 1900–1945, Bonn 1994[2].

Harry Pross (Hrsg.), Die Zerstörung deutscher Politik. Dokumente 1871–1933, Frankfurt 1959.

A(rchibald) Reiss, Rapport sur les Atrocités Commises par les Troupes Austro-Hongroises pendant la première Invasion de la Serbie, présenté au Gouvernement Serbe, Paris 1919.

Kurt Riezler, Tagebücher, Aufsätze, Dokumente, eingeleitet und herausgegeben von Karl-Dietrich Erdmann, Göttingen 1972 (Unveränderte Neuausgabe Göttingen 2008).

Guenther Roth / John C. G. Röhl (Hrsg.) Aus dem großen Hauptquartier, Kurt Riezlers Briefe an Käthe Liebermann, 1914–1915, Wiesbaden 2016. Siehe auch Leo Baeck Institut. Online: http://findingaids.cjh.org/?pID=2737638

Bernd Sösemann, Die «Juli-Krise» im Riezler Tagebuch – Eine kritische Edition (7. Juli – 15. August 1914), in: Historische Zeitschrift, Bd. 298 (2014), S. 686–707.

Staatsarchiv München, Staatsanwaltschaft 3082/VI.

http://library.fes.de/parteitage/spd-pt-einl.html

www.reichstagsprotokolle.de

Literatur

Theodor W. Adorno u. a. (Hrsg.), Der Positivismusstreit in der deutschen Soziologie, Darmstadt und Neuwied 1976[5] (zuerst: 1969).

Holger Afflerbach, Falkenhayn. Politisches Denken und Handeln im Kaiserreich, München 1994.

Ulrich Albrecht und Paul Schäfer (Hg.), Der Kosovo-Krieg, Köln 1999.

Das Alte Heer (anonym, «von einem Stabsoffizier»), Berlin 1920.

Volker R. Berghahn, Der Tirpitz-Plan. Genesis und Verfall einer innenpolitischen Krisenstrategie unter Wilhelm II., Düsseldorf 1971.

Camille Bloch, Die Ursachen des Ersten Weltkrieges. Historisch dargestellt, herausgegeben und eingeleitet von Helmut Donat, Bremen 2014.

Friedrich Boll, Massenbewegungen in Niedersachsen 1906–1920, Bonn 1981.

Thomas Hans Otto Bredendiek, Die Haager Friedenskonferenzen von 1899 und 1907, (1994), www.hans-otto-bredendiek.org.

Heinz-J. Bontrup / Norbert Zdrowomyslaw, Die deutsche Rüstungsindustrie – Vom Kaiserreich bis zur Bundesrepublik, Heilbronn 1988.

Bundeszentrale für politische Bildung (Hrg.), Das deutsche Kaiserreich 1871-1918, Informationen zur politischen Bildung 329 Heft 1/2016.

Nikos Chilas und Winfried Wolf, Die griechische Tragödie. Rebellion, Kapitulation, Ausverkauf, Wien 2015.

Christopher Clark, Preußen. Aufstieg und Niedergang 1600–1947, Bonn 2007 (zuerst: 2006).

Christopher Clark, Die Schlafwandler. Wie Europa in den Ersten Weltkrieg zog, München 2013 (zuerst: London 2012).

Christopher Clark, Wilhelm II. Die Herrschaft des letzten deutschen Kaisers. München 2009 (zuerst: London 2000).

Eberhard Czichon, Die Bank und die Macht. Hermann Josef Abs, Die Deutsche Bank und die Politik, Köln 1995.

Karl und Rosa, Erinnerungen. Zum 100. Geburtstag von Karl Liebknecht und Rosa Luxemburg, Berlin (Ost) 1971.

Konrad Canis, Der Weg in den Abgrund. Deutsche Außenpolitik 1902–1914, Paderborn 2011.

Dirk Dähnhardt, Revolution in Kiel. Der Übergang vom Kaiserreich zur Weimarer Republik 1918/19, Neumünster 1978.

Horst Drechsler, Südwestafrika unter deutscher Kolonialherrschaft, Berlin (Ost) 1984, (zuerst: 1966).

Jost Düffler, Regeln gegen den Krieg? Die Haager Friedenskonferenzen von 1899 und 1907 in der internationalen Politik, Berlin, Frankfurt, Wien 1981.

Michael Epkenhans, Die Wilhelminische Flottenrüstung 1908–1914, München 1991.

Fritz Fellner, Heidrun Maschl, Brigitte Mazohl-Wallnig (Hrsg.): Vom Dreibund zum Völkerbund. Studien zur Geschichte der internationalen Beziehungen 1882–1919, Wien 1994.

Niall Ferguson, Der falsche Krieg. Der Erste Weltkrieg und das 20. Jahrhundert, Stuttgart 1999 (zuerst: London 1998).

Gerd Fesser, Der Traum vom Platz an der Sonne. Deutsche «Weltpolitik« 1897–1914, Bremen 1996.

Gerd Fesser, Deutschland und der Erste Weltkrieg, Köln 2014.

Fritz Fischer, Griff nach der Weltmacht. Die Kriegszielpolitik des kaiserlichen Deutschland 1914/1918, Düsseldorf 1964 (zuerst 1961).

Fritz Fischer, Krieg der Illusionen, Die deutsche Politik von 1911 bis 1914, Düsseldorf 1978 (zuerst: 1969).

Stig Förster, Der doppelte Militarismus. Die deutsche Heeresrüstungspolitik zwischen Status-Quo-Sicherung und Aggression 1890–1913, Stuttgart 1985.

Jörg Friedrich, 14/18 – Der Weg nach Versailles, Berlin 2014.

Paul Frölich, 10 Jahre Krieg und Bürgerkrieg, Berlin 1924.

David Fromkin, Europas letzter Sommer, München 2005.

Lothar Gall (Hrsg.), Krupp im 20. Jahrhundert. Die Geschichte des Unternehmens vom Ersten Weltkrieg bis zur Gründung der Stiftung, Berlin 2002.

Imanuel Geiss, Der lange Weg in die Katastrophe. Die Vorgeschichte des Ersten Weltkriegs 1815–1914, München 1991[2] (zuerst: 1990).

Imanuel Geiss, Das Deutsche Reich und die Vorgeschichte des Ersten Weltkrieges, München 1985 (zuerst: 1978).

Klaus Gietinger, Der Konterrevolutionär. Waldemar Pabst – eine deutsche Karriere, Hamburg 2009.

Christian Geinitz, Kriegsfurcht und Kampfbereitschaft: das Augusterlebnis in Freiburg; eine Studie zum Kriegsbeginn 1914, Freiburg 1998.

Jürgen Gottschlich, Beihilfe zum Völkermord. Deutschlands Rolle bei der Vernichtung der Armenier, Berlin 2015.

Richard Grelling, Belgische Aktenstücke, Lausanne 1918.

Dieter Groh, Negative Integration und revolutionärer Attentismus. Die deutsche Sozialdemokratie am Vorabend des Ersten Weltkrieges, Berlin (West) 1974.

Sebastian Haffner, Die sieben Todsünden des Deutschen Reiches im Ersten Weltkrieg, Bergisch Gladbach 2001 (zuerst: Hamburg 1964).

Sebastian Haffner / Stephan Hermlin / Kurt Tucholsky u.a. (Hrsg.), Zwecklegenden. Die SPD und das Scheitern der Arbeiterbewegung, Berlin 1996.

George W. F. Hallgarten, Imperialismus vor 1914. Die soziologischen Grundlagen der Außenpolitik europäischer Großmächte vor dem Ersten Weltkrieg, 2 Bd., München 1963.

Brigitte Hamann, Hitlers Wien, Lehrjahre eines Diktators, München 1996.

Gerd Hankel, Die Leipziger Prozesse – Deutsche Kriegsverbrechen und ihre strafrechtliche Verfolgung nach dem Ersten Weltkrieg, Hamburg 2003.

Alma Hannig, Franz Ferdinand. Die Biografie, Wien 2013.

Hans Hautmann, Die österreichischen Kriegs- und Humanitätsverbrechen im Ersten Weltkrieg – eine Bilanz, in: Bildungsanlass Erster Weltkrieg, Schulheft 159, herausgegeben von Elke Renner, Hans Hautmann und Peter Malina, Wien 2015.

Hannes Heer / Klaus Naumann [Hrsg.], Vernichtungskrieg. Verbrechen der Wehrmacht 1941–1944, Hamburg 1995.

Heinrich Heine, Sämtliche Werke, Bd. 13, Amsterdam 1856.

Holger Heinrich Herwig, Das Elitekorps des Kaisers. Die Marineoffiziere im Wilhelminischen Deutschland, Hamburg 1977.

Rudolf Hirsch und Rosemarie Schuder, Der gelbe Fleck. Wurzeln und Wirkungen des Judenhasses in der deutschen Geschichte, Köln 1999.

Adolf Hitler, Mein Kampf, München 1943 (zuerst: 1925).

Conrad von Hötzendorf, Aus meiner Dienstzeit 1906–1918 , Bd. 2, Wien 1921–1925.

Dieter Hoffmann, Der Sprung ins Dunkle oder wie der 1. Weltkrieg entfesselt wurde, Leipzig 2010.

Anton Holzer, Das Lächeln der Henker. Der unbekannte Krieg gegen die Zivilbevölkerung 1914–1918, Darmstadt 2008.

Hannes Hofbauer, Feindbild Russland, Wien 2016.

John Horne, Alan Kramer, Deutsche Kriegsgreuel 1914 – Die umstrittene Wahrheit, Hamburg 2004.

Ernst-Rudolf Huber, Deutsche Verfassungsgeschichte seit 1789. Weltkrieg, Revolution und Reichserneuerung. 1914–1919, Bd. 5, Stuttgart 1992.

Oliver Janz, 14. Der Große Krieg, Frankfurt/New York 2013.

Robert A. Kann, Kaiser Franz Joseph und der Ausbruch des Weltkrieges, Wien 1971.

Fritz Klein, Deutschland im Ersten Weltkrieg. I. Vorbereitung, Entfesselung und Verlauf des Weltkrieges, Berlin (Ost), 1970.

Thoralf Klein und Frank Schumacher (Hrsg.), Kolonialkriege. Militärische Gewalt im Zeichen des Imperialismus, Hamburg 2006.

Gerd Krumeich, Juli 1914. Eine Bilanz, Paderborn 2014.

Gerd Krumeich, Aufrüstung und Innenpolitik in Frankreich vor dem Ersten Weltkrieg. Die Einführung der dreijährigen Dienstpflicht 1913–1914, Wiesbaden 1980.

Susanne Kuß, Deutsches Militär auf kolonialen Kriegsschauplätzen. Eskalation von Gewalt zu Beginn des 20. Jahrhunderts, Berlin 2010.

Annelies Laschitza, Im Lebensrausch trotz alledem. Rosa Luxemburg. Eine Biographie, Berlin 1996.

Annelies Laschitza, Die Liebknechts. Karl und Sophie – Politik und Familie, Berlin 2007.

W.I. Lenin, Der Imperialismus als höchstes Stadium des Kapitalismus, in: W.I. Lenin, Ausgewählte Werke, Band I, Berlin 1970.

W. I. Lenin, Werke, Bd.27, Berlin (Ost) 1960.

Jörn Leonhard, Die Büchse der Pandora. Geschichte des Ersten Weltkriegs, München 2014[4].

Karl Max von Lichnowsky, Meine Londoner Mission 1912–1914 und Eingabe an das preußische Herrenhaus, Berlin [1919].

Karl Liebknecht, Gesammelte Reden und Schriften, Bd.1: September 1900 bis Februar 1907, Berlin (Ost) 1958.

Marcel van der Linden / Gottfried Mergner (Hrsg.), Kriegsbegeisterung und mentale Kriegsvorbereitung – Interdisziplinäre Studien, Berlin 1991.

Rosa Luxemburg, Gesammelte Werke (GW), Bd. 2–4, Berlin (Ost) 1974.

Rosa Luxemburg, Die Akkumulation des Kapitals, Berlin 1913 (Reprint 1969.

Gordana Ilic Marcovic (Hrsg.), Veliki Rat – Der Große Krieg. Der Erste Weltkrieg im Spiegel der serbischen Literatur und Presse, Wien 2014.

Karl Marx – Friedrich Engels – Werke (MEW), Bd. 7.

Sean McMeekin, Russlands Weg in den Krieg: Der Erste Weltkrieg – Ursprung der Jahrhundertkatastrophe, München 2014.

Walter Mentzel, Kriegsflüchtlinge in Cisleithanien im Ersten Weltkrieg, Wien 1997.

Manfred Messerschmidt, Militarismus, Vernichtungskrieg, Geschichtspolitik. Zur deutschen Militär- und Rechtsgeschichte, Paderborn/München/Wien/Zürich 2006.

Lüder Meyer-Arndt, Die Julikrise 1914: Wie Deutschland in den Ersten Weltkrieg stolperte, Köln, Weimar, Wien 2006.

Wolfgang Michalka (Hrsg. im Auftrag des Militärgeschichtlichen Forschungsamtes), Der Erste Weltkrieg. Wirkung. Wahrnehmung. Analyse, Weyarn 1997 (zuerst: München 1994).

Susanne Miller, Burgfrieden und Klassenkampf. Die deutsche Sozialdemokratie im Ersten Weltkrieg, Bonn-Bad Godesberg 1974.

Annika Mombauer, Die Julikrise. Europas Weg in den Ersten Weltkrieg, München 2014.

Annika Mombauer, Helmuth von Moltke and the Origins of the First World War, Cambridge 2014.

Wolfgang J. Mommsen, Imperialismus. Seine geistigen, politischen und wirtschaftlichen Grundlagen, Hamburg 1977.

Wolfgang J. Mommsen u. a. (Hrsg.): Max-Weber-Gesamtausgabe, Band I/4: Landarbeiterfrage, Nationalstaat und Volkswirtschaftspolitik, Tübingen 1993.

Herfried Münkler, Der große Krieg. Die Welt 1914–1918, Berlin 20145 (zuerst: 2013).

Sönke Neitzel, Kriegsausbruch. Deutschlands Weg in die Katastrophe 1900–1914, Zürich 2002.

Sönke Neitzel, Daniel Hohrath [Hrsg.], Kriegsgreuel. Die Entgrenzung der Gewalt in kriegerischen Konflikten vom Mittelalter bis ins 20. Jahrhundert, Paderborn 2008.

Gustav Noske, Erlebtes aus Aufstieg und Niedergang einer Demokratie, Offenbach/M. 1947.

Gustav Noske / Adolph Koester, Kriegsfahrten durch Belgien und Nordfrankreich 1914, Berlin [1915].

Walter Nuhn, Sturm über Südwest. Der Hereroaufstand von 1904 – Ein düsteres Kapitel der deutschen kolonialen Vergangenheit Namibias, Koblenz 1989.

Fred Oelßner, Die Wirtschaftskrisen. Die Krisen im vormonopolistischen Kapitalismus, Berlin 1949.

O.M.G.U.S. – Ermittlungen gegen die Deutsche Bank, Nördlingen 1985.

Anton Pannekoek, Zur Vorgeschichte des Ersten Weltkriegs, deutsche Erstübersetzung in: Sozialistische Zeitung/SoZ (Köln) 4/2014 (April 2014); erstmals in niederländischer Sprache erschienen 1915.

Kurt Riezler, Die Erforderlichkeit des Unmöglichen. Prolegomena zu einer Theorie der Politik und zu anderen Theorien, München 1912.

J.J. Ruedorffer (d.i. Kurt Riezler), Grundzüge der Weltpolitik in der Gegenwart, Stuttgart/Berlin 1914.

Karl-Ludwig Rintelen, Ein undemokratischer Demokrat: Gustav Bauer. Gewerkschaftsführer – Freund Friedrich Eberts – Reichskanzler. Eine politische Biographie, Frankfurt 1993.

John C. G. Röhl, Wilhelm II. Der Weg in den Abgrund, München 20092 (zuerst 2008).

John G. Röhl, Elisabeth Müller-Luckner [Hrsg.], Der Ort Kaiser Wilhelms II. in der deutschen Geschichte, München 1991.

John C. G. Röhl, Zwei deutsche Fürsten zur Kriegsschuldfrage. Lichnowsky und Eulenburg und der Ausbruch des Ersten Weltkrieges. Eine Dokumentation, Düsseldorf 1971.

Arthur Rosenberg, Entstehung der Weimarer Republik, Frankfurt 1973 (Zuerst: 1928).

Jürgen Reulecke (Hrsg.), Arbeiterbewegung an Rhein und Ruhr, Wuppertal, 1974.

Catherine Samary, Die Zerstörung Jugoslawiens. Ein europäischer Krieg, Köln 1992.

Daniela Schanes, Serbien im Ersten Weltkrieg. Feind- und Kriegsdarstellungen in österreichisch-ungarischen, deutschen und serbischen Selbstzeugnissen, Frankfurt 2011.

Manfred Scharrer, Arbeiterbewegung im Obrigkeitsstaat. SPD und Gewerkschaft nach dem Sozialistengesetz, Berlin (West) 1976.

Ernst-Heinrich Schmidt, Heimatheer und Revolution 1918. Die militärischen Gewalten im Heimatgebiet zwischen Oktoberreform und Novemberrevolution, Stuttgart 1981.

Stefan Schmidt, Frankreichs Außenpolitik in der Julikrise 1914. Ein Beitrag zur Geschichte des Ausbruchs des Ersten Weltkriegs, München 2009.

Erich Schmidt-Eenboom, Der Schattenkrieger – Klaus Kinkel und der BND, Düsseldorf 1995.

Julius H. Schoeps und Joachim Schloer (Hrg.), Antisemitismus. Vorurteile und Mythen, Frankfurt am Main o.J. (Verlag Zweitausendeins.

Bernd F. Schulte, Die deutsche Armee 1900–1914. Zwischen Beharren und Verändern, Düsseldorf 1977.

Klaus Schwabe, Rolf Reichhardt (Hrsg.), Gerhard Ritter. Ein politischer Historiker in seinen Briefen, Boppard 1984.

Karl-Dietrich Schwarz, Weltkrieg und Revolution in Nürnberg, Stuttgart 1971.

Carl Severing: Mein Lebensweg, Bd. 1., Köln 1950.

Werner Sombart, Die deutsche Volkswirtschaft im 19. Jahrhundert, Berlin 1927.

Lawrence Sondhouse, Franz Conrad von Hötzendorf, Architect of the Apocalypse, Boston, Leiden, Köln 2000.

Isaac Steinberg: In the Workshop of the Revolution, London 1953.

Ernst Stenzel, Die Kriegsführung des deutschen Imperialismus und das Völkerrecht, Berlin (Ost) 1973.

Michael Stöcker: Augusterlebnis 1914 in Darmstadt. Legende und Wirklichkeit, Darmstadt 1994.

Klaus Theweleit, Männerphantasien, 2. Bd., Frankfurt/Main 1978.

Kurt Tucholsky, Gesammelte Werke (GW) 1–10, Hamburg 1995.

Franz Uhle-Wettler: Erich Ludendorff in seiner Zeit. Soldat – Stratege – Revolutionär. Eine Neubewertung, Berg 1995.

Volker Ullrich, Die nervöse Großmacht, Aufstieg und Untergang des deutschen Kaiserreichs 1871–1918, Frankfurt 2006, (zuerst: 1999).

Volker Ullrich, Die Hamburger Arbeiterbewegung am Vorabend des ersten Weltkrieges bis zur Revolution 1918/19, 2 Teile, Hamburg 1976.

Volker Ullrich, Vom Augusterlebnis zur Novemberrevolution. Beiträge zur Sozialgeschichte Hamburgs und Norddeutschlands im Ersten Weltkrieg 1914–1918, Bremen 1999.

Jehuda L. Wallach, Kriegstheorien. Ihre Entwicklung im 19. und 20. Jahrhundert, Frankfurt am Main 1972.

Michael W. Weithmann, Balkanchronik. 2000 Jahre zwischen Orient und Okzident, Graz 1997.

Wolfram Wette, Gustav Noske. Eine politische Biographie, Düsseldorf 1988[2].

Wolfram Wette / Gerd R. Ueberschär (Hrsg.): Kriegsverbrechen im 20. Jahrhundert, Darmstadt 2001.

Wolfram Wette, Militarismus in Deutschland. Geschichte einer kriegerischen Kultur, Frankfurt 2011.

Leopold von Wiese, Kadettenjahre, Ebenhausen 1978 (zuerst: Kindheit. Erinnerungen aus meinen Kadettenjahren, Hannover 1924).

Heinrich August Winkler, Geschichte des Westens: Von den Anfängen in der Antike bis zum 20. Jahrhundert, München 20102 (zuerst: 2009).

Peter Winzen, Reichskanzler Bernhard von Bülow. Mit Weltmachtphantasien in den Ersten Weltkrieg. Eine politische Biographie, Regensburg 2013.

Theodor Wolf, Der Krieg des Pontius Pilatus, Zürich 1934. Online: http://gutenberg.spiegel.de/buch/der-krieg-des-pontius-pilatus-7779/15

Winfried Wolf, Afghanistan, der Krieg und die neue Weltordnung, Hamburg 2002.

Winfried Wolf, Verkehr. Umwelt. Klima – Die Globalisierung des Tempowahns, Wien 2009.

Winfried Wolf, Bombengeschäfte. Zur politischen Ökonomie des Kosovo-Kriegs, Hamburg 1999.

Winfried Wolf, Händler des Todes, Bundesdeutsche Rüstungs- und Giftgasexporte im Golfkrieg und nach Libyen, Frankfurt am Main 1989.

Register

Bernhard Knierim / Winfried Wolf

Bitte umsteigen!

20 Jahre Bahnreform

256 Seiten, kartoniert, 22,80 EUR
ISBN 3-89657-071-4, Schmetterling

Das Jahr 1994 brachte mit der Bahnreform und mit der Gründung der Deutschen Bahn AG die größte Veränderung im Verkehrsbereich seit Ende des Zweiten Weltkriegs.

Inzwischen hat sich Ernüchterung breitgemacht: Nur im hoch subventionierten Nahverkehr gibt es eine Steigerung der Fahrgastzahlen. Die Qualität des Bahnverkehrs hat dramatisch abgenommen: Die Verspätungen nahmen zu, Ausfälle von Zügen sind heute an der Tagesordnung. Inzwischen gibt es auch einen spürbaren Abbau der Sicherheit im Schienenverkehr.

Die Autoren skizzieren hier, wie eine überzeugende Struktur der Bahn und eine Verkehrs- und Bahnpolitik aussehen müssen.

Wolfram Beyer

Pazifismus und Antimilitarismus

Eine Einführung in die Ideengeschichte

240 Seiten, kartoniert, 10,00 EUR
ISBN 3-89657-666-6, Schmetterling

Die Friedensbewegung hat historisch unterschiedliche Wurzeln, war und ist durchaus nicht immer einig in der Ursachenforschung, den politischen Methoden und Zielen für einen Frieden.

Krieg ist wieder salonfähig – das Barbarische am Krieg wird medial ausgeblendet. Militär führt nicht Krieg, sondern unternimmt «humanitäre Aktionen» oder «Luftschläge». Darin sind sich alle Parteien im Deutschen Bundestag einig, abgesehen von einer kleinen Opposition im Parlament. Dagegen richtete sich damals und heute der Widerspruch der Friedensbewegung.

Diese Einführung in die Ideengeschichte des Pazifismus und Antimilitarismus unternimmt den Versuch, in enzyklopädischer Tradition Klarheit in Begrifflichkeiten der Friedensbewegung zu bringen.